스마트폰 · 블루투스 · 이더넷 · WiFi 그리고 아두이노 3.0

제 2 판

IoT 제어를 위한

아두이노

조도현, 김동식, 동성수, 원영진 공저

B.C.Info

PREFACE

마이크로컨트롤러를 활용하여 제어하는 영역에 많은 변화를 일으킨 아두이노(Arduino)가 이탈리아 Massimo Banzi 교수에 의하여 등장한지도 이제 10년이 넘어가고 있다.

저렴한 가격과 간단한 구조로 기초적인 지식만으로도 쉽게 프로그램을 짤 수 있는 아두이노는 창의적인 아이디어만 있으면 누구든지 원하는 기능을 구현할 수 있다.

무엇인가 전자적으로 제어하기 위하여 엄격한 문법의 C언어로 프로그램을 작성하고, 컴파일하여, ISP장치를 통하여 마이크로컨트롤러로에 업로드 하는 번거로운 과정을 초보자도 쉽게 할 수 있도록 단순화 하였을 뿐만 아니라, 모든 하드웨어와 소프트웨어가 공개되어 있어 모든 사용자들이 공유하고 있다. 이것은 다양한 형태의 보드와 확장을 위한 쉴드(Shield)들의 개발을 가능하게 하였고, 아두이노 활용 방법과 아이디어가 또한 공유되어 누구든지 쉽고 편리하게 원하는 것을 제어하는 것이 가능하게 되었다.

이 책의 앞부분에서는 아두이노 UNO 보드를 기준으로 LED, 스위치, 센서 등을 직접 연결하거나 브레드보드를 통하여 최대한 단순하게 회로를 구성하여 아두이노의 기본 기능들과 명령어를 쉽고 체계적으로 익힐 수 있도록 하였다. 그리고 뒷부분에서는 아두이노 보드와 모터제어, 블루투스, 이더넷, WiFi 등의 확장형 쉴드를 활용하는 방법을 다루었다.

특히 이 책은 스마트 폰에서 블루투스를 사용하여 아두이노를 제어할 수 있도록 스마트 폰에 설치 가능한 제어용 앱(App)을 만드는 방법과 블루투스 통신 제어 방법을 담고 있으며, 이더넷과 WiFi를 통하여 유무선 인터넷으로 원격 제어를 할 수 있도록 구성되어 있다.

끝으로 이 책은 복두출판사의 "스마트폰으로 제어하는 아두이노"의 내용이 일부 참고 되어 있음을 밝혀둔다.

TTGOG

CONTENTS

제 1 부 아두이노 입출력

제 3 부 IoT 제어

11 BlueTooth를 이용한 시리얼통신

12 스마트폰을 이용한 BlueTooth 통신 제어

13 이더넷을 위한 설정

14 이더넷을 이용한 입출력 제어

PART **1**

아두이노 입출력

01_아두이노 환경설정
02_아두이노로 출력하기
03_아두이노에서 입력받기
04_PC에서 시리얼 통신으로 제어하기
05_아두이노 보드에서의 인터럽트 제어

아두이노 환경설정

CHAPTER 01

아두이노는 전자분야의 전문적인 지식이 없는 사람부터 관련 분야의 전문가들까지 여러 가지 전자 제어장치를 쉽게 구현할 수 있도록 만들어져 있는 제작 도구이다. 아두이노 홈페이지는 아두이노를 활용할 수 있는 하드웨어와 소프트웨어 자료들을 공유하는 오픈 시스템으로, 많은 예제들이 공개되어 있으며, 다양한 기능을 쉽게 구현할 수 있도록 주변장치들도 제공되어 있다.

1.1 아두이노 개요

아두이노 보드들은 ATMEL사의 ATmage168, ATmega328과 ATmega2560 마이크로컨트롤러를 기반으로 사용전압, 메모리 구성, 입출력과 UART 수에 따라 공통 규격을 정하고 있다. 이 규격에 따라 보드를 설계하고, 공개된 부트로더를 설치하여 다양한 시리즈로 제작되어서 용도에 따라 적절히 선택하여 사용할 수 있다.

최근에는 ARM 계열의 Cortex-M 시리즈를 비롯한 다양한 마이크로 컨트롤러에서 아두이노 개발환경(IDE)을 활용하고 있다.

아두이노의 공식 홈페이지 http://www.arduino.cc/를 통하여 아두이노 개발환경(IDE) 소프트웨어를 다운로드 받을 수 있고, 아두이노 보드와 쉴드(shield)와 주변부품 정보를 볼 수 있다.

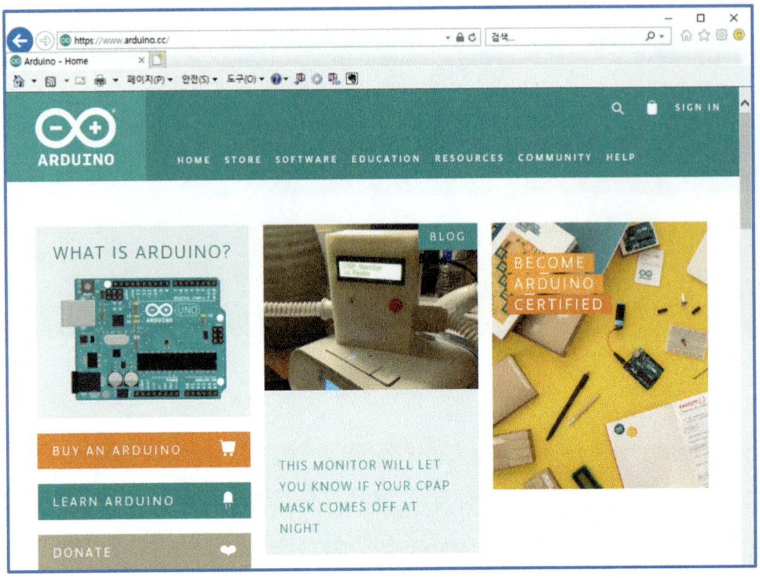

그림 1.1 아두이노 홈페이지 http://www.arduino.cc/

※ 아두이노(arduino) : 이탈리아 말로 "믿음직한 친구"(best friend or strong friend) 의미

1.2 아두이노 UNO 보드

아두이노 보드는 여러 가지 버전으로 변화되어 왔고 용도에 따라 다양한 형태가 제작되어 사용되고 있다. 그러나 이 책은 현재 가장 많이 사용되고 있는 그림 1.2와 같은 Arduino Uno Revision3, UNO R3를 기준으로 작성되었다.

그림 1.2 아두이노 UNO R3 보드

아두이노 UNO 보드의 핀과 기능을 살펴보자. 그림 1.3과 같이 아두이노 보드는 UBS JACK을 통하여 개발용 PC와 연결되며, PC로부터 전원을 공급받고 PC에서 작성된 프로그램을 내려받거나 통신을 하게 된다. 별도의 전원을 공급하려면, POWER JACK을 통하여 5~6V의 전원을 연결하면 된다. 아두이노 보드에 전원이 공급되면, 보드 우측에 있는 전원확인 LED에 불이 들어온다.

① 디지털 입/출력이 가능한 핀은 0~13번까지 14개가 있다.

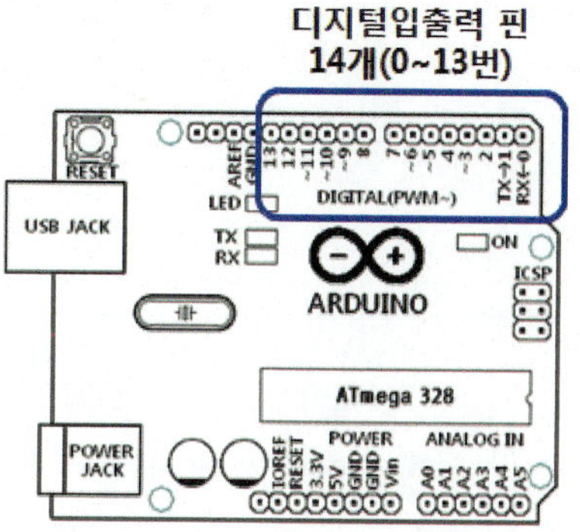

그림 1.3 아두이노 UNO R3보드의 디지털입출력 핀

② 디지털 입출력 핀 중 3, 5, 6, 9, 10, 11번 핀("~"가 붙어 있는 핀)은 0~255범위의 PWM 출력을 사용하여 아날로그 신호 출력이 가능하다.

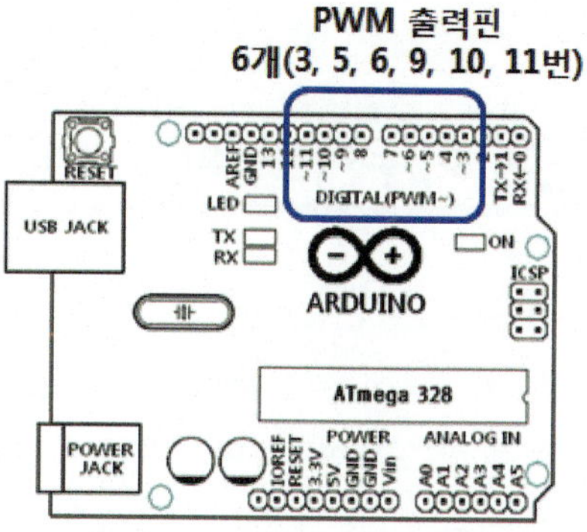

그림 1.4 아두이노 UNO R3보드의 PWM출력 핀

③ 시리얼 통신을 위하여 디지털 입출력 핀 중 0번(RX)은 시리얼 통신의 데이터를 받고 1번(TX)은 시리얼 통신의 데이터를 보낼 수 있다. TX와 RX LED는 시리얼 통신의 동작을 확인할 수 있도록 해준다.

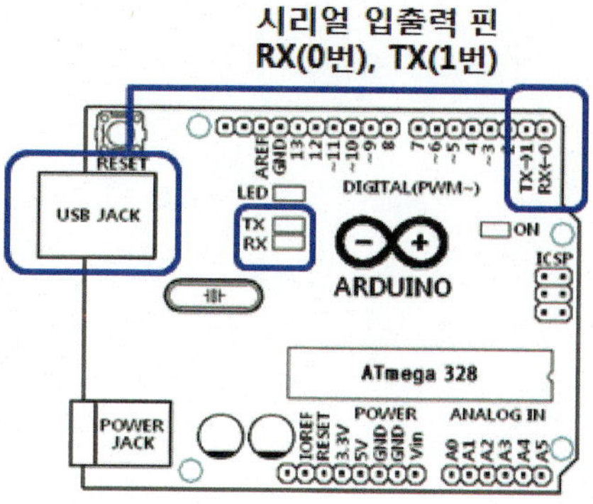

그림 1.5 아두이노 UNO R3보드의 시리얼통신 핀

④ 아날로그 입력 핀은 A0~A5번까지 6개가 있으며, 입력신호를 0~1023 범위로 받아들인다. 또한 이들 핀은 디지털 입출력으로 확장하여 사용이 가능하다.

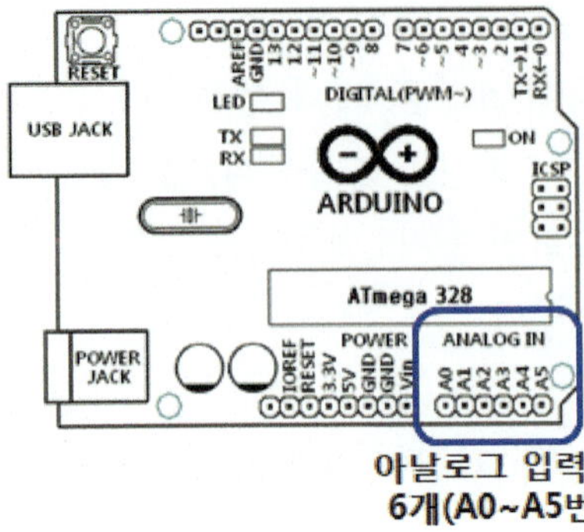

그림 1.6 아두이노 UNO R3보드의 아날로그 입력 핀

전원 핀은 아두이노 보드를 통하여 제어하고자 하는 장치에 3.3V와 5V 전원을 공급할 수 있게 해주며, RESET 스위치는 보드를 초기화할 수 있다.

TX와 RX LED의 위쪽에 있는 LED는 디지털 입출력 핀 13번에 연결되어 있어서 보드의 동작 등을 점검하는데 유용하게 활용된다.

자세한 정보는 아두이노 홈페이지나 관련된 사이트에서 쉽게 확인이 가능하다.

1.3 아두이노 확장 쉴드(Shield) 소개

아두이노는 UNO 보드는 기본 기능을 확장하기 위하여 그림 1.7과 같이 적층형(stack type)으로 확장하여 연결할 수 있는 표 1.1과 같은 다양한 종류의 쉴드 보드를 가지고 있다.

이들 쉴드를 연결하면 블루투스, 이더넷, WiFi, 직류 모터제어, 릴레이 제어 등 다양한 기능을 확장할 수 있다. 더욱이 이들 쉴드들을 쉽게 활용할 수 있도록 활용 라이브러리들이 제공되어 있어서 응용이 편리하다.

이 책에서는 블루투스, 모터제어, WiFi 제어 등을 이들 쉴드를 활용하여 학습한다.

그림 1.7 아두이노 보드의 쉴드 연결(적층)

표 1.1 아두이노 호환 쉴드

아두이노 쉴드	보드	기능
이더넷 쉴드 (Ethernet Shield)		LAN선을 연결하여 인터넷에 접속가능 웹 서버 및 네트워크 제어에 사용
와이파이 쉴드 (WIFI Shield)		무선으로 네트워크에 접속 가능 네트워크를 이용한 제어에 사용
블루투스 쉴드 (Bluetooth Shield)		블루투스 통신을 이용한 제어에 사용
GPS 쉴드 (GPS Shield)		GPS 신호를 수신하여 제어에 사용
모터 쉴드 (MOTOR Shield)		모터제어를 위한 쉴드
기본 쉴드 (Proto Shield)		아두이노 보드와 호환이 되도록 만들어진 기본 쉴드

1.4 아두이노 개발환경(IDE) 만들기

아두이노를 사용하기 위해서는 아두이노 보드를 위한 개발환경(IDE)을 아두이노 개발용 PC에 구축해야 한다. 개발환경이 구축된 PC는 아두이노 보드에서 수행할 스케치(sketch, 프로그램)를 작성하여, USB 케이블 등으로 연결된 아두이노 보드에 업로드하여 준다.

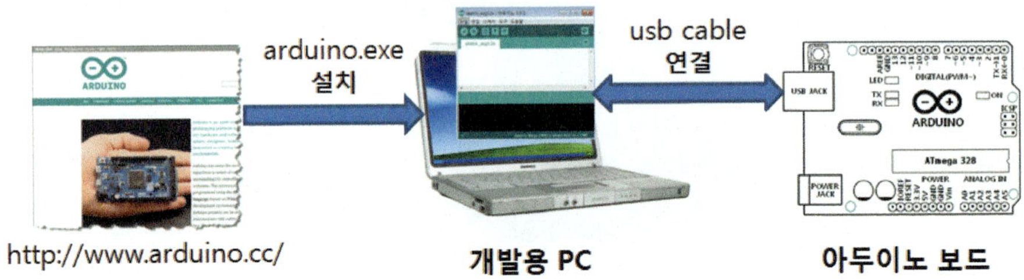

그림 1.8 개발 환경

개발용 PC에 설치해야 하는 개발환경은 아두이노 개발자 홈페이지에서 내려받을 수 있다.

아두이노 통합 개발환경은 AVR 설계에 필요한 코드 작성, 컴파일, 다운로드 등 모든 기능을 하나의 소프트웨어에서 제공하고 있다.

아두이노 통합 개발환경(IDE)를 인터넷에서 다운로딩 받아 개발용 PC에 설치하는 과정은 다음과 같다.

Arduino개발자 홈페이지(http://www.arduino.cc/en/Main/Software)에 접속하여 다음 그림과 같은 방법으로 다운 받는다.

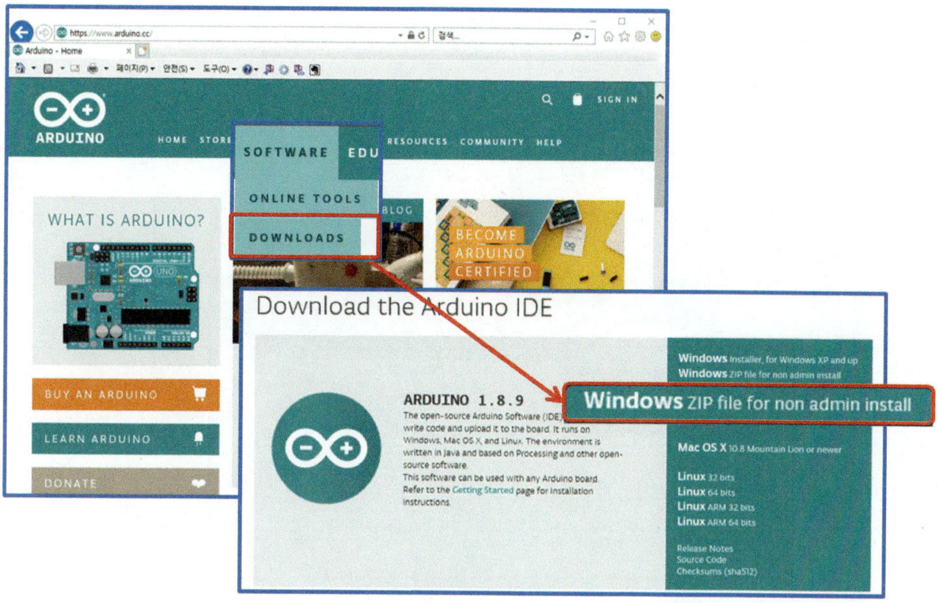

그림 1.9 아두이노 홈페이지 http://www.arduino.cc/

Windows용 다운로드 파일은 ZIP형태의 압축파일이므로 다운로드 후에 원하는 경로에 압축을 해제하도록 한다.

예를 들면 그림 1.9에서 'arduino-1.x.x-windows.zip'를 다운로드 받아서 압축을 풀면 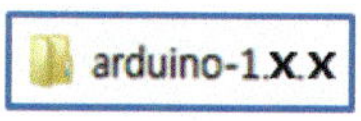

의 폴더가 생성이 되고 폴더 속에는 그림 1.10과 같이 다른 폴더들과 파일이 생겨난다.

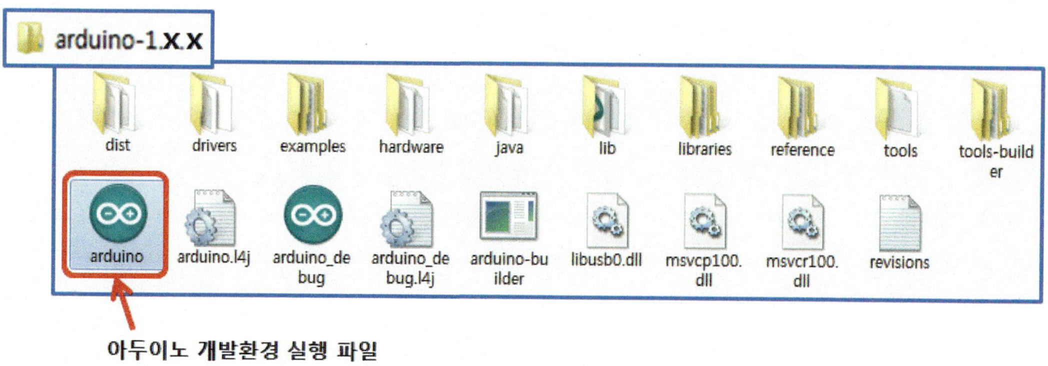

그림 1.10 아두이노 개발환경 설치

이 파일들 가운데 Arduino.exe 파일인 arduino 를 클릭하면 아두이노 개발환경이 실행되어 그림 1.11과 같은 기본 프로그램 창이 나타난다.

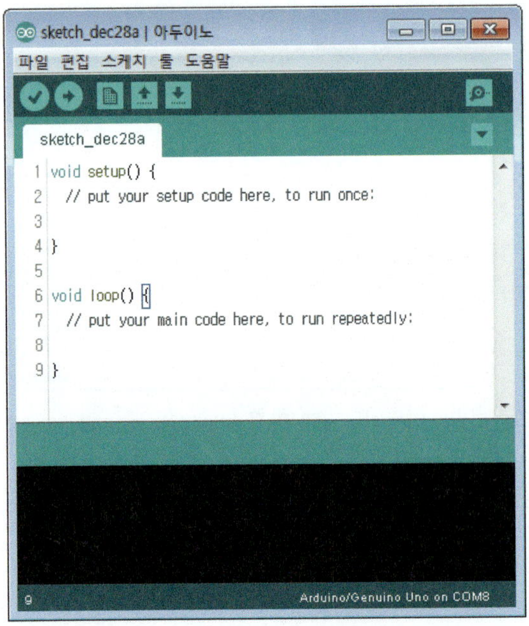

그림 1.11 아두이노 개발환경

1.5 아두이노 UNO 보드 연결

아두이노 개발환경이 설치되어 있는 PC에 아두이노 보드를 연결하려면 하드웨어적으로는 그림 1.12와 같이 USB 케이블을 사용하여 PC와 아두이노 보드를 연결하면 되고 소프트웨어적으로는 아두이노 개발환경이 설치되어 있는 PC에 아두이노 보드용 USB 드라이버 프로그램을 설치하여야 한다.

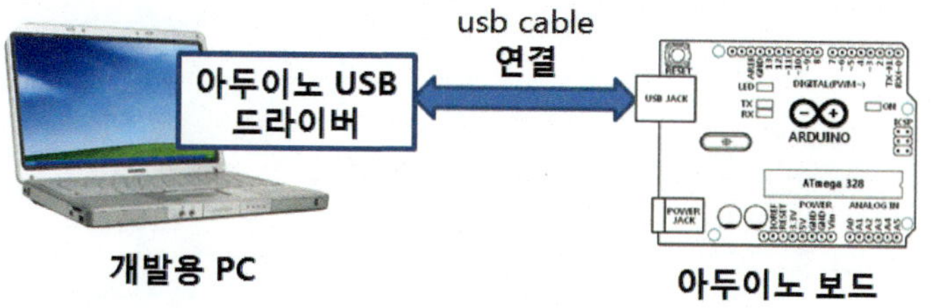

그림 1.12 개발용 PC와 아두이노 UNO 보드의 연결

※ 출처 : 스마트폰으로 제어하는 아두이노, 복두출판사

아두이노 보드용 USB 드라이버 설치는 일반적으로 다음의 순서에 따라 진행하면 된다.

① USB 케이블 PC와 아두이노 UNO 보드를 연결한다.

② 아두이노 보드의 USB 드라이버 프로그램은 PC에 자동으로 설치되지 않으므로 장치 드라이버를 수동으로 설치해야 한다. 먼저 PC의 제어판에서 장치관리자를 실행시킨다.
그 후 다음과 같이 제어판-시스템 및 보안-장치관리자를 찾아 들어간다.

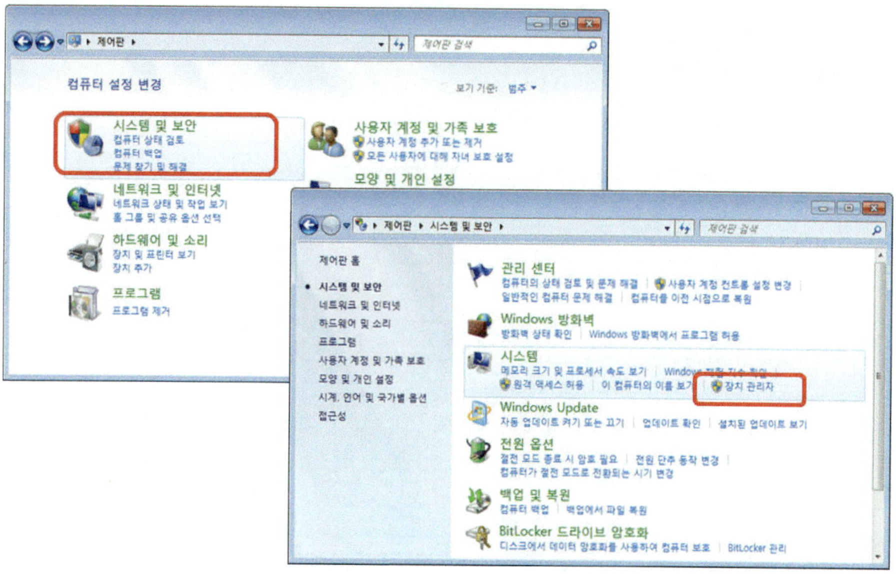

그림 1.13 장치관리자 실행

③ 장치 관리자에서 다음과 같이 '알 수 없는 장치'가 보이면, 선택하여 마우스 오른쪽 버튼을 눌러 '드라이버 소프트웨어 업데이트'를 선택하고, 개발용 PC에서 '드라이버 소프트웨어 찾아보기(R)'를 선택한다.

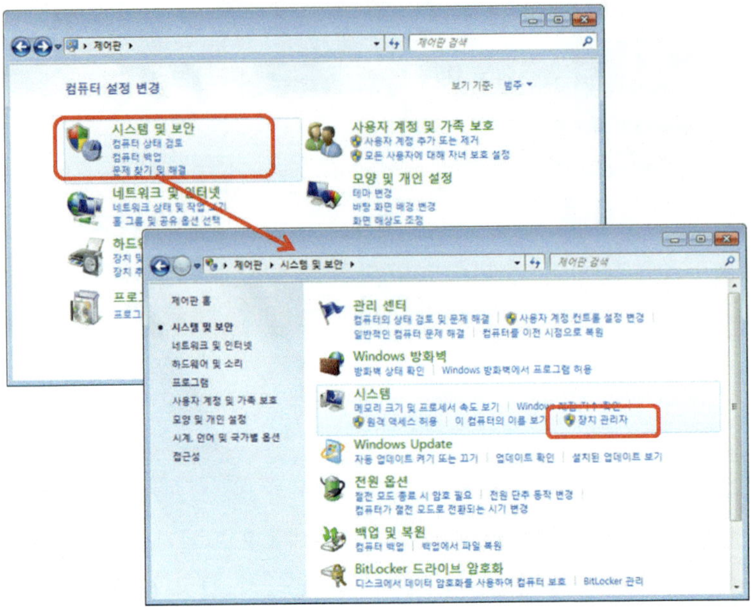

그림 1.14 장치관리자 실행

④ 아두이노 개발환경이 있는 폴더 arduino-1.X.X 를 찾아서 그 밑에 있는 drivers 폴더를 그림 1.15와 같이 선택하여 그림 1.16과 같이 설치한다.

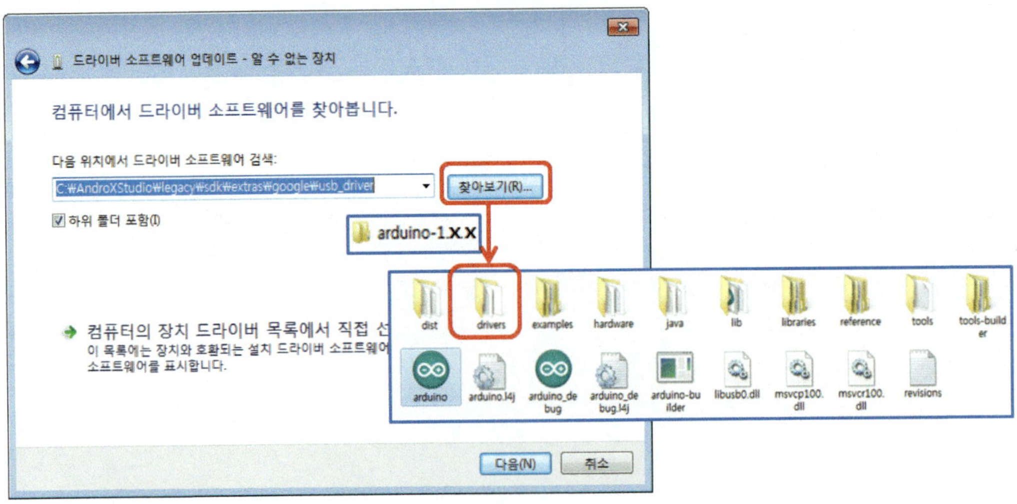

그림 1.15 아두이노 USB 드라이버

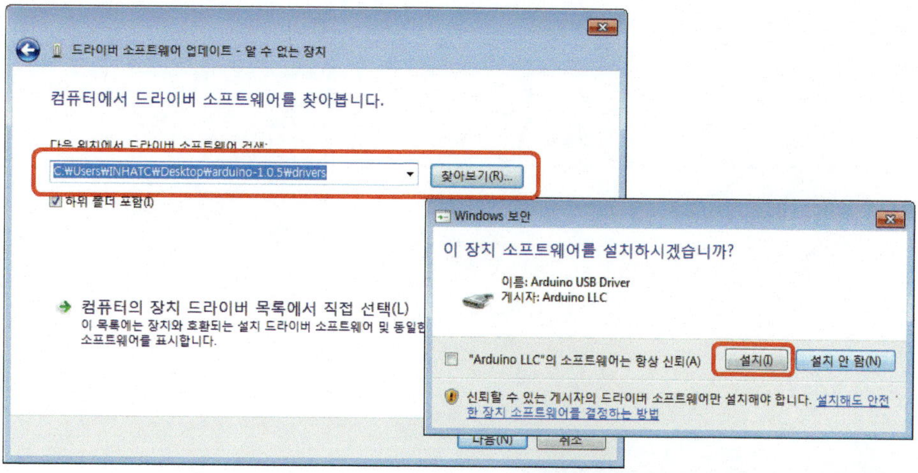

그림 1.16 아두이노 USB 드라이버 설치

⑤ 설치가 완료되면 다음과 같은 창이 나타난다.

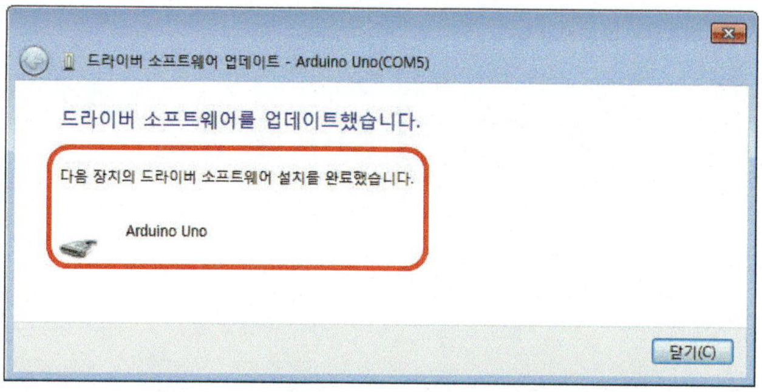

그림 1.17 아두이노 USB 드라이버 설치 완료

⑥ 아두이노 USB 드라이버가 정상적으로 설치되면, 장치관리자의 포트(COM & LPT)에서 확인이 가능하다.
예를 들어 PC의 시리얼 포트 8번(COM5)에 연결되었다면 Arduino Uno(COM8)로 나타난다. 또한, 아두이노 개발환경에서 '툴-포트'를 클릭하여 보면 확인이 가능하다.

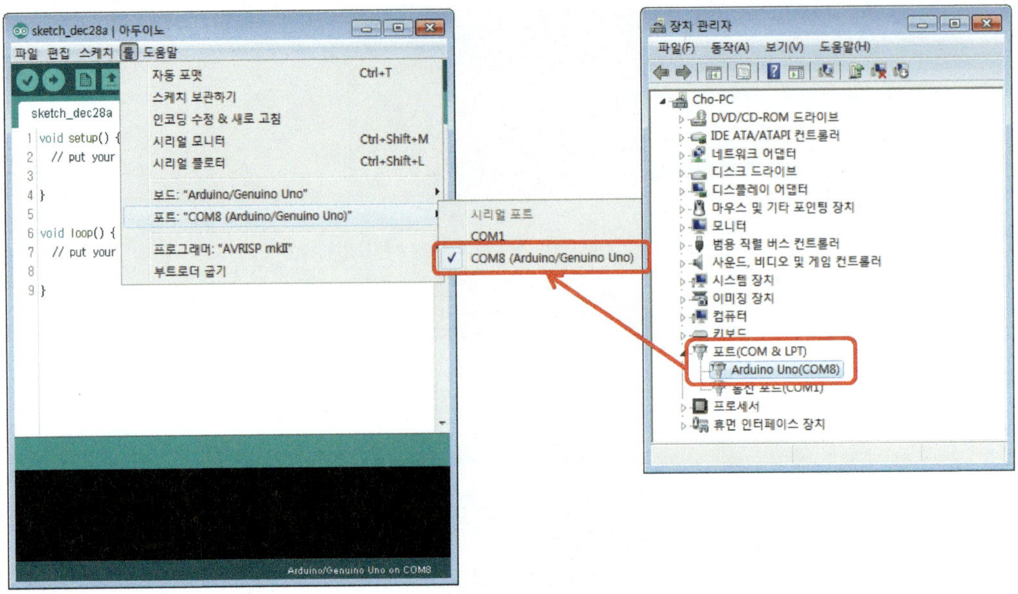

그림 1.18 시리얼 포트 확인

1.6 아두이노 개발환경의 명령어 구성

아두이노 개발환경을 사용하기 위한 명령어와 툴바의 구성은 다음과 같다.

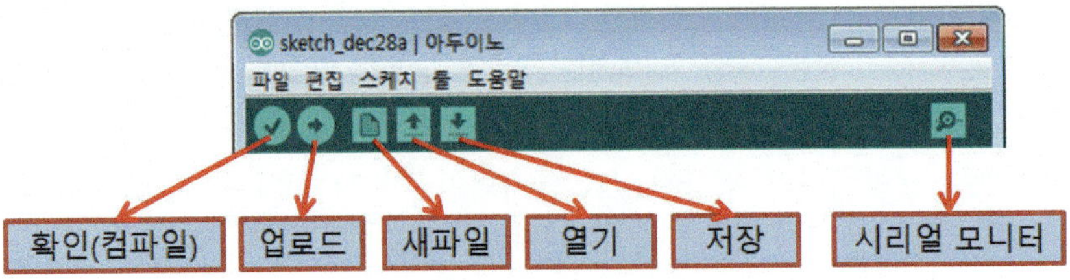

그림 1.19 아두이노 툴바 기능

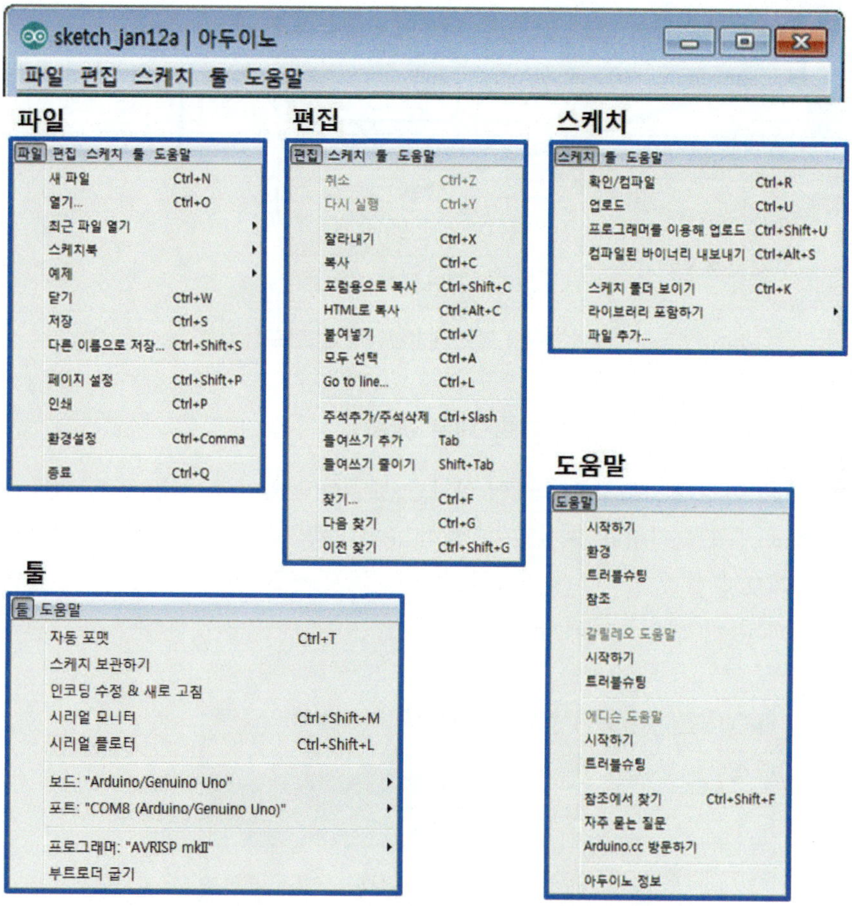

그림 1.20 아두이노 개발 환경 명령어

1.7 아두이노 통합 개발환경에서 스케치 작성

아두이노 통합 개발환경(IDE)에서 스케치를 작성하고 컴파일, 업로드하는 기본적인 사용법을 알아본다. 아두이노 통합 개발환경을 처음 사용하는 사용자를 위해 간단한 예제를 이용하여 작성한 코드를 컴파일하고 이를 장비에 프로그래밍하는 과정을 진행한다.

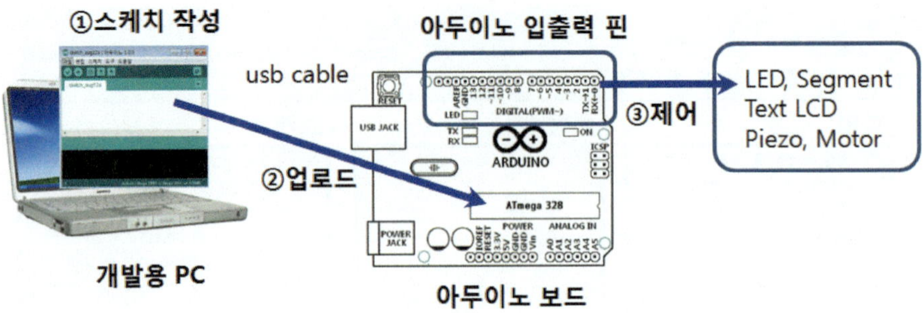

그림 1.21 개발환경과 업로드

(1) 보드 시험과 아두이노 개발환경의 제공 예제

아두이노 개발환경에는 다양한 스케치 예제를 제공하고 있어서, 처음 프로그램을 개발하는 사람도 쉽게 스케치를 작성할 수 있도록 하여 준다. 제공하는 기본예제를 이용하여 보드에 다운로드 하여보자.

다음 그림과 같이 파일 → 예제 → 01.Basics → Blink를 선택한다.

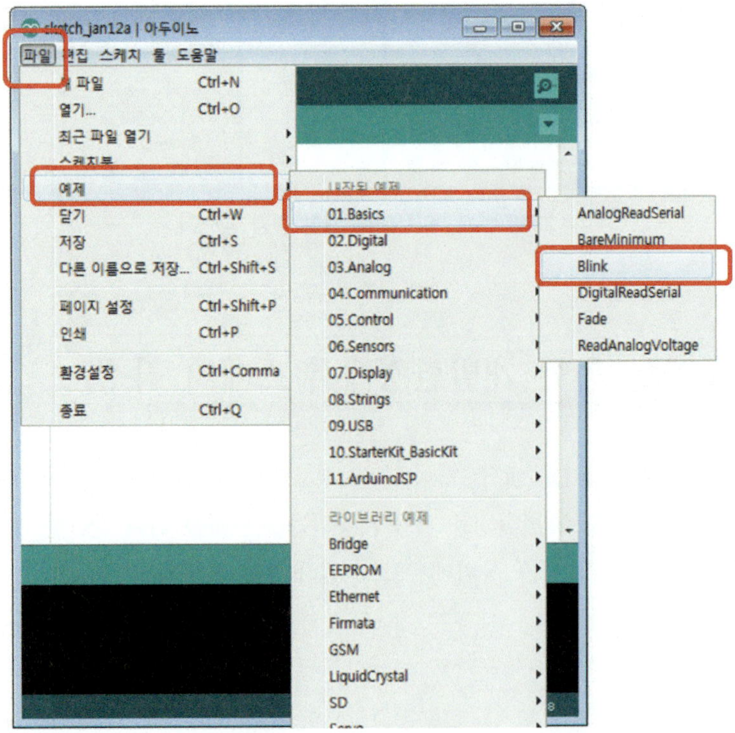

그림 1.22 예제 활용

기본 예제 스케치를 선택완료하면, 아두이노 개발환경은 그림 1.23과 같이 새로운 창을 열어 스케치를 로드하여 나타낸다.

예제 스케치를 살펴보면, 기존의 C언어로 작성된 프로그램과 유사한 문법구조를 가지고 있음을 알 수 있다.

"//"로 표시된 설명부분을 제외하고 나면, 매우 간단한 스케치이다.

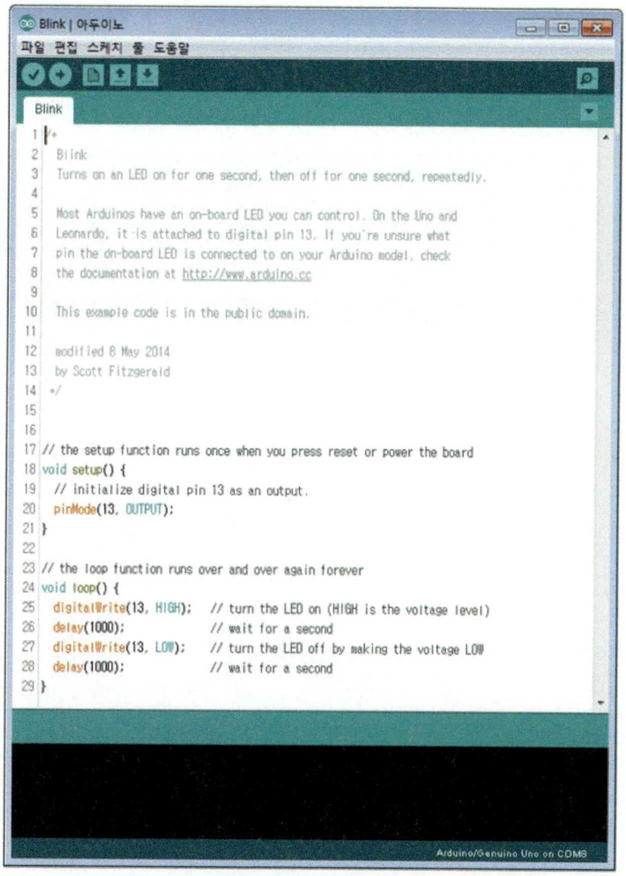

그림 1.23 blink 예제

1.8 업로드 설정

개발용 PC에서 작성한 스케치를 아두이노 보드에 업로드하기 위하여, 아두이노 개발환경에서 사용할 보드와 프로그래머를 선택해야 한다. 아두이노 개발환경은 선택한 보드와 프로그램머에 맞게 컴파일하고 업로드를 하게 된다.

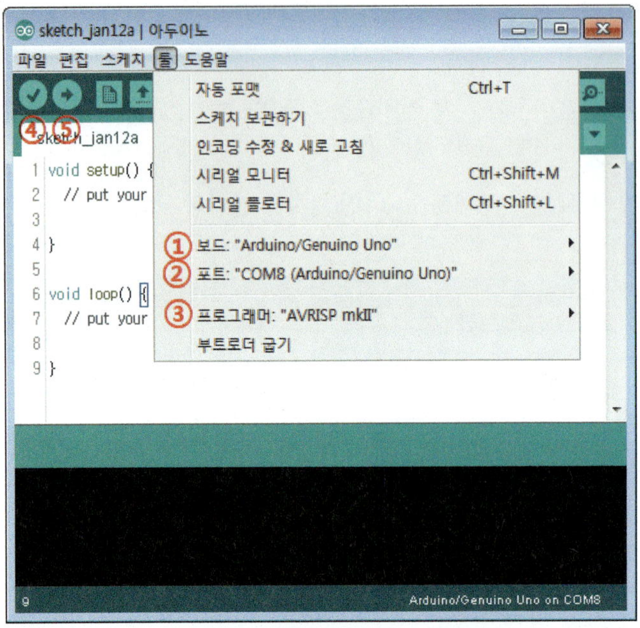

그림 1.24 툴 명령어에서의 설정

(1) 아두이노 보드 선택

아두이노 UNO보드를 사용하여 주변기기를 제어하기 원한다면, 스케치를 작성한 후 그림 1.25와 같이 상단 툴바의 도구에서 보드를 선택하여 "Arduino Uno"를 선택하고, 컴파일을 하여야 한다.

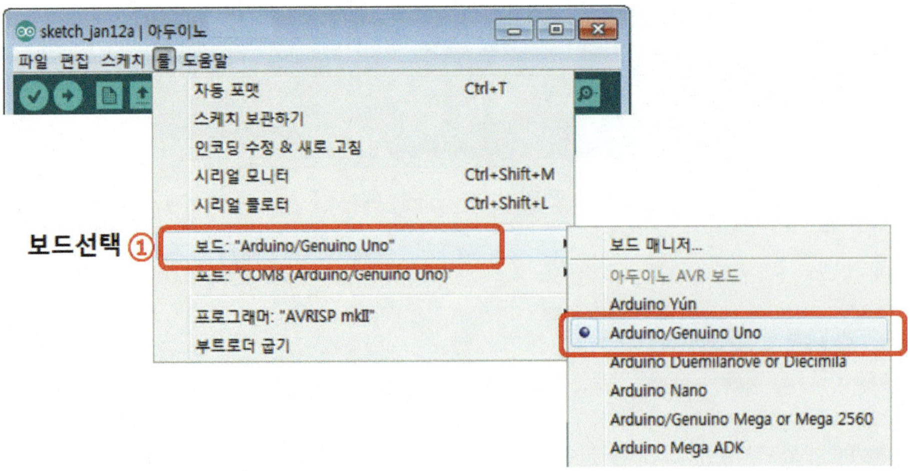

그림 1.25 UNO보드 선택

(2) 시리얼 포트 선택

PC와 아두이노 보드 사이의 통신을 위한 시리얼 포트의 선택은 그림 1.26과 같이 선택한다.

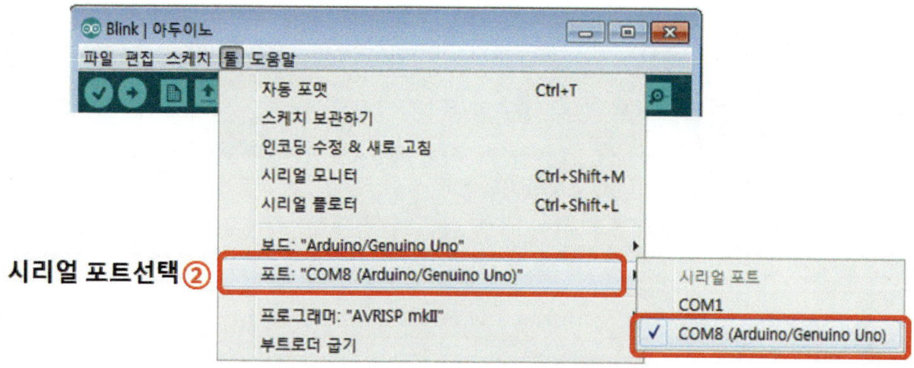

그림 1.26 시리얼 포트 선택

PC에 아두이노 보드가 연결된 시리얼 포트 번호는 "컴퓨터 관리 → 장치관리자 → 포트" 순으로 확인할 수 있다.

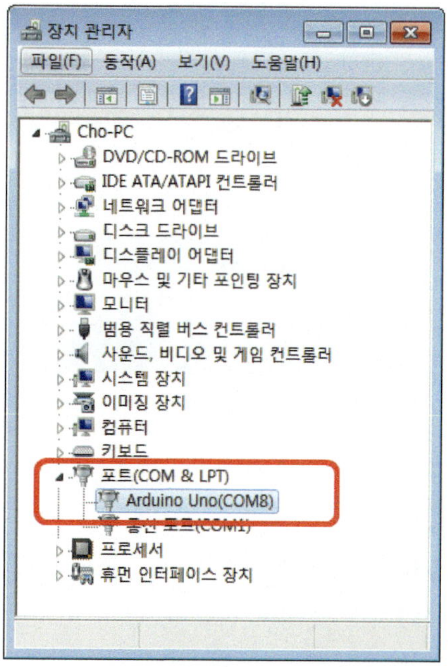

그림 1.27 장치관리자의 시리얼 포트 확인

(3) 프로그래머 선택

보드 선택 후 컴파일하기 위한 프로그래머를 선택한다. 프로그래머는 그림 1.28과 같이 "AVRISPmkII"를 선택한다.

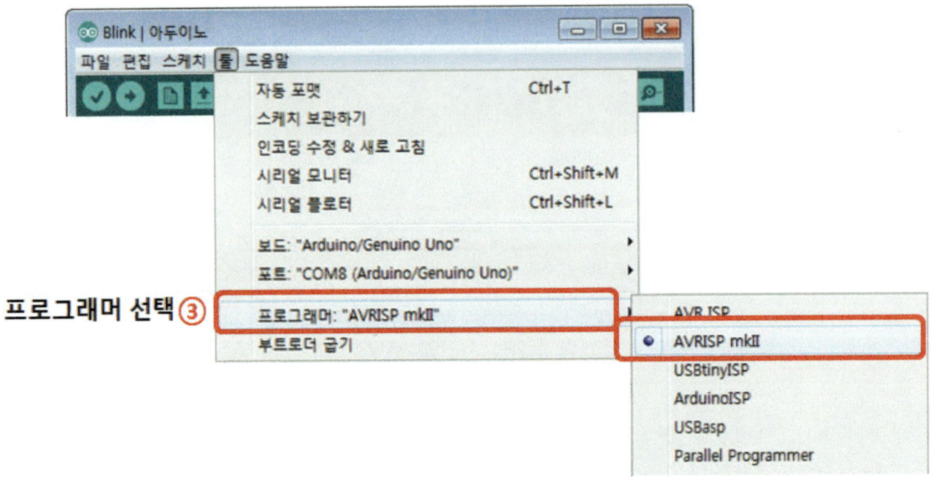

그림 1.28 아두이노 프로그래머 선택

(4) 확인/컴파일

상단 툴바의 확인/컴파일을 누르면, 작성한 스케치가 선택한 아두이노 보드에 맞는 형식으로 컴파일 된다.

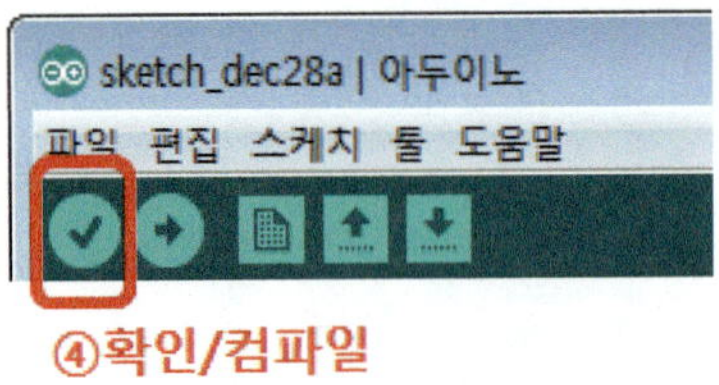

그림 1.29 아두이노 스케치 컴파일

만일 스케치에 오류가 있거나 보드선택이 잘못되면 스케치창 아래 부분에 오류 메시지가 나타난다. 오류가 없이 컴파일이 완료되면 다음과 같은 메시지가 나타난다.

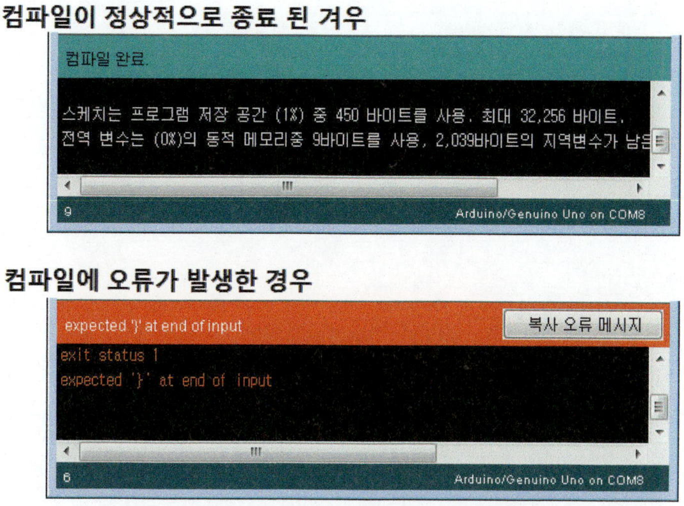

그림 1.30 스케치 컴파일 결과 메시지

(5) 업로드

확인/컴파일에서 오류가 발생하지 않으면, 개발용 PC에 USB 케이블로 연결된 아두이노 보드에 컴파일된 코드를 전송하여 저장시킨다.

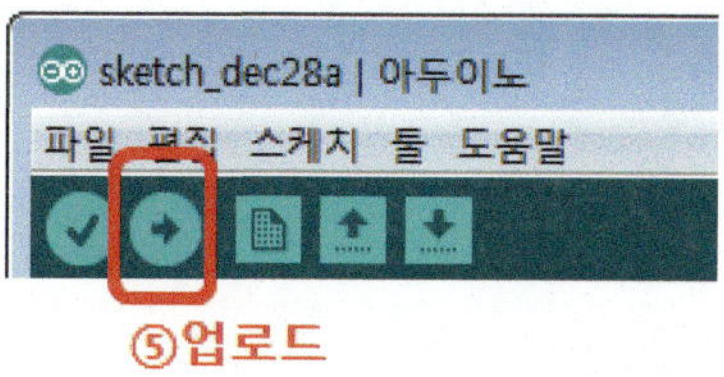

그림 1.31 아두이노 스케치 컴파일과 업로드

스케치에 아무 이상이 없다면 다음 그림과 같이 텍스트 콘솔에는 어떤 오류 메시지도 나타나지 않는다. 오류는 일반적으로 선택한 보드나 시리얼 포트에 문제가 있거나 보드와 컴퓨터가 연결되지 않았을 경우에 발생한다.

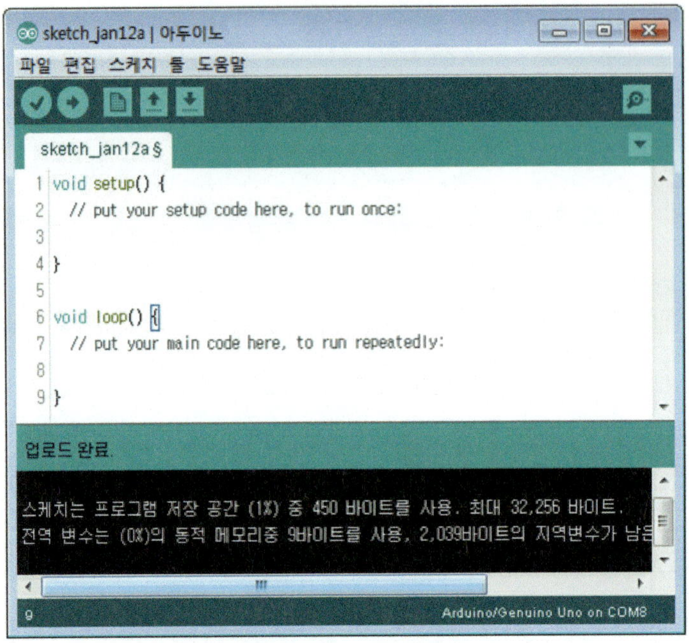

그림 1.32 아두이노 스케치 컴파일과 업로드 결과

그림 1.32와 같이 빈 스케치를 컴파일/업로드하면 아두이노 보드를 초기화하는 효과와 연결 상태 등을 확인하는 용도로 활용할 수 있다.

예제 스케치인 "Blink"를 아두이노 보드에 업로드 하였다면, 아두이노 보드의 LED가 약 1초 간격으로 켜졌다 꺼졌다 하는 것을 확인할 수 있다.

CHAPTER 02

아두이노로 출력하기

디지털 값 출력 : digitalWrite(핀번호, 출력할 값);
아날로그 값 출력 : analogWrite(핀번호, 출력할 값);

아두이노의 디지털입출력 핀을 사용하면 LED를 켜고 끄는 것과 같은 디지털 출력을 사용하는 기능을 쉽게 만들 수 있고, 스위치나 on/off 센서로부터 디지털입력을 받아들여 다른 기기를 쉽게 제어할 수 있다.

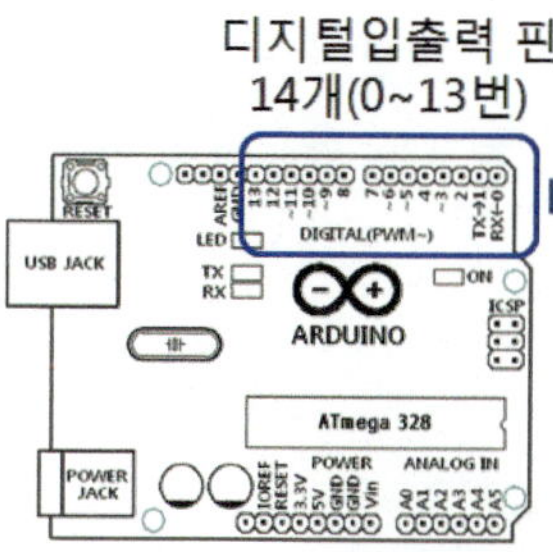

디지털 신호 출력장치	
광학적 표시	LED, LCD, FND
소리	Piezo
구동장치	Step motor

아두이노 보드의 디지털입출력 핀을 통하여
2진 디지털 값(High, Low)을 출력하여
디지털 데이터로 제어

그림 2.1 아두이노 보드의 디지털입출력

이 장에서는 아두이노 보드를 활용하여 디지털 출력을 사용하는 과정을 살펴본다. 이를 위하여 디지털 정보를 출력하는 대표적인 도구인 LED를 다양한 방법으로 제어하는 예제들 통하여 아두이노 스케치를 작성하는 기본적인 방법들을 배운다.

2.1 아두이노 보드의 디지털 출력핀 사용하기

대부분의 아두이노 호환 보드들은 보드 위에 디지털 입출력 핀인 13번과 LED가 연결되어 있고, 아두이노 개발환경(IDE)에서 제공하는 Blink 예제를 이용하여 컴파일, 업로드와 개발환경과의 연결상태 등을 확인해 볼 수 있도록 되어 있다.

void setup( ) {	아두이노 보드의 핀 설정
pinMode(13, OUTPUT);	디지털입출력 핀 13번을 출력모드로 설정
}	setup( ) 함수 종료
void loop( ) {	loop( ) 함수의 시작, 내부의 명령이 무한 반복
digitalWrite(13, HIGH);	디지털입출력 핀 13번에 HIGH("1") 출력
delay(1000);	1000ms 동안 시간지연
digitalWrite(13, LOW);	디지털입출력 핀 13번에 LOW("0") 출력
delay(1000);	1000ms 동안 시간지연
}	loop( ) 함수의 끝

이 Blink 예제는 아두이노 보드를 활용하여 디지털 출력을 내보낼 수 있는 가장 단순하고 쉬운 내용이지만 중요한 개념이기도 하다. 다음은 이 Blink 예제를 활용하여 아두이노 보드에 내장된 LED가 아닌 외부에 LED를 연결하여 제어하여 보자.

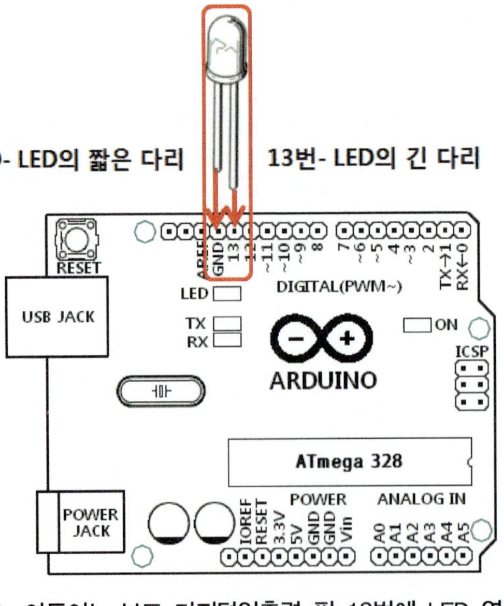

그림 2.2 아두이노 보드 디지털입출력 핀 13번에 LED 연결

먼저, 하드웨어적 구성으로 아두이노 보드의 디지털입출력 핀 13번에 연결선을 이용하여 LED를 연결한다.

다음으로 아두이노 개발환경에서 소프트웨어 적으로 Blink 예제를 업로드 시킨다. Blink 예제의 pinMode( )명령은 아두이노 보드의 디지털입출력 핀 13번을 출력모드로 설정하고, digitalWrite( )명령은 디지털출력을 위해 선택한 핀 13번에 HIGH나 LOW의 디지털 값을 출력한다.

pinMode(13, OUTPUT);	디지털입출력 핀 13번을 출력모드로 설정
digitalWrite(13, HIGH);	디지털입출력 핀 13번에 2진수 "1"(HIGH) 출력
digitalWrite(13, LOW);	디지털입출력 핀 13번에 2진수 "0"(LOW) 출력

아두이노 보드의 LED와 보드 외부에 연결한 LED가 함께 깜박이는 것을 확인할 수 있다.

여기에서 delay( )는 아두이노에서 밀리초 단위의 시간지연을 위하여 사용할 수 있는 함수로 delay(1000)은 1초의 시간지연을 의미한다.

아두이노 UNO보드에는 디지털입출력 핀이 0~13까지 14개가 있으며, 이 핀들을 통하여 아두이노 보드에서 디지털 값을 출력하여 LED의 불을 켜거나 끄는 동작과 같은 디지털 정보로 제어되는 기기들을 동작시킬 수 있다.

그림 2.3은 Fritzing(Frizing, www.fritzing.org)을 이용하여 제작한 도면이다. Fritzing은 브레드 보드에 아두이노 보드와 저항, LED, 스위치 등의 여러 가지 부품을 모의 구성해 볼 수 있도록 하여 주며, 회로도나 PCB 제작을 쉽게 할 수 있도록 하는 프로그램이다.

2.1 실・전・예・제 LED 1개 깜박이기

디지털입력핀 10번에 LED를 연결하고 불을 켜고 싶다면, 다음과 같이 설정하면 된다.

그림 2.3 아두이노 보드 디지털입출력 핀 10번에 LED 연결

void setup( ) {	아두이노 보드의 핀 설정
pinMode(10, OUTPUT);	디지털입출력 핀 10번을 출력으로 설정
}	setup( ) 함수 종료
void loop( ) {	loop( ) 함수의 시작, 내부의 명령이 무한 반복
digitalWrite(10, HIGH);	디지털입출력 핀 10번에 HIGH("1") 출력
delay(1000);	1000ms 동안 시간지연
digitalWrite(10, LOW);	디지털입출력 핀 10번에 LOW("0") 출력
delay(1000);	1000ms 동안 시간지연
}	loop( ) 함수의 끝

■

2.2 변수 사용하기

Blink 예제의 디지털입출력 핀 13번을 예제 2.1과 같이 다른 핀으로 바꾸려면 Blink 예제의 스케치에서 13을 해당하는 핀으로 모두 변경해 주면 된다. 변수를 활용하면 좀 더 편리하게 이러한 작업을 할 수 있다.

변수 k를 정수형으로 선언하고, 초기값을 13으로 지정하면 앞의 Blink예제와 동일하게 되고, k의 값을 10으로 변경하면 예제 2.1과 같이 동작하게 된다.

즉 변수 k의 초기값을 원하는 디지털입출력 핀의 번호로 설정하면 나머지 스케치를 수정하지 않고도 쉽게 수정할 수 있게 된다.

아두이노 보드에서 변수를 정수형으로 선언할 때는 'int'를 앞에 붙여주고, 실수형일 경우에는 'flot', 문자형일 경우에는 'char'를 앞에 붙여준다.

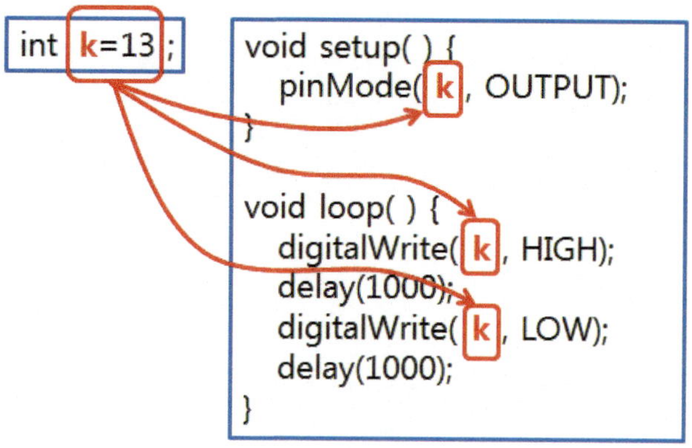

그림 2.4 변수 활용 개념

실·전·예·제 2.2 시간지연 값을 변수를 사용하여 지정하기

시간지연 함수의 값을 dTime이라는 정수형 변수를 사용하여 지연시간을 쉽게 변경할 수도 있다.

int k=10;	k를 정수형 변수로 선언, 초기값 10으로 설정
int dTime =500;	dTime을 정수형 변수로 선언, 초기값 500으로 설정
void setup( ) {	아두이노 보드의 핀 설정
pinMode(k , OUTPUT);	디지털입출력 핀 k번을 출력으로 설정
}	setup( ) 함수 종료
void loop( ) {	loop( ) 함수의 시작, 내부의 명령이 무한 반복
digitalWrite(k , HIGH);	디지털입출력 핀 k번에 HIGH("1") 출력
delay(dTime);	dTime 동안 시간지연
digitalWrite(k , LOW);	디지털입출력 핀 k번에 LOW("0") 출력
delay(dTime);	dTime 동안 시간지연
}	loop( ) 함수의 끝

■

2.3 함수 만들기

프로그램에서 반복적으로 사용되는 부분을 함수로 만들어 사용하면 스케치를 편리하게 구성할 수 있다. 동일하게 반복되는 구조를 함수로 만드는 방법을 다음 예를 통하여 살펴보자.

여러 개의 LED의 on/off 상태를 제어하기 위하여, 디지털 입출력 핀 4개를 사용하여 LED 4개에 그림 2.5와 같이 연결한다.

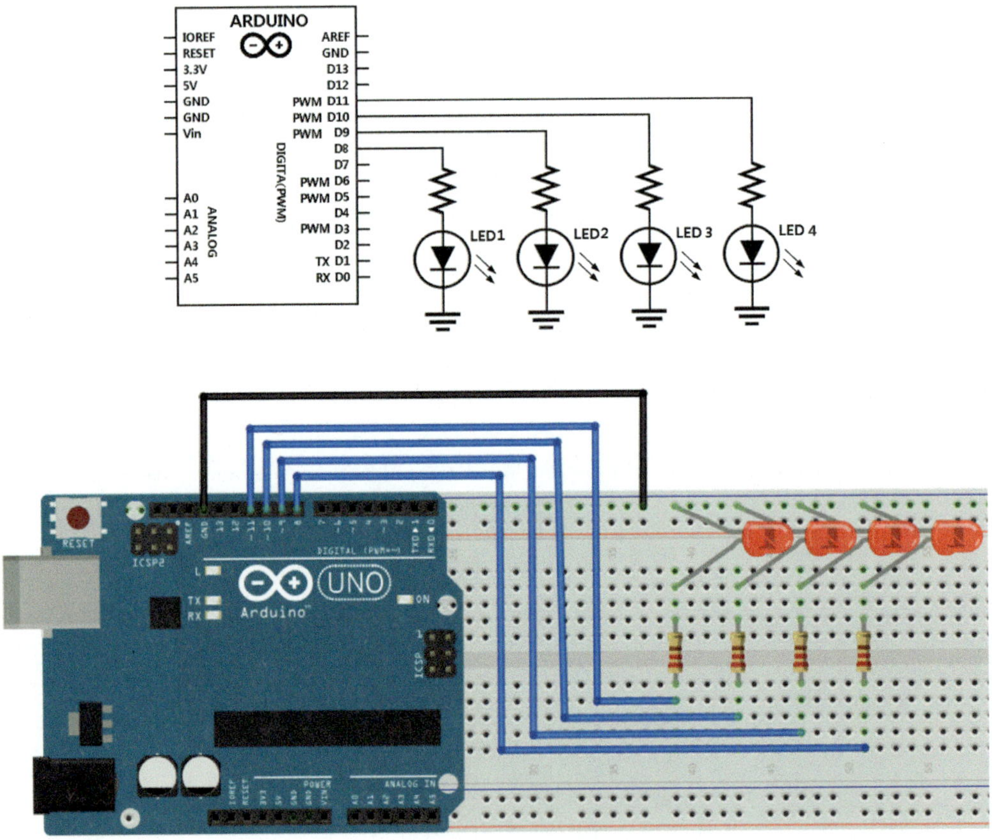

그림 2.5 LED 4개의 제어

실 • 전 • 예 • 제

2.3 4개의 LED를 순차적으로 깜박이기

아두이노에서 LED의 불을 켜는 Blink 예제를 응용하여 아두이노 보드에 LED 4개를 연결하고 제어하여 보자.

예제 2.1의 디지털입출력 핀을 깜박이게 하는 부분을 반복하여 사용하면 다음과 같이 만들 수 있다.

void setup( ) {	아두이노 보드의 핀 설정

pinMode(8, OUTPUT);
pinMode(9, OUTPUT);
pinMode(10, OUTPUT);
pinMode(11, OUTPUT);
	디지털입출력 핀 8~11번을 출력으로 설정

}	setup( ) 함수 종료
void loop( ) {	loop( ) 함수의 시작, 내부의 명령이 무한 반복

digitalWrite(8, HIGH);
delay(1000);
digitalWrite(8, LOW);
delay(1000);
	디지털입출력 핀 8번을 1초 간격으로 on/off

digitalWrite(9, HIGH);
delay(1000);
digitalWrite(9, LOW);
delay(1000);
	디지털입출력 핀 9번을 1초 간격으로 on/off

digitalWrite(10, HIGH);
delay(1000);
digitalWrite(10, LOW);
delay(1000);
	디지털입출력 핀10번을 1초 간격으로 on/off

digitalWrite(11, HIGH);
delay(1000);
digitalWrite(11, LOW);
delay(1000);
	디지털입출력 핀 11번을 1초 간격으로 on/off

}	loop( ) 함수의 끝

■

그러나 이러한 방식으로 더 많은 LED를 켜고자 한다면 스케치는 단순하지만 번거롭게 된다.

실・전・예・제 2.4 함수를 사용하여 4개의 LED를 순차적으로 깜박이기

그림 2.6과 같이 공통적으로 반복되는 LED가 1초 간격으로 켜졌다가 꺼지는 기능을 bink_ft( )라는 함수로 만들고, 그 bink_ft( )라는 함수를 loop( )에서 호출하는 방법으로 예제 2.3을 바꿀 수 있다.

loop( )에서 bink_ft(8)이라고 bink_ft(pin)함수를 호출하면 pin값으로 8을 전달하여 함수의 내용을 다음과 같이 실행한다.

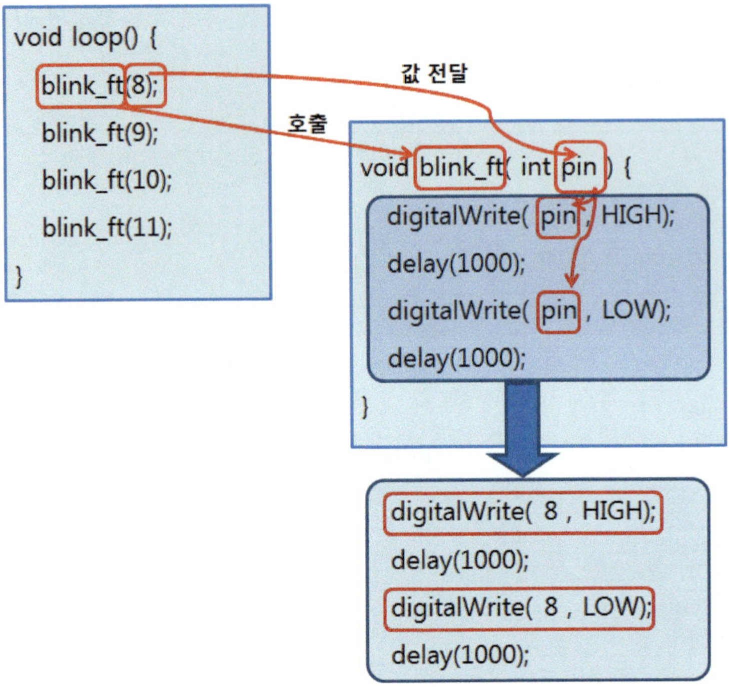

그림 2.6 함수 활용 개념

void setup( ) {	아두이노 보드의 핀 설정

pinMode(8, OUTPUT);
pinMode(9, OUTPUT);
pinMode(10, OUTPUT);
pinMode(11, OUTPUT);
	디지털입출력 핀 8, 9, 10, 11번을 출력으로 설정

}	setup( ) 함수 종료
void **blink_ft(int pin)** {	blink_ft( ) 함수의 시작
digitalWrite(pin, HIGH); **delay(1000);** **digitalWrite(pin, LOW);** **delay(1000);**	디지털입출력 핀 pin번을 1초 간격으로 on/off
}	blink_ft( ) 함수의 끝
void loop( ) {	loop( ) 함수의 시작, 내부의 명령이 무한 반복
blink_ft(8); **blink_ft(9);** **blink_ft(10);** **blink_ft(11);**	blink_ft( ) 함수를 호출, 변수 pin의 값으로 8 전달 blink_ft( ) 함수를 호출, 변수 pin의 값으로 9 전달 blink_ft( ) 함수를 호출, 변수 pin의 값으로 10 전달 blink_ft( ) 함수를 호출, 변수 pin의 값으로 11 전달
}	loop( ) 함수의 끝

■

2.4 for( )문 활용하기

앞의 스케치를 살펴보면 LED를 제어하기 위하여 다음과 같은 구조의 스케치가 반복적으로 사용되는 것을 볼 수 있다.

```
pinMode(8, OUTPUT);
pinMode(9, OUTPUT);
pinMode(10, OUTPUT);
pinMode(11, OUTPUT);
```

```
blink_ft(8);
blink_ft(9);
blink_ft(10);
blink_ft(11);
```

이렇게 반복적으로 사용되는 LED 제어 부분을 for( )문을 사용하면 스케치를 편리하게 구성할 수 있다.

for( )문은 초기값을 증가(또는 감소)시키면서 조건을 만족하는 동안 반복하는 명령이다. 예를 들면 다음의 for(k=8; k〈12; k++)는 변수 k의 초기값으로 8을 가지고 시작해서 k를 1씩 증가시키면서 k〈12가 될 때까지 반복할 부분에 k값을 대입하면서 실행한다.

즉, pinMode(8,OUTPUT) → pinMode(9,OUTPUT) → pinMode(10,OUTPUT) → pinMode(11,OUTPUT)이 순차적으로 실행된다.

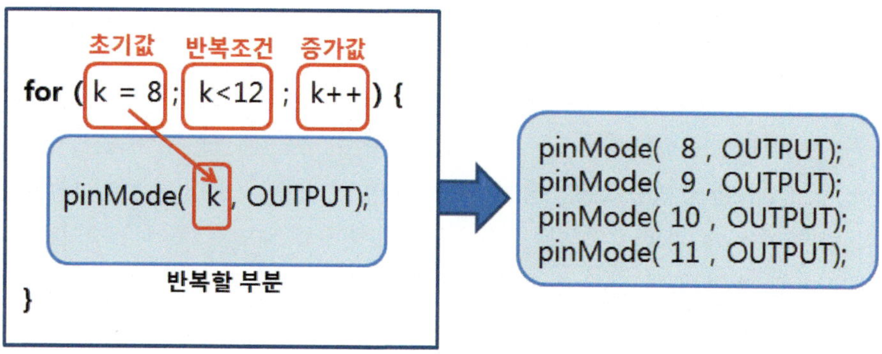

그림 2.7 for( )문 개념

실•전•예•제

2.5 for문을 사용하여 4개의 LED를 순차적으로 깜박이기

예제 2.4를 변수와 for문을 사용하여 변경하면 다음과 같이 된다.

int k;	for문에 사용하기 위하여 k를 정수형 변수로 선언
void setup( ) {	아두이노 보드의 핀 설정

for(k=8; k<12; k++) {
pinMode(k, OUTPUT);
}
	디지털입출력 핀 8, 9, 10, 11번을 출력으로 설정

}	setup( ) 함수 종료
void blink_ft(int pin) {	blink_ft( ) 함수의 시작

digitalWrite(pin, HIGH);
delay(1000);
digitalWrite(pin, LOW);
delay(1000);
	디지털입출력 핀 pin번을 1초 간격으로 on/off

}	blink_ft( ) 함수의 끝
void loop( ) {	loop( ) 함수의 시작, 내부의 명령이 무한 반복

for(k=8; k<12; k++) {
blink_ft(k);
}
	blink_ft( ) 함수를 호출, 변수 pin의 값으로 8 전달
	blink_ft( ) 함수를 호출, 변수 pin의 값으로 9 전달
	blink_ft( ) 함수를 호출, 변수 pin의 값으로 10 전달
	blink_ft( ) 함수를 호출, 변수 pin의 값으로 11 전달

}	loop( ) 함수의 끝

■

2.5 Array문 활용하기

이번에는 여러 개의 변수를 하나의 이름으로 사용할 수 있는 배열을 살펴보자. 즉, 디지털입출력 핀 8, 9, 10, 11번을 변수로 정의하여 사용하려면 k1, k2, k3, k4처럼 각각 다른 이름으로 지정해야 한다. 이렇게 핀 번호와 같이 같은 종류의 변수를 배열로 묶어서 정의하면 하나의 변수처럼 사용할 수 있다.

배열(Array)은 그림 2.8과 같이 여러 개의 방을 묶어서 하나의 이름으로 부여하고 각 방은 번호를 부여하여 구분한다.

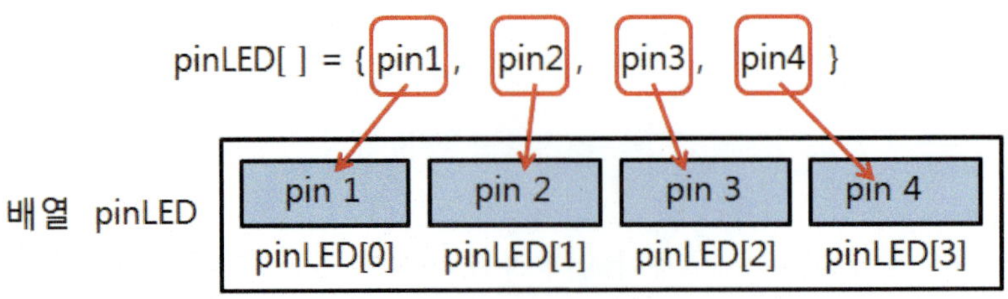

그림 2.8 배열의 개념

그림 2.9는 디지털입출력 핀 8, 9, 10, 11번을 pinLED라는 배열의 속에 pinLED[0], pinLED[1], pinLED[2], pinLED[3]으로 지정하게 되어 사용되는 예를 보인 것이다.

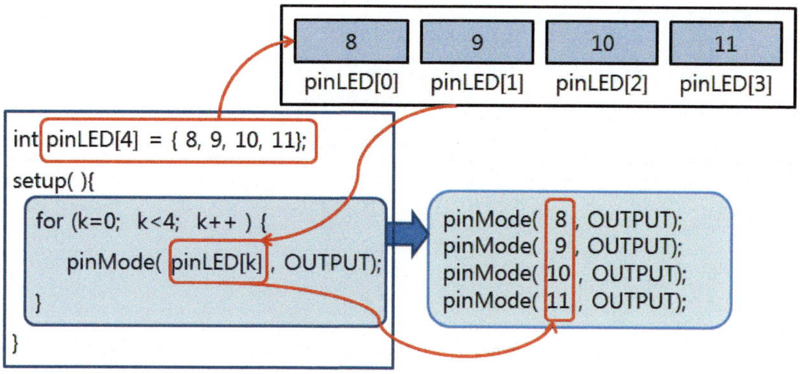

그림 2.9 배열의 동작

이러한 배열을 사용하면 제어하고자 하는 핀들이 4, 9, 11, 12번처럼 연속적이지 않을 경우에도 편리하게 제어할 수 있다.

실•전•예•제 2.6 배열을 사용하여 4개의 LED를 순차적으로 깜박이기

배열과 for문을 사용하면, 필요한 부분을 반복실행 간단하게 할 수 있다.
먼저, 사용하고자 하는 디지털 입출력 핀을 다음과 같이 배열에 저장하고, for문을 사용하여 호출하도록 작성한다.

int **pinLED[4]**= {8, 9, 10, 11}; int k;	배열 pinLED[ ]를 정수형으로 선언하고 값을 지정 pinLED[0]~pinLED[3]은 각각 핀 8,9,10,11번 지정
void setup( ) {	아두이노 보드의 핀 설정

for(k=0; k<4; k++) {
pinMode(**pinLED[k]**, OUTPUT);
}
	pinLED[0]이 나타내는 8번을 출력모드로 선언
	pinLED[1]이 나타내는 9번을 출력모드로 선언
	pinLED[2]이 나타내는 10번을 출력모드로 선언
	pinLED[3]이 나타내는 11번을 출력모드로 선언

}	setup( ) 함수 종료
void blink_ft(int pin) {	blink_ft( ) 함수의 시작

digitalWrite(pin, HIGH);
delay(1000);
digitalWrite(pin, LOW);
delay(1000);
	디지털입출력 핀 pin번을 1초 간격으로 on/off

}	blink_ft( ) 함수의 끝
void loop( ) {	loop( ) 함수의 시작, 내부의 명령이 무한 반복

for(k=0; k<4; k++) {
blink_ft(pinLED[k]);
}
	blink_ft( ) 함수를 호출, 변수 pin의 값으로 8 전달
	blink_ft( ) 함수를 호출, 변수 pin의 값으로 9 전달
	blink_ft( ) 함수를 호출, 변수 pin의 값으로 10 전달
	blink_ft( ) 함수를 호출, 변수 pin의 값으로 11 전달

}	loop( ) 함수의 끝

■

연습과제 2.1 LED 디스플레이 동작 기능 4가지

여러 개의 LED를 순차적으로 이동 시키거나 조건에 따라 제어하여 보자.

배열과 변수를 사용하여, for문과 delay( )의 위치 조합에 따라 LED가 켜지고 꺼지는 것이 달라지는 것을 검토하고 그 이유를 분석하라.

먼저, 배열과 for문을 사용하여 아두이노 보드의 디지털입출력 핀 4개를 출력모드(OUTPUT)로 다음과 같이 설정한다.

int pinLED[4]= {8, 9, 10, 11}; int k;	배열 pinLED[]를 정수형으로 선언하고 값을 지정 pinLED[0]~pinLED[3]은 각각 핀8, 9, 10, 11번 지정

void setup( ) {
for(k=0; k<4; k++) {
pinMode(pinLED[k], OUTPUT);
}
}
	pinLED[0]이 나타내는 8번을 출력모드로 선언
	pinLED[1]이 나타내는 9번을 출력모드로 선언
	pinLED[2]이 나타내는 10번을 출력모드로 선언
	pinLED[3]이 나타내는 11번을 출력모드로 선언

① LED 4개가 모두에 켜졌다가 1초 후에 4개가 모두 꺼지도록 구성

LED 4개가 모두 켜졌다가 1초 후 4개가 모두 꺼진다.	void loop( ) {
	for(k=0; k<4; k++) {
	digitalWrite(pinLED[k], HIGH);
	}
	delay(1000);
	for(k=0; k<4; k++) {
	digitalWrite(pinLED[k], LOW);
	}
	delay(1000);
	}
		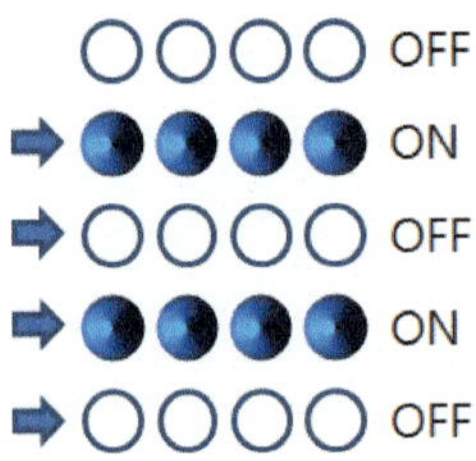

② LED가 1개씩 오른쪽에서 왼쪽으로 순차적으로 켜지다가 4개가 다 켜지면, 오른쪽에서 왼쪽으로 순차적으로 1개씩 꺼지도록 구성

LED가 1개씩 1초 간격으로 켜지며 R → L로 쌓이다가 1개씩 1초 간격으로 R → L로 하나씩 꺼진다.	void loop( ) {
	  for(k=0; k<4; k++) {
	    digitalWrite(pinLED[k], HIGH);
	    delay(1000);
	  }
	  for(k=0; k<4; k++) {
	    digitalWrite(pinLED[k], LOW);
	    delay(1000);
	  }
	}
		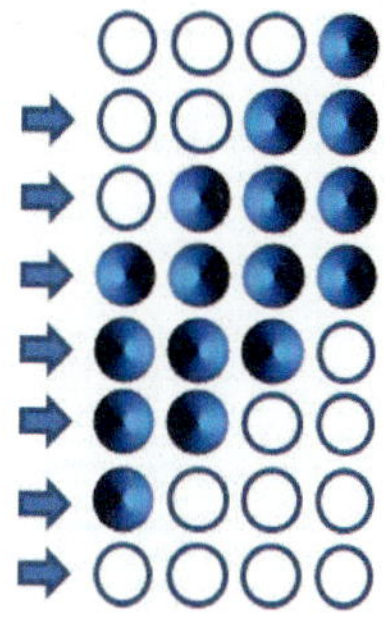

③ LED가 1개씩 왼쪽에서 오른쪽으로 순차적으로 켜지다가 4개가 다 켜지면, 오른쪽에서 왼쪽으로 순차적으로 1개씩 꺼지도록 구성

LED가 1개씩 1초 간격으로 켜지며 L → R로 쌓이다가 1개씩 1초 간격으로 R → L로 하나씩 꺼진다.	void loop( ) {
	  for(k=3; k>=0; k--) {
	    digitalWrite(pinLED[k], HIGH);
	    delay(1000);
	  }
	  for(k=0; k<4; k++) {
	    digitalWrite(pinLED[k], LOW);
	    delay(1000);
	  }
	}
		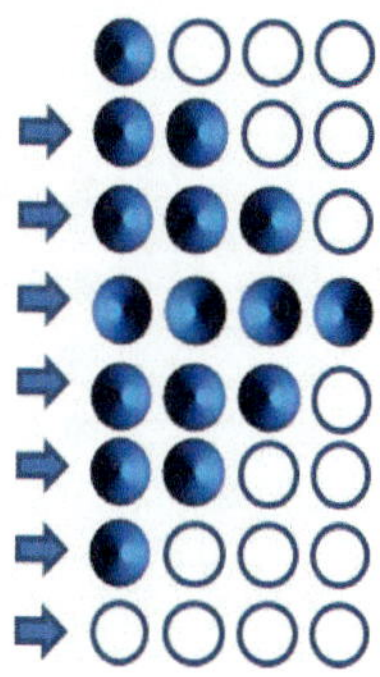

④ LED가 1개씩 오른쪽에서 왼쪽으로 순차적으로 1초 간격으로 켜졌다 꺼지도록 구성

LED가 1개씩 1초 간격으로 R → L로 켜지고 꺼지면서 이동한다.	void loop( ) {
	  for(k=0; k<4; k++) {
	    digitalWrite(pinLED[k], HIGH);
	    delay(1000);
	    digitalWrite(pinLED[k], LOW);
	    delay(1000);
	  }
	}
		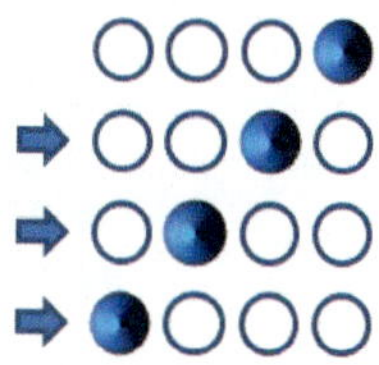

■

연습과제 2.2 연습과제 2.1의 4가지 기능을 각각의 함수로 만들어 본다.

Array와 변수 선언

```
int pinLED[4]= {8, 9, 10, 11};
int k;
```

출력모드 선언

```
void setup( ) {
  for(k=0; k<4; k++) {
    pinMode(pinLED[k], OUTPUT);
  }
}
```

함수 호출

```
void loop( ) {
  LEDft1;
  LEDft2;
  LEDft3;
  LEDft4;
}
```

LEDft1( )

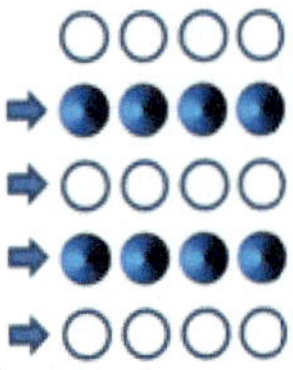

```
void LEDft1( ) {
  for(k=0; k<4; k++) {
    digitalWrite(pinLED[k], HIGH);
  }
  delay(1000);
  for(k=0; k<4; k++) {
    digitalWrite(pinLED[k], LOW);
  }
  delay(1000);
}
```

LEDft2( )

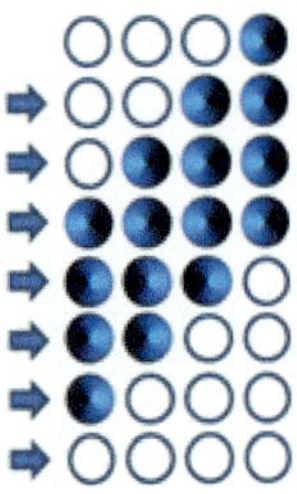

```
void LEDft2( ) {
  for(k=0; k<4; k++) {
    digitalWrite(pinLED[k], HIGH);
    delay(1000);
  }
  for(k=0; k<4; k++) {
    digitalWrite(pinLED[k], LOW);
    delay(1000);
  }
}
```

LEDft3( )

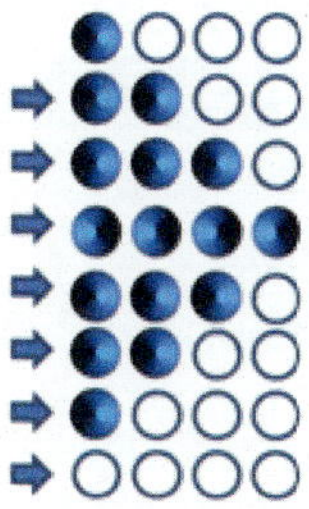

```
void LEDft3( ) {
  for(k=3; k>=0; k--) {
    digitalWrite(pinLED[k], HIGH);
    delay(1000);
  }
  for(k=0; k<4; k++) {
    digitalWrite(pinLED[k], LOW);
    delay(1000);
  }
}
```

LEDft4( )

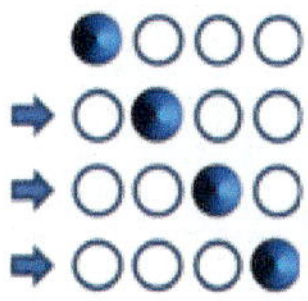

```
void LEDft4( ) {
  for(k=0; k<4; k++) {
    digitalWrite(pinLED[k], HIGH);
    delay(1000);
    digitalWrite(pinLED[k], LOW);
    delay(1000);
  }
}
```

■

2.6 아날로그(PWM) 출력하기

디지털신호는 ON과 OFF동작을 통하여 표시되므로 LED를 켜거나 끌 수는 있지만 전류의 세기를 조정하여 어둡게 하거나 밝게 할 수 없다. 이렇게 전류의 흐름을 조정하기 위하여 아두이노 보드는 PWM신호를 이용한 아날로그 출력을 제공한다.

아두이노 UNO 보드의 디지털입출력 가운데 "~"가 붙어 있는 핀 3, 5, 6, 9, 10, 11번은 PWM제어가 가능한 핀으로, LED의 밝기나 모터의 속도 빠르기를 제어할 수 있다.

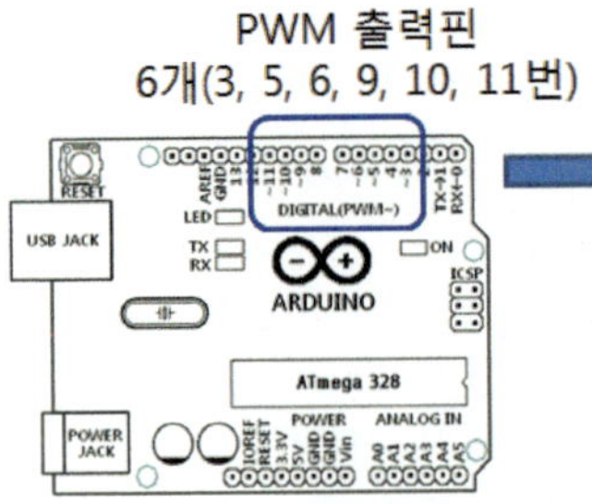

아날로그 신호 출력장치	
광학적 표시	LED
소리	Piezo
구동장치	DC motor

아두이노 보드는 아날로그 신호 출력을 위하여 PWM 신호 사용

그림 2.10 아두이노 보드의 PWM 출력핀

PWM(Pulse Width Modulation)은 그림 2.11과 같이 펄스의 HIGH(+5V)와 LOW(0V)되는 간격을 조정하여 전류를 조정하는 방법이다. 펄스가 HIGH가 되는 시간이 길수록 더 많은 전류가 흐르게 되어 LED의 경우 더 밝아지고, 모터의 경우 속도가 빨라지게 된다.

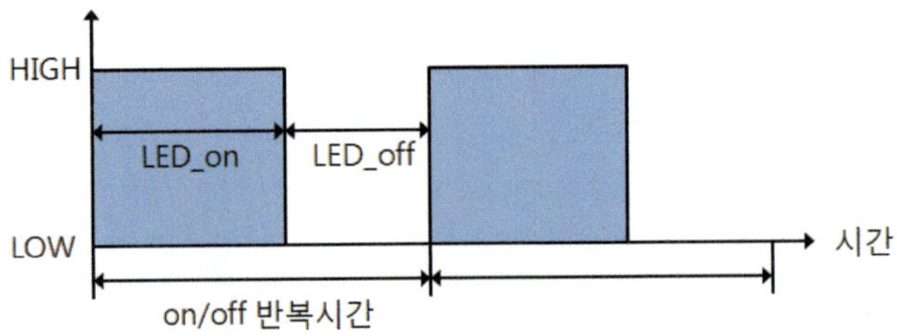

그림 2.11 LED ON/OFF 시간

아두이노 보드의 PWM 기능을 가진 디지털 입출력 핀에 analogWrite( ) 함수를 사용하여 간단하게 구현할 수 있다. 그림 2.12와 같이 0부터 255까지의 8비트 디지털 값으로 PWM 파형으로 출력한다. 이 PWM 파형으로 아날로그 신호 출력과 같은 효과를 낸다. 생성되는 펄스의 주기(주파수)는 약 500Hz이다.

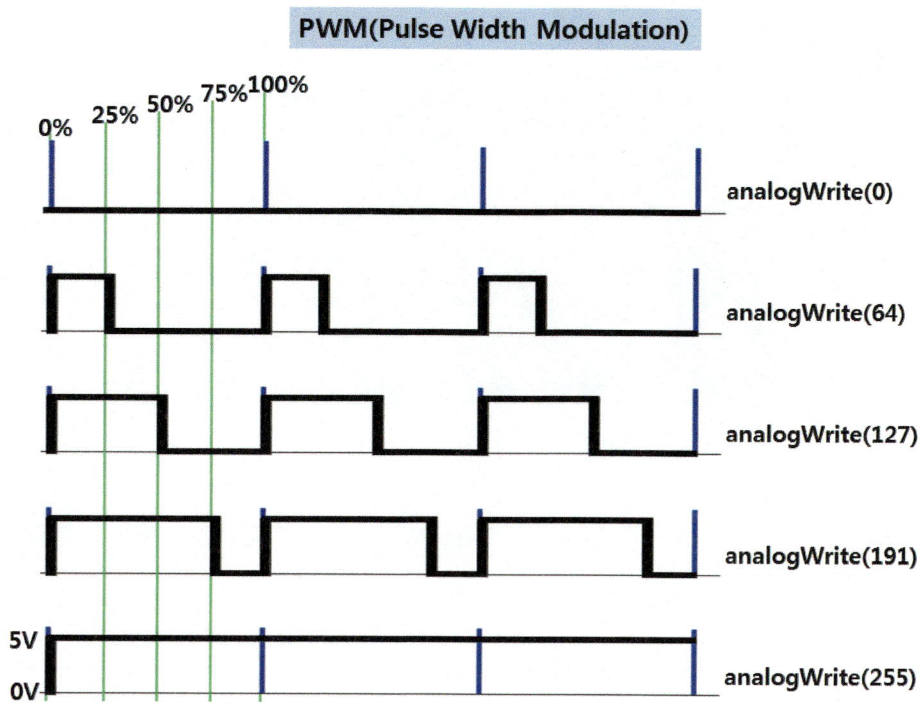

그림 2.12 PWM신호와 analogWrite( ) 명령

실•전•예•제 2.7 LED의 밝기 변화제어

PWM 출력을 이용하여 LED의 밝기가 점점 밝아 졌다가 어두워지도록 만든다. 그림 2.13과 같이 아두이노 보드의 PWM 출력핀 5번에 LED를 연결한다.

그림 2.13 LED의 밝기 변화 제어

아두이노 보드의 디지털입출력 핀 3, 5, 6, 10, 11번은 PWM 출력핀으로 사용할 경우 입출력 모드 선언을 하지 않아도 된다.

int pinPWM=5; int k=0;	

void setup() {
  // pinMode(pinPWM, OUTPUT);
}
	입출력 모드를 설정하지 않아도 됨.

void loop() {	loop함수 시작

for (k=0; k<=255; k++) {
    analogWrite(pinPWM, k);
    delay(15);
  }
	디지털입출력 핀 5번으로 analogWrite( )로
	0에서 255까지 서서히 켜지는 PWM 신호 출력

for (k=255; k>=0; k--) {
    analogWrite(pinPWM, k);
    delay(15);
  }
	디지털입출력 핀 5번으로 analogWrite( )로
	255에서 0까지 서서히 줄어드는 PWM 신호 출력

}	loop함수 끝

■

2.7 아두이노 출력 명령

아두이노에서 디지털 신호나 아날로그 신호를 출력으로 내보내는 방법을 정리하면 그림 2.14~16과 같다.

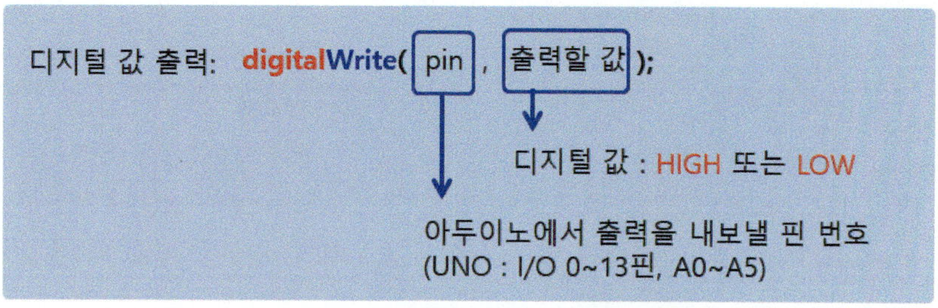

그림 2.14 아두이노 디지털 출력 명령

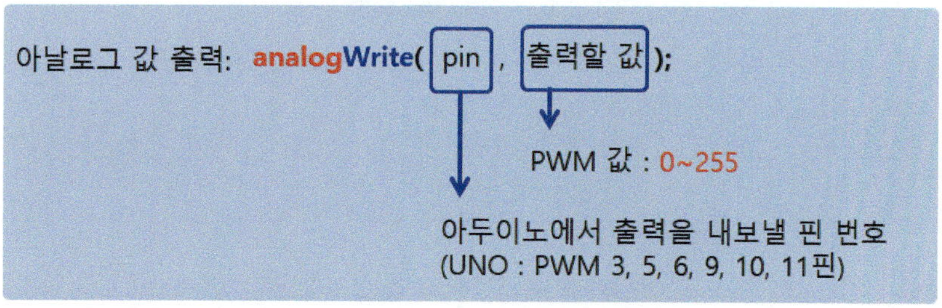

그림 2.15 아두이노 아날로그 출력 명령

디지털 출력을 사용할 경우 그림 2.16(a)와 같이 반드시 setup( )함수에서 pinMode(*, OUTPUT)선언을 해주어야 하지만, 아날로그 출력을 사용할 경우 그림 2.16(b)와 같이 pinMode(*, OUTPUT)선언을 하지 않아도 된다.

```
void setup() {
  pinMode(13, OUTPUT);
  pinMode(8, OUTPUT);
  pinMode(A0, OUTPUT);
  pinMode(A2, OUTPUT);
}

void loop() {
  digitalWrite(13,HIGH);
  digitalWrite(8,LOW);
  digitalWrite(A0,HIGH);
  digitalWrite(A2,LOW);
}
```

(a) 디지털 출력

```
void setup() {
 // pinMode(3,OUTPUT);
 // pinMode(5,OUTPUT);
 // pinMode(6,OUTPUT);
 // pinMode(10,OUTPUT);
}

void loop() {
  analogWrite(3,0);
  analogWrite(5,56);
  analogWrite(6,125);
  analogWrite(10,255);
}
```

(b) 아날로그 출력

그림 2.16 아두이노 출력의 예

실습용 베이스 보드의 활용

이 책의 모든 실습을 위한 구성은 아두이노 보드와 브레드 보드를 활용하여 실습할 수 있도록 Fritzing(Frizing, www.fritzing.org)을 이용하여 구성방법을 나타내어 놓았다.

그러나 좀 더 편리하게 아두이노 실습을 하기 위하여 아두이노 보드에 LED나 스위치의 연결 등 하드웨어 연결을 쉽게하기 위하여 실습용 베이스 보드를 활용하는 방법을 소개한다.

실습용 베이스보드는 아두이노 UNO 보드를 장착할 수 있는 구조로 되어 있으며, 다음 그림과 같이 LED 4개, FND, 버튼 스위치 4개, 가변저항, 피에조, Cds센서, 온도센서, 거리센서와 텍스트 LCD 연결확장 핀과 브레드보드로 구성되어 있다.

아두이노 보드와 각 장치들은 female-to-female 연결선으로 자유롭게 연결이 가능하다.

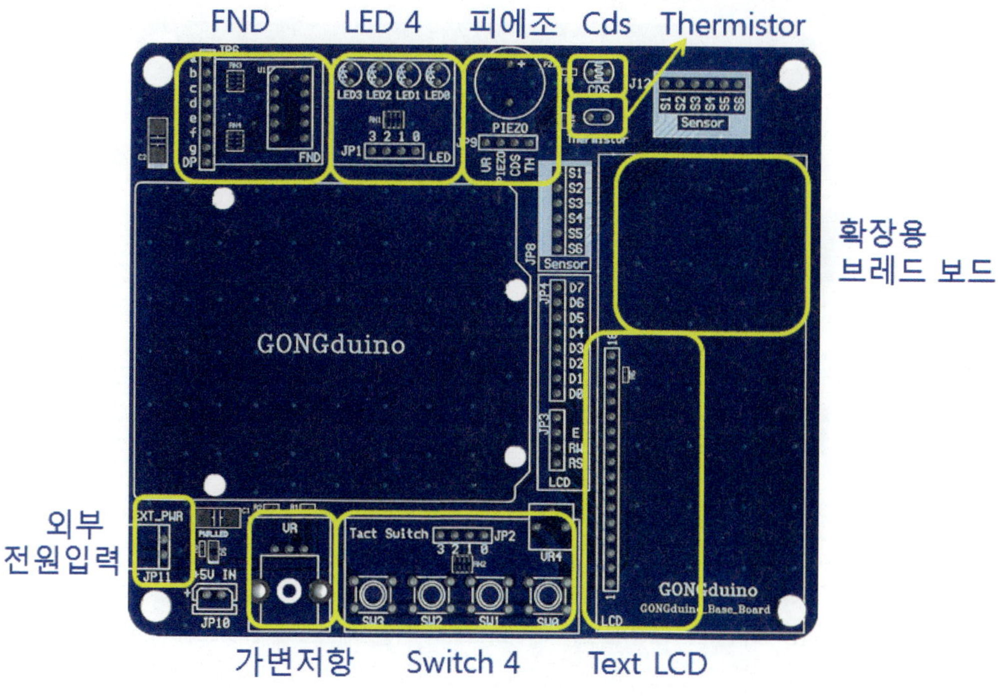

그림 2.14 아두이노 보드 실습을 위한 베이스보드

베이스보드의 LED는 UNO 보드로부터 신호를 받아 ON이 되도록 그림 2.15와 같이 회로가 구성되어 있다.

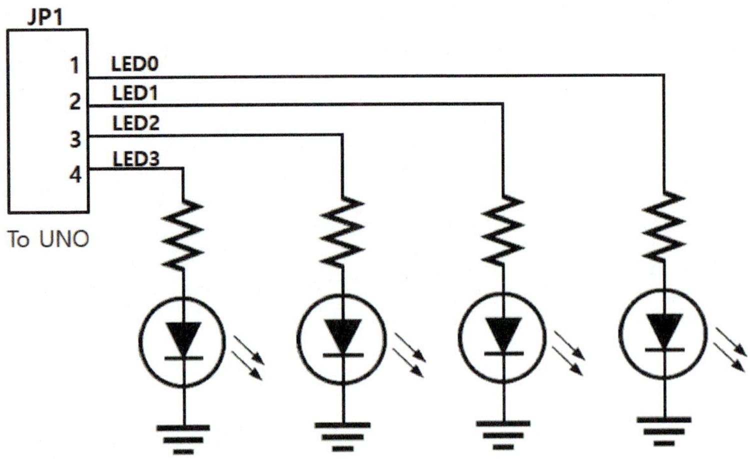

그림 2.15 아두이노 UNO보드와 베이스보드의 LED 연결 회로

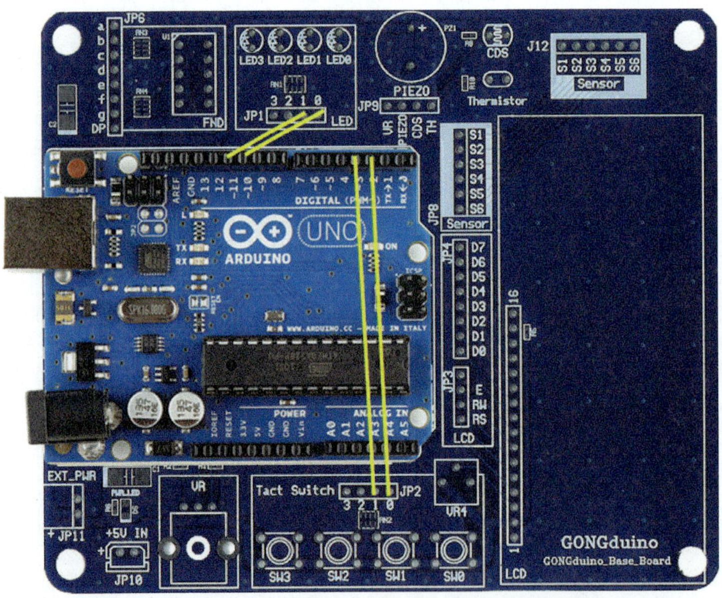

그림 2.16 아두이노 UNO보드와 베이스보드의 연결 예(LED 2개와 스위치 2개)

(1) LED 1개 연결(예제 2.1)

```
void setup( ) {
  pinMode(10, OUTPUT)
}

void loop( ) {
  digitalWrite(10, HIGH);
  delay(1000);
  digitalWrite(10, LOW);
  delay(1000);
}
```

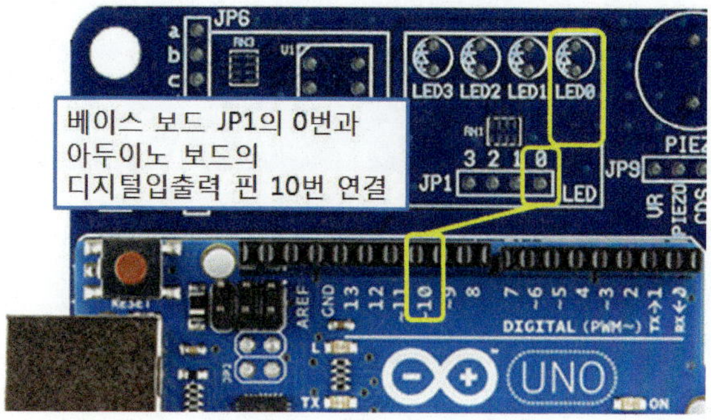

(2) LED 4개 연결(예제 2.3, 2.4, 2.5)

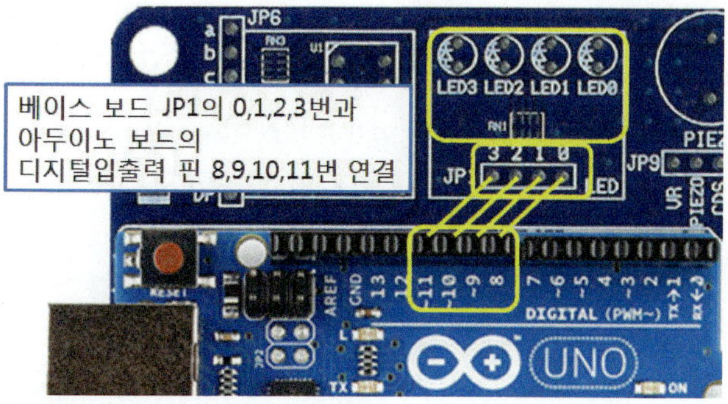

(3) LED와 PWM핀 연결(예제 2.7)

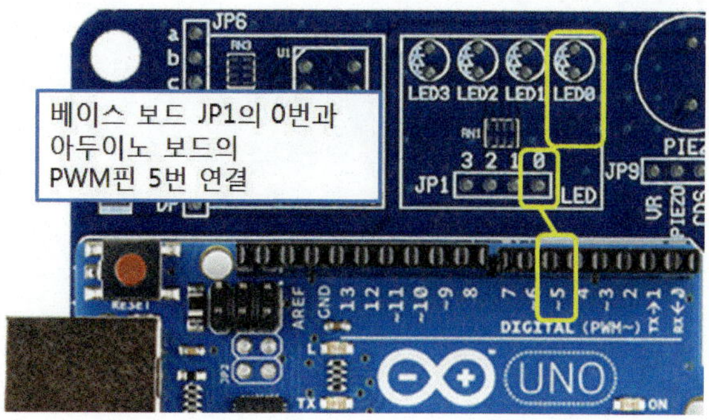

아두이노에서 입력받기

CHAPTER 03

디지털 값 입력 : digitalRead(핀번호);
아날로그 값 입력 : analogRead(핀번호);

아두이노의 디지털입출력 핀은 켜지고 꺼지는 on/off 스위치 동작에서 이루어지는 '0'과 '1'의 디지털 논리의 입력을 받아들여 다른 기기의 동작을 쉽게 제어할 수 있다. 아두이노 UNO 보드에서 디지털 입력은 그림 3.1과 같이 디지털입출력 핀 0~13번을 사용한다. 아두이노 보드의 디지털입출력 핀은 입력모드나 출력모드로 설정하여 입력이나 출력으로 사용된다.

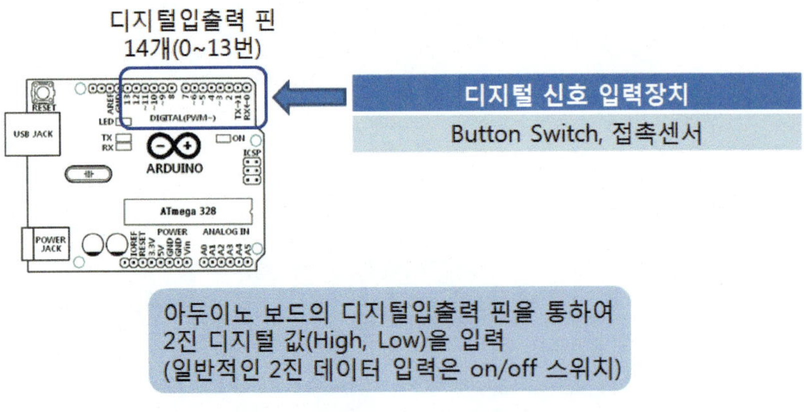

그림 3.1 아두이노 보드의 디지털 입력

이 장에서는 아두이노 보드를 활용하여 디지털 입력을 받아들이는 과정을 살펴본다. 이를 위하여 디지털 정보를 입력하는 대표적인 도구인 버튼 스위치를 사용하며 다양한 방법으로 제어하는 예제들을 통하여 아두이노 스케치를 작성하는 기본적인 방법들을 배운다.

3.1 디지털 입력 제어 : LED와 Switch 제어

아두이노 보드에서 버튼 스위치를 통하여 디지털입력을 받아들이고, 그 입력된 정보에 따른 결과를 확인하기 위해 LED를 사용한 그림 3.2와 같은 회로를 구성한다.

버튼 스위치에서 그림 3.2와 같이 버튼이 눌려지면 +5V의 전압이 아두이노 보드의 디지털입출력 핀 2번으로 들어가게 되어 "HIGH"가 입력되고, 버튼이 눌려지지 않으면 저항을 통하여 연결된 접지로 인하여 0V가 입력되어 "LOW"가 된다.

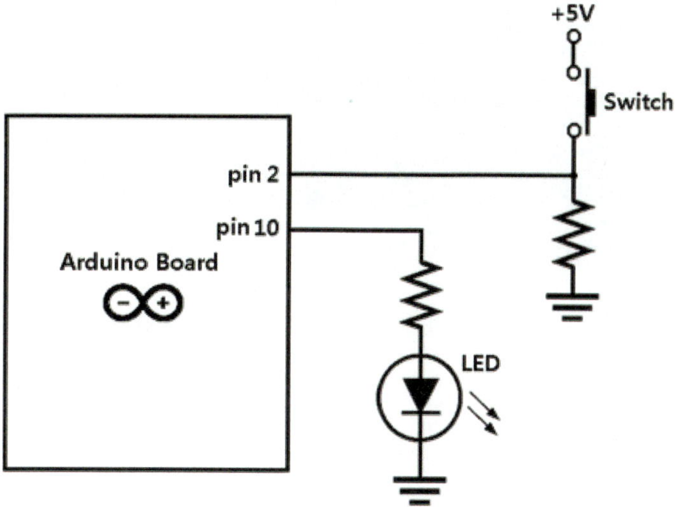

그림 3.2 아두이노 보드의 디지털입출력

표 3.1 아두이노 보드 연결 구성

아두이노 UNO 보드		연결 장치
핀번호	setup( ) 설정	
디지털 입출력 핀 2번	pinMode(2, INPUT)	버튼 스위치
디지털 입출력 핀 10번	pinMode(10, OUTPUT)	LED

```
void setup( ) {
  pinMode( 2, INPUT );
  pinMode( 10, OUTPUT );
}
```

아두이노 보드에서 디지털 입력 값을 받는 명령은 digitalRead( )를 통하여 이루어진다. 아두이노 보드 디지털입력 핀 2번으로 입력을 받는 명령은 다음과 같이 된다.

```
digitalRead(2);
```

Fritzing으로 회로를 구성하면 다음과 같다.

그림 3.3 아두이노 보드에 LED와 버튼 스위치 연결

3.2 판단문 : if-else

아두이노 보드를 사용하여 디지털 신호를 출력하여 LED 등의 불을 켜거나 끌 경우에는 출력에 연결된 장치인 LED의 상태에 관계없이 신호를 내보기만 하면 된다.

그러나 아두이노 보드로 입력을 받아들이는 경우에는 입력된 값이 어떤 값인지를 판단하는 기능이 필요하다. 즉, 디지털 신호인 경우에는 그림 3.4와 같이 그 입력 값이 “HIGH” 또는 “LOW”인지를 구분하여 입력에 따른 제어를 할 수 있기 때문이다.

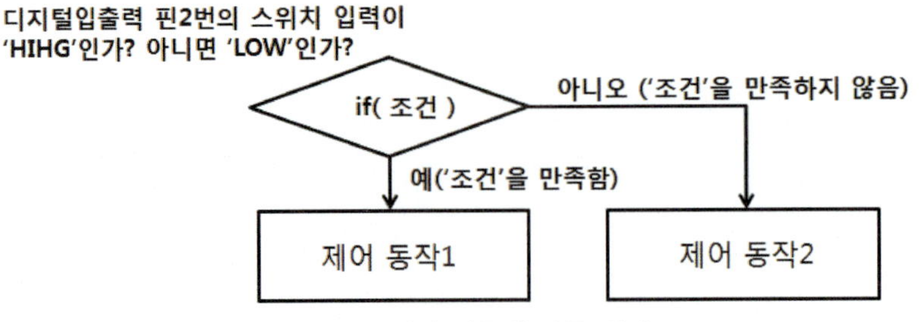

그림 3.4 입력 신호에 따른 판단

이러한 조건의 판단을 위하여 if( )를 사용할 수 있다. 그림 3.5와 같이 if(조건)문에서 '조건'을 만족하면 제어동작1을 수행하고 '조건'을 만족하지 않으면 제어동작2을 수행하는 구조이다.

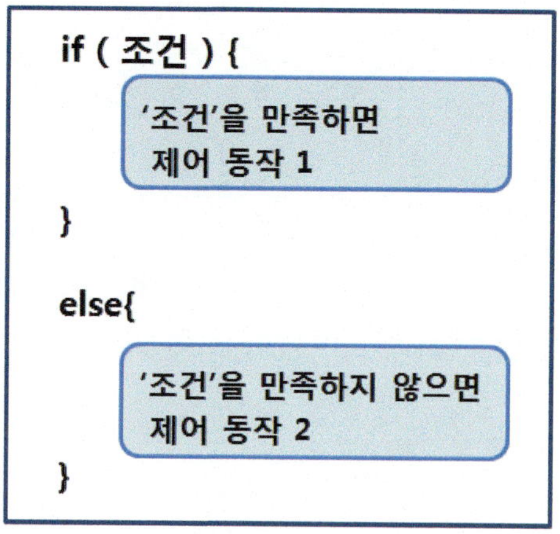

그림 3.5 if–else 구조

실 • 전 • 예 • 제

3.1 디지털입력 제어

그림 3.2나 그림 3.3처럼 구성한 회로를 이용하여 아두이노 보드의 디지털입출력 핀 2번으로 버튼 스위치의 값을 받아들여 버튼 스위치가 눌려지면(HIGH), 디지털입출력 핀 10번에 연결된 LED에 불이 켜지고, 버튼 스위치가 눌려지지 않으면(LOW), LED의 불이 꺼지도록 제어하여 보자.

아두이노 보드와 버튼 스위치, LED의 연결과 setup( )설정은 다음과 같다.

```
void setup( ) {
  pinMode(2, INPUT);
  pinMode(10, OUTPUT);
}
```

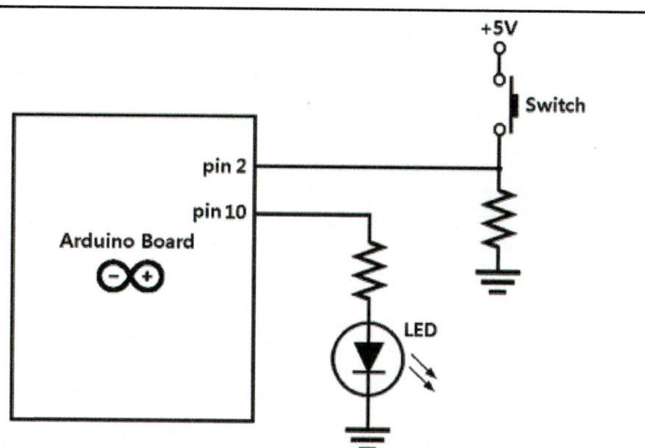

if( )를 이용한 판단문의 구성은 다음과 같다.

<table>
<tr><td><pre>int sw_in=digitalRead(2);</pre></td><td rowspan="2">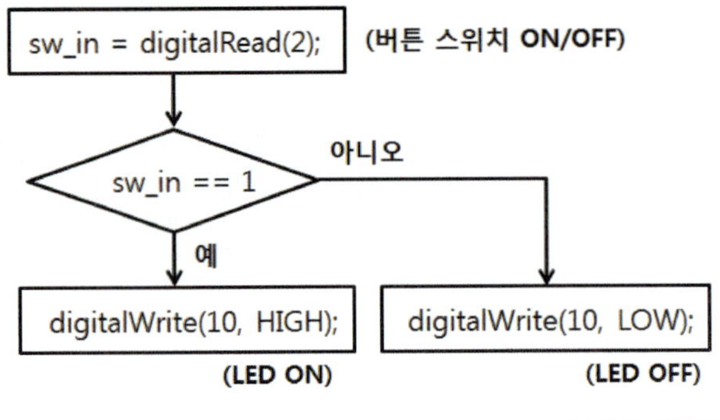
</td></tr>
<tr><td><pre>if(sw_in==1) {
  digitalWrite(10, HIGH);
}
else digitalWrite(10, LOW);</pre></td></tr>
</table>

완성된 스케치는 다음과 같다.

<table>
<tr><td><pre>void setup( ) {
  pinMode(2, INPUT);
  pinMode(10, OUTPUT);
}</pre></td><td>디지털입출력 핀 2번을 입력으로 설정
디지털입출력 핀 10번을 출력으로 설정</td></tr>
<tr><td><pre>void loop( ) {</pre></td><td></td></tr>
<tr><td><pre>int sw_in=digitalRead(2);</pre></td><td>핀 2번으로부터 값을 읽어 sw_in저장</td></tr>
<tr><td><pre> if(sw_in==1) {
    digitalWrite(10, HIGH);
  }
  else digitalWrite(10, LOW);</pre></td><td>sw_in이 “1” 이면, LED을 on

sw_in이 “1” 이 아니면, LED을 off</td></tr>
<tr><td><pre>}</pre></td><td></td></tr>
</table>

버튼 스위치가 눌려지면 digitalRead( )함수를 통하여 받아들이는 값은 “1”로 입력되고, digitalWrite( )함수를 통하여 LED가 ON 된다. 반대로 버튼 스위치가 눌려지지 않으면 digitalRead( )함수를 통하여 받아들이는 값은 “0”으로 입력되고, digitalWrite( )함수를 통하여 LED가 OFF 된다.

■

3.3 다중 if-else문을 이용한 디지털 제어

여러 개의 스위치를 연결하거나 디지털 센서들을 아두이노 보드에 연결하여 사용하는 경우 입력되는 정보가 여러 개가 되며 상태에 대한 판단도 여러 가지로 이루어져야 하는데, 여러 가지 조건에 따라 제어하는 방법에 대하여 알아보자.

실•전•예•제

3.2 4개의 스위치와 LED를 이용한 입출력 제어

아두이노 보드의 디지털입출력 핀 2~5번에 각각 버튼 스위치를 연결하고, 디지털입출력 핀 8~11번에 각각 LED를 연결하여, 버튼 스위치가 눌려지면 각 스위치에 지정된 LED가 켜지도록 if-else문을 사용하여 보자. 아두이노 보드의 하드웨어 구성은 다음과 같다.

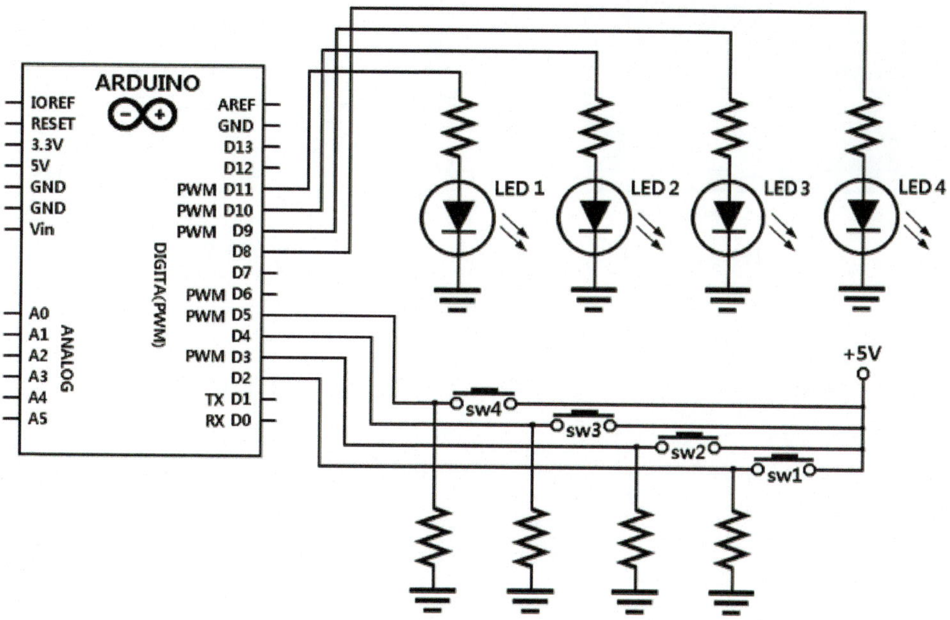

그림 3.6 버튼 스위치 4개와 LED 4개 연결 구성

표 3.2 아두이노 보드 연결 구성

UNO 보드		연결 장치
핀번호	setup( ) 설정	
디지털 입출력 핀 2번	pinMode(2, INPUT)	버튼 스위치1
디지털 입출력 핀 3번	pinMode(3, INPUT)	버튼 스위치2
디지털 입출력 핀 4번	pinMode(4, INPUT)	버튼 스위치3
디지털 입출력 핀 5번	pinMode(5, INPUT)	버튼 스위치4
디지털 입출력 핀 8번	pinMode(8, OUTPUT)	LED4
디지털 입출력 핀 9번	pinMode(9, OUTPUT)	LED3
디지털 입출력 핀 10번	pinMode(10, OUTPUT)	LED2
디지털 입출력 핀 11번	pinMode(11, OUTPUT)	LED1

Fritzing으로 회로를 구성하면 다음과 같다.

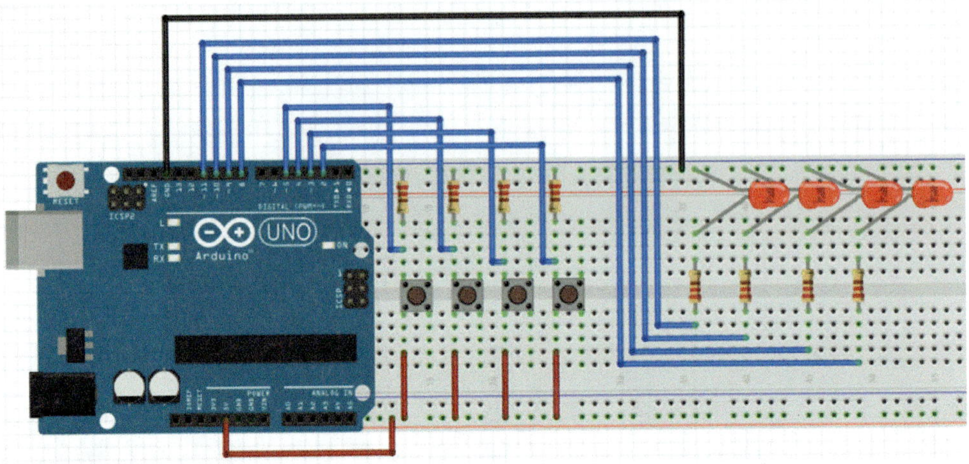

그림 3.7 아두이노 보드에 LED 4개와 버튼 스위치 4개 연결

아두이노 보드와 버튼 스위치, LED의 연결과 setup( )설정은 다음과 같이 1장에서 학습한 for( )와 배열(Array)을 사용하면 편리하게 입출력 모드를 선언할 수 있다.

```
int pinSW[4] = {2, 3, 4, 5};
int pinLED[4] = {8, 9, 10, 11};
int k;
```

배열 pinSW : 디지털입출력 핀 2, 3, 4, 5번
배열 pinLED : 디지털입출력 핀 8, 9, 10, 11번

```
void setup( ) {
  for(k=0; k<4; k++) {
    pinMode(pinSW[k], INPUT);
    pinMode(pinLED[k], OUTPUT);
  }
}
```

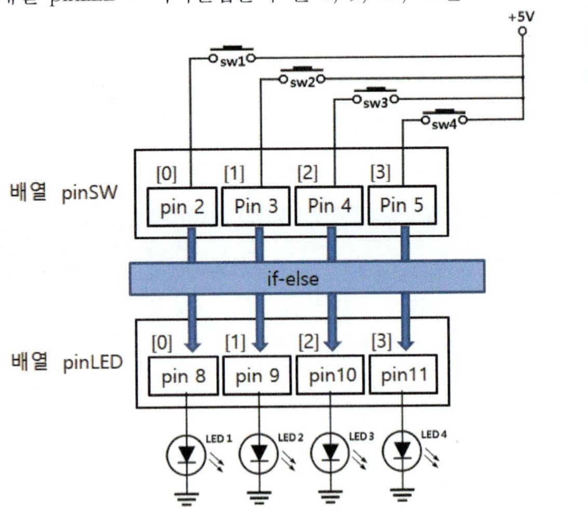

void loop( ) {	loop( )의 시작

if(digitalRead(pinSW[0])==1){
    digitalWrite(pinLED[0], HIGH);
}
	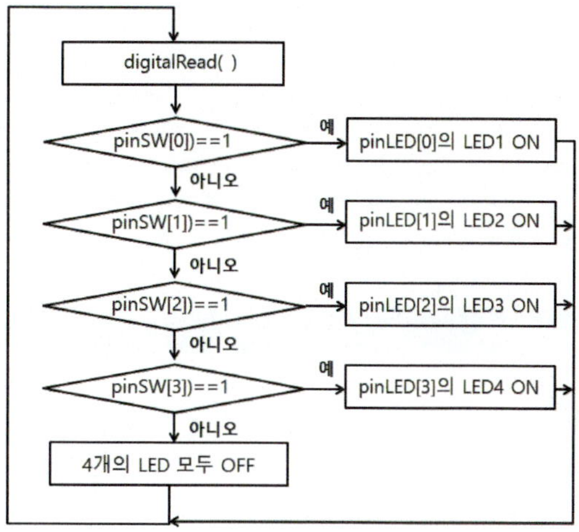

else if(digitalRead(pinSW[1])==1){
    digitalWrite(pinLED[1], HIGH);
}	

else if(digitalRead(pinSW[2])==1){
    digitalWrite(pinLED[2], HIGH);
}	

else if(digitalRead(pinSW[3])==1){
    digitalWrite(pinLED[3], HIGH);
}	

else {
  for(k=0; k<4; k++) {
  digitalWrite(pinLED[k], LOW);
  }
}	

}	loop( )의 끝

배열 pinSW[k]에 연결된 버튼 스위치가 눌려지면, 같은 k(0~3)번째 배열 pinLED[k]에 연결된 LED가 켜지게(ON) 되고, 버튼 스위치의 입력이 없으면 모든 LED는 꺼진다(OFF).

■

연습과제 3.1 버튼 스위치 4개로 LED의 동작 기능을 선택하는 제어

디지털입출력 핀 4개에 스위치를 연결하고 다음 표와 같이 각 버튼 스위치가 눌려지면 해당하는 LED 디스플레이 동작이 일어나고, 버튼 스위치 선택이 없으면 모든 LED의 불이 꺼지도록 제어하여 보자.

LED 디스플레이 동작 기능 4가지를 각각 2장에서 만든 함수로 만들어 활용하면 편리하게 스케치를 구성할 수 있다.

표 3.3 스위치에 따른 LED 동작

기능 선택	버튼 스위치 SW1	버튼 스위치 SW2	버튼 스위치 SW3	버튼 스위치 SW4
아두이노 보드-SW	디지털 입출력 핀 2번	디지털 입출력 핀 3번	디지털 입출력 핀 4번	디지털 입출력 핀 5번
아두이노 보드-LED	디지털 입출력 핀 8~11번			
동작 기능 설명	LED 4개가 모두 켜졌다가 1초 후 4개가 모두 꺼진다.	LED가 1개씩 1초 간격으로 켜지며 R → L로 쌓이다가 1개씩 1초 간격으로 R → L로 하나씩 꺼진다.	LED가 1개씩 1초 간격으로 켜지며 L → R로 쌓이다가 1개씩 1초 간격으로 R → L로 하나씩 꺼진다.	LED가 1개씩 1초 간격으로 R → L로 켜지고 꺼지면서 이동한다.
함수	**LEDft1( )**	**LEDft2( )**	**LEDft3( )**	**LEDft4( )**
LED 디스플레이 동작	○○○○ OFF ➡●●●● ON ➡○○○○ OFF ➡●●●● ON ➡○○○○ OFF	○○○● ➡○○●● ➡○●●● ➡●●●● ➡●●●○ ➡●●○○ ➡●○○○ ➡○○○○	●○○○ ➡●●○○ ➡●●●○ ➡●●●● ➡●●●○ ➡●●○○ ➡●○○○ ➡○○○○	○○○● ➡○○●○ ➡○●○○ ➡●○○○

```
int pinSW[4] = {2, 3, 4, 5};
int pinLED[4] = {8, 9, 10, 11};
int k;
```

배열 pinSW: 디지털입출력 핀2,3,4,5번
배열 pinLED: 디지털입출력 핀8,9,10,11번
스위치 입력을 받기 위한 변수

```
void setup( ) {
  for(k=0; k<4; k++) {
   pinMode(pinSW[k], INPUT);
   pinMode(pinLED[k], OUTPUT);
  }
}
```

핀 2, 3, 4, 5번을 입력모드 지정
핀 8, 9, 10, 11번을 출력모드 지정

```
void loop( ) {
 if(digitalRead(pinSW[0])==1){
    LEDft1( );
 }
 else if(digitalRead(pinSW[1])==1){
    LEDft2( );
 }
 else if(digitalRead(pinSW[2])==1){
    LEDft3( );
 }
 else if(digitalRead(pinSW[3])==1){
    LEDft4( );
 }
 else {
    LEDft5( );
   }
}
```

loop( )의 시작
판단: pinSW[0])에 입력이 있으면, LEDft1( ) 함수 호출

판단: pinSW[1])에 입력이 있으면, LEDft2( ) 함수 호출

판단: pinSW[2])에 입력이 있으면, LEDft3( ) 함수 호출

판단: pinSW[3])에 입력이 있으면, LEDft4( ) 함수 호출

pinSW[0]~pinSW[3] 모두 입력이 없으면, LEDft5( ) 함수 호출

loop( )의 끝

void LEDft1( ) {
  for(k=0; k<4; k++) {
    digitalWrite(pinLED[k], HIGH);
  }
  delay(1000);
  for(k=0; k<4; k++) {
    digitalWrite(pinLED[k], LOW);
  }
  delay(1000);
}
	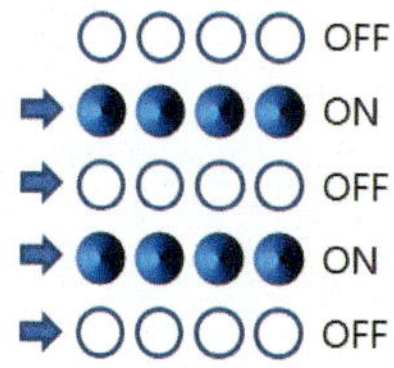

void LEDft2( ) {
  for(k=0; k<4; k++) {
    digitalWrite(pinLED[k], HIGH);
    delay(1000);
  }
  for(k=0; k<4; k++) {
    digitalWrite(pinLED[k], LOW);
    delay(1000);
  }
}
	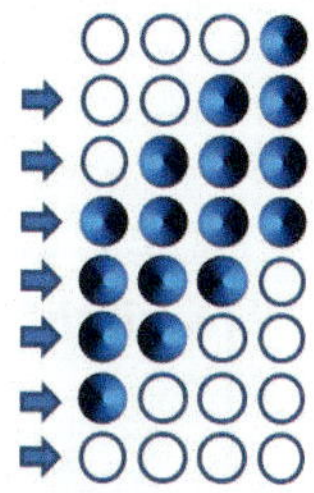

void LEDft3( ) {
  for(k=4; k>0; k--) {
    digitalWrite(pinLED[k], HIGH);
    delay(1000);
  }
  for(k=0; k<4; k++) {
    digitalWrite(pinLED[k], LOW);
    delay(1000);
  }
}
	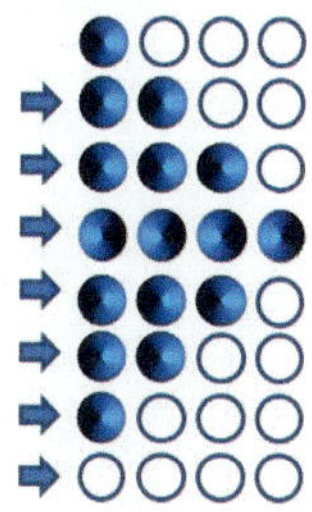

void LEDft4( ) {
  for(k=0; k<4; k++) {
    digitalWrite(pinLED[k], HIGH);
    delay(1000);
    digitalWrite(pinLED[k], LOW);
    delay(1000);
  }
}
	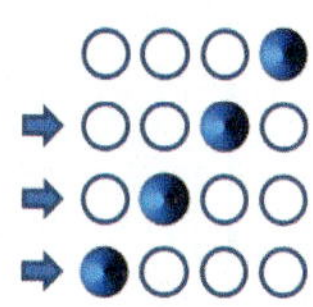

void LEDft5( ) {
  for(k=0; k<4; k++) {
    digitalWrite(pinLED[k], LOW);
  }
}
	스위치가 모두 눌려지지 않으면
	모든 LED off

실행시키면 if-else문을 사용하여, 버튼 스위치가 연결되어 있는 배열 pinSW[0]에서부터 순차적으로 스위치가 눌려져 입력이 발생하였는지를 검사하고, 눌려졌으면 해당하는 기능이 수행된다. 어떠한 스위치도 눌려지지 않으면 4개의 LED가 모두 꺼진다.

■

3.4 switch-case문을 이용한 디지털 제어

입력신호에 따른 제어동작을 결정하기 위하여 if-else문을 사용하면, 판단을 위한 조건을 다양하게 구성할 수 있다. 하지만 버튼 스위치를 사용한 예제들처럼 단순하게 조건을 선택하는 경우에는 switch-case문을 사용하는 것이 더 편리하다.

특히 뒤에서 다루게 될 PC에 의한 시리얼 통신이나 스마트 폰 등을 이용한 통신, 이더넷 등을 통하여 동작 제어를 구현하는 경우에는 if-else문보다 switch-case문을 사용하는 것이 더 직관적이다.

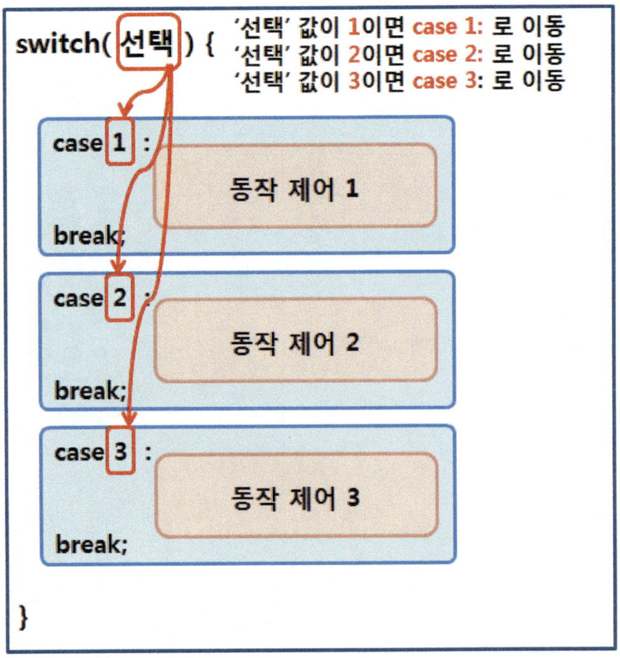

그림 3.8 switch-case문 동작원리

다음 예제에서 앞의 예제 3.2 4개의 스위치와 LED를 이용한 입출력 제어를 switch-case문을 사용하여 만들어 보자.

실 • 전 • 예 • 제

3.3 switch-case문을 사용한 4개의 스위치와 LED를 이용한 입출력 제어

먼저, switch(선택값)문에서 버튼 스위치의 순서를 선택값으로 인식하기 위하여 4개의 버튼 스위치를 8비트(bit)의 바이트(byte) 값으로 변환할 필요가 있다. 즉, 그림과 같이 각 버튼 스위치를 8비트의 하위 비트부터 하나씩 대응시키는 것이다.

예를 들면, switch(선택값)에서 선택값을 지정하기 위하여 select라는 변수를 지정하고 4개의 버튼 스위치를 그림 3.9와 같이 대응시킨다.

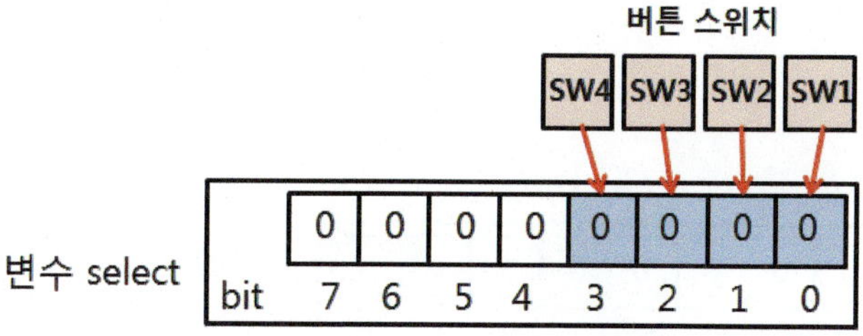

그림 3.9 버튼 스위치와 bit의 대응 연결

버튼 스위치 SW1~SW4가 눌려지는 것에 따라 변수 select의 값이 그림 3.10과 같이 1, 2, 4, 8의 값을 가지게 하는 것이다.

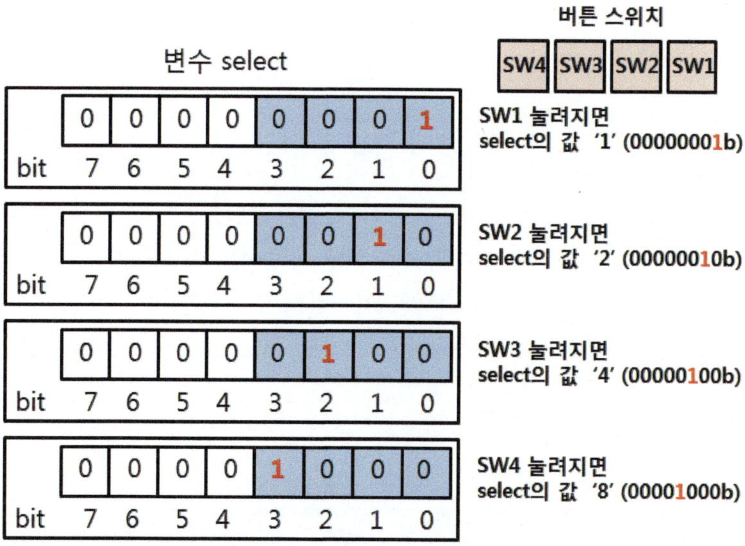

그림 3.10 버튼 스위치에 의한 bit 설정

다음으로 버튼 스위치가 눌려지면 어느 버튼 스위치가 눌려 졌는지를 판별하여 변수 select에 값을 부여하는 방법을 살펴보자.

버튼 스위치 입력에 따라 변수 select의 해당하는 비트가 변하도록 하기 위하여, bitWrite( )를 사용한다.

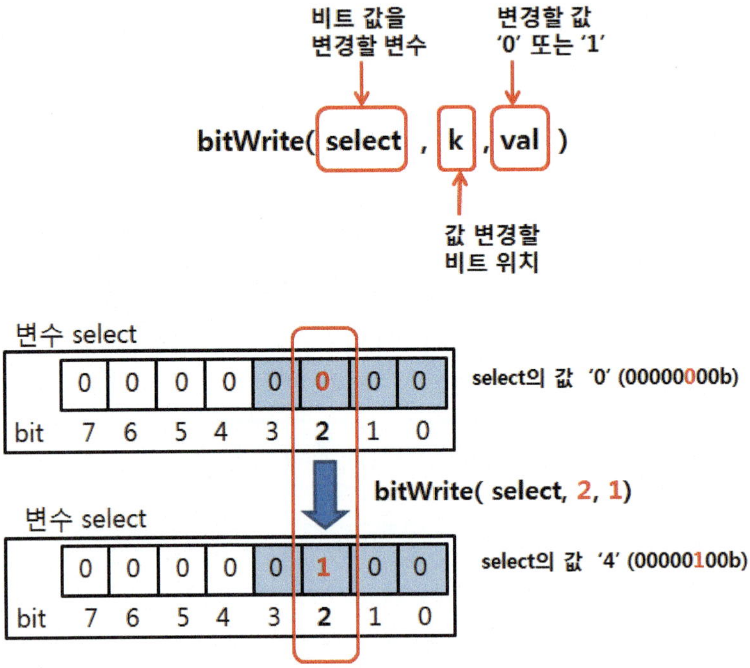

그림 3.11 bitWrite( ) 함수

또한 어떤 버튼으로부터 입력이 발생하였는지를 검사하기 위하여 for( )문을 사용하여 각 버튼 스위치가 연결된 아두이노 보드의 입력 핀을 순차적으로 검사하여 읽어 들이고, 그 값을 select의 해당하는 비트에 bitWrite( )를 사용하여 기록한다.

이를 위하여 예제 3.2와 같이 4개의 버튼 스위치를 아두이노 보드의 디지털입출력 핀 2~5에 연결하고 배열(Array) pinSW[0]~pinSW[3]에 지정한다.

버튼 스위치에 할당한 배열 pinSW[4]={SW0, SW1, SW2, SW3}이면, 선택되는 select값은 표 2.4와 같다.

표 3.4 스위치에 따른 select값

스위치 선택	SW0	SW1	SW2	SW3
select 2진수 값	00000001	00000010	00000100	00001000
case문 전달 값	1	2	4	8

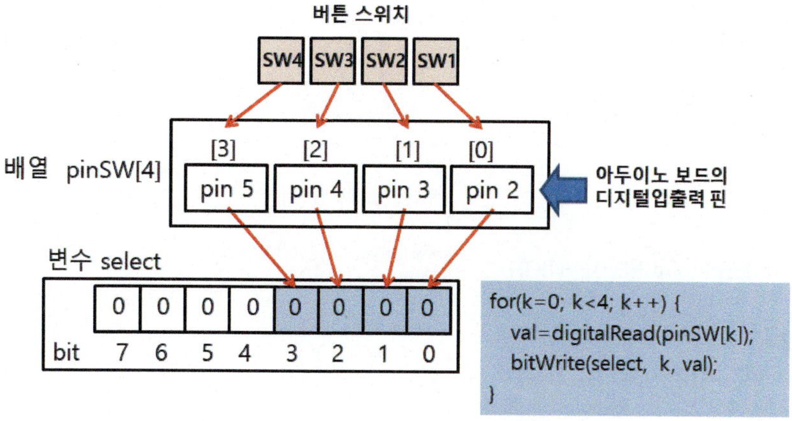

그림 3.12 select 값의 지정

완성된 스케치는 다음과 같다.

```
int pinSW[4] = {2, 3, 4, 5};
int pinLED[4] = {8, 9, 10, 11};
int k;
int val;
int select;
```

배열 pinSW : 디지털입출력 핀 2, 3, 4, 5번
배열 pinLED : 디지털입출력 핀 8, 9, 10, 11번

```
void setup( ) {
  for(k=0; k<4; k++) {
    pinMode(pinSW[k], INPUT);
    pinMode(pinLED[k], OUTPUT);
  }
}
```

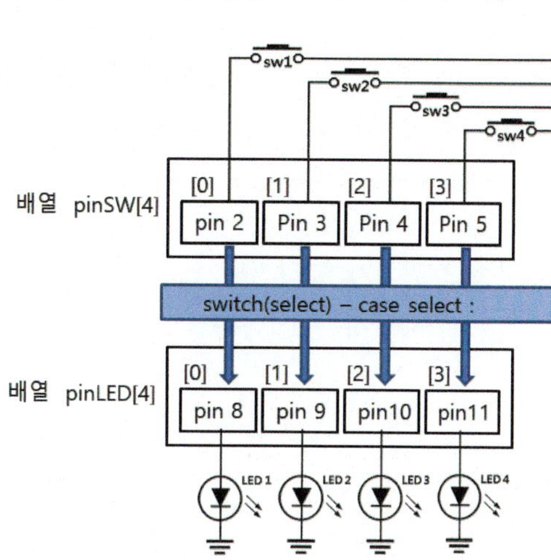

void loop( ) {	loop( ) 시작

for(k=0; k<4; k++) {
val=digitalRead(pinSW[k]);
bitWrite(select, k, val);
}
	switch( )를 위한 case 번호 생성

switch(select) {	switch(select) 시작
case 1: digitalWrite(pinLED[0], HIGH); break;	sw1 눌려지면 00000001b LED1 on
case 2: digitalWrite(pinLED[1], HIGH); break;	sw2 눌려지면 00000010b LED2 on
case 4: digitalWrite(pinLED[2], HIGH); break;	sw3 눌려지면 00000100b LED2 on
case 8: digitalWrite(pinLED[3], HIGH); break;	sw4 눌려지면 00001000b LED4 on

default:
for(k=0; k<4; k++) {
digitalWrite(pinLED[k], LOW);
}
break;
	스위치가 눌려지지 않으면 모든 LED off

}	switch(select) 끝
}	loop( ) 끝

실행하면 버튼 스위치가 눌려지면, bitWrite( )함수에 의하여 switch( )문의 case 선택을 위한 번호가 생성되고, 해당하는 case문으로 이동하게 된다.

■

연습과제 3.2 버튼 스위치 4개로 LED의 동작 기능을 선택하는 제어

연습과제 3.1의 과제를 switch-case문을 사용하여 디지털입출력 핀 4개에 스위치를 연결하고 다음 표와 같이 각 버튼 스위치가 눌려지면 해당하는 LED 디스플레이 동작이 일어나고, 버튼 스위치 선택이 없으면 모든 LED의 불이 꺼지도록 제어하여 보자.

Array와 변수 선언

```
int pinSW[4] = {2, 3, 4, 5};
int pinLED[4] = {8, 9, 10, 11};
int k;
int val;
int select;
```

setup( ) 함수: 입출력모드 선언

```
void setup( ) {
  for(k=0; k<4; k++) {
   pinMode(pinSW[k], INPUT);
   pinMode(pinLED[k], OUTPUT);
  }
}
```

loop( )함수

```
void loop( ) {
  for(k=0; k<4; k++) {
    val=digitalRead(pinSW[k]);
    bitWrite(select, k, val);
  }
  switch(select) {
    case 1:
      LEDft1( );
    break;
    case 2:
      LEDft2( );
    break;
    case 4:
      LEDft3( );
    break;
    case 8:
      LEDft4( );
    break;
    default:
      LEDft5( );
    break;
  }
}
```

LEDft1( )

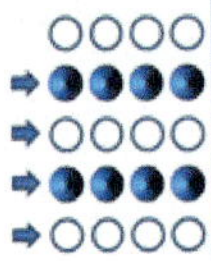

```
void LEDft1( ) {
  for(k=0; k<4; k++) {
    digitalWrite(pinLED[k], HIGH);
  }
  delay(1000);
  for(k=0; k<4; k++) {
    digitalWrite(pinLED[k], LOW);
  }
  delay(1000);
}
```

LEDft3( )

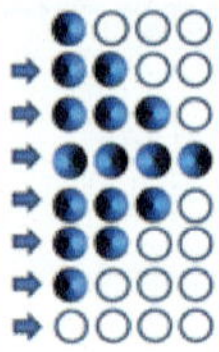

```
void LEDft3( ) {
  for(k=3; k>=0; k--) {
    digitalWrite(pinLED[k], HIGH);
    delay(1000);
  }
  for(k=0; k<4; k++) {
    digitalWrite(pinLED[k], LOW);
    delay(1000);
  }
}
```

LEDft2( )

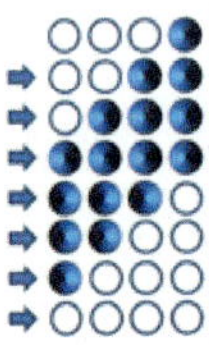

```
void LEDft2( ) {
  for(k=0; k<4; k++) {
    digitalWrite(pinLED[k], HIGH);
    delay(1000);
  }
  for(k=0; k<4; k++) {
    digitalWrite(pinLED[k], LOW);
    delay(1000);
  }
}
```

LEDft4( )

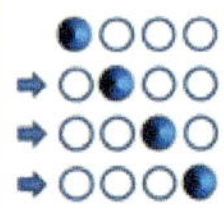

```
void LEDft4( ) {
  for(k=0; k<4; k++) {
    digitalWrite(pinLED[k], HIGH);
    delay(1000);
    digitalWrite(pinLED[k], LOW);
    delay(1000);
  }
}
```

LEDft5( )

LED off

```
void LEDft5( ) {
  for(k=0; k<4; k++) {
    digitalWrite(pinLED[k], LOW);
  }
}
```

그림 3.13 완성된 스케치

3.5 아날로그 신호 입력받기

디지털신호는 LED를 ON 또는 OFF하는 HIGH나 LOW의 신호를 사용하지만 실제 환경에서 대부분의 현상은 연속적인 변화를 갖는 아날로그적 특성을 가지고 있다.

아두이노 보드는 아날로그 입력 핀을 사용하여 연속적으로 변하는 아날로그 신호를 받아들여 A/D변환(Analog to Digital Conversion)하여 0~1023 범위의 값으로 읽어 들일 수 있는 기능을 제공한다. 아두이노 UNO보드는 그림 3.14와 같이 A0~A5의 6개 아날로그 입력 핀을 가지고 있다.

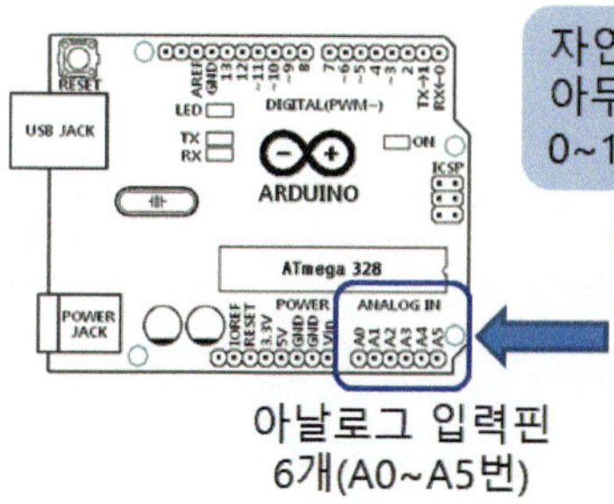

아날로그 신호 입력장치	
광학적 신호	CdS, Photo, 칼라센서
소리	초음파(아날로그 방식)
열	온도센서, 적외선

그림 3.14 아두이노 보드의 아날로그 입력

3.6 아날로그 입력 제어 : LED와 VR 제어

아두이노 보드에서 가변저항(VR)를 통하여 아날로그 입력을 받아들이고, 그 입력된 정보에 따른 결과를 확인하기 위하여 LED를 사용했고, 그림 3.15와 같은 회로를 구성하였다. 그림 3.15에서 가변저항(VR)으로 저항 값을 조정하면 0~+5V 범위에서 변하는 전압 값이 아두이노 보드의 아두이노 보드 아날로그 입력 A2번으로 들어가게 되고, 내부의 ADC를 통하여 0~1023의 정수 값을 가지게 된다.

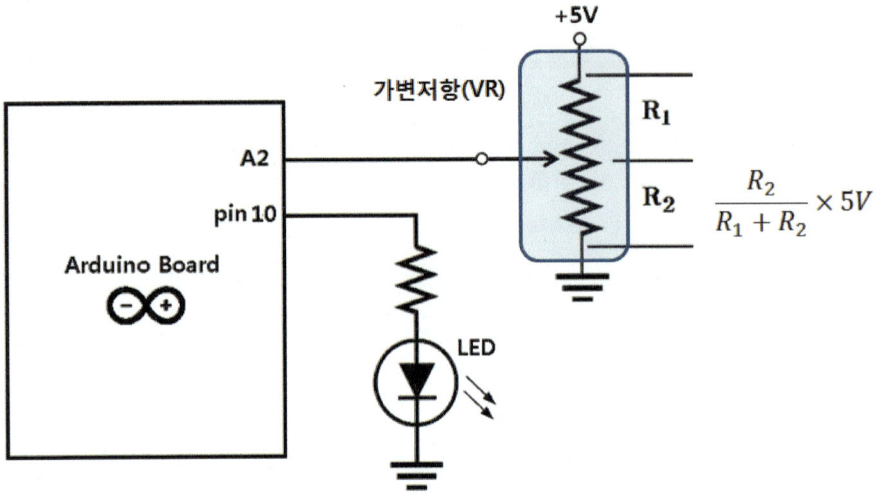

그림 3.15 아두이노 보드의 아날로그 입력

표 3.5 아두이노 보드 연결 구성

아두이노 UNO 보드		연결 장치
핀번호	setup( ) 설정	
아날로그 입력 핀 A2번	설정 필요 없음	가변저항(VR)
디지털 입출력 핀 10번	punMode(10, OUTPUT)	LED

아두이노 보드에서 아날로그 입력 값을 받는 명령은 analogRead( )를 통하여 이루어진다. 아두이노 보드 아날로그 입력 핀 A2번으로 입력을 받는 명령은 다음과 같이 된다.

```
analogRead(2);
```

Fritzing으로 회로를 구성하면 다음과 같다.

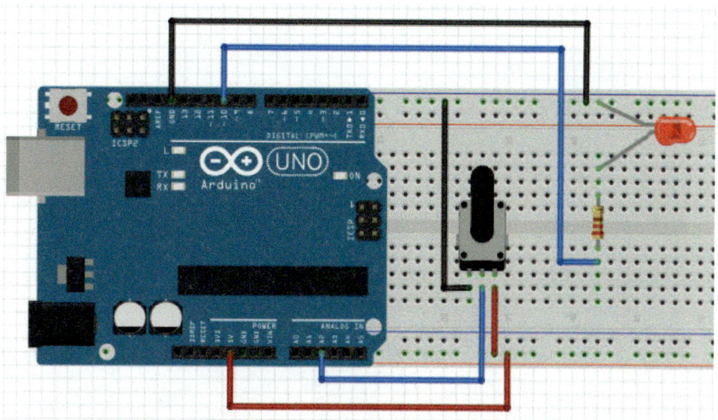

그림 3.16 아두이노 보드에 LED와 가변저항(VR) 연결

실 • 전 • 예 • 제

3.4 가변저항을 변화시키면 LED의 켜지고 꺼지는 간격의 변화

가변저항에 의하여 LED가 켜지고 꺼지는 시간지연이 조절되는 스케치를 작성해 본다. 그림 3.15와 같이 가변저항은 아두이노 보드의 아날로그 입력 A2에 연결하고, LED는 디지털입출력 핀 10번에 연결한다.

아두이노 보드의 아날로그 입력핀을 통하여 입력되는 가변저항 값은 A/D변환되어 0~1023 범위 값으로 변한다. 이 값을 delay( )에 직접 대입하면, 시간지연은 0~1023 밀리초 범위에서 조절되게 된다.

아두이노 보드와 가변저항(VR) 연결에 따른 setup( )설정은 다음과 같다.

```
int analogPin=2;
void setup( ) {
  pinMode(10, OUTPUT);
}
```

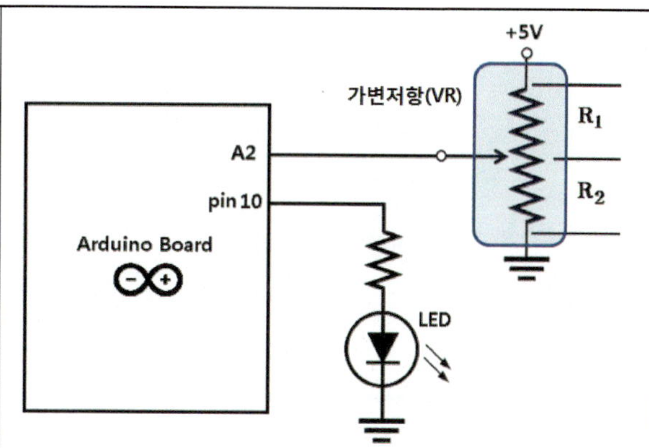

void loop( ) {	loop( )의 시작
int val = analogRead(analogPin);	
digitalWrite(10, HIGH); delay(val);	 0~1023 msec 범위에서 시간 지연
digitalWrite(10, LOW); delay(val);	 0~1023 msec 범위에서 시간 지연
}	loop( )의 끝

스케치를 업로드하여 실행시키고, 가변저항의 값을 조절하면 LED의 껴지고 꺼지는 간격이 약 0~1초 범위에서 조절된다.

■

실 • 전 • 예 • 제

3.5 가변저항을 변화에 따라 LED의 밝기 조절

가변저항에 의하여 LED의 밝기가 조절되는 스케치를 작성해 본다.

아두이노 보드에서 가변저항(VR)을 통하여 아날로그 입력을 받아들이고, 그 입력에 비례하여 LED의 밝기가 조절되도록 그림 3.17과 같이 회로를 구성한다. 가변저항은 아두이노 보드의 아날로그 입력 A2에 연결하고, LED는 PWM 핀 5번에 연결한다.

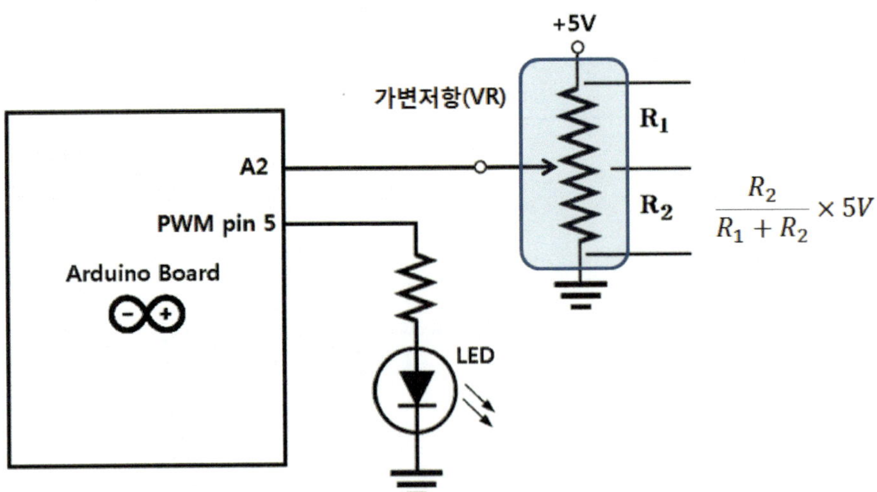

그림 3.17 아두이노 보드의 아날로그 입력

표 3.6 아두이노 보드 연결 구성

아두이노 UNO 보드		연결 장치
핀번호	setup( ) 설정	
아날로그 입력 핀 A2번	설정 필요 없음	가변저항(VR)
디지털 입출력 핀 5번	PWM 모드 사용	LED

Fritzing으로 회로를 구성하면 다음과 같다.

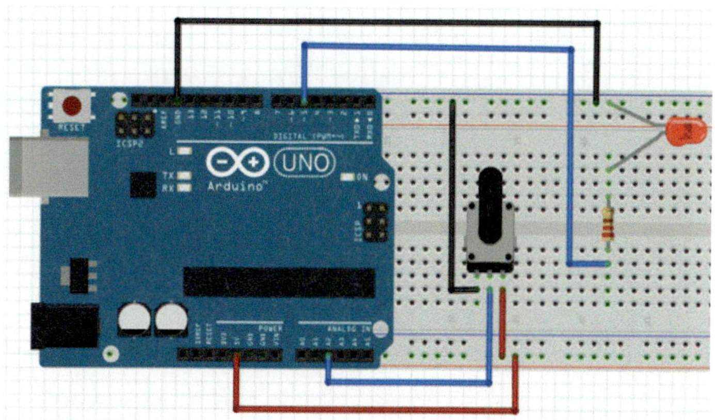

그림 3.18 아두이노 보드에 LED와 가변저항(VR) 연결

아두이노 보드의 아날로그 입력핀 A2를 통하여 입력되는 가변저항 값은 A/D변환되어 그림 3.19와 같이 0~1023 범위 값으로 변한다.

그러나 아두이노 보드의 PWM 핀 출력은 0~255 범위의 값으로 출력이 이루어진다.

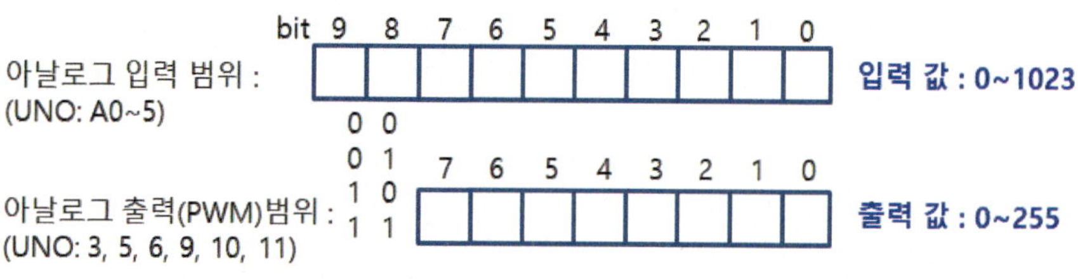

그림 3.19 아두이노 보드에 아날로그 입출력 값의 범위

그러므로 가변저항으로 LED의 밝기를 조절할 수 있는 PWM 신호로 사용하려면, 가변저항을 통하여 입력되는 0~1023 범위의 값을 0~255범위의 값으로 변환하여야 한다. 이를 위하여

map( )함수를 사용한다.

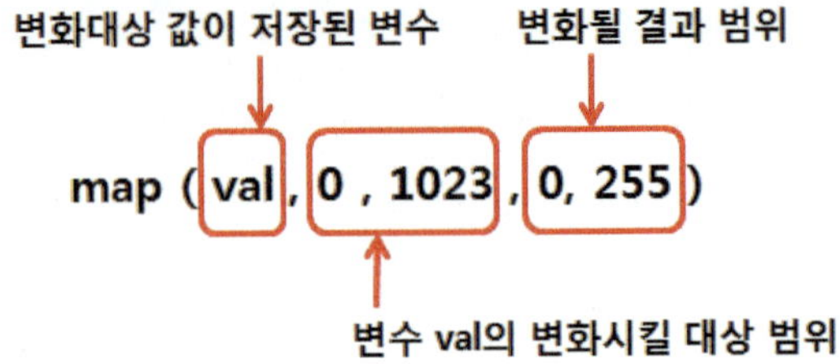


```
val1 = analogRead(2);
val2 = map( val1, 0, 1023, 0, 255);
```

완성된 스케치는 다음과 같다.

```
void setup( ) {
//   pinMode(5, OUTPUT);
}
```

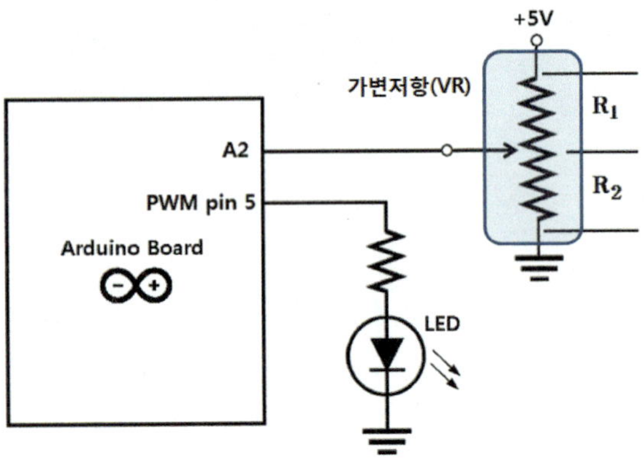

void loop( ) {	loop( )의 시작
int val1 = analogRead(2);	아날로그입력 2번을 통하여 입력된 전압값을 0~1023범위의 값으로 읽어 val1에 저장
int val2 = map(val1, 0, 1023, 0, 255);	0~1023범위의 val값을 0~255 범위로 변환
analogWrite(5, val2); delay(20);	PWM 신호로 출력
}	loop( )의 끝

실행을 위하여 스케치를 업로드하여 실행시키고, 가변저항의 값을 조절하면 LED의 밝기가 가변저항 VR값에 비례하여 조절된다. ■

3.7 아두이노 입력 명령

아두이노에서 디지털 신호나 아날로그 신호를 입력받는 방법을 정리하면 그림 3.20~21과 같다.

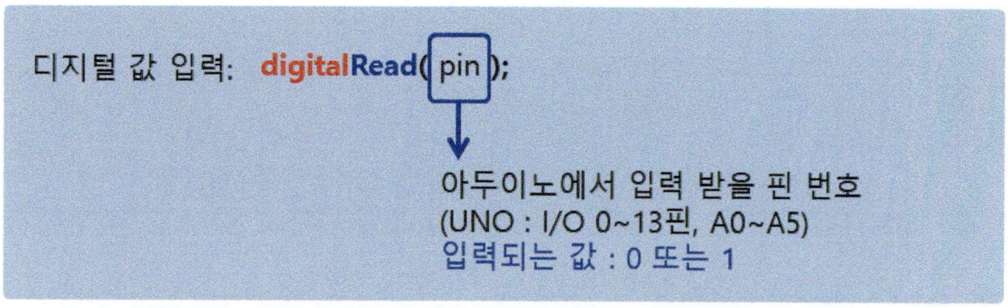

그림 3.20 아두이노 디지털 입력 명령

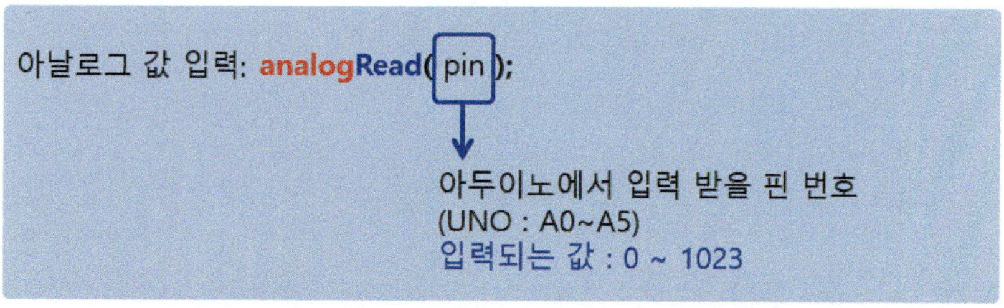

그림 3.21 아두이노 아날로그 입력 명령

디지털 입력을 사용할 경우 그림 3.22(a)와 같이 반드시 setup( )함수에서 pinMode(*, INTPUT)선언을 해주어야 하지만, 아날로그 입력을 사용할 경우 그림 3.22(b)와 같이 pinMode(*, INPUT)선언을 하지 않아도 된다.

또한 아두이노의 아날로그 입력핀 A0~A5는 스케치에서 작성할 때 0~5로 나타내어도 내부적으로 A0~A5로 인식된다.

```
void setup() {
pinMode(3,INPUT);
pinMode(6,INPUT);
pinMode(10,INPUT);
}

void loop() {
  digitalRead(3);
  digitalRead(6);
  digitalRead(10);
}
```

(a) 디지털 입력

```
void setup() {
 // pinMode(A0,INPUT);
 // pinMode(3,INPUT);
 // pinMode(A5,INPUT);
}

void loop() {
  analogRead(A0);
  analogRead(3);
  analogRead(A5);
}
```

(b) 아날로그 입력

그림 3.22 아두이노 입력의 예

실습용 베이스 보드의 활용

베이스보드의 버튼 스위치 SW0~SW3은 Vcc와 GND 사이에 풀다운 방식으로 그림 3.23과 같이 연결되어 있다. 버튼 스위치가 눌려지면 UNO 보드로 Vcc의 전압을 전달하고, 버튼 스위치가 눌려지지 않으면 UNO 보드로 0V의 전압을 전달한다.

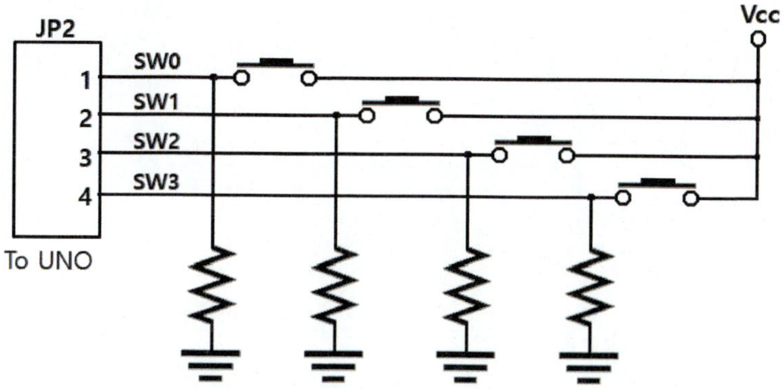

그림 3.23 아두이노 UNO보드와 베이스보드의 버튼 스위치 연결 회로

베이스보드의 가변저항 VR은 Vcc와 GND 사이에 그림 3.24와 같이 연결되어 있다. 가변저항에 의하여 Vcc와 GND의 분압된 값이 UNO 보드로 전달된다.

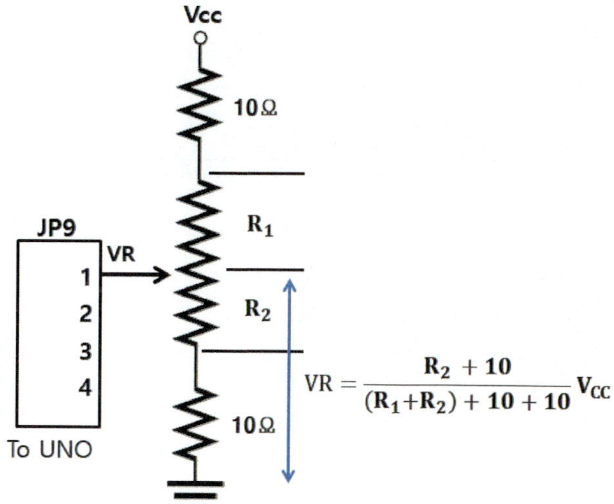

그림 3.24 아두이노 UNO보드와 베이스보드의 가변저항VR 연결 회로

(1) LED 1개와 스위치 1개 연결(예제 3.1)

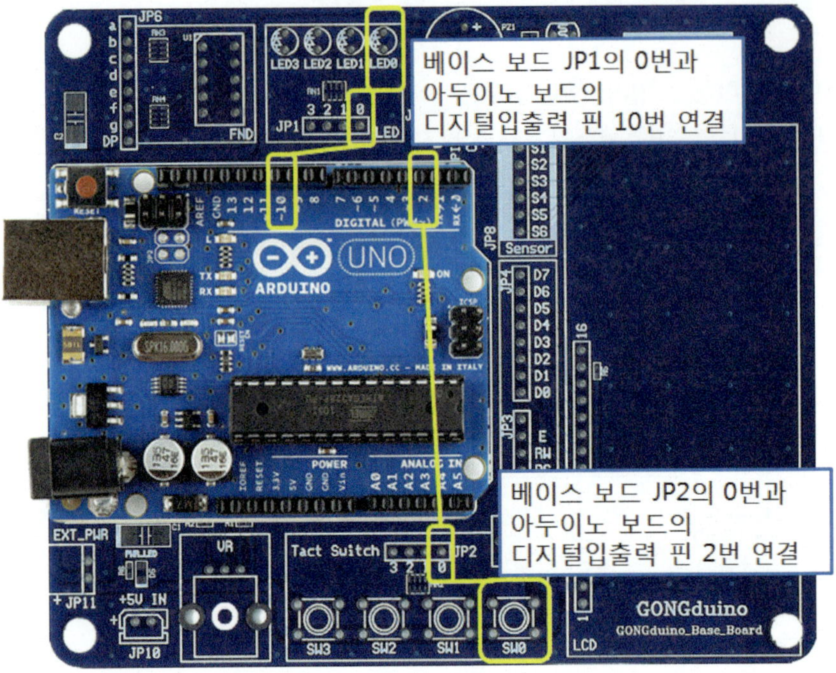

결과확인

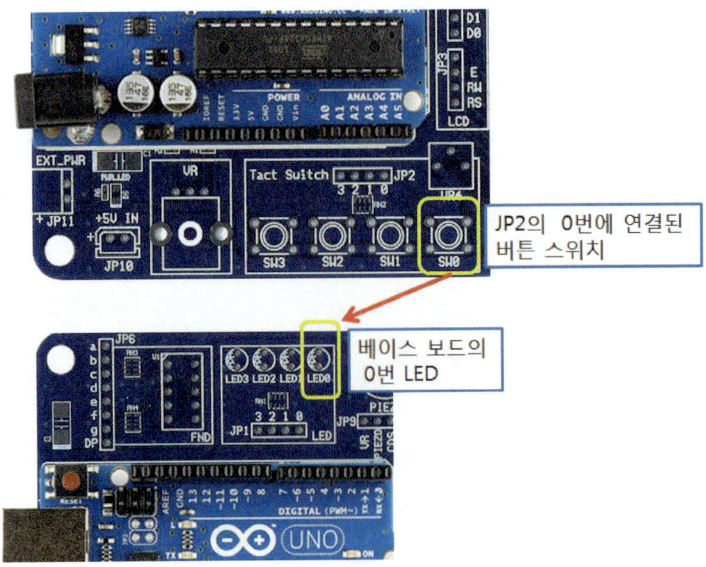

(2) LED 4개와 스위치 4개 연결(예제 3.2)

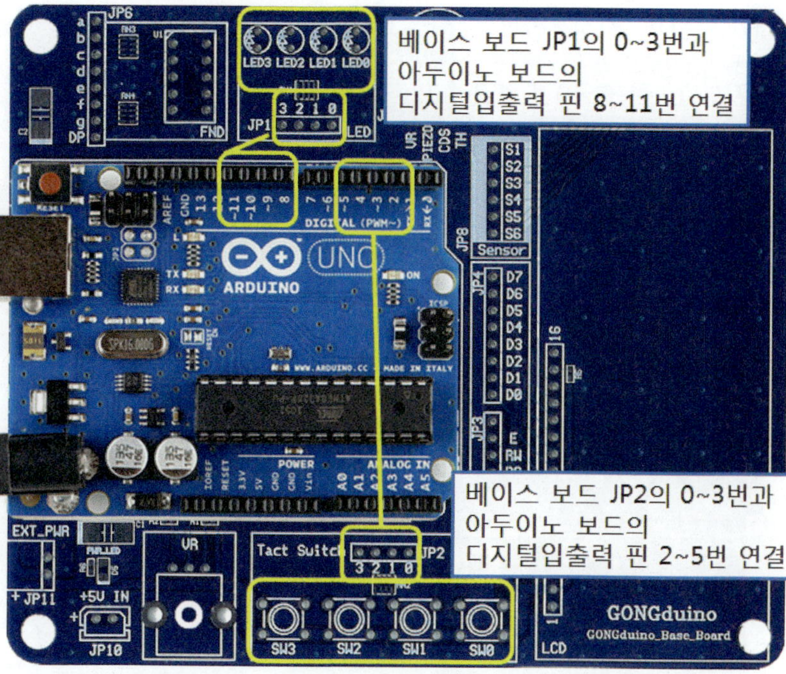

결과확인

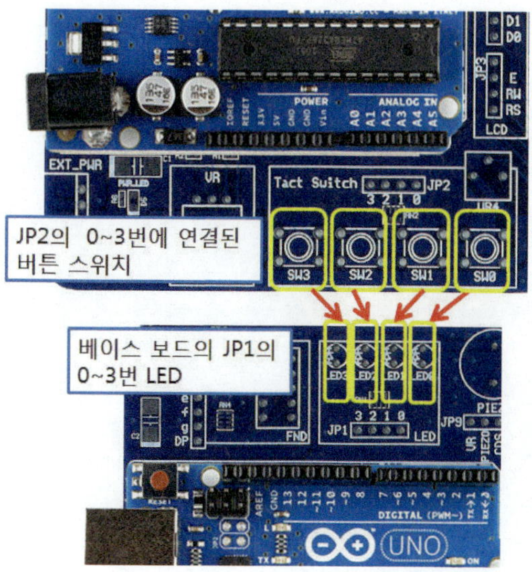

(3) LED와 가변저항 연결(예제 3.4)

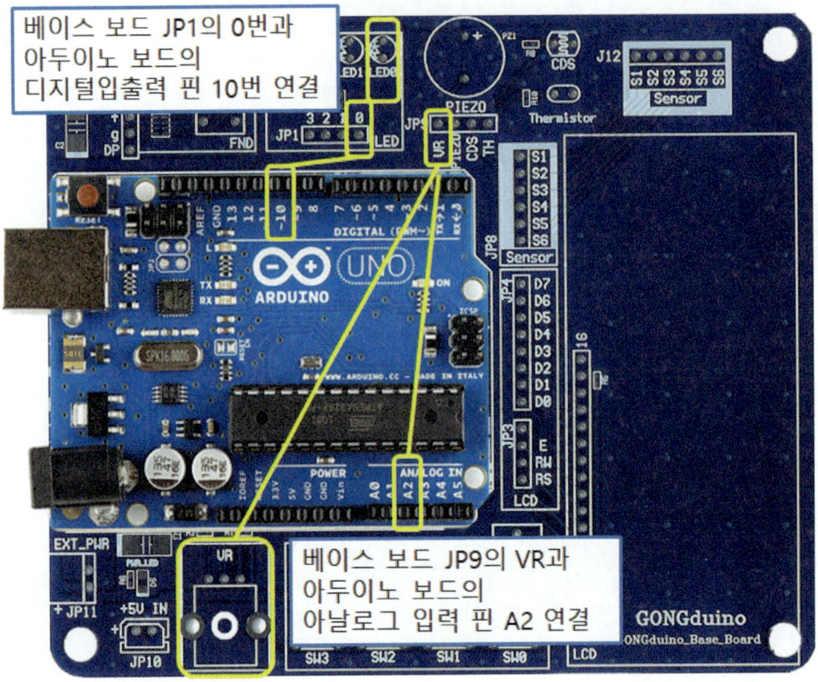

(4) LED와 가변저항 연결(예제 3.5)

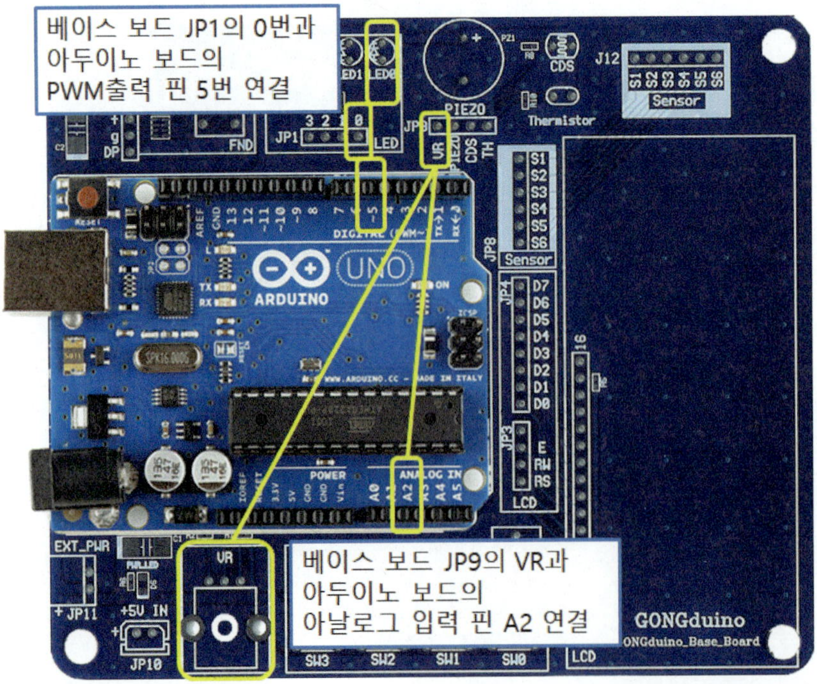

PC에서 시리얼통신으로 제어하기

CHAPTER 04

시리얼 데이터 출력 : Serial.print(시리얼 전송할 데이터);
시리얼 데이터 입력 : Serial.read( );

시리얼 통신은 기기들 사이에서 송신(TX), 수신(RX) 2개의 데이터 선을 이용하여 통신을 하므로 비교적 간단하게 정보교환이 가능한 방식이다. 아두이노 보드는 시리얼 입출력 핀을 사용하여 아두이노 보드에서 원격으로 개발용 PC 등과 같이 외부의 다른 시스템과 데이터를 주고받기 위하여 시리얼 통신을 일반적으로 이용한다.

UNO 보드는 USB 포트를 통하여 1개의 하드웨어적인 시리얼 통신을 사용할 수 있으며, 디지털 입출력 핀 0번과 1번을 각각 수신(RX)와 송신(TX)을 시리얼 통신을 위하여 사용한다.

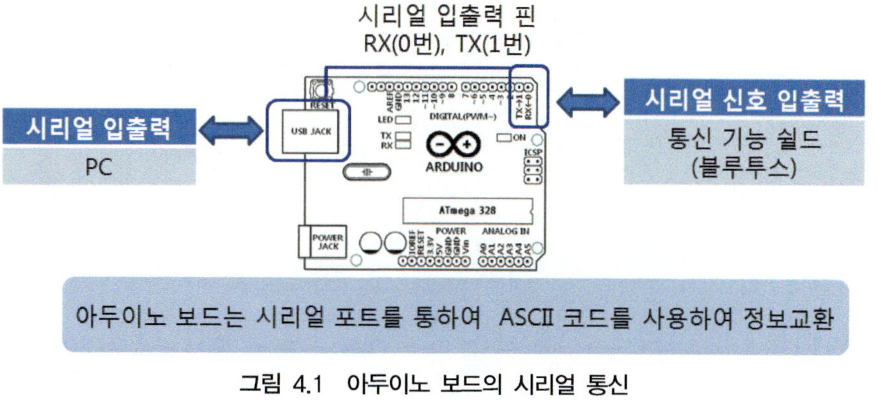

그림 4.1 아두이노 보드의 시리얼 통신

이 장에서는 시리얼 통신을 활용하여 PC에서 아두이노 보드를 제어하거나 아두이노 보드에서 센서 등을 통하여 수집된 정보를 PC의 시리얼 모니터에 출력하는 방법을 공부한다.

4.1 시리얼 통신(직렬 통신 ; Serial Communication)

아두이노 보드와 개발용 PC 사이의 시리얼 통신은 USB 포트를 통해 이루어진다. 시리얼 통신을 하기 위해서는 속도(bps), 패리티(Parity), 스탑비트(Stop bit), 데이터 비트(Data bits) 설정이 필요하다.

이 장에서는 실험을 위하여 속도는 9,600bps, 패리티는 No parity, 1 스탑비트, 8데이터 비트를 사용한다.

PC와 아두이노 보드의 시리얼 통신은 하드웨어적으로는 USB 케이블을 사용하여 연결되지만 통신 방향에 따라 다음과 같이 PC에서 아두이노 보드로 통신하는 경우와 아두이노 보드에서 PC로의 통신하는 2가지 경우로 나누어 생각할 수 있다.

(1) PC에서 아두이노 보드로의 통신

그림 4.2와 같이 PC에서 정보를 송신하고 아두이노 보드에서 수신하는 통신하는 경우, PC에서는 시리얼 모니터를 사용하고 아두이노 보드에서는 Serial.read( ) 명령을 사용하게 된다.

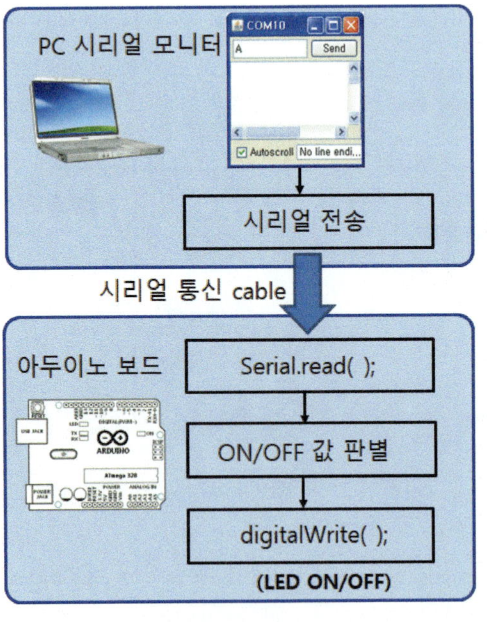

그림 4.2 시리얼 통신(PC→아두이노 보드)

(2) 아두이노 보드에서 PC로의 통신

그림 4.3과 같이 센서 등의 정보를 아두이노 보드에서 송신하고 PC에서 수신하는 경우, 아두이노 보드에서는 Serial.print( ) 명령을 사용하여 PC의 시리얼 모니터에 정보를 전송하게 된다.

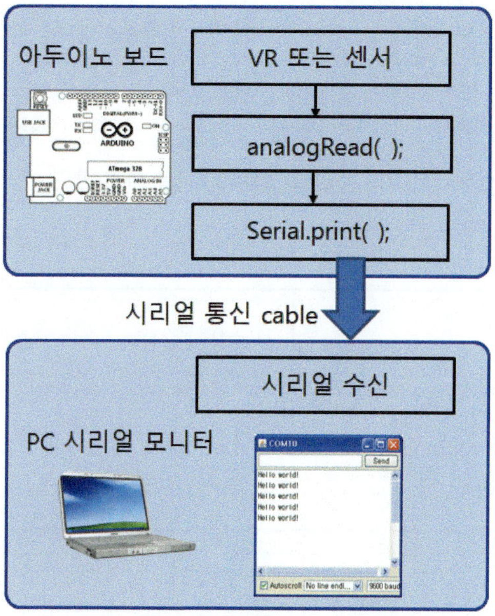

그림 4.3 시리얼 통신(아두이노 보드→PC)

아두이노 개발환경에서는 개발용 PC의 시리얼 통신을 모니터할 수 있는 툴을 제공하고 있다. 아두이노 개발환경의 시리얼 모니터 기능과 사용법을 알아보자.

4.2 아두이노 보드와 시리얼 모니터 연결

시리얼 모니터를 이용하여 개발용 PC와 통신하며 제어하는 방법을 살펴보자.

(1) 시리얼 통신으로 아두이노 보드에서 PC로 메시지 보내기

아두이노 보드에서 시리얼 통신을 통하여 PC의 시리얼 모니터로 메시지를 보내는 방법을 살펴본다.

4.1 실•전•예•제

아두이노 보드에서 시리얼 통신으로 메시지 보내기

아두이노 보드에서 개발용 PC의 모니터에 “Hello Arduino!”라는 문장을 나타내보자.

개발용 PC를 사용하여 스케치를 작성하고 아두이노 보드에 업로드하기 위하여 개발환경을 구축하면서, 개발용 PC에는 시리얼 통신을 위한 설정을 해 놓은 상태이다.

아두이노 보드에서 PC로 시리얼 통신을 위해서는 아두이노 스케치의 setup( ) 함수에서 Serial.begin( ) 함수를 사용하여 시리얼 통신 속도를 설정한다. 개발용 PC의 모니터로 문자열 전송을 위해서는 Serial.println( )나 Serial.print( )를 사용한다.

작성된 스케치는 다음과 같다.

void setup() {
  Serial.begin(9600);
}
	시리얼 통신을 위한 전송속도 9600 설정

void loop() {
  Serial.println("Hello Arduino!");
  delay(1000);
}
	개발용 PC의 모니터로 문자열 전송

스케치 창의 툴바 오른쪽 끝의  클릭을 하면 그림과 같이 시리얼 모니터 창이 띄워지며 아두이노 보드에서 보낸 “Hello Arduino!”라는 문자가 출력된다.

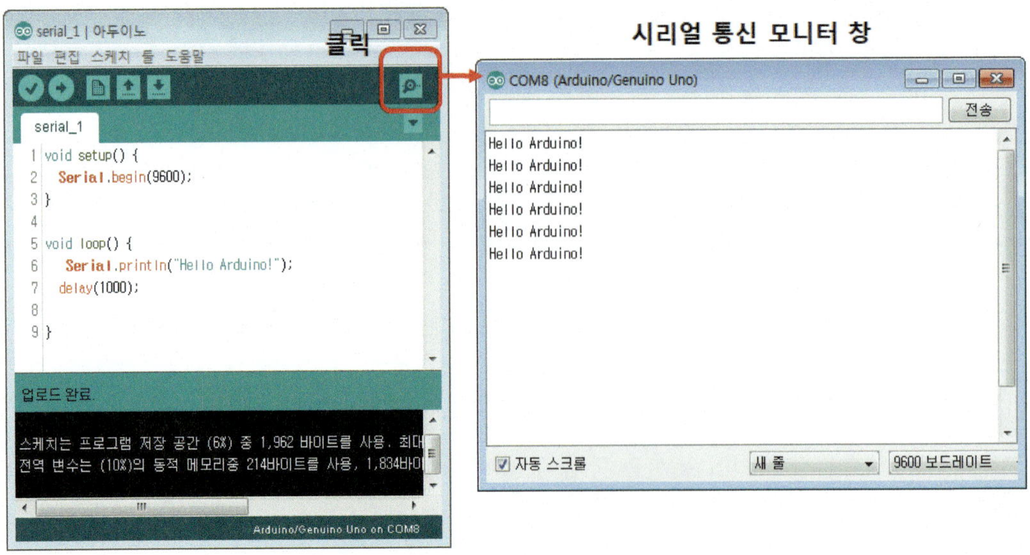

그림 4.4 시리얼 모니터를 통한 수신확인

Serial.println()함수 대신 Serial.print()함수를 사용하면, 전송되는 문자가 같은 줄에 이어서 출력된다.

■

(2) 시리얼 통신으로 PC에서 아두이노 보드로 메시지 보내기

PC에서 아두이노 보드로 데이터를 시리얼 통신으로 보내는 방법을 살펴본다. 이를 위하여 PC에서 시리얼 통신을 통하여 아두이노 보드로 한 개의 문자를 보내고, 아두이노 보드에서 받은 데이터를 다시 PC의 시리얼 모니터에 출력한다.

아두이노 보드에서 시리얼 통신을 사용하여 PC로 정보를 보내는 경우와 다르게 시리얼 통신을 통하여 아두이노 보드가 정보를 받아들이는 과정에는 시리얼 입력의 발생을 인식하는 기능이 필요하다.

아두이노 보드는 시리얼 데이터 입력이 발생하였을 때 정보를 받아들일 수 있도록 하기 위하여, 시리얼 입력이 발생하였는지를 검사하는 Serial.available( )를 사용한다.

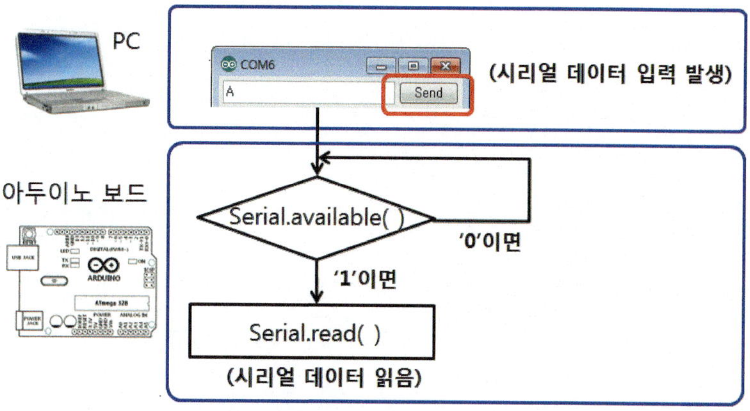

그림 4.5 시리얼 데이터 발생 인식

실•전•예•제

4.2 한 개의 문자를 받아서 시리얼 모니터에 출력하기

개발용 PC의 시리얼 모니터 창의 "send"로부터 1개의 문자를 입력 받아 시리얼 모니터에 다시 출력하자.

시리얼 통신을 통하여 아두이노 보드로 입력이 있을 때만 실행이 가능하도록 입력이 있는지 검사하는 함수 Serial.available( )를 사용하고, 시리얼 통신을 통하여 입력을 받아들이는

Serial.read( ) 함수를 사용한다.

작성된 스케치는 다음과 같다.

void setup() {
  Serial.begin(9600);
}
	시리얼 통신을 위한 전송속도 9600 설정

void loop() {	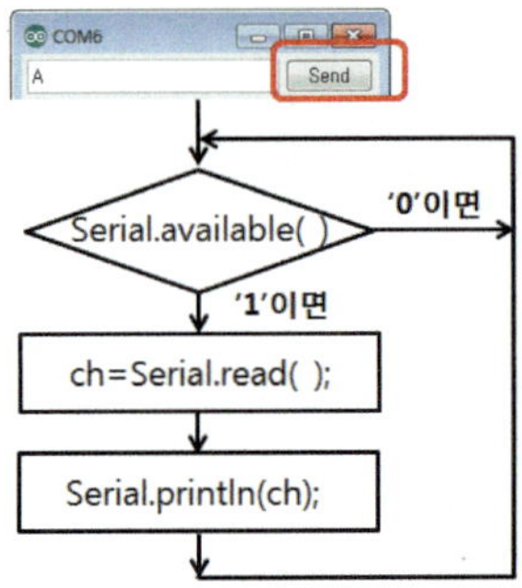
if(Serial.available( )){	
char ch=Serial.read( );	
Serial.println(ch);	
}	
}	

스케치 업로드 후 개발용 PC의 시리얼 모니터 창을 열면 입력 대기 상태가 되고, 1개 이상의 문자를 키보드를 통하여 입력한 후 "Send"를 클릭하면 입력한 문자가 시리얼 모니터에 출력된다. "A"라 문자열을 입력하고 "Send"를 클릭하면 한 줄에 한 자씩 연속하여 A를 표시한다.

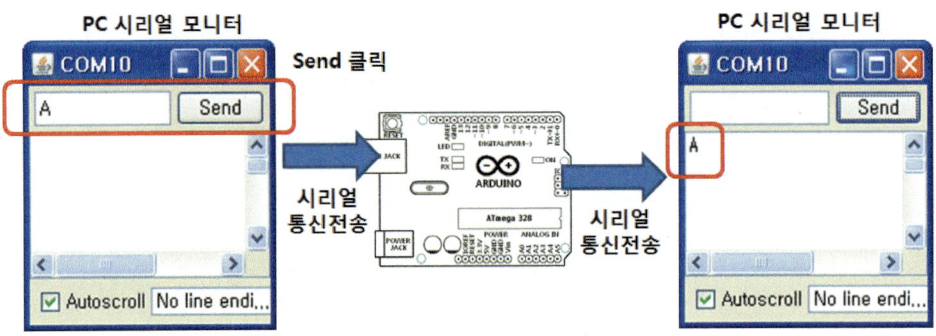

그림 4.6 시리얼 정보의 송수신

■

시리얼 모니터에 입력한 문자의 ASCII 코드 값을 시리얼 통신으로 아두이노 보드에 전달하게 되므로 Serial.read( ) 함수를 통하여 받아들이는 값을 char형 또는 byte형 등으로 선언하는 것에 따라 아두이노 보드에서 활용할 수 있는 데이터 형태가 달라질 수 있다.

4.3 시리얼 모니터를 이용한 아두이노 보드 출력제어

PC와 아두이노 보드의 시리얼 통신 기능을 사용하여 아두이노 보드의 LED 등의 ON-OFF를 제어하여 보자.

2장에서 아두이노 보드에 연결한 스위치로 LED를 제어한 것처럼, 스위치 대신 PC에서 시리얼 통신을 통하여 아두이노 보드에 연결된 LED의 동작을 제어하는 방법을 살펴본다.

실•전•예•제

4.3 시리얼 통신으로 LED 제어

PC의 키보드로 부터 "1, 2, 3, 4"을 시리얼 통신으로 아두이노 보드로 전송하고, 입력된 값이 "1"이면 LED1, "2"이면 LED2, "3"이면 LED3, "4"이면 LED4가 켜지도록 제어하여 보자.

아두이노 보드의 하드웨어 구성은 다음과 같다.

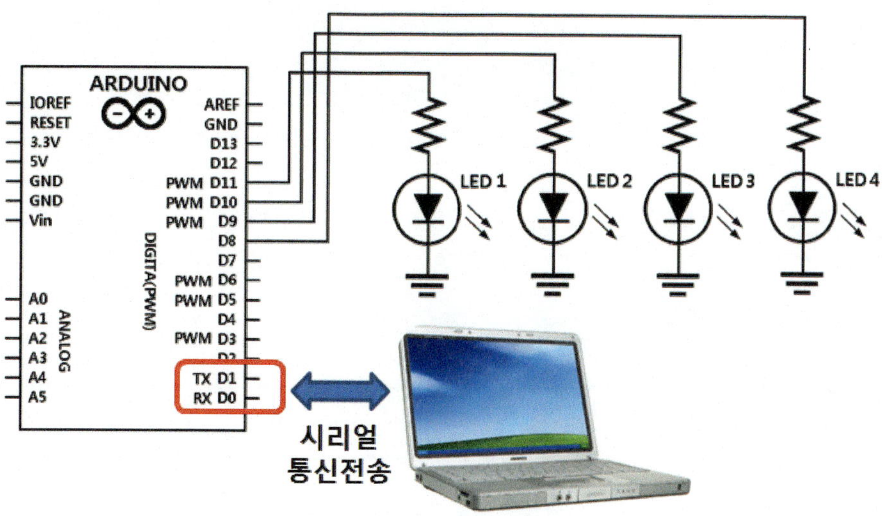

그림 4.7 아두이노 보드의 아날로그 입력

표 4.1 아두이노 보드 연결 구성

UNO 보드		연결 장치
핀번호	setup( ) 설정	
시리얼 통신	Serial.begin(9600);	PC(USB)
디지털 입출력 핀 8번	pinMode(8, OUTPUT)	LED4
디지털 입출력 핀 9번	pinMode(9, OUTPUT)	LED3
디지털 입출력 핀 10번	pinMode(10, OUTPUT)	LED2
디지털 입출력 핀 11번	pinMode(11, OUTPUT)	LED1

Fritzing으로 회로를 구성하면 다음과 같다.

그림 4.7 PC와 시리얼 통신으로 연결된 아두이노 보드에 LED 4개 연결

앞의 예제 4.2에서 사용한 Serial.available()와 Serial.read() 함수를 이용하여 시리얼 통신을 통하여 개발용 PC의 키보드로부터 "1, 2, 3, 4"을 입력 받아들이고, switch( )함수의 case 조건으로 사용한다.

int pinLED[4] = {8, 9, 10, 11}; int k;	

void setup() {
  Serial.begin(9600);
  for(k=0; k<4; k++) {
    pinMode(pinLED[k], OUTPUT);
  }
  Serial.println("Enter 1, 2, 3, 4 !");
}
	시리얼 모니터에 "Enter 1, 2, 3, 4 !" 출력

void loop() {	loop()의 시작
if(Serial.available( )){	입력된 문자가 하나 이상 있는지 검사
char select=Serial.read( );	PC로부터 1개의 문자를 받아 저장

Serial.print("Selcet Number ="); Serial.println(select);	선택된 숫자를 표시
switch(select) {	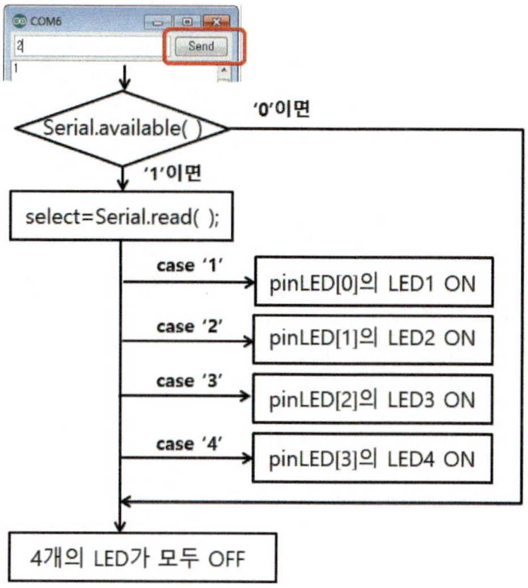
case '1' : digitalWrite(pinLED[0], HIGH); break;	
case '2' : digitalWrite(pinLED[1], HIGH); break;	
case '3' : digitalWrite(pinLED[2], HIGH); break;	
case '4' : digitalWrite(pinLED[3], HIGH); break;	

default:
 for(k=0; k<4; k++) {
 digitalWrite(pinLED[k], LOW);
 }
 break;	

}	
}	Serial.available()의 끝
}	loop()의 끝

스케치 업로드 후 개발용 PC의 시리얼 모니터 창을 열면, 시리얼 모니터에 "Enter 1, 2, 3, 4 !"을 출력하며 입력 대기 상태가 된다. 그림 4.8과 같이 시리얼 모니터를 'line ending 없음'으로 선택한다.

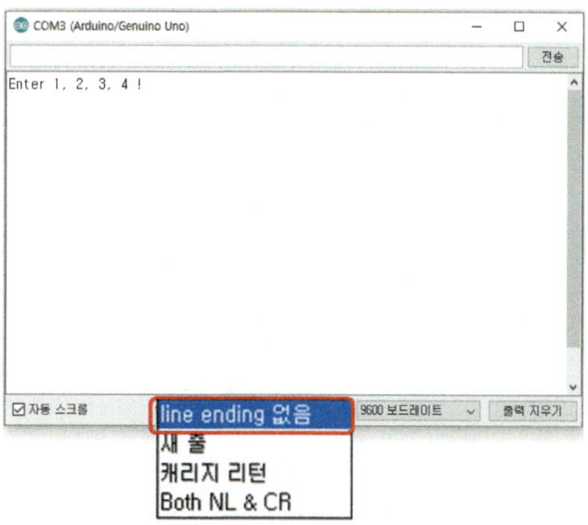

그림 4.8 시리얼 모니터 'line ending 없음' 선택

"1, 2, 3, 4" 가운데 하나의 문자를 키보드를 통하여 입력한 후 "Send"를 클릭하면 "Selcet Number = (입력한 숫자)"가 시리얼 모니터에 출력되고, 지정된 LED 제어가 일어난다.

지정된 LED 제어가 완료되면 다시 시리얼 모니터에 "Enter 1, 2, 3, 4 !"을 출력하며 입력 대기 상태가 된다.

■

예제 4.3 스케치의 swich-case문에서 `case '1':~case '4':`로 사용되는 이유는 시리얼 모니터를 통하여 읽어 들이는 값이 ASCII코드 값이기 때문이다.

즉, `char select=Serial.read( );`이로 선언되기 때문이다.

case문은 swich(select)함수의 select값에 따라 선택되므로 select값 문자형이라도 case문 변수에 동일하게 문자형으로 지정되면 동작에 문제가 발생하지 않는다. 그러나 swich-case문은 숫자형으로 사용하는 것이 편리하므로, 시리얼 모니터로 입력된 ACSII코드의 문자 값을 숫자로 변환하여 사용하여 보자.

표 4.2를 이용하여 ACSII코드의 문자 값을 숫자로 변환하여 사용하여 보자.

문자 '0'에 해당하는 ACSII코드 값은 10진수로 48이므로, 문자 '0'의 ACSII코드 값에서 48일 빼면 숫자값으로 쉽게 변환할 수 있다.

표 4.2 문자 0~9의 ASCII 코드

문자	ASCII 코드값		
	HEX(16진수)	Bin(2진수)	DEC(10진수)
0	30	0011 0000	48
1	31	0011 0001	49
2	32	0011 0010	50
3	33	0011 0011	51
4	34	0011 0100	52
5	35	0011 0101	53
6	36	0011 0110	54
7	37	0011 0111	55
8	38	0011 1000	56
9	39	0011 1001	57

예제 4.3 스케치에 `int select2=select-'0';`나 `int select2=select-48;`을 추가하고 switch() 함수를 `switch(select2)`로 수정하면, case문을 `case 1:~case 4:`으로 변경할 수 있다.

수정된 아두이노 스케치는 그림 4.9와 같다.

```
int pinLED[4] = {8, 9, 10, 11};
int k;
void setup() {
  Serial.begin(9600);
  for(k=0; k<4; k++) {
   pinMode(pinLED[k], OUTPUT);
  }
  Serial.println("Enter 1, 2, 3, 4 !");
}
```

```
void loop() {
 if( Serial.available()){
   char select=Serial.read( );
   Serial.print("Selcet Number =");
   Serial.println(select);
   int select2=select-'0';
   switch(select2) {
   case 1:
     digitalWrite(pinLED[0], HIGH);
   break;
   case 2:
     digitalWrite(pinLED[1], HIGH);
   break;
   case 3:
     digitalWrite(pinLED[2], HIGH);
   break;
   case 4:
     digitalWrite(pinLED[3], HIGH);
   break;
   default:
    for(k=0; k<4; k++) {
      digitalWrite(pinLED[k], LOW);
    }
   break;
  }
 }
}
```

그림 4.9 수정된 아두이노 스케치

■

4.4 아두이노 보드의 아날로그 값을 시리얼 모니터에 나타내기

PC와 아두이노 보드의 시리얼 통신 기능을 사용하여 아두이노 보드를 통하여 얻어진 입력 정보를 PC의 시리얼 모니터에 나타내 보자.

3장에서 아두이노 보드에 연결하여 입력받은 가변저항(VR) 정보를 PC의 시리얼 모니터에 전송하고 표시해 본다.

실•전•예•제

4.4 가변저항을 변화에 따라 LED의 밝기 조절

가변저항의 값을 시리얼 모니터에 표시하고, 저항 값에 따라 LED의 밝기가 조절되는 스케치를 작성해 본다.

아두이노 보드에서 가변저항(VR)를 통하여 아날로그 입력을 받아들이고, 그 입력에 비례하여 LED의 밝기가 조절되도록 하기 위하여 그림 4.10과 같이 회로를 구성한다. 가변저항은 아두이노 보드의 아날로그 입력 A2에 연결하고, LED는 PWM 핀 5번에 연결한다.

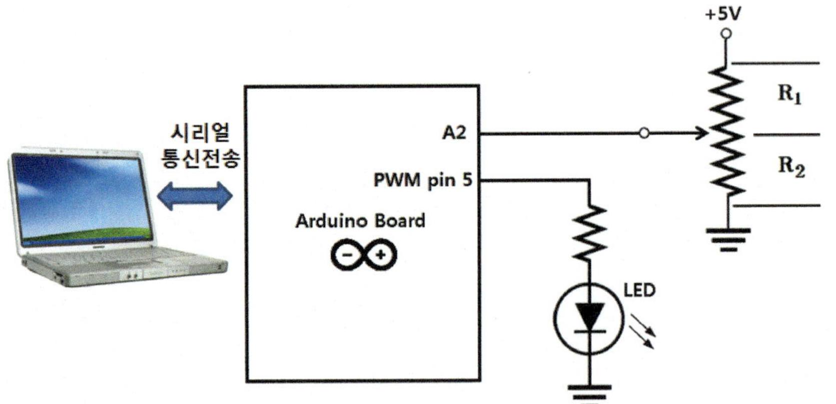

그림 4.10 아두이노 보드의 아날로그 입력

표 4.3 아두이노 보드 연결 구성

아두이노 UNO 보드		연결 장치
핀번호	setup( ) 설정	
아날로그 입력 핀 A2번	설정 필요 없음	가변저항(VR)
디지털 입출력 핀 5번	PWM 모드 사용	LED
시리얼 통신	Serial.begin(9600);	PC(USB)

Fritzing으로 회로를 구성하면 다음과 같다.

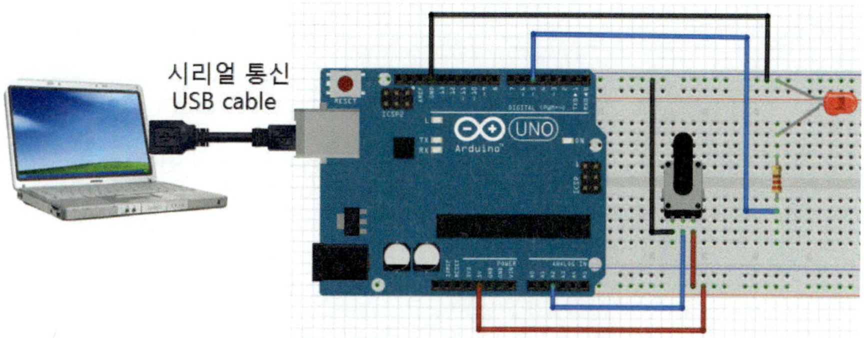

그림 4.11 아두이노 보드에 LED와 가변저항(VR) 연결

아두이노 보드의 아날로그 입력핀 A2를 통하여 입력되는 가변저항 값을 3장에서 배운 map( )함수를 사용하여 변환하고 시리얼 모니터에 나타낸다. 또한 PWM 신호를 사용하여 LED의 밝기가 조정되는 것을 확인한다.

완성된 스케치는 다음과 같다.

```
int val1, val2, val3;
void setup( ) {
  Serial.begin(9600);
  pinMode(5, OUTPUT);
}
```

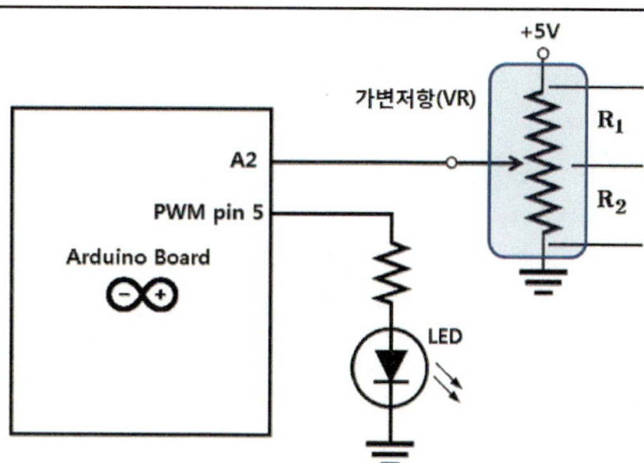

void loop( ) {	loop( )의 시작
val1 = analogRead(2); Serial.print("VR value = "); Serial.print(val1); Serial.print(" ..... ");	아날로그 입력핀 2번을 통하여 입력된 전압값을 0~1023범위의 값으로 읽어 val1에 저장 시리얼 모니터에 출력
val2 = map(val1, 0, 1023, 0, 100); Serial.print("VR % value = "); Serial.println(val2);	%값으로 변환 시리얼 모니터에 출력

val3 = map(val1, 0, 1023, 0, 255);
analogWrite(5, val3);
delay(20);
	0~1023범위의 val값을 0~255 범위로 변환
	PWM 신호로 출력

}	loop( )의 끝

가변저항의 값을 조절하면 LED의 밝기가 저항값에 비례하여 조절된다.

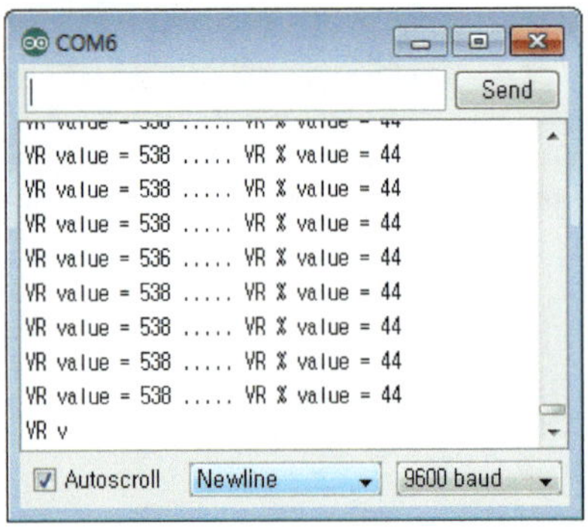

그림 4.12 시리얼 모니터에 표시된 측정된 가변저항(VR)의 값과 %값

■

4.5 아두이노 시리얼 통신 명령

아두이노에서 시리얼 통신을 통하여 신호를 보내거나 받는 방법을 정리하면 그림 4.13~14와 같다.

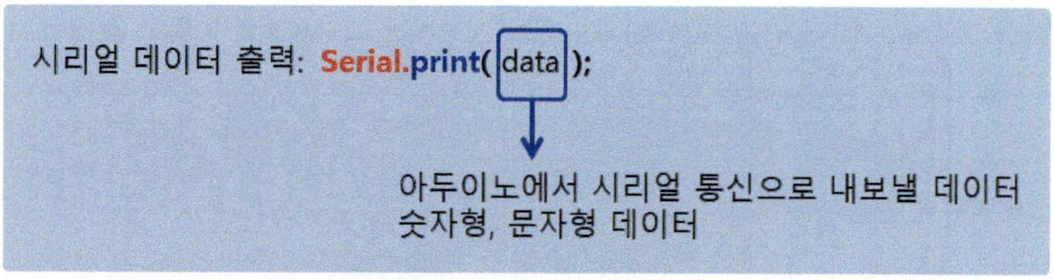

그림 4.13 아두이노 시리얼 통신 출력 명령

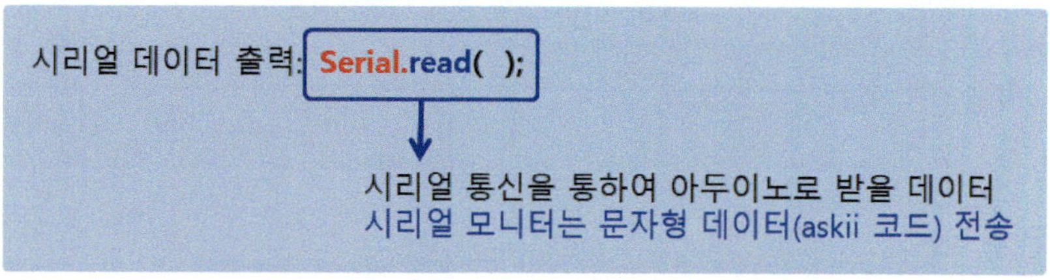

그림 4.14 아두이노 시리얼 통신 입력 명령

시리얼 통신으로 정보를 주고 받을 경우 그림 4.15 (a)와 같이 반드시 setup( )함수에서 Serial.begin(9600);과 같은 전송속도를 설정 해주어야 한다. 또한 PC 등에서 시리얼 모니터를 이용하여 데이터를 받을 경우 ASCII코드로 정보가 주어진다.

```
void setup() {
  Serial.begin(9600);
  Serial.print("Enter number ");
  Serial.println("1~9 !!!");
}
void loop() {
  if( Serial.available()){
   char val1=Serial.read( );
   Serial.print("Your Character :" );
   Serial.print(val1);
   Serial.print(" ---> ");
   int val2=val1-48;
   Serial.print("Number :" );
   Serial.println(val2);
  }
}
```

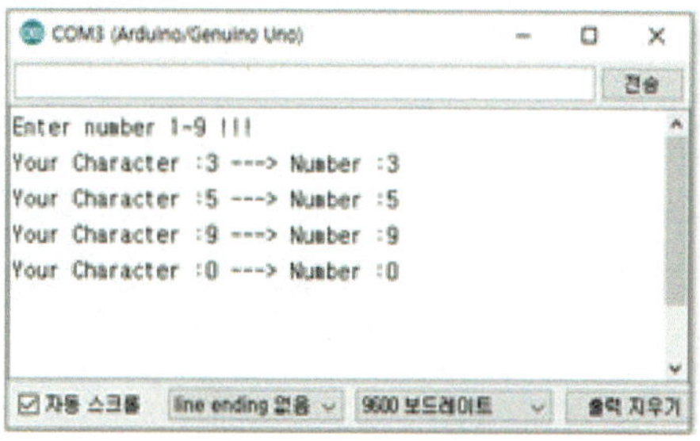

그림 4.15 아두이노 시리얼 통신 명령의 예

■ 함수: Serial.begin, Serial.available, Serial.print, Serial.println, Serial.read

함수	설명
Serial.begin(value);	아두이노 보드와 개발용 PC사이의 전송속도를 value로 설정 -value : 4,800bps, 9,600bps, 14,400bps, 19,200bps, (예) Serial.begin(9600); 시리얼 통신 전송속도를 9,600bps로 설정
Serial.available( ) { A }	시리얼 모니터를 통하여 입력된 문자가 하나 이상 있는지 검사하여 입력이 있으면 A를 실행
Serial.print("text");	시리얼 통신을 통하여 아두이노 보드에서 개발용 PC의 모니터로 text전송(줄 바꿈 하지 않음) -text : 문자열 (예) Serial.print("a = "); 개발용 PC의 모니터에 "a = "표시하고 줄 바꿈하지 않음
Serial.println("text");	시리얼 통신을 통하여 아두이노 보드에서 개발용 PC의 모니터로 text전송하고 줄바꿈 -text : 문자열 (예) Serial.println("Hello world!"); 개발용 PC의 모니터에 "Hello world!"
Serial.println(rx, type);	시리얼 통신을 통하여 아두이노 보드에서 개발용 PC의 모니터로 데이터 rx를 type형식으로 전송 -rx : 1바이트 데이터 -type : DEC(ASCII코드), (예) Serial.println(rx, DEC); 1바이트 데이터에 해당하는 ASCII코드 출력
Serial.read( );	시리얼 통신을 통하여 입력된 -value : a1~a2 사이의 정수형 값 (예) rx = Serial.read( ); 시리얼 통신을 통하여 입력된 데이터를 변수 rx에 저장

Serial.print(val, format)의 사용 예	
Serial.print(78)	"78" 이 전송
Serial.print('N')	"N" 이 전송
Serial.print("Hello world.")	"Hello world." 전송
Serial.print(78, BIN)	2진수 ASCII로 "1001110" 전송
Serial.print(78, OCT)	8진수 ASCII로 "116" 전송
Serial.print(78, DEC)	10진수 ASCII로 "78" 전송
Serial.print(78, HEX)	16진수 ASCII로 "4E" 전송
Serial.print(1.23456, 0)	"1" 전송, 실수 출력의 경우 소수점 이하 자릿수 지정 가능
Serial.print(1.23456, 2)	"1.23" 전송, 소수점 둘째 자리까지 출력
Serial.print(1.23456, 4)	"1.2346" 전송, 소수점 넷째 자리까지 출력
Serial.print(1.23456)	"1.23" 전송, 두번째 인자가 없는 경우 소수점둘째자리 출력

■ 아두이노 입출력 명령 요약

디지털 출력 : digitalWrite(pin, data);
디지털 입력 : digitalRead(pin);

pin : 디지털 I/O 0~13핀, A0~A5
data : HIGH 또는 LOW

아날로그 출력 : analogWrite(pin, data);

pin : PWM 3, 5, 6, 9, 10, 11
data : 0~255

아날로그 입력 : analogRead(pin);

pin : A0~A5
data : 0~1023

시리얼 출력 : Serial.print(data);
시리얼 입력 : Serial.read( );

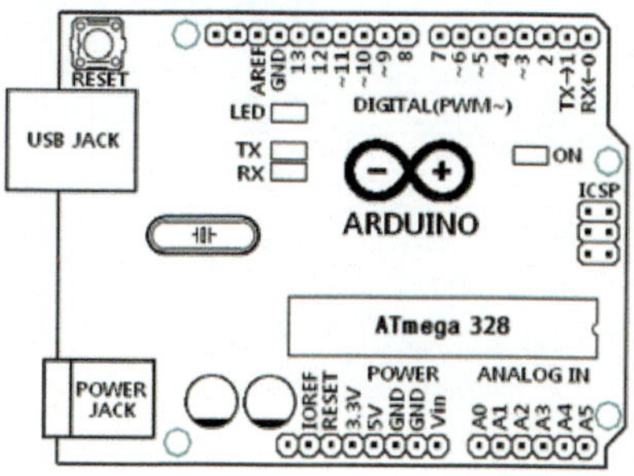

실습용 베이스 보드의 활용

(1) LED 4개 연결 (예제 4.1)

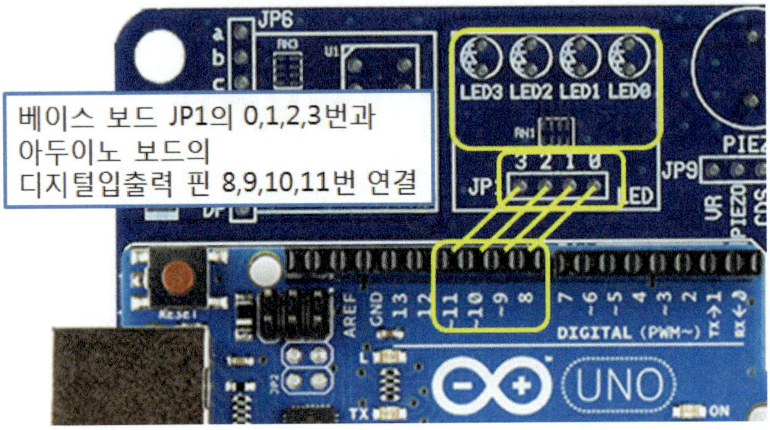

(2) 가변저항과 LED 연결 PWM (예제 4.4)

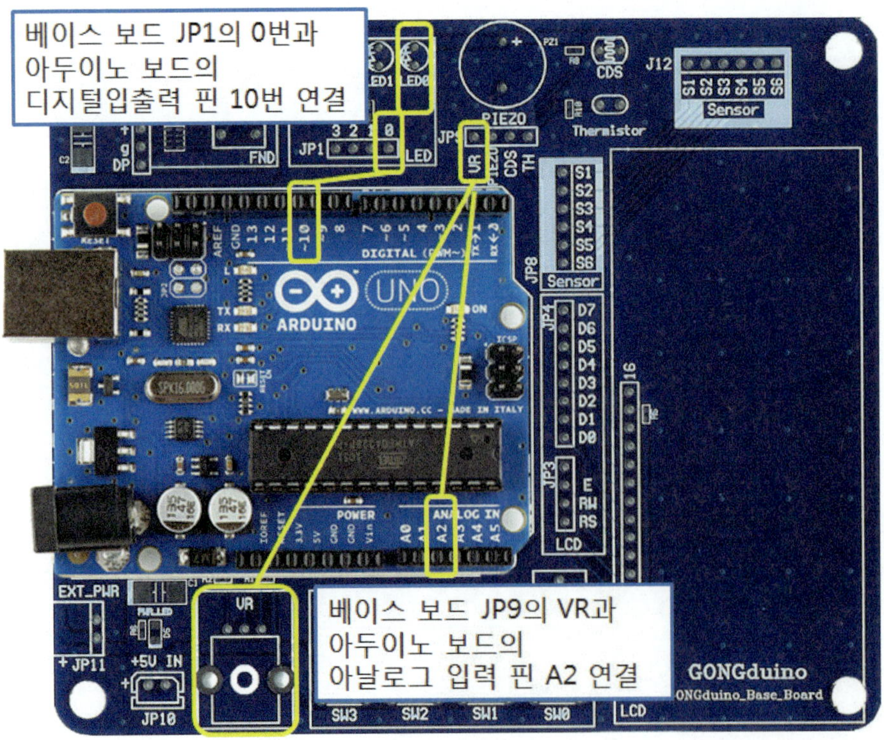

CHAPTER 05 아두이노 보드에서의 인터럽트 제어

아두이노는 일반적인 프로세서들처럼 어떤 작업을 하다가 더 중요한 다른 일이 발생하면, 나중에 발생한 더 중요한 일을 먼저 처리할 수 있는 인터럽트 기능을 사용할 수 있다.

인터럽트는 수행중인 우선순위가 낮은 일을 잠시 중단하고 새로 발생한 우선순위가 높은 일을 먼저 처리한 후 원래의 일을 다시 이어서 수행할 수 있는 기능으로 발생 시기를 예측할 수 없는 일들을 처리할 수 있어 효율적이다.

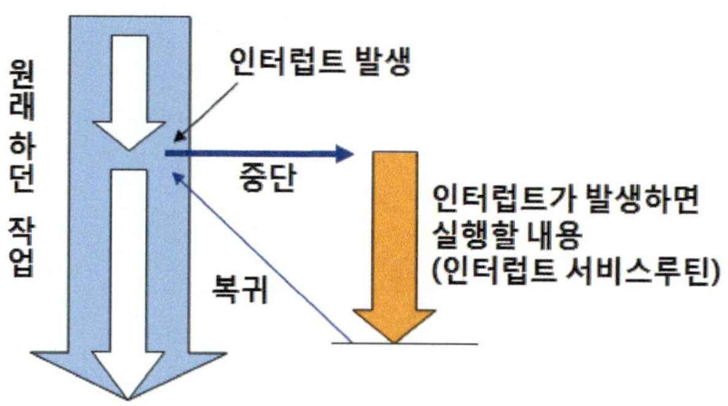

그림 5.1 인터럽트 발생과 서비스 루틴 실행과정

5.1 아두이노 보드의 인터럽트

아두이노 UNO보드는 그림 5.2와 같이 2개의 외부 인터럽트 핀을 가지고 있고, Mega 보드는 6개의 인터럽트 핀을 가지고 있다.

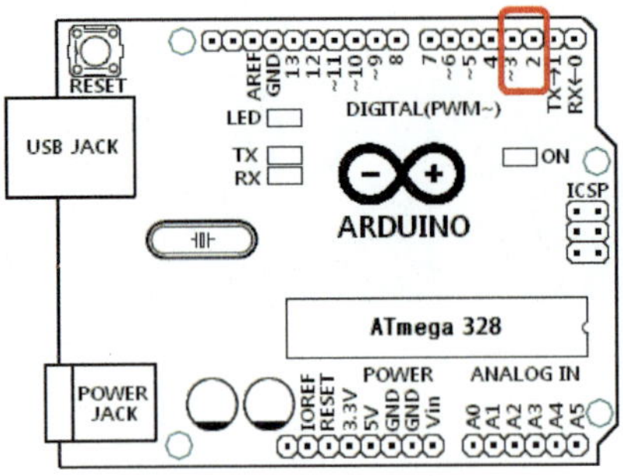

외부 인터럽트
UNO 보드 2개

그림 5.2 아두이노 UNO보드 2개 외부 인터럽트

표 5.1 아두이노 외부 인터럽트

인터럽트 번호	0	1	2	3	4	5
UNO보드 핀 번호	2	3				
Mega보드 핀 번호	2	3	21	20	19	18

아두이노 보드는 2가지 외부 인터럽트 관련 함수를 제공한다. 이들 함수는 외부 인터럽트를 사용하기 위해 사용할 인터럽트와 인터럽트의 발생 방식 등을 설정하는 "attachInterrupt (interrupt, function, mode)"와 이미 사용 설정된 외부 인터럽트를 사용 중지시키는 "detachInterrupt(interrupt)"이다.

실 • 전 • 예 • 제

5.1 아두이노 보드의 인터럽트 제어

아두이노 보드의 디지털입출력 핀 2번에 입력이 있으면, 인터럽트 0번을 발생시켜서 10번 핀에 연결되어 있는 아두이노 보드의 LED를 깜박이게 하자.

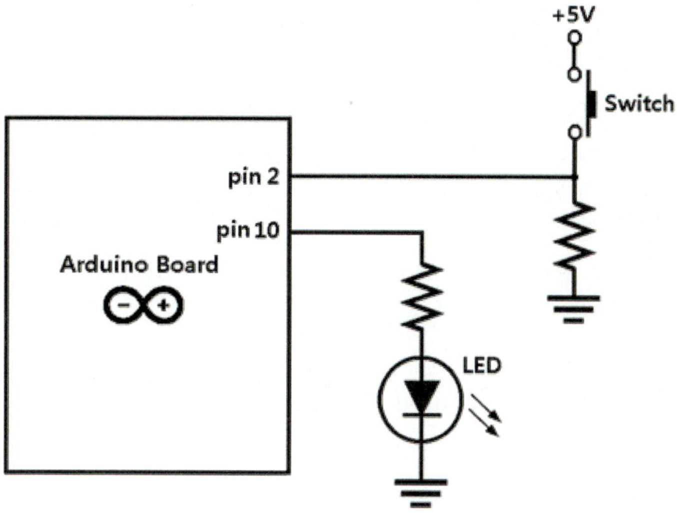

그림 5.3 아두이노 보드의 디지털입력

표 5.2 아두이노 보드 연결 구성

아두이노 UNO 보드		연결 장치
핀번호	setup( ) 설정	
디지털 입출력 핀 2번	pinMode(2, INPUT)	버튼 스위치
디지털 입출력 핀 10번	pinMode(10, OUTPUT)	LED

Fritzing으로 회로를 구성하면 다음과 같다.

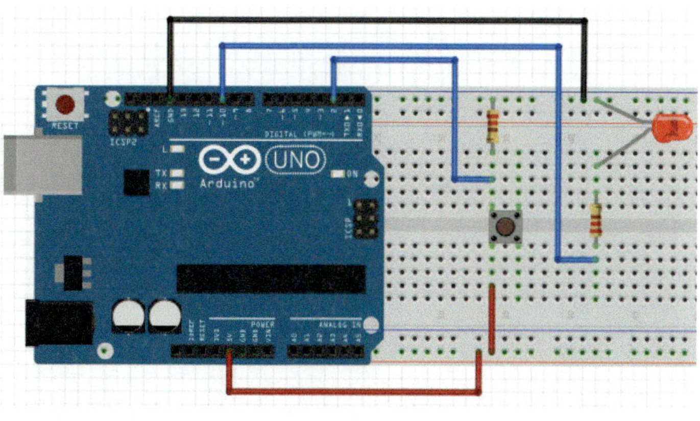

그림 5.4 아두이노 보드에 LED와 버튼 스위치 연결

아두이노 보드의 디지털입출력 핀 2번을 인터럽트 발생 입력으로 사용하면 인터럽트 번호 0번을 인터럽트로 사용하게 된다.

디지털입출력 핀 2번에 연결된 외부 장치에서 인터럽트 이벤트가 발생하면 실행될 내용을 함수로 정의하여 사용한다. 예를 들어 인터럽트가 발생하면 "toggle( )" 함수를 호출할 수 있도록 attachInterrupt( )함수를 사용하여 다음과 같이 설정한다.

```
attachInterrupt(0, toggle, CHANGE);
```

attachInterrupt( )함수의 3번째 매개변수인 'CHAGE'는 인터럽트 발생 조건을 지정한 것으로 디지털입출입 핀 2번의 입력신호 레벨이 변화할 때 마다(high에서 low로 또는 low에서 high로) 인터럽트가 발생하게 된다.

volatile int state = HIGH;	

void setup( ) {
  pinMode(10, OUTPUT);
  attachInterrupt(0, toggle, CHANGE);
}
	0번 인터럽트 사용
	인터럽트가 호출되면 함수 'toggle()'를 호출

void toggle( ) {
  state = !state;
}
	함수 호출 때마다 state 값 반전
	(HIGH이면 LOW로, LOW이면 HIGH로 반전)

void loop() {
  digitalWrite(10, state);
}	

아두이노 보드에 스케치를 업로드하면, 디지털입출력 핀 10번에 연결된 LED에 불이 켜져 있게 된다. 디지털입출력 핀 2번에 버튼 스위치를 눌러 인터럽트를 발생시키면, setup 블록의 "attachInterrupt(0, toggle, CHANGE);"에 의하여 인터럽트 0번이 사용되어 toggle() 함수가 호출되어 디지털입출력 핀 10번의 출력 값을 반전시키게 되며 켜져 있던 LED는 꺼지고 상태가 유지된다. 다시 디지털입출력 핀 2번에 버튼 스위치를 눌러 인터럽트를 발생시키면, 인터럽트 0번이 사용되어 toggle() 함수가 호출되어 디지털입출력 핀 10번의 출력 값을 다시 반전시켜서 꺼져있던 LED는 켜지고 상태가 유지된다.

■

실 • 전 • 예 • 제

5.2 인터럽트로 스톱워치 만들기

아두이노 보드의 인터럽트 기능을 이용하여 스위치가 눌려지면, 10초마다 LED를 하나씩 불을 켜서 40초까지 4개의 LED에 불을 켜고 50초가 되면 4개의 LED가 모두 꺼지고 초기화는 타이머를 만들어 보자.

실습용 베이스 보드의 활용

(1) LED 1개와 스위치 1개 연결(예제 5.1)

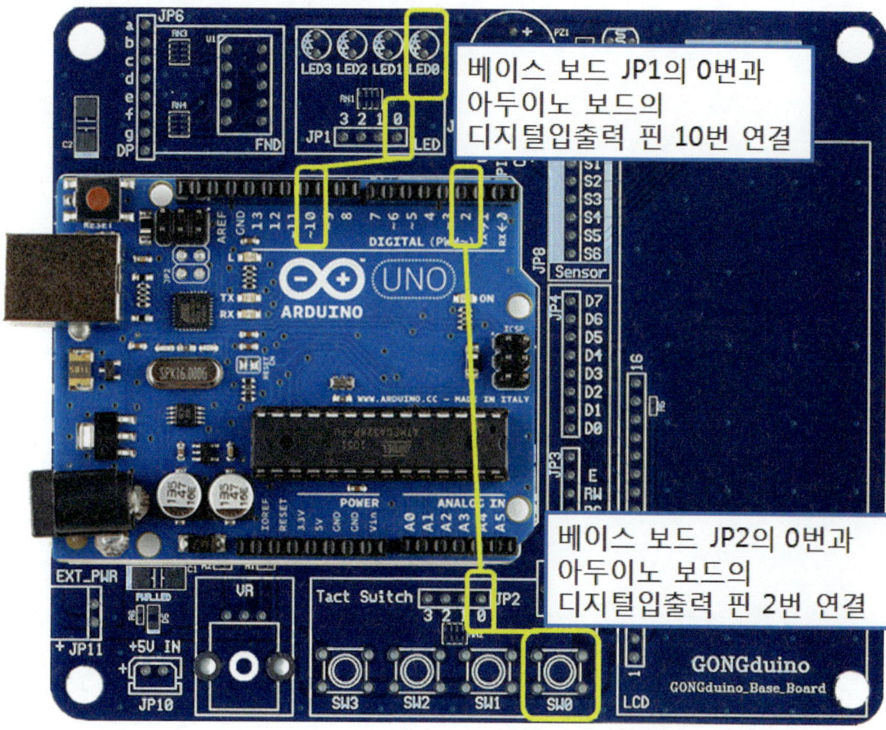

PART **2**

입출력 응용

CHAPTER 06 아두이노에서 소리내기

소리 출력 : tone(핀번호, 주파수, 지속시간);
소리 정지 : noTone(핀번호);

아두이노 보드를 사용하여 LED를 켜거나 끄는 동작을 통하여 아두이노 보드를 사용한 제어 동작의 결과를 눈으로 확인 할 수 있는 것처럼, 아두이노 보드에서 소리를 발생시켜 제어 결과를 귀로 들을 수 있다.

공기 중에서 일어나는 진동으로 인한 현상인 소리는 진동의 주파수에 따라 다양한 종류의 소리가 만들어진다. 특히 사람은 귀를 통하여 일반적으로 20Hz~20kHz의 범위의 주파수를 들을 수 있으며, 이것을 가청 주파수라고 한다.

아두이노 보드를 통하여 사람이 들을 수 있는 소리를 만들어 내려면 이 가청 주파수 범위의 진동을 스피커나 피에조(piezo)에 출력하면 된다.

그림 6.1 소리의 발생

6.1 소리의 높낮이(음계, scale)

소리는 주파수에 따라서 음의 높이(피치, pitch)가 달라지는데 국제 피치음인 피아노의 A(라)음의 진동수 440Hz을 중심으로 등비수열로 12등분한 것을 12음계(scale)라 하고, 12등분된 음의 높이를 각각 A, A#, B, C, C#, D, D#, E, F, F#, G, G#로 표시한다.

$$440 \times 2^{\left(\frac{k}{12}\right)}\text{Hz}, \quad (k = 0, 1, 2, 3, 4, 5, 6, 7, 8, 9, 10, 11)$$

표 6.1 음계와 주파수

12음계	7음계	주파수	주파수 계산식
A	라	440.00 Hz	$440 \times 2^{(0/12)}$
A#		466.16 Hz	$440 \times 2^{(1/12)}$
B	시	493.88 Hz	$440 \times 2^{(2/12)}$
C	도	261.63 Hz	$440 \times 2^{(3/12)}$
C#		277.18 Hz	$440 \times 2^{(4/12)}$
D	레	293.66 Hz	$440 \times 2^{(5/12)}$
D#		311.13 Hz	$440 \times 2^{(6/12)}$
E	미	329.63 Hz	$440 \times 2^{(7/12)}$
F	파	349.23 Hz	$440 \times 2^{(8/12)}$
F#		369.99 Hz	$440 \times 2^{(9/12)}$
G	솔	392.00 Hz	$440 \times 2^{(10/12)}$
G#		416.30 Hz	$440 \times 2^{(11/12)}$

(※출처: 스마트폰으로 제어하는 아두이노, 복두출판사)

일반적으로 사용되는 "도레미파솔라시"는 12음계 중 "C(도), D(레), E(미), F(파), G(솔), 라(A), 시(B)"로 7음계를 표현한 것이다.

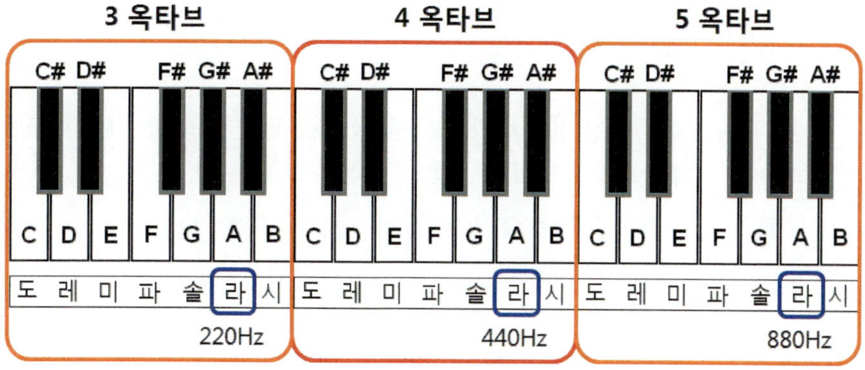

(※출처: 스마트폰으로 제어하는 아두이노, 복두출판사)

그림 6.2 피아노 건반과 음계

또한 음계는 각 음의 2배의 주파수가 되면 같은 음을 내게 되며 음계를 형성하게 되고 이것을 옥타브(octave)라고 한다. 예를 들면, A(라)음은 440Hz의 주파수를 갖는데, 440Hz의 2배 되는 880Hz, 880Hz의 2배 되는 1760Hz 또는 440Hz의 1/2배 되는 220Hz, 220Hz의 1/2배 되는 110Hz도 "라"의 음을 낸다.

표 6.2 옥타브에 따른 음계의 주파수

7음계	12음계	옥타브1	옥타브2	옥타브3	옥타브4	옥타브5	옥타브6	옥타브7	옥타브8
도	C	32.70	66.41	130.81	261.63	523.25	1046.50	2093.00	4186.01
	C#(Db)	36.65	69.30	138.59	277.18	556.37	1108.73	2217.46	4436.92
레	D	36.71	73.42	146.83	293.66	587.33	1176.66	2349.32	4698.64
	D#(Eb)	38.89	77.78	156.56	311.13	622.25	1246.51	2489.02	4978.03
미	E	41.20	82.41	166.81	329.63	659.26	1318.51	2637.02	5276.04
파	F	43.65	87.31	176.61	349.23	698.46	1396.91	2793.83	5587.65
	F#(Gb)	46.25	92.50	186.00	369.99	739.99	1479.98	2959.96	5919.91
솔	G	49.00	98.00	196.00	392.00	783.99	1567.98	3136.96	6271.93
	G#(Ab)	51.91	103.83	207.65	416.30	830.61	1661.22	3322.44	6646.88
라	A	56.00	110.00	220.00	440.00	880.00	1760.00	3520.00	7040.00
	A#(Bb)	58.27	116.54	233.08	466.16	932.33	1866.66	3729.31	7458.62
시	B	61.74	123.47	246.94	493.88	987.77	1976.53	3951.07	7902.13

(※출처: 스마트폰으로 제어하는 아두이노, 복두출판사)

6.2 소리의 만들기

소리를 발생시키려면 원하는 소리의 주파수로 전기신호를 만들어 스피커나 피에조(piezo)에 입력하면 스피커나 피에조의 물리적인 구조로 인하여 진동을 일으켜 소리가 난다.

주파수는 단위펄스가 1초에 반복하는 회수를 나타내므로, 아두이노 보드의 디지털입출력 핀을 사용하여 주파수를 갖는 신호를 만들어 내려면, 1초에 펄스신호를 주파수 값만큼 반복하여 내보내면 된다.

예를 들어 주파수가 440Hz인 라(A)음을 만들려면, 아두이노 보드에서 1초에 440번의 펄스를 만들어 디지털입출력 핀을 통하여 피에조에 출력하면 된다.

펄스가 같은 신호로 반복되는데 걸리는 시간인 주기는 주파수의 역수이며 다음과 같은 관계를 갖는다.

$$T = \frac{1}{440Hz} = 2272.73[\mu sec]$$

즉, 한 주기가 약 2272.73[μsec]인 펄스를 그림 6.2와 같이 1초에 걸쳐서 440번 반복시키면 된다.

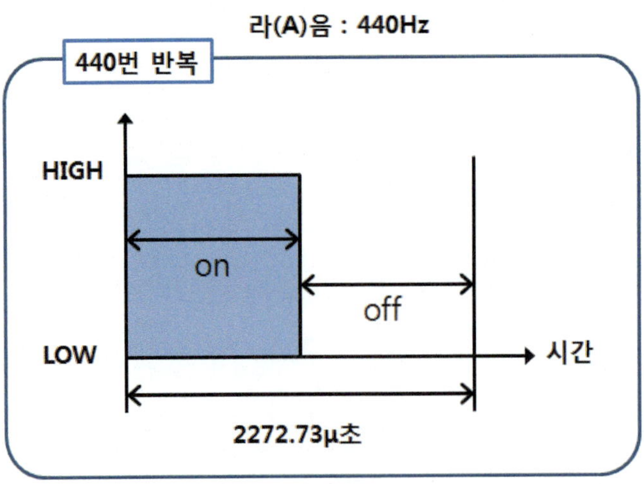

그림 6.3 라(A) 440Hz : 1초에 440번 반복되는 신호

그러므로 아두이노 보드에서 디지털입출력 핀을 사용하여 피에조에 4옥타브의 12음계의 신호를 출력하려면, 다음과 같은 주기를 사용하여야 한다.

표 6.3 음계의 주파수와 주기

12음계	7음계	4옥타브 주파수[Hz]	주기[μ 초]
C	도	261.63	3822
C#		277.18	3608
D	레	293.66	3405
D#		311.13	3214
E	미	329.63	3034
F	파	349.23	2863
F#		369.99	2703
G	솔	392.00	2551
G#		416.30	2408
A	라	440.00	2273
A#		466.16	2145
B	시	493.88	2025

아두이노 보드에서 피에조(piezo)를 통하여 소리를 만들기 위하여 그림 2.1와 같이 아두이노 보드의 디지털입출력 핀 7번에 피에조를 연결하여 구성한다.

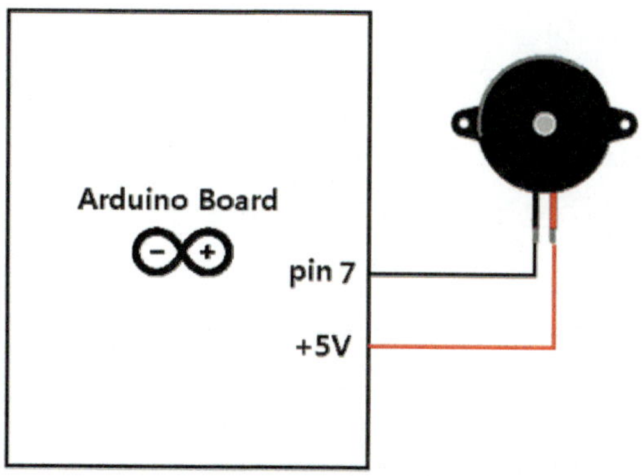

그림 6.4 아두이노 보드와 피에조 연결

표 6.4 아두이노 보드 연결 구성

아두이노 UNO 보드		연결 장치
핀번호	setup( ) 설정	
디지털 입출력 핀 7번	pinMode(7, OUTPUT)	피에조(piezo)

```
void setup( ) {
  pinMode( 7, OUTPUT );
}
```

Fritzing으로 회로를 구성하면 다음과 같다.

그림 6.5 아두이노 보드에 피에조 연결

실•전•예•제

6.1 표준 피치 라(A)음 내기

표준 "라(A)" 음은 440Hz의 주파수를 가지며 약 2272μ초의 주기를 갖는다. 그러므로 아두이노 보드의 디지털입출력 핀으로 HIGH와 LOW신호를 각각 1136μ초씩 출력하면 된다.

delay( )함수는 밀리초(m초) 단위의 시간지연만 할 수 있으므로, 마이크로초(μ초) 단위의 시간지연을 사용하려면 delayMicroseconds( )함수를 사용한다.

```
delayMicroseconds(1136);
```

아두이노 보드와 피에조 연결에 따른 setup( )설정은 다음과 같다.

<table>
<tr><td>void setup( ) {
  pinMode(7, OUTPUT);
}</td><td>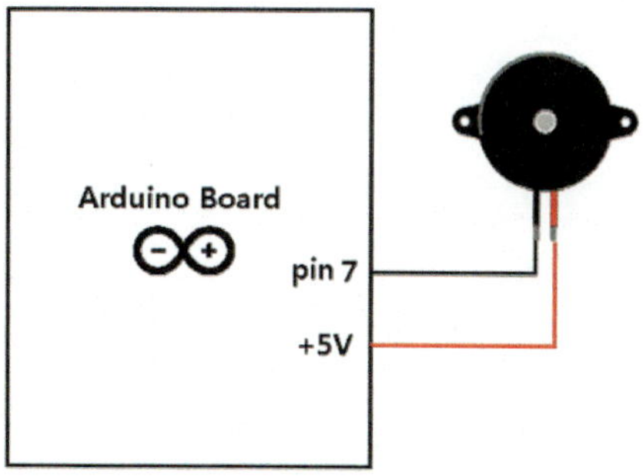
</td></tr>
</table>

<table>
<tr><td>void loop( ) {</td><td>loop( )의 시작</td></tr>
<tr><td> for (int k=0; k<440; k++) {
    digitalWrite(7, HIGH);
    delayMicroseconds(1136);
    digitalWrite(7, LOW);
    delayMicroseconds(1136);
  }
  delay(1000);</td><td>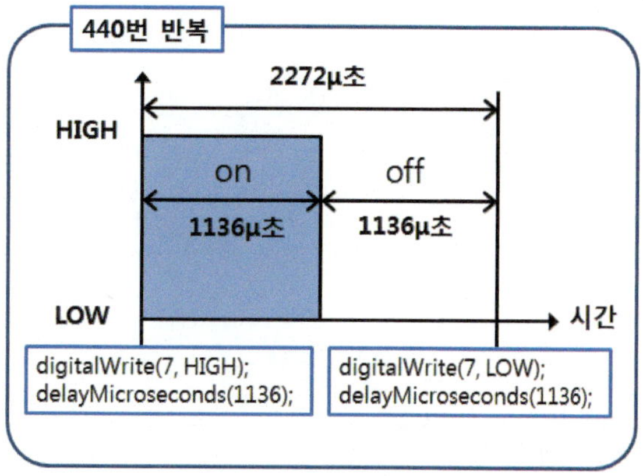

라(A)음 : 440Hz</td></tr>
<tr><td>}</td><td>loop( )의 끝</td></tr>
</table>

실행하면 스케치를 업로드하여 실행시키면 피에조에서 1초 간격으로 표준피치 "라(A)"음의 소리가 발생한다.

■

실•전•예•제

6.2 피에조를 통하여 '도레미파솔라시' 출력

표 3.3를 참고하여 표 3.5에 4옥타브에서 도레미파솔라시의 주파수에 대한 주기를 반올림하여 근사적으로 나타내었다.

표 6.5 4옥타브에서 7음계의 주파수와 주기

7음계	4옥타브 주파수[Hz]	주기[μ 초]
도(C)	262	3822
레(D)	294	3406
미(E)	330	3034
파(F)	349	2864
솔(G)	392	2550
라(A)	440	2272
시(B)	494	2026

예제 6.1에서 음을 내는 부분을 다음과 같이 각 음의 주파수에 대한 변수 sFreq을 사용하여 scalePlay(sFreq)라는 함수로 만들고, 펄스의 HIGH와 LOW 부분의 마이크로초 단위의 지속시간을 위한 변수 sTime을 다음과 같이 만들어 사용하면 편리하게 스케치를 만들 수 있다.

$$\text{펄스의 HIGH와 LOW 지속시간}[\mu\text{초}] = \left(\frac{1}{\text{음의 주파수}} \times 1{,}000{,}000\right) \div 2$$

완성된 스케치는 다음과 같다.

void setup( ) {
  pinMode(7, OUTPUT);
}
	피에조가 연결된 디지털입출력 핀 7번 출력모드

void scalePlay(int sFreq) {	음을 내기 위한 함수

int sTime = (1000000/sFreq)/2;
  for (int k=0; k<sFreq; k++) {
    digitalWrite(7, HIGH);
    delayMicroseconds(sTime);
    digitalWrite(7, LOW);
    delayMicroseconds(sTime);
  }
  delay(1000);
	펄스 HIGH와 LOW 부분의 마이크로초 단위의 지속시간

}	
void loop( ) {	loop( ) 함수의 시작

scalePlay(262);
  scalePlay(294);
  scalePlay(330);
  scalePlay(349);
  scalePlay(392);
  scalePlay(440);
  scalePlay(494);
	도 (주파수 262Hz)
	레 (주파수 294Hz)
	미 (주파수 330Hz)
	파 (주파수 349Hz)
	솔 (주파수 392Hz)
	라 (주파수 440Hz)
	시 (주파수 494Hz)

}	loop( ) 함수의 끝

■

6.3 tone( )과 noTone( ) 함수

아두이노에서는 앞에서 특정한 음을 내기 위하여 만든 scalePaly( )와 같은 함수를 제공하고 있다.

아두이노 개발환경은 소리를 내게하는 tone( )함수와 소리가 나지 않도록 하는 noTone ( )함수를 제공하고 있다.

tone( )함수는 다음 그림 6.5와 같이 피에조나 스피커가 연결된 핀(pin), 재생하고자 하는 음의 주파수(freq)와 그 음이 지속되어야 할 시간(dtime)을 밀리초 단위로 지정할 수 있다. 만일 음이 지속될 시간을 지정하지 않으면, 다른 tone( )함수가 실행되거나 noTone( )함수가 실행될 때까지 계속을 출력하게 된다.

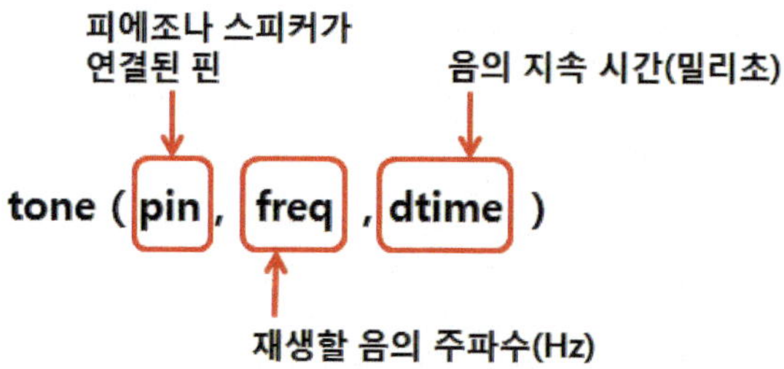

그림 6.6 tone( )함수의 구성

예를 들어 아두이노 보드의 디지털입출력 핀 7번에 피에조를 연결하고 440Hz의 주파수를 갖는 라(A)음을 1초 동안 내기를 원한다면 다음과 같이 함수를 구성한다.

```
tone( 7, 440, 1000 );
```

실 • 전 • 예 • 제

6.3 tone( )함수를 이용하여 '도레미파솔라시' 출력

```
void setup( ) {
  pinMode(7, OUTPUT);
}
void loop( ) {
  tone(7, 262, 500);       // 도
  delay(500);
  tone(7, 294, 500);       // 레
  delay(500);
  tone(7, 330, 500);       // 미
  delay(500);
  tone(7, 349, 500);       // 파
  delay(500);
  tone(7, 392, 500);       // 솔
  delay(500);
  tone(7, 440, 500);       // 라
  delay(500);
  tone(7, 494, 500);       // 시
  delay(500);
}
```

■

6.4 악보 연주하기

그림 6.7과 같은 "반짝반짝 작은 별"의 첫 소절을 연주하는 스케치를 tone() 함수를 사용하여 만들어 보자.

그림 6.7 "반짝반짝 작은 별"의 멜로디 악보

실•전•예•제

6.4 악보의 연주

먼저 그림 6.7의 악보처럼 도~시의 음에 해당하는 주파수를 표시하고 2장에서 배운 배열(array)를 사용하여 다음과 같이 지정한다.

```
mCode[14]= {262, 262, 392, 392, 440, 440, 392, 349, 349, 330, 330, 294, 294, 262};
```

배열(array) mCode[ ]에서 연주할 주파수를 순차적으로 가져와서 tone( )에서 실행시키면 된다. 완성된 스케치는 다음과 같다.

```
int piezo=7;

int mCode[14]= {262, 262, 392, 392, 440, 440, 392, 349, 349, 330, 330, 294, 294, 262};

void setup( ) {
  pinMode(piezo, OUTPUT);
}

void loop( ) {
  int playT=200;
  for (int k=0; k<14; m++) {
    tone(piezo, mCode[k], playT);
    delay(playT);
  }
  noTone(piezo);
  delay(2000);
}
```

■

앞의 예제 6.4는 박자에 관계없이 그림 6.7의 멜로디 음만을 연주한다. 박자에 따라 연주하기 위한 스케치를 만들어 보자.

그림 6.7의 악보를 보면, 1박자와 2박자로 구성되어 있다. tone( )명령어에서 음의 지속 시간을 1박자를 200msec로 설정하면 2박자는 400msec로 설정하면 된다.

먼저 그림 6.8과 같이 각 음에 대한 박자로 사용할 시간을 표현한다.

그림 6.8 "반짝반짝 작은 별"의 멜로디와 박자 악보

배열(array)를 사용하여, 멜로디의 주파수는 mCode[14]에 저장하고 각 음에 대한 박자는 mBeat[14]에 다음과 같이 지정한다.

```
mCode[14]= {262, 262, 392, 392, 440, 440, 392, 349, 349, 330, 330, 294, 294, 262};
mBeat[14]= {200, 200, 200, 200, 200, 200, 400, 200, 200, 200, 200, 200, 200, 400};
```

연주할 멜로디의 주파수를 mCode[14]에 저장하여 순차적으로 가져와서 사용한 것처럼 각 음 박자를 mBeat[14]에 저장하여 tone( )에서 실행시키면 된다.

완성된 스케치는 다음과 같다.

```
int piezo=7;

int mCode[14]= {262, 262, 392, 392, 440, 440, 392, 349, 349, 330, 330, 294, 294, 262};
int mBeat[14]= {200, 200, 200, 200, 200, 200, 400, 200, 200, 200, 200, 200, 200, 400};

void setup( ) {
  pinMode(piezo, OUTPUT);
}

void loop( ) {
  for (int k=0; k<14; m++) {
    tone(piezo, mCode[k], mBeat[k] );
    delay(mBeat[k]);
  }
  noTone(piezo);
  delay(2000);
}
```

■

6.5 2차원 Array를 이용한 악보 연주하기

앞의 아두이노 스케치를 보면, 멜로디 음을 위한 배열 mCode[14]와 박자를 위한 배열 mBeat[14]의 2개의 배열을 동시에 참고하여 음이 연주된다. 2차원 배열(Array)를 이용하면 하나의 배열에 멜로디 음의 주파수와 박자를 동시에 저장할 수 있으며, 스케치를 작성하기가 쉬워진다.

2장 5절에서 설명한 배열(Array)은 여러 개의 LED나 스위치의 핀을 아두이노 스케치에서 편리하게 제어하기 위하여 사용된 1차원 배열이다.

그림 6.9는 1차원 배열의 예로 a1Data[4]의 설정과 동작원리를 설명한 것이다.

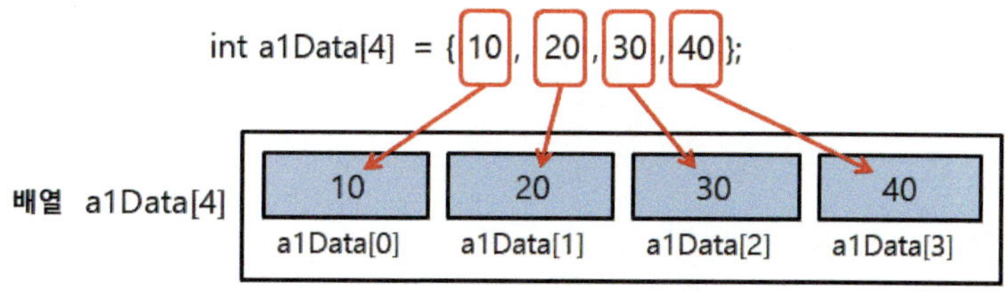

그림 6.9 1차원 배열의 개념

2차원 배열은 정보가 2차원 테이블 형태로 저장된다. 예를 들면 그림 6.10과 같이 a2Data[4][3]으로 2차원 배열을 선언하면, 4행 3열의 테이블 형태로 데이터가 저장되게 된다.

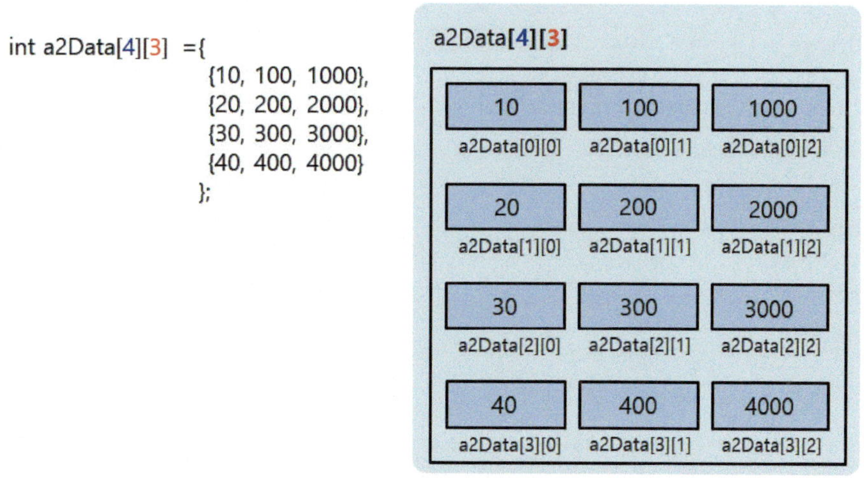

그림 6.10 2차원 배열의 개념

6.5 실 • 전 • 예 • 제
2차원 배열을 이용한 악보의 연주

먼저 그림 6.8의 악보를 2차원 배열(array)를 사용하여, 멜로디의 주파수와 박자를 mCode[14][2]에 다음과 같이 지정한다.

```
mCode[14][2] ={{262,200},{262,200},{392,200},{392,200},{440,200},{440,200},{440,400},
              {349,200},{349,200},{330,200},{330,200},{294,200},{294,200},{262,400}};
```

완성된 스케치는 다음과 같다.

```
int piezo=7;

int mCode[14][2]= {
                    {262, 200}, {262, 200}, {392, 200}, {392,200},
                    {440, 200}, {440, 200}, {392, 400},
                    {349, 200}, {349, 200}, {330, 200}, {330,200},
                    {294, 200}, {294, 200}, {262, 400}
                  };

void setup( ) {
  pinMode(piezo, OUTPUT);
}

void loop( ) {
  for (int k=0; k<14; m++) {
    tone(piezo, mCode[k][0], mCode[k][1]);
    delay(mCode[k][1]);
  }
  noTone(piezo);
  delay(2000);
}
```

■

6.6 곡이 긴 악보 연주하기

앞의 예제들에서 "반짝반짝 작은 별"의 앞 몇 소절 연주와 같이 비교적 짧은 악보를 연주하였다. 그림 6.11과 같이 "반짝반짝 작은 별"의 전곡 연주와 같이 긴 악보를 연주하는 스케치를 tone() 함수를 사용하여 만들어 보자.

실 • 전 • 예 • 제

6.6 긴 악보의 연주곡

그림 6.11 "반짝반짝 작은 별"의 악보

그림 6.11의 악보는 도~시까지 하나의 음계(scale) 안에서 이루어져 있고, 악보의 계이름을 코드로 표현하면 다음과 같이 된다. 여기서 코드 사이의 "p"는 앞의 음이 2박자임을 나타낸다.

```
CCGGAAGpFFEEDDCpGGFFEEDpGGFFEEDpCCGGAAGpFFEEDDCp
```

연주할 곡의 계이름 코드를 다음과 같이 문자 배열 mData[]에 저장한다.

```
char mData[ ]="CCGGAAGpFFEEDCCpGGFFEEDpGGFFEEDpCCGGAAGpFFEEDDCp";
```

저장된 배열의 크기를 연주의 과정에서 사용하기 위하여, sizeof( ) 함수를 사용하여 저장된 배열의 크기를 측정한다.

```
const byte mSize=sizeof(mData);
```

이 악보에 따라 tone( )함수를 효과적으로 사용하기 위하여, 악보의 코드를 배열(Array)에 넣고 하나씩 순서대로 불러와서 해당하는 코드의 주파수를 tone( )함수에 전달하는 방법을 사용한다.

'도레미파솔라시' 코드는 문자 배열 code[ ]에 저장하고, 각 코드의 순서에 따라 각 음의 주파수를 다음과 같이 배열 freq[ ]에 저장한다.

```
char code[7]= {'C', 'D', 'E', 'F', 'G', 'A', 'B'};
int freq[7]= {262, 294, 330, 349, 392, 440, 494};
```

그림 6.12와 같이 다음과 같은 절차로 악보가 연주된다.

① 악보가 들어 있는 배열 mData[ ]에서 하나씩 문자를 읽어온다.
② 읽어 온 문자를 배열 code[ ]의 내용과 비교하여 같은 문자가 저장되어 있는 배열 code[ ]에서의 순서 k를 찾는다.
③ 배열 freq[ ]에서 k번째인 freq[k]의 값을 tone( )함수에 전달한다.
④ freq[k]의 값을 적용하여 tone(7, freq[k], 200)을 실행한다.

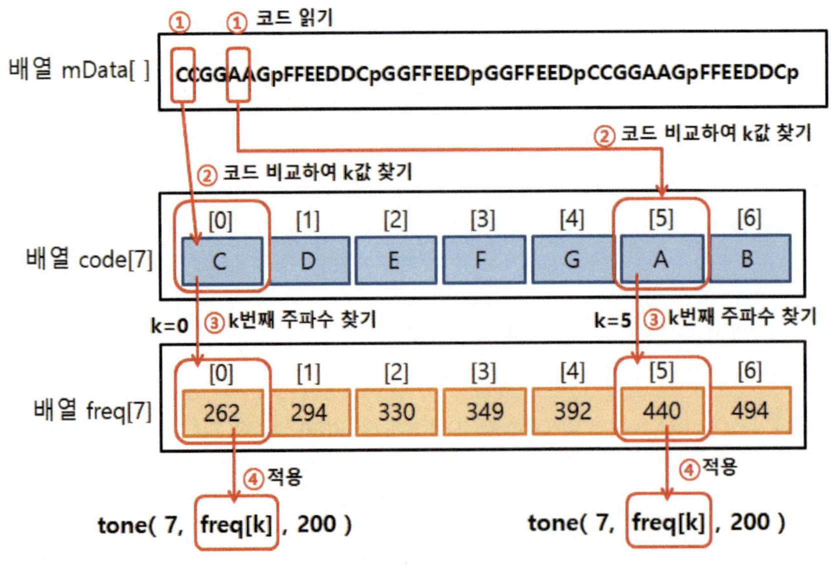

그림 6.12 "반짝반짝 작은 별" 의 악보 연주 구조

완성된 스케치는 다음과 같다.

```
int piezo=7;
char code[7]= {'C', 'D', 'E', 'F', 'G', 'A', 'B'};
int freq[7]= {262, 294, 330, 349, 392, 440, 494};
char mData[ ]="CCGGAAGpFFEEDCCpGGFFEEDpGGFFEEDpCCGGAAGpFFEEDDCp";
byte mSize=sizeof(mData);
void setup( ) {
  pinMode(piezo, OUTPUT);
}
void loop( ) {
  int playT=200;
  for (int m=0; m<mSize; m++) {
    for(int k=0; k<7; k++) {
      if(mData[m]==code[k]) tone(piezo, freq[k], playT);
    }
    delay(playT);
  }
  noTone(piezo);
  delay(2000);
}
```

실행하면 "반짝반짝 작은 별"이 1박자를 0.2초로 하여 연주되고, 2초가 간격으로 전체연주가 반복된다.

■

6.7 외부 입력을 이용한 키보드 만들기

버튼 스위치나 센서, 시리얼 모니터 입력 등과 같은 외부 입력에 따라 소리가 나도록 하여보자.

먼저 그림 6.13과 같이 버튼 스위치를 사용하여, 각 버튼 스위치 입력에 따라 도, 레, 미, 파가 소리가 나는 간이형 키보드를 만들어 보자.

각 버튼 스위치 입력에 따라 도, 레, 미, 파가 소리가 나도록 하고, 버튼 스위치가 계속 눌려지고 있으면, 계속 같은 음을 출력하고, 버튼 스위치의 눌림이 종료되면, 출력되던 음이 멈추도록 하여, 오래 누르면 길게 소리가 나고 짧게 누르면 짧게 소리가 나도록 하자.

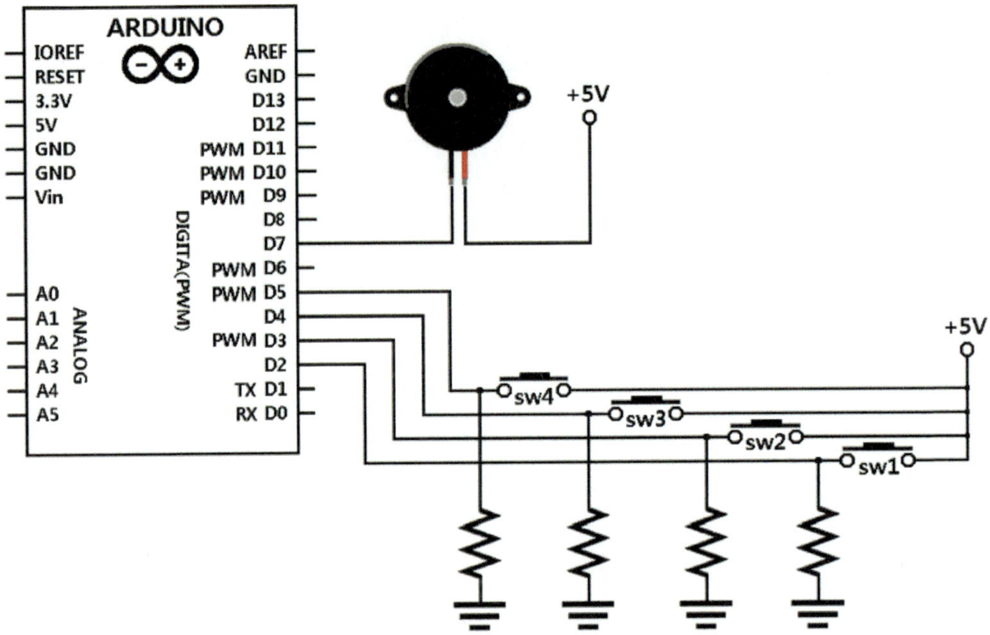

그림 6.13 아두이노 보드와 피에조와 버튼 스위치 연결

6.7 실•전•예•제 버튼 스위치로 간이형 키보드 만들기

아두이노 보드에서 피에조(piezo)를 통하여 소리를 만들기 위하여 그림 6.13과 표 6.6과 같이 아두이노 보드의 디지털입출력 핀 7번에 피에조를 연결하고, 디지털입출력 핀 2~5번에 버튼 스위치를 연결하여 구성한다.

표 6.6 아두이노 보드 연결 구성

아두이노 UNO 보드		연결 장치
핀번호	setup( ) 설정	
디지털 입출력 핀 2번	pinMode(2, INPUT)	버튼 스위치1
디지털 입출력 핀 3번	pinMode(3, INPUT)	버튼 스위치2
디지털 입출력 핀 4번	pinMode(4, INPUT)	버튼 스위치3
디지털 입출력 핀 5번	pinMode(5, INPUT)	버튼 스위치4
디지털 입출력 핀 7번	pinMode(7, OUTPUT)	피에조(piezo)

Fritzing 으로 회로를 구성하면 다음과 같다.

그림 6.14 아두이노 보드에 피에조 연결

for문을 사용하여 도레미파의 순서로 지정된 버튼 스위치를 if문과 digitalRead()을 사용하여 눌려지는 버튼 스위치를 조사한다. 눌려진 스위치에 해당하는 음의 출력은 tone()함수를 사용한다.

버튼 스위치가 눌려진 것이 확인되면 해당하는 음의 주파수를 출력한다. 이때, 버튼 스위치가 계속 눌리고 있는지를 조사하는 방법으로는 while()문을 사용한다.

int piezo = 7;	피에조가 연결된 디지털입출력 핀
int sw[4] = {2, 3, 4, 5};	4개 스위치 지정
int freq[4]= {262, 294, 330, 349};	도, 레, 미, 파의 주파수
int val = 0;	변수의 초기값

void setup( ) {
  pinMode(piezo, OUTPUT);
  for(int k=0; k<4; k++) {
    pinMode(sw[k], INPUT);
  }
}
	입출력 모드 선언

void loop( ) {	loop( )함수 시작
for(int k=0; k<4; k++) {	for(k)문 시작
val = digitalRead(sw[k]); if(val) {	k번째 스위치가 눌렸는지 검사
tone(piezo, freq[k]);	k번째 주파수 출력
while(digitalRead(sw[k]));	스위치가 계속 눌려지고 있는지 검사

noTone(piezo);	스위치 눌림이 끝나면 소리 정지
}	if문 끝
}	for(k)문 끝
}	loop( )함수 끝

실행하면 '도, 레, 미, 파'로 지정된 버튼 스위치를 누르면 그 음에 해당하는 소리가 출력되며, 스위치를 오래 누르면 길게 소리가 나고 짧게 누르면 짧게 소리가 난다.

■

실•전•예•제

6.8 시리얼 모니터로 연주하기

4장에서 배운 PC와 아두이노 보드의 시리얼 통신으로 피에조(piezo)로 소리를 제어해 보자. 그림 6.15와 같이 아두이노 보드의 디지털입출력 핀 7번에 피에조를 연결하고, PC의 시리얼 모니터를 사용할 수 있도록 구성한다.

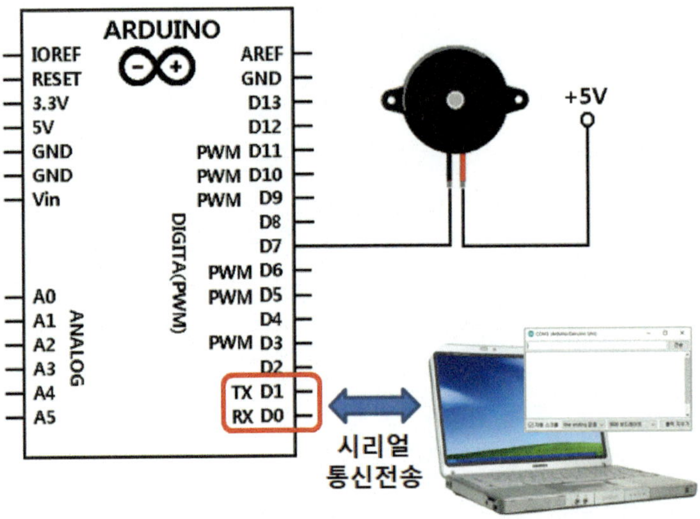

그림 6.15 시리얼 통신으로 연결된 아두이노 보드와 피에조

완성된 스케치는 다음과 같다.

int piezo = 7;	피에조가 연결된 디지털입출력 핀
char code[7]= {'C', 'D', 'E', 'F', 'G', 'A', 'B' }; int freq[7]= {262, 294, 330, 349, 392, 440, 494};	코드와 주파수 배열

void setup( ) {
  Serial.begin(9600);
  pinMode(piezo, OUTPUT);
  Serial.println("Enter Code C/D/E/F/G/A/B");
}
	
	시리얼 통신 속도 설정
	입출력 모드 선언
	시리얼 모니터에 메시지 출력

void loop( ) {	loop( )함수 시작
if(Serial.available( )) {	if(Serial.available( ))시작

char select=Serial.read( );
    Serial.print("Your Selcet Code =");
    Serial.println(select);
	시리얼 모니터 입력

for(int k=0; k<7; k++) {
      if(select==code[k]) {
        tone(piezo, freq[k], 500);
        delay(500);
      }
    }
	코드 비교 for( )문 시작
	
	k번째 주파수 출력
	
	for( )문 끝

noTone(piezo);	소리발생 중지
}	if(Serial.available( ))끝
}	loop( )함수 끝

스케치를 업로드하고 시리얼 모니터를 열어 그림 6.16과 같이 코드를 입력하면 코드에 해당하는 소리가 발생한다. 또한 시리얼 모니터에 악보의 연속된 코드열를 입력하면 순차적으로 소리를 발생시킨다,

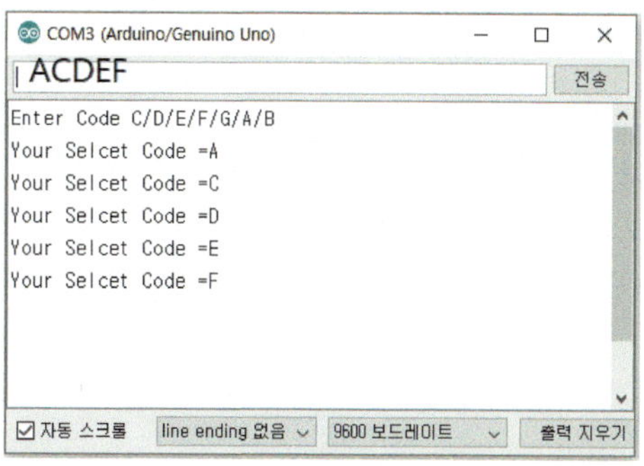

그림 6.16 시리얼 모니터 입력으로 소리 내기

■

6.8 아두이노 소리 발생 명령

아두이노에서 소리를 발생시키는 방법을 정리하면 그림 6.16~17과 같다.

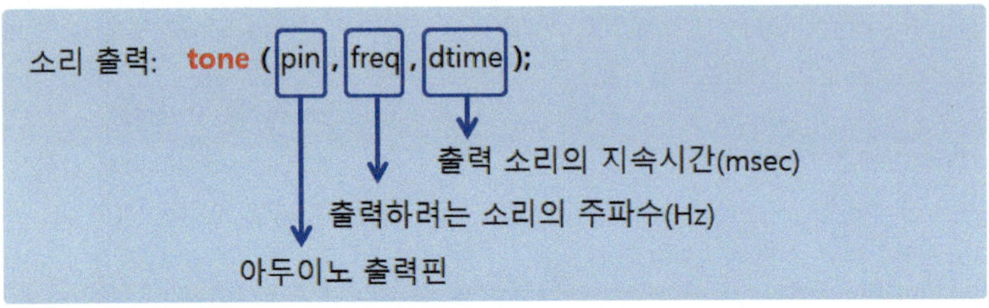

그림 6.16 아두이노 소리 발생 명령

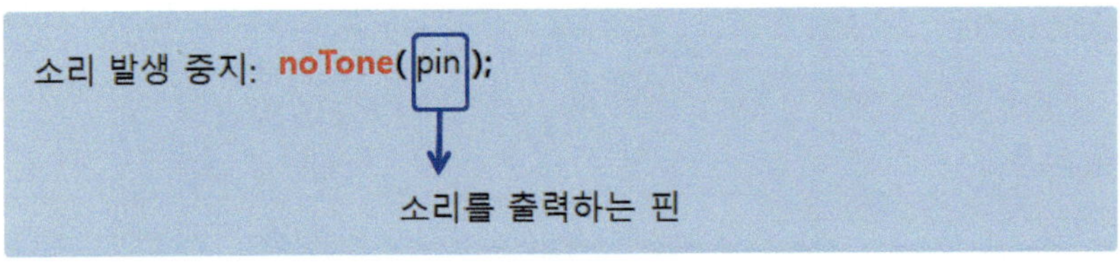

그림 6.17 아두이노 소리 발생 중지 명령

실습용 베이스 보드의 활용

(1) 피에조 연결(예제 6.1, 6.2, 6.3, 6.4)

(2) 피에조 연결와 스위치 4개 연결(예제 6.5)

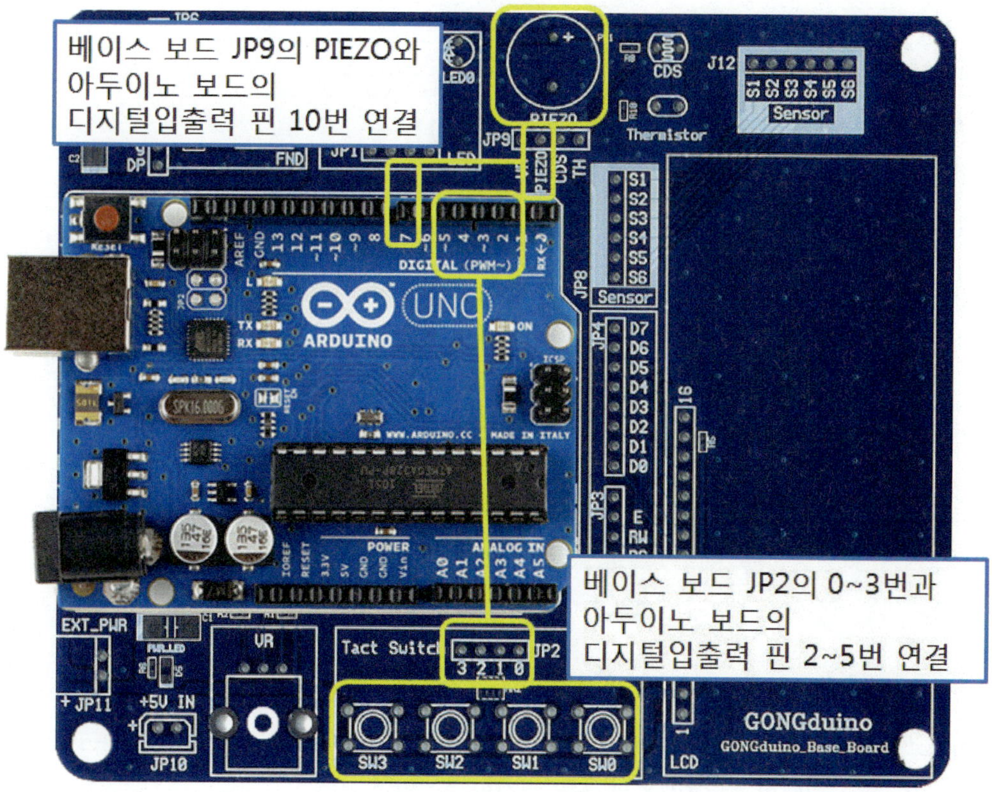

아두이노에서 text LCD 사용하기

CHAPTER 07

Text LCD는 LCD화면에 정해진 형태의 문자를 표시할 수 있는 장치로, 실생활에 매우 많이 사용되고 있는 모듈 형태로 구성된 디스플레이 장치이다.

일반적으로 LCD 패널에 컨트롤러, 드라이버, 백라이트 유닛 등으로 구성된 모듈형태의 Text LCD 모듈을 많이 사용한다.

7.1 Text LCD(Character LCD)

글자, 숫자 등을 출력하는데 많이 사용되는 Text LCD 모듈은 일반적으로 그림 7.1과 같은 16칸 2줄의 문자 LCD 모듈을 많이 사용한다.

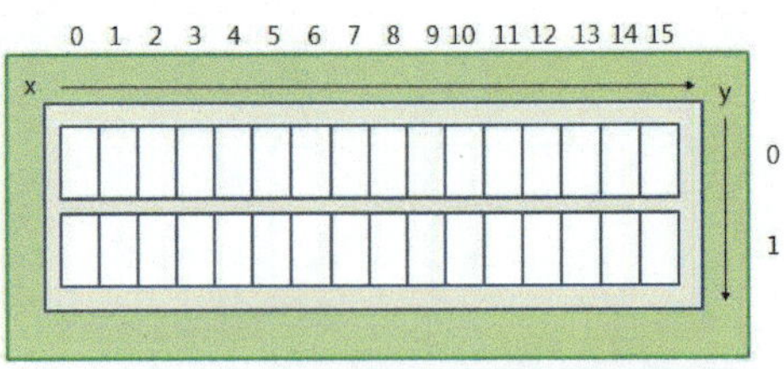

그림 7.1 16×2 Text LCD 모듈

Text LCD 모듈의 제어는 그림 7.2에 나타낸 것처럼 E, RW, RS는 TEXT LCD를 제어하는 신호이고, D0~D7를 이용하여 TEXT LCD에 표시할 데이터를 보낸다. 또한 15번과 16번 핀을 사용하면 LCD 패널의 백라이트 밝기를 조정할 수 있다.

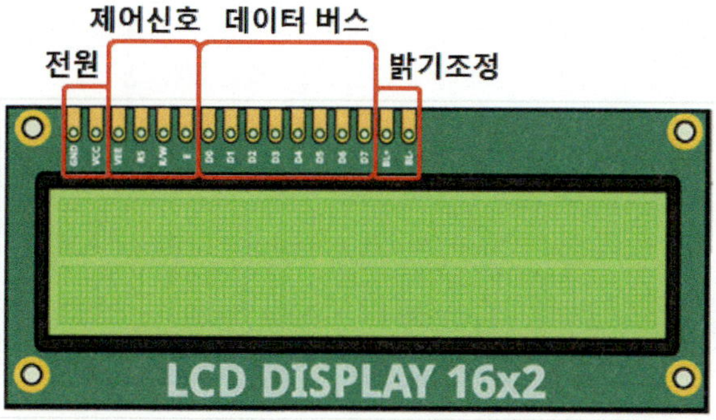

그림 7.2 Text LCD 모듈

7.2 아두이노의 Text LCD 제어 함수

아두이노는 Text LCD를 쉽게 제어하기 위하여 LCD 모듈에 문자 등을 표시하기 위하여 다음과 같은 Text LCD 라이브러리 함수들을 기본으로 제공하고 있다.

표 7.1 아두이노 TEXT LCD 함수

	함수	내 용
1	LiquidCrystal lcd( )	데이터 4bit: LiquidCrystal lcd(RS, E, D4, D5, D6, D7)
2	begin( )	LCD의 종류 설정
3	lcd.begin(cols, rows)	연결된 LCD의 가로(칸)과 세로(줄) 입력
4	clear( )	LCD 화면을 모두 삭제하고, 커서의 위치를 첫 위치(0,0)로 이동
5	home( )	커서의 위치를 첫 위치(0,0)로 이동
6	setCursor( )	커서의 위치를 설정한 위치로 이동
7	lcd.setCursor(x, y)	가로(x)와 세로(y) 위치를 설정
8	write( )	LCD에 글자를 출력 : lcd.write(data) 사용
9	print( )	LCD에 숫자나 문자열을 출력
10	cursor( )	LCD 화면에 커서(_) 표시
11	noCursor( )	LCD 화면에 커서 감추기
12	blink( )	LCD 화면의 커서를 깜빡임.
13	noBlink( )	LCD 화면의 커서를 깜빡이지 않음
14	display( )	LCD 화면의 내용 표시
15	noDisplay( )	LCD 화면의 내용 사라지게 함
16	scrollDisplayLeft( )	LCD 화면의 내용을 왼쪽으로 한 칸 이동

17	scrollDisplayRight( )	LCD 화면의 내용을 오른쪽으로 한 칸 이동
18	autoscroll( )	LCD 화면이 자동으로 스크롤(이동)
19	noAutoscroll( )	LCD 화면이 자동으로 스크롤(이동) 금지
20	leftToRight( )	LCD 화면에 표시되는 글자가 왼쪽에서 오른쪽 방향으로 출력
21	rightToLeft( )	LCD 화면에 표시되는 글자가 오른쪽에서 왼쪽 방향으로 출력
22	createChar( )	LCD 모듈의 사용자 정의 문자 생성

표 7.1의 Text LCD 라이브러리 함수들을 사용하여 아두이노 스케치를 작성하려면, 다음과 같이 “LiquidCrystal.h”를 스케치의 윗부분에 포함시켜야 한다.
(※ 참고 - http://arduino.cc/en/Reference/LiquidCrystalPrint)

```
#include  “LiquidCrystal.h”
```

Text LCD 모듈의 설정을 위하여 LiquidCrystal lcd()함수를 사용한다.

4bit 인터페이스	LiquidCrystal lcd(RS, E, D4, D5, D6, D7)
8bit 인터페이스	LiquidCrystal lcd(RS, RW, E, D0, D1, D2, D3, D4, D5, D6, D7)

여기서, 각 매개변수의 의미는 다음과 같다.

LDC 핀	기능	동작
RS	레지스터 선택	"0"이면 명령, "1"이면 데이터
E	LCD 사용 상태	"1"이면 LCD 사용 가능
D0~D7	데이터	8bit 또는 상위 4bit

예를 들면, 아두이노 보드에 4bit 인터페이스 방식으로 Text LCD를 연결하며, 그림 7.3과 표 7.2와 같이 구성한다.

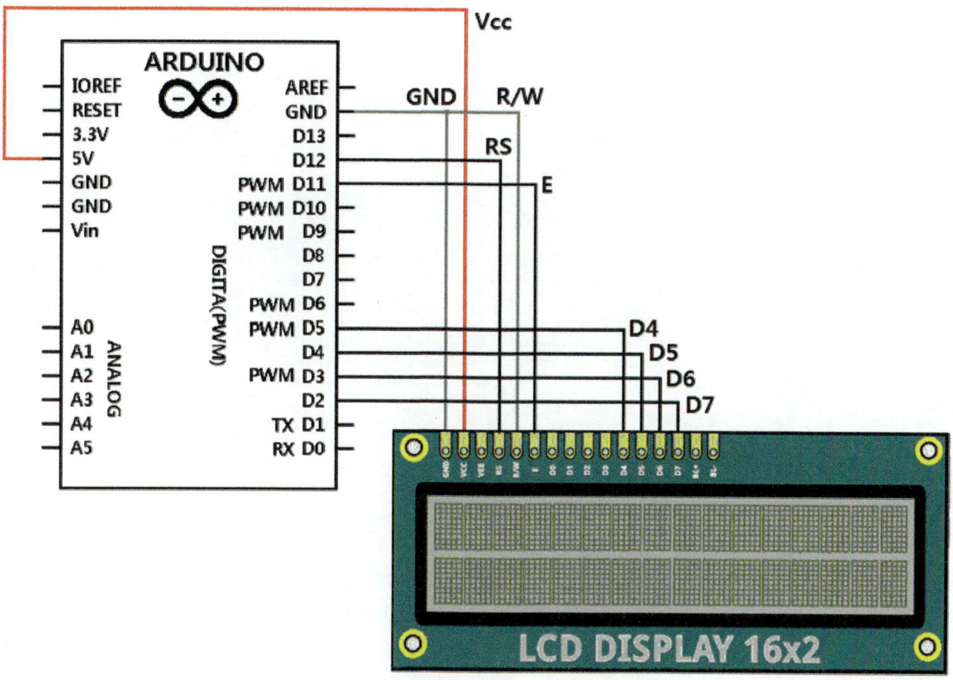

그림 7.3 Text LCD 모듈

표 7.2 4bit 인터페이스의 TEXT LCD 함수

Text LCD 모듈	제어핀			데이터 핀							
	RS	RW	E	D0	D1	D2	D3	D4	D5	D6	D7
아두이노 보드 연결	12	GND	11					5	4	3	2
LiquidCrystal lcd()	LiquidCrystal lcd(12, 11, 5, 4, 3, 2);										

Fritzing으로 회로를 구성하면 다음과 같다.

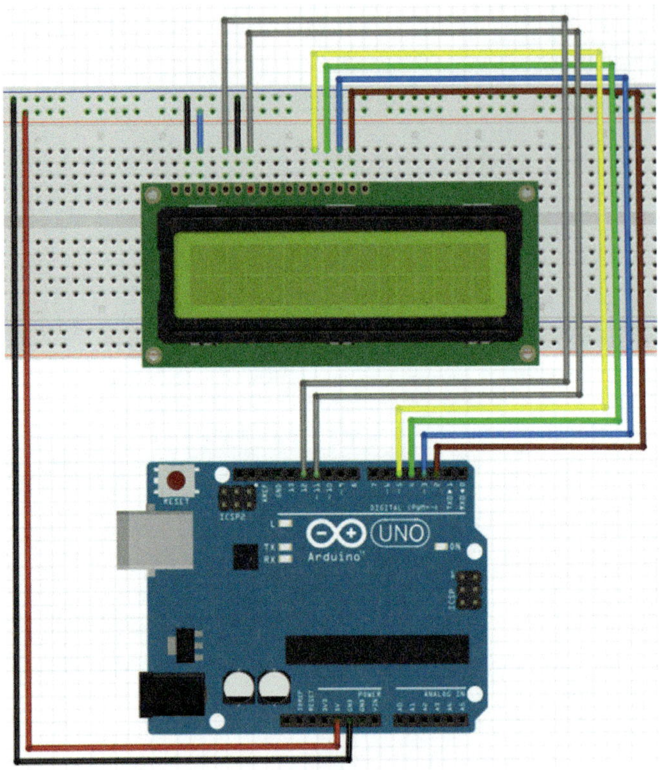

그림 7.4 아두이노 UNO보드와 TEXT LCD 연결

실 • 전 • 예 • 제

7.1 Text LCD 모듈에 "Hello, World!" 출력하기

아두이노 보드로 Text LCD 모듈에 문장 "Hello, World!"를 출력하자.
Text LCD 라이브러리 함수를 사용하기 위하여 "LiquidCrystal.h"를 스케치에 포함시킨다.

```
#include "LiquidCrystal.h"
```

LiquidCrystal lcd( )함수로 LCD 모듈의 제어선의 연결 핀을 설정한다.

```
LiquidCrystal lcd(12, 11, 5, 4, 3, 2);
```

lcd.begin( )함수로 연결된 LCD의 가로(칸)과 세로(줄)를 설정하여 LCD를 초기화한다.

```
lcd.begin(16, 2);
```

lcd.print()함수로 원하는 문자를 출력한다.

```
lcd.print("Hello, World!");
```

완성된 스케치는 다음과 같다.

#include 〈LiquidCrystal.h〉	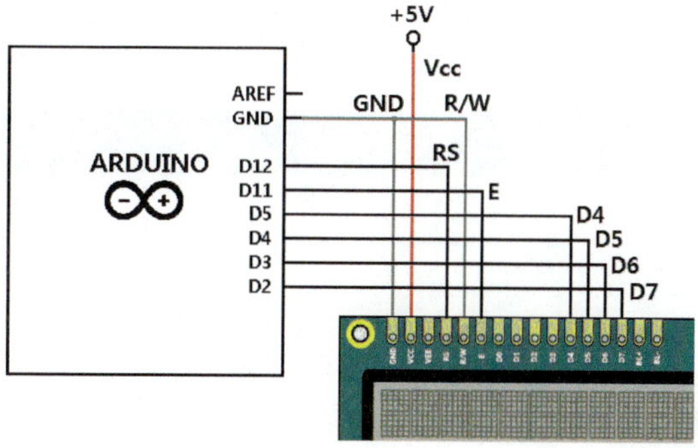
LiquidCrystal lcd(12, 11, 5, 4, 3, 2);	

void setup() {
  lcd.begin(16, 2);
  lcd.print("Hello, World!");
}
	16칸 2줄 LCD 초기화
	문자열 출력

void loop() { }	

아두이노 보드에 업로드하여 실행시키면 다음과 같이 나타난다.

■

실 • 전 • 예 • 제
7.2 LCD 모듈에 문자 출력하기

Text LCD 모듈에 다음 함수를 이용하여 다음과 같이 출력하여 보자.

① LCD 모듈에 커서를 나타나게 하고, 2초 동안 깜빡이게 하기
② 깜박임을 멈추고, 커서를 감추기
③ 표시위치(0,0)에서 숫자 0부터 10까지 0.2초 간격으로 출력하기
④ LCD 모듈에 Hello!를 표시하고 1초 간격으로 3번 깜빡이기
⑤ LCD 모듈에 Hello!를 표시하고 1초 간격으로 3번 오른쪽 이동하기
⑥ LCD 모듈에 Hello!를 표시하고 1초 간격으로 3번 왼쪽 이동하기

기능	TEXT LCD함수
LCD 모듈에 커서가 나타나게 하기	lcd.cursor( ), lcd.noCursor( )
깜박이게 하기	lcd.blink( ), lcd.noBlink( )
LCD 화면 지우기	lcd.clear( )
커서의 위치를 (0,0)로 이동	lcd.home( )
커서의 위치를 설정한 위치로 이동	lcd.setCursor( )
LCD 모듈에 표시된 글자를 오른쪽 이동하기	lcd.scrollDisplayRight( )
LCD 모듈에 표시된 글자를 왼쪽 이동하기	lcd.scrollDisplayLeft( )

Text LCD의 초기화를 설정한다.

```
#include <LiquidCrystal.h>

LiquidCrystal lcd(12, 11, 5, 4, 3, 2);

void setup( ) {
  lcd.begin(16, 2);
}
```

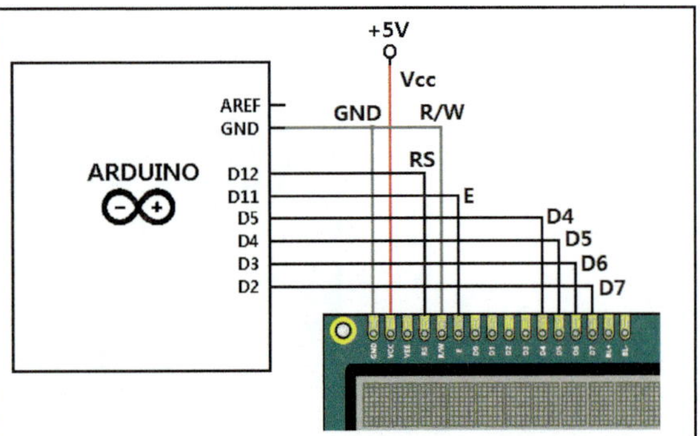

loop ( )함수의 구성은 다음과 같이 한다.

① LCD 모듈에 커서를 나타나게 하고, 2초 동안 깜빡이게 하기

lcd.print("Cursor ON-Blink");
lcd.cursor( );
lcd.blink( );
delay(2000);
lcd.clear( );
	"Cursor ON-Blink" 출력
	커서 보이기
	깜빡이기
	2초 지연
	LCD화면 지우기

② 깜박임을 멈추고, 커서를 감추기

lcd.print("Cursor OFF");
lcd.noBlink( );
lcd.noCursor( );
delay(1000);
lcd.clear( );
	"Cursor ON-Blink" 출력
	깜박임 정지
	커서 감추기
	1초 지연
	LCD화면 지우기

③ 표시위치(0,0)에서 숫자 0부터 10까지 0.2초 간격으로 출력하기

lcd.print("Count Up");
delay(1000);
lcd.clear( );
	"Count Up" 출력

for (int k=0; k<=10; k++) {
lcd.home( );
lcd.print("No : ");
lcd.print(k);
delay(200);
}
	표시위치를 (0,0)으로 이동
	"No :"를 나타내고 이어서
	숫자를 0 부터 10까지 출력
	0.2초 간격으로 표시

lcd.clear( );	LCD화면 지우기

④ LCD 모듈에 Hello를 표시하고 1초 간격으로 3번 깜빡이기

lcd.print("Hello!");	"Hello!" 출력

for (int k=0; k<3; k++) {
lcd.noDisplay( );
delay(1000);
lcd.display();
delay(1000);
}
	LCD 모듈 표시된 글자를 1초 간격으로
	3번 깜빡임

lcd.clear( );	LCD화면 지우기

⑤ LCD 모듈에 Hello를 표시하고 1초 간격으로 3번 오른쪽 이동하기

코드	설명
lcd.setCursor(6,0);	커서의 위치를 (0,6)으로 이동
lcd.print("Hello!");	"Hello!" 출력
for (int k=0; k<3; k++){	
lcd.scrollDisplayRight( );	LCD 모듈에 표시된 글자를 3번 오른쪽으로 이동
delay(500);	
}	
lcd.clear( );	LCD화면 지우기

⑥ LCD 모듈에 Hello를 표시하고 1초 간격으로 3번 왼쪽 이동하기

코드	설명
lcd.setCursor(6,0);	커서의 위치를 (0,6)으로 이동
lcd.print("Hello!");	"Hello!" 출력
for (int k=0; k<3; k++){	
lcd.scrollDisplayLeft( );	LCD 모듈에 표시된 글자를 3번 왼쪽으로 이동
delay(500);	
}	
lcd.clear( );	LCD화면 지우기

아두이노 보드에 업로드하여 실행시키면 다음과 같이 나타난다.

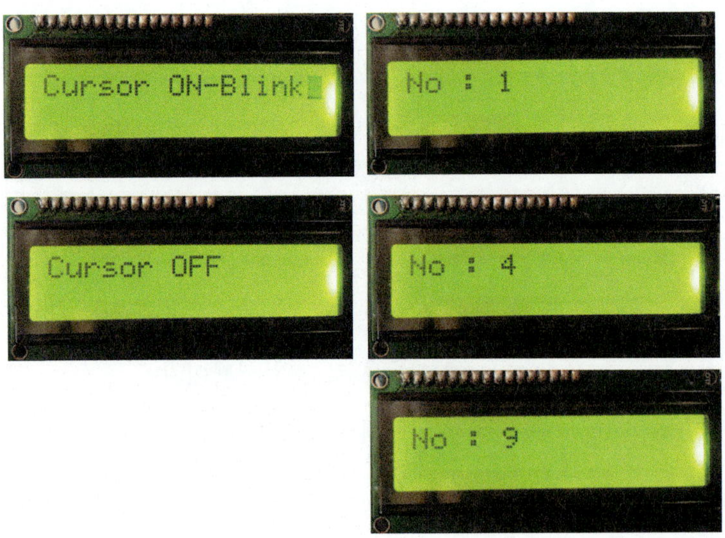

■

7.3 Text LCD 사용자 정의문자 만들기

Text LCD 모듈을 통하여 나타나는 문자나 기호들은 Text LCD 모듈의 메모리에 미리 정의되어 있는 값을 출력하는 방식이다. 사용자가 임의의 기호 등을 만들어 출력하는 방법을 학습한다.

Text LCD의 1개의 문자는 그림 7.6과 같이 8×5의 픽셀로 이루어져 있고, 1개의 문자는 각 줄을 표시하는 5bit 데이터, 8개로 구성되어 있다.

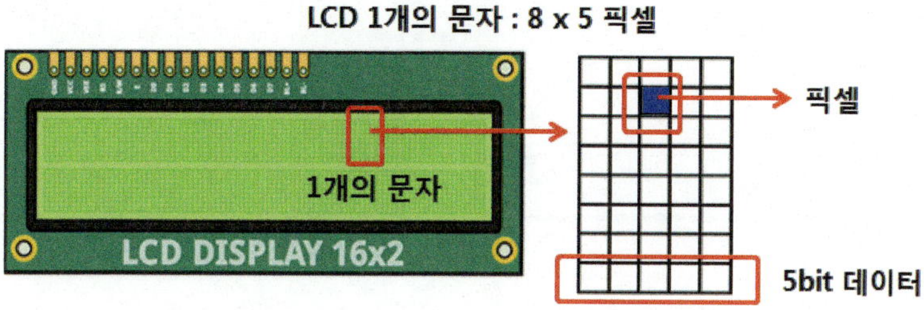

그림 7.5 TEXT LCD 1개 문자의 구성

실 • 전 • 예 • 제

7.3 Text LCD 모듈에 사용자 정의문자 출력하기

Text LCD 모듈에 다음과 같은 형태의 문자를 만들어, Text LCD 화면에 출력하여 보자.

그림 7.6 사용자 정의 문자

그림 7.7의 문자를 Text LCD에 표시하기 위한 8줄의 5비트 데이터를 바이트 배열 mFace[ ]라는 이름으로 저장한다.

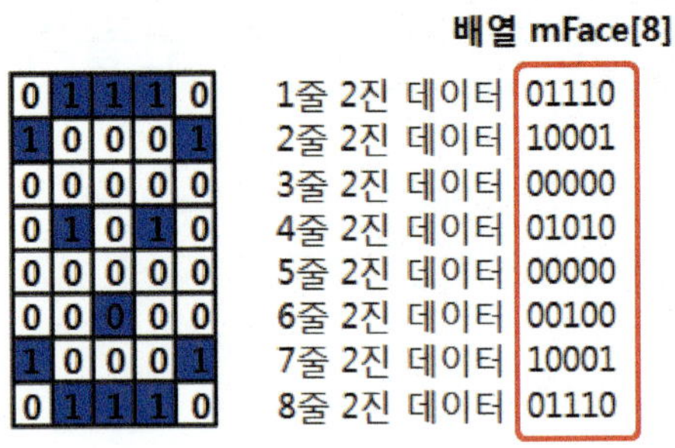

그림 7.7 사용자 정의 문자의 데이터

lcd.createChar( )함수를 사용하여 mFace[ ]의 데이터를 가지는 새로운 문자를 0번지에 특수 문자로 정의하여 저장한다.

```
lcd.createChar(0, mFace);
```

완성된 스케치는 다음과 같다.

#include <LiquidCrystal.h>	Text LCD 라이브러리 함수 사용 선언
LiquidCrystal lcd(12, 11, 5, 4, 3, 2);	LCD 연결 설정
byte mFace[8] = {B01110, B10001, B00000, B01010, B00000, B00100, B10001, B01110};	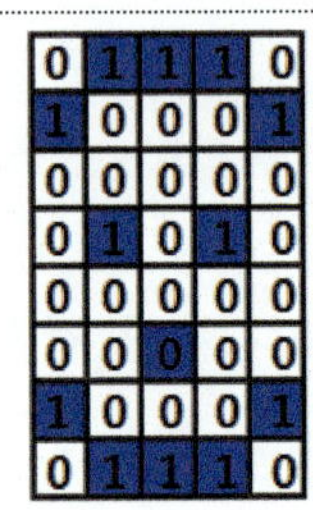

void setup() {
lcd.createChar(0, mFace);
lcd.begin(16, 2);
lcd.write(byte(0));
}
	0번 문자에 정의된 문자 지정
	16칸 2줄 LCD 초기화
	0번 문자 출력

void loop() { }	

■

실습용 베이스 보드의 활용

(1) 텍스트 LCD 연결(예제 7.1, 7.2, 7.3)

Text LCD 모듈	제어핀			데이터 핀							
	RS	RW	E	D0	D1	D2	D3	D4	D5	D6	D7
베이스 보드	Text LCD 모듈의 핀 16개를 LCD 커넥터에 끼워 결합										

아두이노 보드 디지털입출력 핀	12	GND	11					5	4	3	2
베이스 보드	JP3 RS	GND	JP3 E					JP4 D4	JP4 D5	JP4 D6	JP4 D7

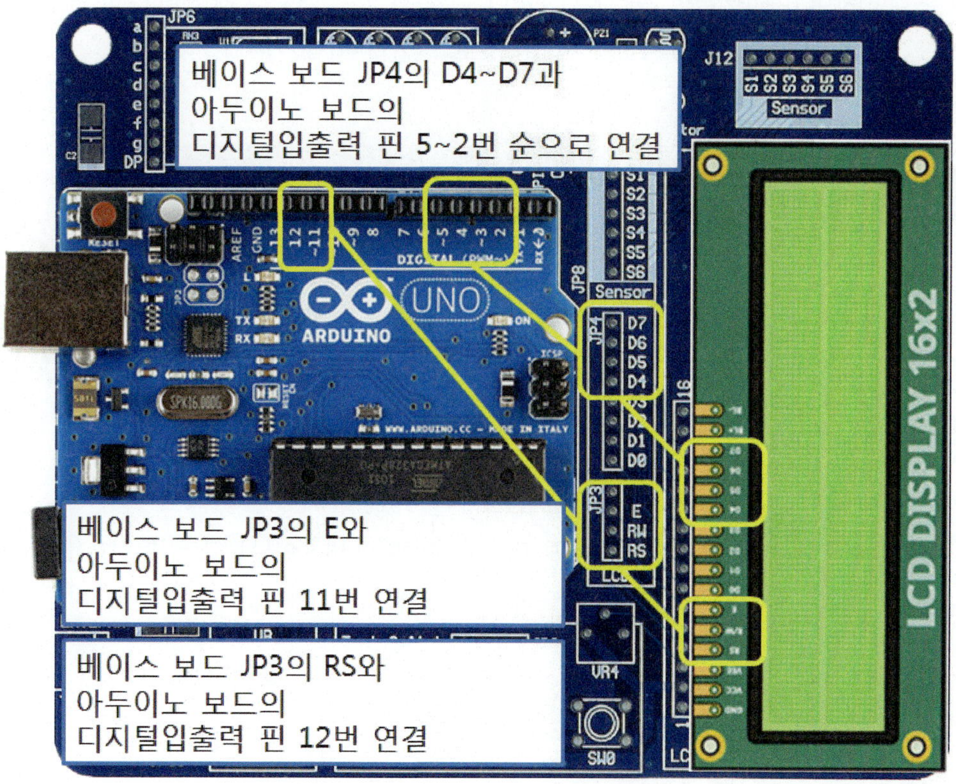

아두이노에서 센서 사용하기

CHAPTER 08

실제 환경에서 대부분의 현상은 연속적인 변화를 갖는 아날로그적 특성을 가지고 있다. 아두이노 보드는 아날로그 입력 핀을 사용하여 가변저항(VR)이나 온도센서, 빛 센서, 초음파 센서 등의 연속적으로 변하는 아날로그 신호를 받아들여 A/D변환(Analog to Digital Conversion)하여 0~1023 범위의 값으로 읽어 들일 수 있는 기능을 제공한다. 아두이노 UNO 보드는 그림 8.1과 같이 A0~A5의 6개 아날로그 입력 핀을 가지고 있다.

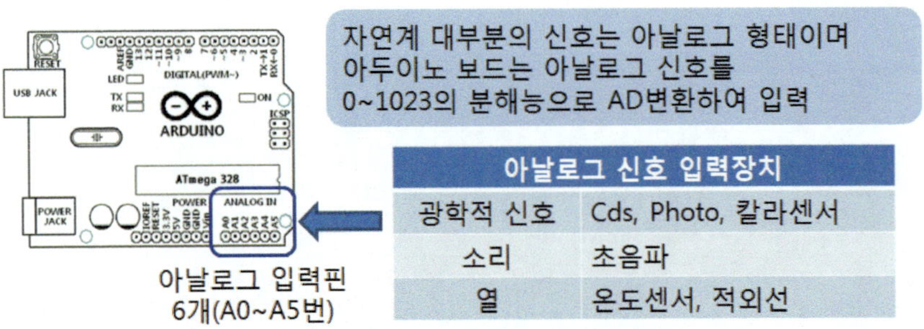

아날로그 신호 입력장치	
광학적 신호	Cds, Photo, 칼라센서
소리	초음파
열	온도센서, 적외선

그림 8.1 아두이노 보드의 아날로그 입력

이 장에서는 3장에서 배운 아두이노 보드의 디지털 입력이나 아날로그 입력 신호를 받아들이고 처리했던 것과 4장의 시리얼 모니터를 활용하여 다양한 센서 신호를 처리하는 방법을 배운다.

8.1 센서

인간이 접하는 빛, 열, 바람, 냄새, 기울기나 속도 등과 같은 대부분의 물리적 현상을 전기적 신호로 변환해 주는 장치를 센서라고 한다. 대부분의 센서들은 연속적인 변화를 갖는 아날로그적 특성을 가지고 있으며, A/D변환을 통하여 디지털로 변환된 정보를 제어에 이용한다.

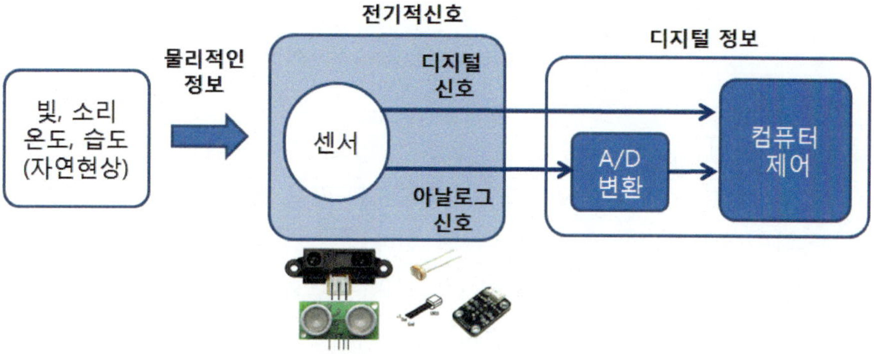

그림 8.2 센서의 활용

문이 열리거나 닫혔는지, 물체에 접촉되었는지, 버튼이 눌려졌는지 등과 같이 '0'과 '1'의 형태의 2진 정보를 감지하는 경우에는 디지털 센서를 사용하면 된다. 그러나 대부분의 자연현상들은 빛의 밝고 어두운 정도처럼 변화의 범위를 가지고 있다. 그러므로 센서를 통한 신호들은 자연현상의 물리적인 변화에 비례적인 출력을 발생시킬 수 있는 아날로그 정보를 출력한다.

자연의 물리적인 정보 형태에 따라 빛 세기의 변화를 감지하는 CdS나 LDR, 열 발생의 상태를 확인할 수 있는 온도센서, 물체를 감지하거나 거리를 측정할 수 있는 초음파 센서 및 적외선 센서, 물체가 기울어지거나 흔들리는 등의 정보를 얻을 수 있는 기울기 센서나 모션 센서 등이 있다. 최근에는 GPS위성을 통하여 위치정보를 얻을 수 있는 GPS 센서나, RFID, XBee 센서 등도 스마트기기와 연동되어 사용된다.

아두이노 보드는 그림 8.3과 같이 '0'과 '1'의 형태로 얻어지는 디지털 신호를 발생하는 센서는 디지털입출력 핀을 통하여 입력을 받아들이고, 다양한 아날로그 센서들의 정보들은 아날로그 입력핀을 통하여 사용한다.

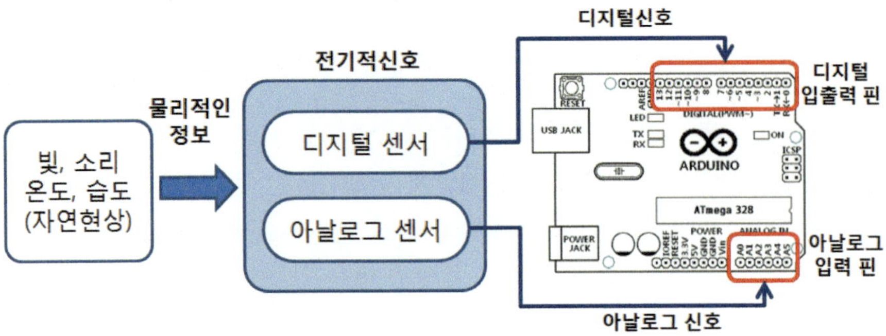

그림 8.3 아두이노 보드와 센서의 연결

센서들을 통하여 정보를 받아들이는 형태를 실제적으로 살펴보면, '0'과 '1'의 형태의 정보를 제공하는 디지털 센서들은 버튼 스위치를 사용하는 경우와 동일하게 아두이노보드의 디지털입출력 핀을 통하여 입력을 받아들여 처리하면 된다.

반면에 물리적인 현상으로부터 정보들이 변화의 범위를 가지는 센서들은 센서의 출력 값으로 대부분 그 변화에 비례하는 전압이나 전류를 발생시킨다. 예를 들면 앞에서 다룬 가변저항에서 변화시킨 저항값에 비례하여 0~+5V 범위의 전압이 출력되는 것처럼, 빛 센서는 측정된 빛의 밝기의 변화에 따라 0~+5V 범위의 전압으로 정보를 출력한다.

그러므로 이렇게 정보를 전압의 범위로 출력하는 센서들의 정보는 아두이노보드의 아날로그 입력에 연결하여 가변저항을 사용하는 것처럼 처리하면 된다.

요약하면 디지털 센서들은 아두이노 보드의 디지털입출력 핀에 버튼 스위치가 연결된 것처럼 생각하고 다루면 되고, 아날로그 센서들은 아날로그 입력 핀에 연결하여 가변저항이 연결된 것처럼 생각하고 다루면 된다.

다음 예제들을 통하여 아날로그 출력을 제공하는 센서들의 활용 방법을 살펴본다.

8.2 빛 센서(CdS)

실•전•예•제

8.1 빛의 변화에 따라 LED의 밝기 조절

빛의 밝기 변화를 인식하는 센서로 그림 8.4와 같은 CdS 센서가 많이 사용된다. CdS센서는 빛 세기가 변하면 저항 값이 변하므로 그림 8.5와 같이 아두이노 아날로그 입력 핀에 CdS센서를 연결하면 빛의 량에 따라서 전압 값이 입력된다.

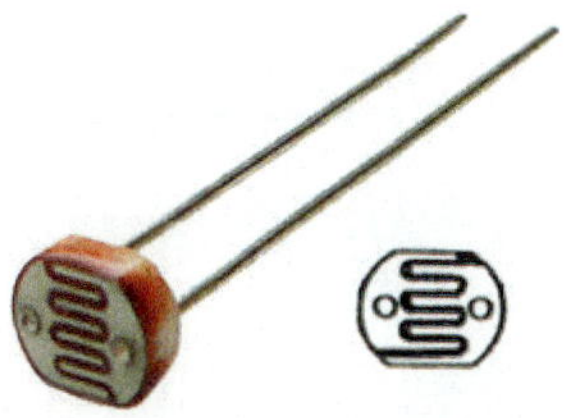

그림 8.4 CdS 센서

아두이노 아날로그 입력 핀에 그림 8.5와 같이 CdS센서를 연결하고, 빛의 밝기에 따라 밝기가 변하도록 PWM핀에 LED를 연결한다.

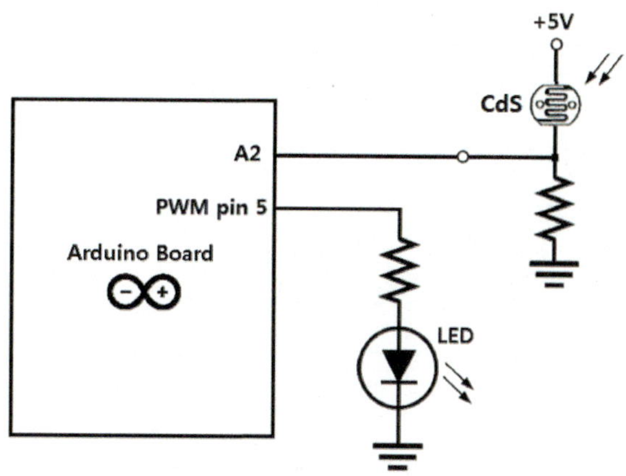

그림 8.5 아두이노 보드와 CdS센서

빛의 변화를 감지하는 CdS센서를 이용하여 3장에서 배운 가변저항을 사용한 예제 3.5처럼 빛의 밝기에 따라 LED의 밝기를 조절한다.

표 8.1 아두이노 보드 연결 구성

아두이노 UNO 보드		연결 장치
핀번호	setup( ) 설정	
아날로그 입력 핀 A2번	설정 필요 없음	CdS센서
디지털 입출력 핀 5번	PWM 모드 사용	LED

Fritzing 으로 회로를 구성하면 다음과 같다.

그림 8.6 아두이노 보드에 LED와 CdS센서 연결

아두이노 보드의 아날로그 입력핀 A2를 통하여 입력되는 CdS센서 값은 A/D변환되어 0~1023 범위 값으로 변한다.

다음의 완성된 스케치는 예제 3.4와 동일하며, CdS센서 값을 시리얼 모니터에 나타나도록 추가하였다.

void setup( ) {
  Serial.begin(9600);
}
	시리얼 통신 설정

void loop( ) {	loop( )의 시작
int val1 = analogRead(2);	아날로그 입력핀 2번을 통하여 입력된 전압값을 0~1023범위의 값으로 읽어 val1에 저장
int val2 = map(val1, 0, 1023, 0, 100); Serial.print("CdS Sensor: "); Serial.print(val2); Serial.println("%");	0~1023범위의 val1값을 0~100 범위로 변환 시리얼 모니터에 출력

int val3 = map(val1, 0, 1023, 0, 255);
analogWrite(5, val3);
delay(20);
	0~1023범위의 val1값을 0~255 범위로 변환
	PWM 신호로 출력

}	loop( )의 끝

스케치를 업로드하여 실행시키고, CdS센서에 비춰지는 빛의 밝기를 조절하면 LED의 밝기가 조절되면 측정된 결과가 그림 8.7과 같이 시리얼 모니터에 표시된다.

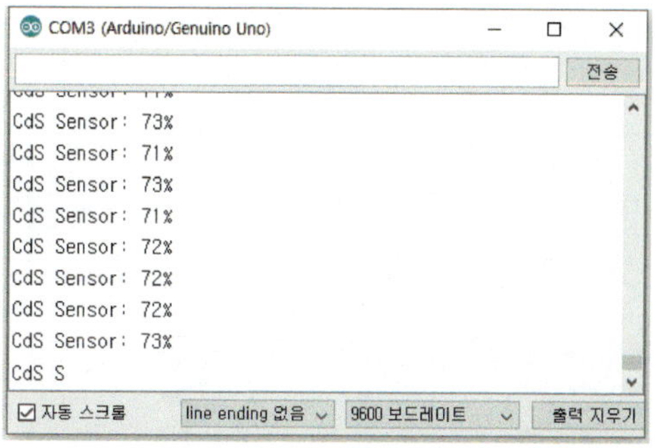

그림 8.7 CdS센서를 통해 측정된 빛 밝기의 %값

■

8.3 온도 센서

실•전•예•제

8.2 온도에 따라 LED의 밝기 조절

온도센서는 그림 8.8과 같은 온도에 따라 저항 값이 변하는 방식으로 온도 변화를 인식하는 LM35나 비접촉 온도센서 MLX90614가 많이 사용된다.

그림 8.8 온도 센서

아두이노 아날로그 입력 핀에 그림 8.9와 같이 온도 센서 LM35를 연결하고, 온도에 따라 밝기가 변하도록 PWM핀에 LED를 연결한다.

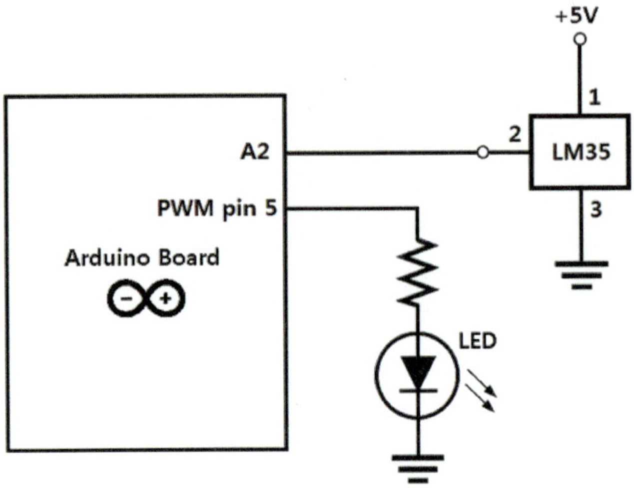

그림 8.9 아두이노 보드와 온도센서 LM35

표 8.2 아두이노 보드 연결 구성

아두이노 UNO 보드		연결 장치
핀번호	setup( ) 설정	
아날로그 입력 핀 A2번	설정 필요 없음	온도센서(LM35)
디지털 입출력 핀 5번	PWM 모드 사용	LED

Fritzing으로 회로를 구성하면 다음과 같다.

그림 8.10 아두이노 보드에 LED와 온도센서(LM35) 연결

완성된 스케치는 다음과 같으며 예제 8.1과 동일하다.

코드	설명

void setup( ) {
  Serial.begin(9600);
}
	시리얼 통신 설정

코드	설명
void loop( ) {	loop( )의 시작
int val1 = analogRead(2);	아날로그 입력핀 2번을 통하여 입력된 전압값을 0~1023범위의 값으로 읽어 val1에 저장
int val2 = map(val1, 0, 1023, 0, 100); Serial.print("Thermal Sensor: "); Serial.print(val2); Serial.println("%");	0~1023범위의 val1값을 0~100 범위로 변환 시리얼 모니터에 출력

int val3 = map(val1, 0, 1023, 0, 255);
analogWrite(5, val3);
delay(20);
	0~1023범위의 val1값을 0~255 범위로 변환
	PWM 신호로 출력

}	loop( )의 끝

스케치를 업로드하여 실행시키고, 온도센서에 열풍기 등으로 열을 가하여 온도를 조절하면 LED의 밝기가 조절되면 측정된 결과가 시리얼 모니터에 표시된다.

■

온도센서로부터 측정된 값을 소수점을 포함한 온도값으로 표시하고 싶다면, 다음과 같이 처리한다. 온도센서 LM35는 0.1℃ 당 1mV 출력으로 온도에 비례하는 아날로그 전압을 만들며 정밀도가 약 0.5[℃]이다. 그러므로 아두이노의 아날로그 입력핀으로부터 입력된 값을 다음과 같이 변환하고, 10으로 나누어 온도를 계산한다. 온도를 계산하기 위하여 32비트 정수를 사용하면, 소숫점 자리로 값을 얻을 수 있다.

```
float millivolts = (value/1024.0) * 5000;
float celsius = millivolts/10;
```

또한, 실제온도와 맞추기 위하여, 실제 측정된 값으로 옵셋값을 조정해 주어야 한다.

8.4 거리 센서(PSD)

실 • 전 • 예 • 제

8.3 PSD 센서로 측정한 거리에 따라 LED의 밝기 조절

물체까지의 거리를 비교적 정밀하게 측정하기 위한 가장 대표적인 센서인 PSD 센서는 일반적으로 산업 현장에서 거리를 측정하는 용도로 많이 사용되며 측정 범위는 약 4~80[cm] 정도이다.

그림 8.14는 적외선 발광 다이오드와 렌즈, CCD 센서로 구성하여 적외선 삼각 측량 방식으로 거리를 측정하는 PSD(Position Sensing Device) 센서이다.

그림 8.11 적외선 센서

PSD 센서로 측정된 거리에 따라 밝기가 변하도록 PWM핀에 LED를 연결한다.

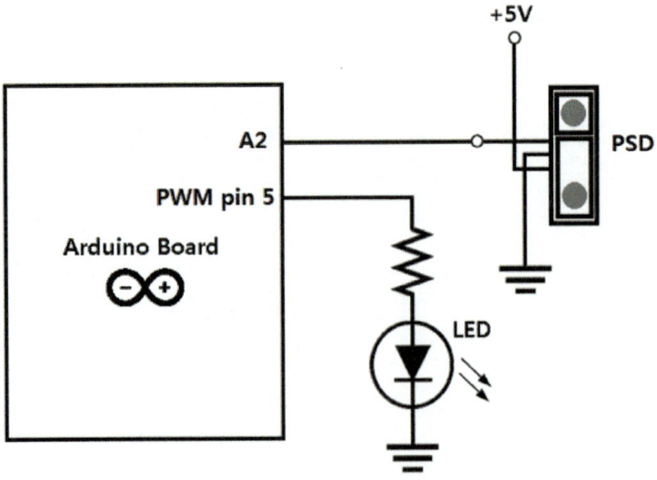

그림 8.12 아두이노 보드와 PSD

표 8.3 아두이노 보드 연결 구성

아두이노 UNO 보드		연결 장치
핀번호	setup( ) 설정	
아날로그 입력 핀 A2번	설정 필요 없음	거리센서(PSD)
디지털 입출력 핀 5번	PWM 모드 사용	LED

Fritzing으로 회로를 구성하면 다음과 같다.

그림 8.13 아두이노 보드에 LED와 거리센서(PSD) 연결

완성된 스케치는 다음과 같으며 예제 8.1과 동일하다.

코드	설명

void setup( ) {
  Serial.begin(9600);
}
	시리얼 통신 설정

코드	설명
void loop( ) {	loop( )의 시작
int val1 = analogRead(2);	아날로그 입력핀 2번을 통하여 입력된 전압값을 0~1023범위의 값으로 읽어 val1에 저장
int val2 = map(val1, 0, 1023, 0, 100); Serial.print("PSD Sensor: "); Serial.print(val2); Serial.println("%");	0~1023범위의 val1값을 0~100 범위로 변환 시리얼 모니터에 출력

int val3 = map(val1, 0, 1023, 0, 255);
analogWrite(5, val3);
delay(20);
	0~1023범위의 val1값을 0~255 범위로 변환
	PWM 신호로 출력

}	loop( )의 끝

스케치를 업로드하여 실행시키고, PSD 앞에 4~50cm 간격으로 물체를 이동 시켜서 PSD와 물체 사이의 거리를 조정하면 LED의 밝기가 변하며 시리얼 모니터에 측정된 결과가 나타난다. ■

8.5 초음파 센서

예제 8.4에서 다룬 PSD 거리센서는 가까운 거리인 약 4~80cm 범위에서 비교적 정확한 거리를 측정할 수 있다. 반면에 초음파 센서는 일반적으로 10cm~3m까지 좀 더 긴 거리를 측정할 수 있게 해준다. 그림 8.17은 일반적으로 많아 사용되는 초음파 센서 HC-SR04이다.

그림 8.14 초음파 센서

이 디지털 초음파 센서는 아두이노를 사용하여 바퀴로 구동되는 로봇 등에 적용하여 앞에서 움직이는 물체나 장애물의 거리를 측정하여 제어하기 위하여 많이 사용한다.

초음파 센서의 기본원리는 그림 8.15와 같이 소리의 속도가 340m/s인 것을 이용하여 거리를 측정하는 것이다. 즉, 소리가 1cm를 가는데 29μ초가 소요되므로, 초음파 발생기에서 발생한 초음파가 전방에 있는 물체에 반사되어 센서로 돌아오는 시간을 측정하여 거리를 계산한다.

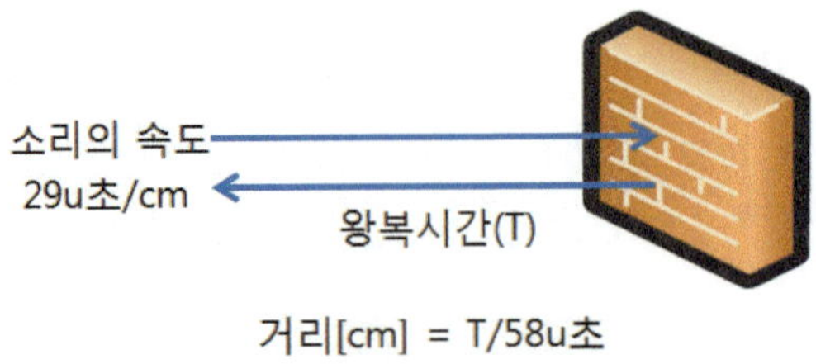

그림 8.15 초음파를 이용한 거리측정 원리

실•전•예•제

8.4 초음파 센서로 거리를 측정하여 거리에 따라 LED의 밝기 조절

디지털 초음파 센서 HC-SR04는 트리거를 위하여 트리거 핀(Trig)을 통해 10μ초의 펄스를 발생시키고, 에코 핀(Echo)을 통하여 반사되는 초음파 값을 읽어 들이게 되므로 그림 8.16과 같이 아두이노 보드의 디지털 입출력 핀에 Trig와 Echo핀을 연결한다.

또한 앞의 센서 활용 예제들처럼 거리에 따라 밝기가 변하도록 PWM핀에 LED를 연결하고 시리얼 모니터를 통하여 측정된 값을 나타내자.

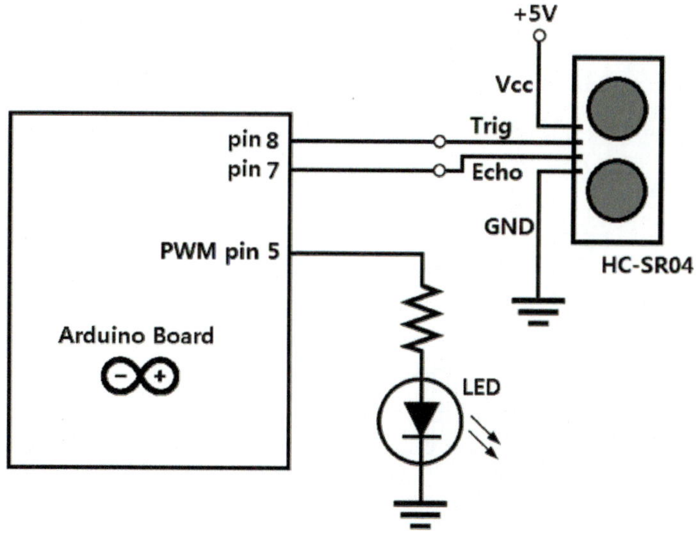

그림 8.16 아두이노 보드와 초음파센서

표 8.4 아두이노 보드 연결 구성

아두이노 UNO 보드		연결 장치
핀번호	setup( ) 설정	
+5V	설정 필요 없음	초음파 센서 Vcc핀
디지털 입출력 핀 8번	pinMode(8, OUTPUT)	초음파 센서 Tirg핀
디지털 입출력 핀 7번	pinMode(7, INPUT)	초음파 센서 Echo핀
GND	설정 필요 없음	초음파 센서 GND핀
디지털 입출력 핀 5번	PWM 모드 사용	LED

회로를 구성하면 다음과 같다.

그림 8.17 아두이노 보드에 LED와 초음파 센서 연결

HC-SR04과 같은 초음파 센서 모듈은 그림 8.18과 같이 트리거 펄스를 기준으로 40kHz의 초음파 신호를 8번 발생시키고, 그 초음파신호가 되돌아오는 시간을 측정하여 거리를 계산한다.

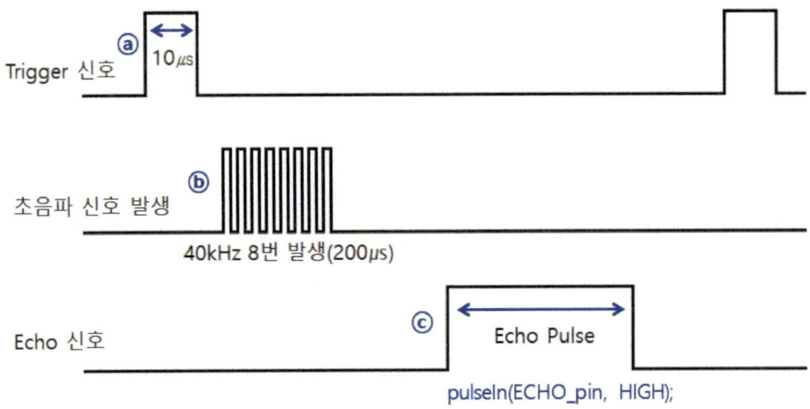

그림 8.18 초음파 센서의 거리 측정 원리

ⓐ 10㎲초 간격으로 트리거 펄스를 발생

```
digitalWrite(pinTRIG, LOW);
delayMicroseconds(2);
digitalWrite(pinTRIG, HIGH);
delayMicroseconds(10);
digitalWrite(pinTRIG, LOW);
```

ⓑ 40kHz 초음파 신호를 8사이클 송출(25μ초×8=200μ초)

ⓒ 되돌아오는 반사 펄스를 pulseIn( )함수를 사용하여 계측

```
pulseIn(pinECHO, HIGH);
```

완성된 스케치는 다음과 같다.

int pinECHO = 7;
int pinTRIG = 8;
int distance;
	반사 신호 수신 핀
	트리거 신호 발생 핀

void setup(){
  Serial.begin(9600);
  pinMode(pinECHO, INPUT);
  pinMode(pinTRIG, OUTPUT);
}
	반사 신호 수신 핀 입력모드 설정
	트리거 신호 발생 핀 출력모드 설정

void loop( ){	loop( )의 시작

digitalWrite(pinTRIG, LOW);
delayMicroseconds(2);
digitalWrite(pinTRIG, HIGH);
delayMicroseconds(10);
digitalWrite(pinTRIG, LOW);
	트리거 핀을 2μ 초 동안 "LOW"
	트리거하기 위하여 10μ 초 동안 "HIGH"
	트리거 핀을 다시 "LOW"

distance = pulseIn(pinECHO, HIGH); int val1 = distance/58;	펄스 지속 시간 읽기 펄스 시간을 거리로 계산
Serial.print("Distance : "); Serial.print(val1); Serial.println("cm");	시리얼 모니터에 측정된 거리 출력

int val2 = map(val1, 0, 4000, 0, 255);
analogWrite(5, val2);
delay(100);
	범위 0~4m에서 밝기 표현
	PWM 신호로 출력
	다음 측정까지 100mS 대기

}	loop( )의 끝

스케치를 업로드하여 실행시키고, 초음파 센서 앞에 10cm~4m 범위 안에서 물체를 이동시키면 물체 사이의 거리에 따라 LED의 밝기가 변하며, 그림 8.19와 같이 시리얼 모니터에 측정된 거리 값이 나타난다.

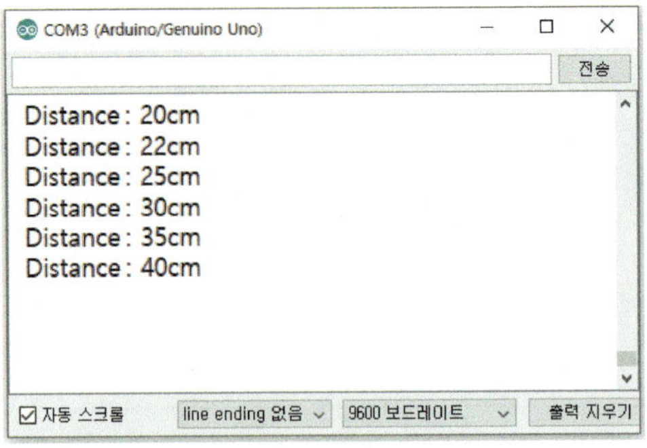

그림 8.19 초음파 센서를 통해 측정된 거리

■

실•전•예•제

8.5 초음파 센서로 악기 만들기

앞의 예제 8.4를 응용하여 거리에 따라 소리가 발생시켜보자. 그림 8.16의 회로 구성에서 LED대신 그림 8.20과 같이 피에조를 연결하고 거리가 멀어질 수로 주파수가 커져서 높은 음의 소리가 발생되도록 스케치를 작성한다.

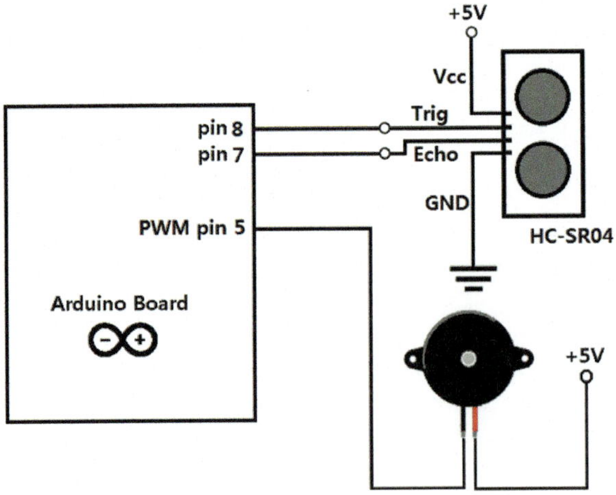

그림 8.20 아두이노 보드와 초음파센서

완성된 스케치는 다음과 같다.

int pinECHO = 7;
int pinTRIG = 8;
int piezo = 5;
int distance;
	반사 신호 수신 핀
	트리거 신호 발생 핀

void setup(){
  Serial.begin(9600);
  pinMode(pinECHO, INPUT);
  pinMode(pinTRIG, OUTPUT);
  pinMode(piezo, OUTPUT);
}
	반사 신호 수신 핀 입력모드 설정
	트리거 신호 발생 핀 출력모드 설정

void loop( ){	loop( )의 시작

digitalWrite(pinTRIG, LOW);
delayMicroseconds(2);
digitalWrite(pinTRIG, HIGH);
delayMicroseconds(10);
digitalWrite(pinTRIG, LOW);
	트리거 핀을 2μ 초 동안 "LOW"
	트리거하기 위하여 10μ 초 동안 "HIGH"
	트리거 핀을 다시 "LOW"

distance = pulseIn(pinECHO, HIGH); int val1 = distance/58;	펄스 지속 시간 읽기 펄스 시간을 거리로 계산

int val2 = val1*50;
tone(piezo, val2, 200);
delay(200);
	거리를 주파수로 변환
	piezo출력

Serial.print("Distance : "); Serial.print(val1); Serial.print("cm, "); Serial.print(val2); Serial.println("Hz");	시리얼 모니터에 측정된 거리와 주파수 출력
}	loop( )의 끝

스케치를 업로드하여 실행시키고, 물체 사이의 거리에 따라 피에조의 소리가 다르게 나타나며, 그림 8.21과 같이 시리얼 모니터에 측정된 거리와 생선된 주파수가 값이 나타난다.

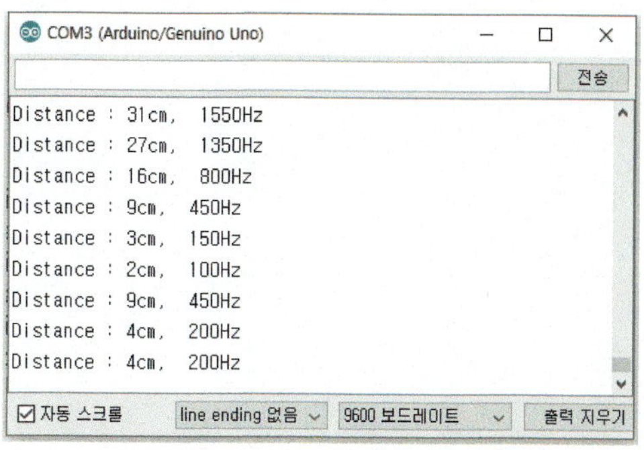

그림 8.21 초음파 센서를 통해 측정된 거리

■

실습용 베이스 보드의 활용

(1) 가변저항과 LED 연결(예제 8.1)

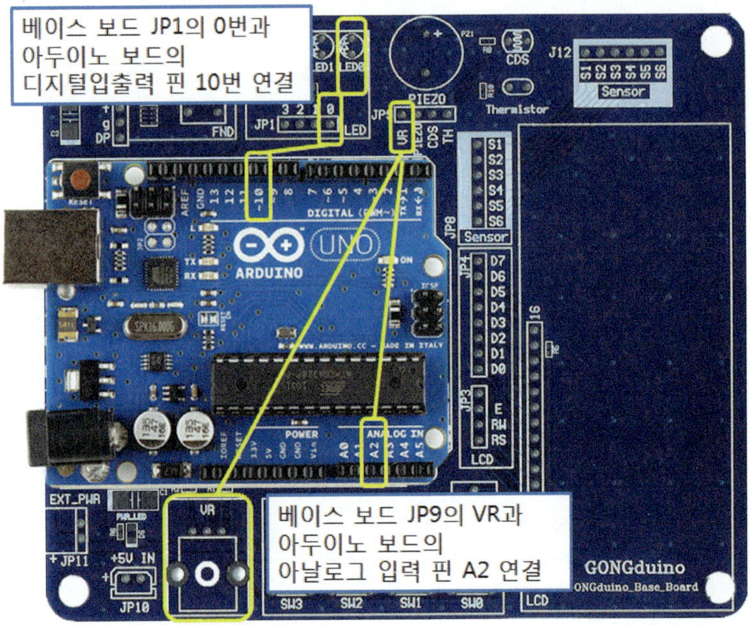

(2) 가변저항과 LED 연결 PWM (예제 8.2)

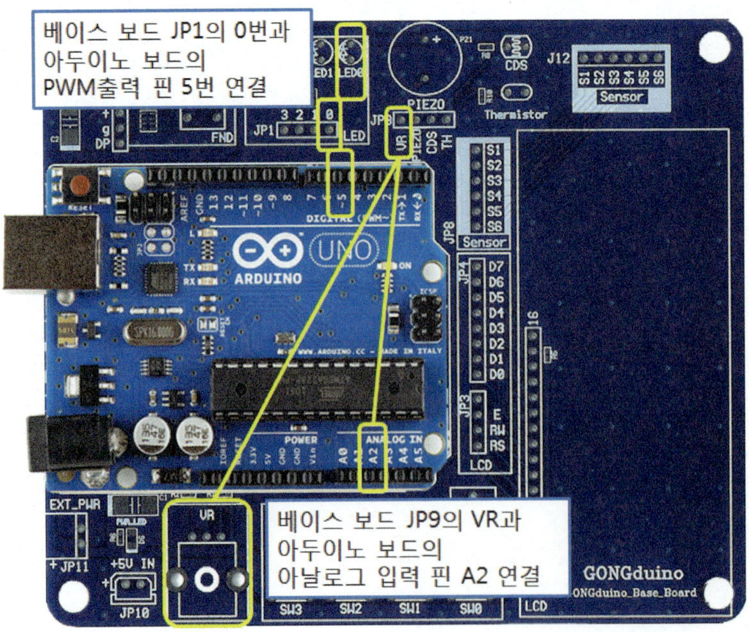

(3) CDS와 LED 연결 PWM (예제 8.3)

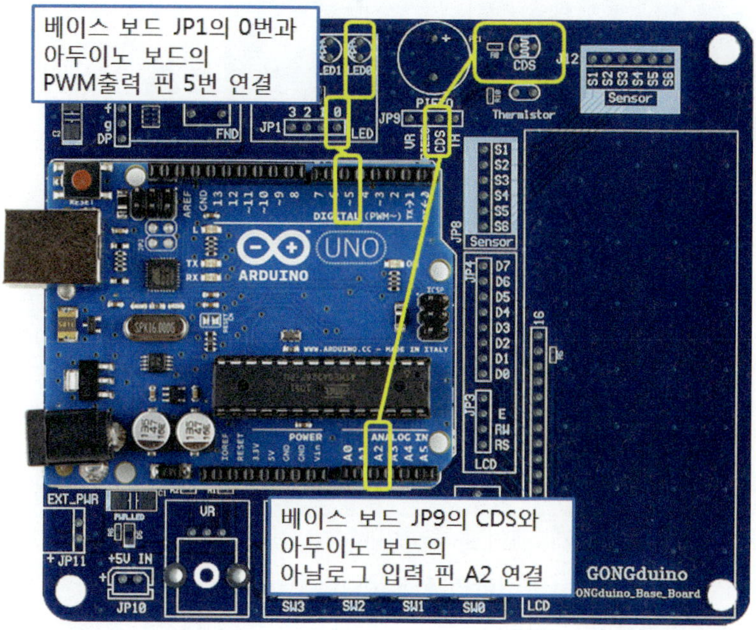

(4) 온도센서와 LED 연결 PWM (예제 8.4)

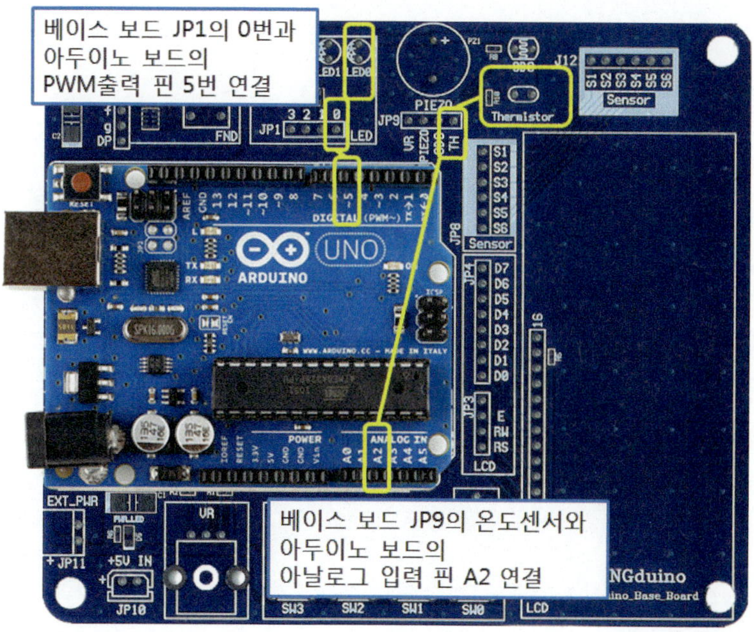

아두이노로 모터제어

CHAPTER 09

아두이노 보드는 LED로 불을 켜고 끄거나 피에조에서 소리를 발생시키는 것 이외에 모터를 사용하여 창문이 열리게 하거나 바람개비의 날개를 움직이게 하거나 로봇을 움직이게 하는 것처럼 행동적인 결과를 쉽게 제어할 수 있다.

이러한 동적인 결과를 만들기 위하여 서보모터(Servo Motor)를 사용하거나 일반 직류모터(DC Motor)나 스테핑모터(Stepping Motor)를 사용할 수 있다.

스테핑 모터는 정확한 각도제어가 유리하여 기계적인 움직임을 정밀하게 제어하는 곳에 많이 사용되고 있으며, 서보모터는 일반 직류모터에 서보제어 기능을 내장하여 속도가 빠르고 정밀한 제어와 큰 힘을 필요로 하는 로봇의 제어 등에 많이 사용된다. 직류모터는 저렴하면서도 효과적인 구동 수단이다.

9.1 표준 서보모터 제어하기

표준 서보모터는 0°~180° 사이의 각도위치로 정밀하게 이동시킬 수 있는 구동장치이다. 일반적으로 서보모터는 펄스에 의해 제어하는 방식으로 사용하기 편리하다.

서보모터는 그림 9.1과 같이 제어, 전원, 접지의 3개의 리드선을 가지고 있다.

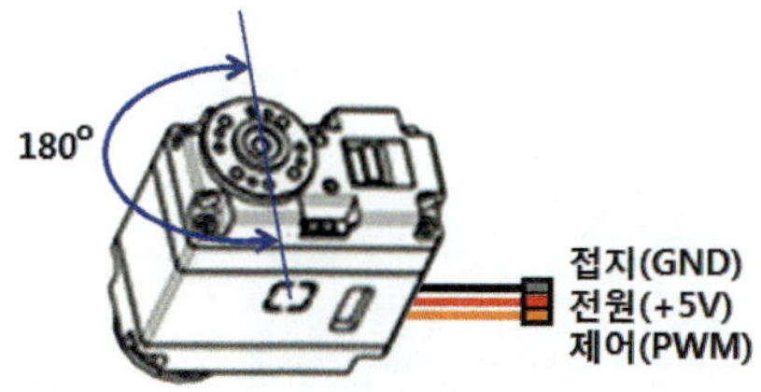

그림 9.1 서보모터

서보모터의 접지와 전원은 아두이노 보드의 +5V, GND에 연결하고, 서보모터의 제어는 아두이노 보드의 PWM 출력 핀에 연결하여 사용한다.

더욱이 아두이노 개발환경에서는 서보모터 제어를 위하여 이동할 각도만 입력하면 되는 서보 라이브러리를 제공하고 있다.

이 서보 라이브러리를 사용하기 위해서는 아두이노 스케치를 작성할 때 다음과 같이 서보 라이브러리를 사용을 선언해주어야 한다.

```
#include <Servo.h>
```

그림 9.2에는 서보모터의 제어선을 아두이노 보드의 PWM핀 9번에 연결하였다.

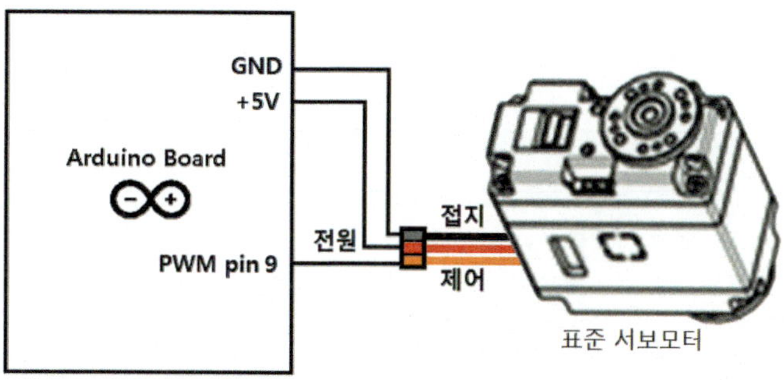

그림 9.2 아두이노 보드와 서보모터

표 9.1 아두이노 보드 연결 구성

아두이노 UNO 보드		연결 장치
핀번호	setup( ) 설정	
PWM 핀 9번	설정 필요 없음	서보모터 제어핀

Fritzing으로 회로를 구성하면 다음과 같다.

그림 9.3 아두이노 보드에 서보모터 연결

실 • 전 • 예 • 제

9.1 서보모터의 각도 제어

서보모터를 사용하여 회전 위치를 0도 → 90도 → 180도 → 90도 → 0도로 반복하여 회전하도록 해보자.

먼저 스케치에서 서보 라이브러리를 사용하기 위하여 서보 라이블러리 〈Servo.h〉를 사용을 선언해 준다.

```
#include <Servo.h>
```

다음으로 사용할 Servo 변수 'myservo'를 정의한다. Servo 변수는 여러 개의 서보모터를 사용하는 경우 각각의 서보모터를 구분하여 제어하기 편리하게 하여 준다.

```
Servo myservo;
```

서보 라이브러리 명령어 Servo는 12개까지의 Servo 변수를 정의하여 사용할 수 있다. 그러므로 만일 4개의 서보모터를 제어하기 원한다면, 아래와 같이 정의하여 사용하면 편리하다.

```
Servo servo1;
Servo servo2;
Servo servo3;
Servo servo4;
```

다음으로 아두이노 보드에서 지정된 Servo 변수가 실제로 제어할 서보모터의 제어핀을 *****.attach( )함수를 통하여 지정한다.

예제와 같이 서보모터의 제어 핀으로 아두이노 보드의 PWM핀 9번을 사용하고 Servo 변수를 myservo라고 한다면, 다음과 같이 지정한다.

```
myservo.attach(9);
```

서보모터의 각도를 제어하는 명령은 *****.write( ) 함수를 사용한다.

예제와 같이 Servo 변수를 myservo라고 하고 다음과 같이 지정하면 원하는 각도만큼 회전한다.

```
myservo.write(각도);
```

완성된 아두이노 스케치는 다음과 같다.

#include <Servo.h>	서보 라이브러리 포함 선언
Servo myservo;	사용할 Servo 변수를 myservo로 지정

void setup( ) {
  myservo.attach(9);
}
	아두이노 보드 PWM핀 9번을 myservo에 지정

void loop( ) {	loop( ) 함수 시작
myservo.write(0); delay(500);	0도 위치로 이동
myservo.write(90); delay(500);	90도 위치로 이동
myservo.write(180); delay(500);	180도 위치로 이동
myservo.write(90); delay(500);	90도 위치로 이동
}	loop( ) 함수 끝

서보모터는 현재의 위치를 기준으로 지시된 각도 위치를 이동하는 것이 아니라, 그림 9.4와 같이 초기 기준위치 0도를 기준으로 0~180도 사이의 위치로 이동하게 되므로 서버모터를 사용하여 기구구조를 제작할 때 주의하여야 한다.

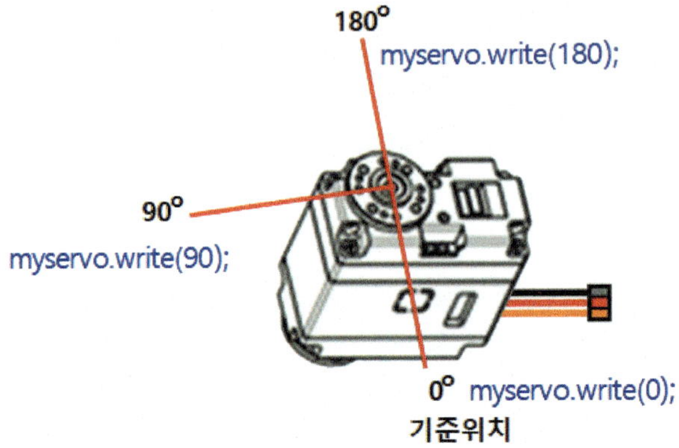

그림 9.4 서보모터

예를 들면 기구적으로 90도 위치에 갈 수 없는데 가도록 명령이 주어지면 서보모터나 구조에 손상을 주게 된다.

■

실 • 전 • 예 • 제

9.2 가변저항을 사용한 서보모터의 각도제어

아두이노 보드에서 가변저항을 사용하여 서보모터의 회전 각도를 제어하여 보자. 아두이노의 예제 '파일-예제-Servo-Knob'에서 제공하는 예제 스케치를 참고한다.

표 9.2 아두이노 보드 연결 구성

아두이노 UNO 보드		연결 장치
핀번호	setup( ) 설정	
PWM 핀 9번	설정 필요 없음	서보모터 제어핀
아날로그 입력핀 0번	설정 필요 없음	가변저항

그림 9.4 아두이노 보드에 서보모터와 가변저항 연결

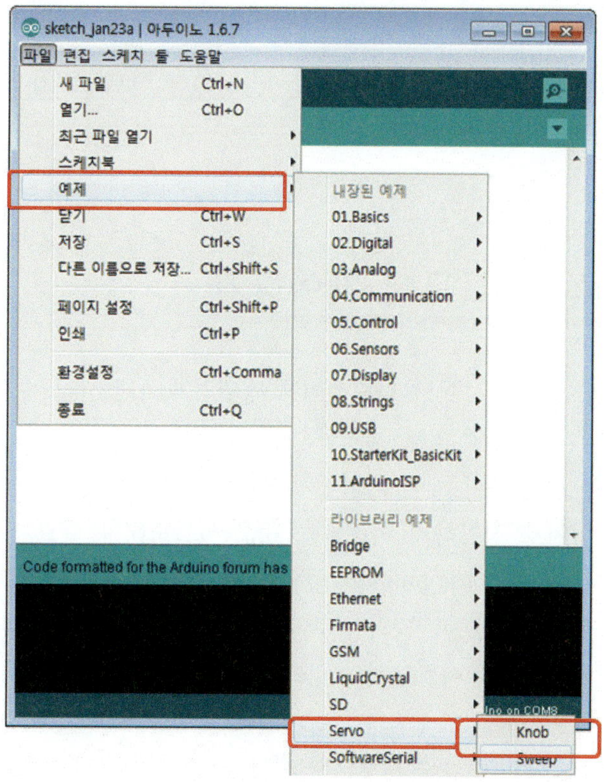

그림 9.5 아두이노 예제 Servo의 Knob

#include 〈Servo.h〉	서보 라이브러리 포함 선언

Servo myservo;
int potpins=0;
int val=0;
	사용할 Servo 변수를 myservo로 지정
	가변저항이 연결된 아날로그 입력 핀 지정

void setup( ) {
  myservo.attach(9);
}
	아두이노 보드의 PWM핀 9번을 myservo에 지정

void loop( ) {	loop( ) 함수 시작

val = analogRead(potpin);
  val = map(val, 0, 1023, 0, 180);
  myservo.write(val);
  delay(15);
	아날로그 핀으로 가변저항의 값을 읽어 저장
	map함수로 0~180도 범위로 변환
	서보모터 회전
	시간 지연

}	loop( ) 함수 끝

스케치를 업로드하여 실행시키고 가변저항을 조정하면 서보모터가 회전한다.

■

9.2 연속회전 서보모터 제어하기

표준 서보모터는 0°~180° 사이의 각도위치로 정밀하게 이동시킬 수 있는 구동장치이다. 일반적으로 서보모터는 펄스에 의해 제어하는 방식으로 사용하기 편리하다.

서보모터는 그림 9.1과 같이 제어, 전원, 접지의 3개의 리드선을 가지고 있다.

0°~180° 사이의 위치로 정확하게 이동하는 표준 서보모터와 다르게 연속회전이 가능한 서보모터를 연속회전 서보모터(continuous servo motor)라 한다.

연속회전 서보모터는 연속적으로 정회전(CW)과 역회전(CCW)이 가능하도록 표준 서보모터를 수정하여 만든 것으로 일반 서보모터와 비슷한 방법으로 제어하며 회전속도를 조절할 수 있다.

연속회전 서보모터의 제어는 표준 서보모터 제어는 약 회전각도를 90도로 지정하면 정지하고, 90보다 낮게 하거나 높게 지정하면 정회전 또는 역회전을 하게 된다. 정지 값이 정확하지 않은 이유는 표준 서보모터를 개조하는 과정에 따라 차이가 발생할 수 있다.

실•전•예•제

9.3 가변저항을 사용한 연속회전 서보모터의 정력회전과 정지 제어

그림 9.6과 같이 연속회전 서보모터(FS90R)을 아두이노 보드에 연결하고, 앞의 예제 9.2에서 사용한 가변저항을 사용한 서보모터의 회전 각도를 제어와 시리얼 모니터를 사용하여 연속회전 서보모터의 정회전, 역회전과 정지가 되는 각도 값을 찾아보자.

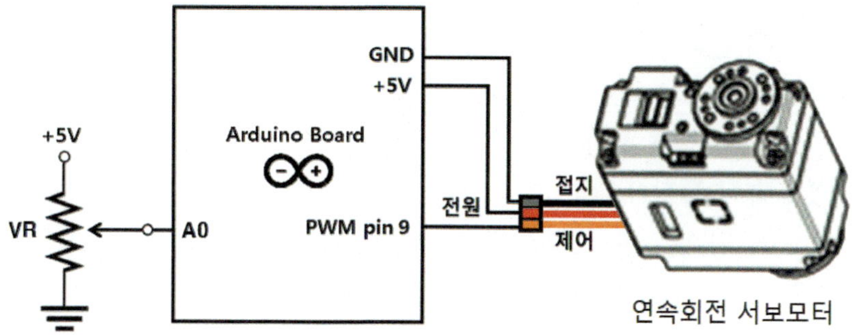

그림 9.6 아두이노 보드와 연속회전 서보모터

완성된 스케치는 다음과 같다.

#include ⟨Servo.h⟩	서보 라이브러리 포함 선언

Servo myservo;
int potpins=0;
int val=0;
	사용할 Servo 변수를 myservo로 지정
	가변저항이 연결된 아날로그 입력 핀 지정

void setup( ) {
  Serial.begin(9600);
  myservo.attach(9);
}
	
	시리얼 통신 속도 설정
	아두이노 보드의 PWM핀 9번을 myservo에 지정

void loop( ) {	loop( ) 함수 시작

val = analogRead(potpin);
  val = map(val, 0, 1023, 0, 180);
  Serial.print("Deg. = ");
  Serial.println(val);
  myservo.write(val);
  delay(20);
	아날로그 핀으로 가변저항의 값을 읽어 저장
	map함수로 0~180도 범위로 변환
	회전각도를 시리얼 모니터에 출력
	
	서보모터 회전
	시간 지연

}	loop( ) 함수 끝

스케치를 업로드하여 실행시키고 가변저항을 조정하면 서보모터가 회전 또는 정지하며 그 각도 값을 시리얼 모니터로 확인할 수 있다. ■

9.3 스테핑 모터 제어하기

9.2절에서 설명한 연속회전 서보모터는 일반 직류모터에 서보제어 기능을 내장하여 일반적으로 사용이 편리하지만 정밀한 회전제어나 큰 토크를 필요로 하는 경우 사용하기 어렵다. 비교적 정확한 각도제어로 기계적인 움직임을 정밀하게 제어하고 회전 토크도 필요한 곳에는 스테핑 모터의 사용이 적합하다.

스테핑 모터는 일반적으로 펄스를 인가하여 순차적으로 여자 신호를 발생시켜 여자 전류를 흘려 회전축을 구동한다. 즉, 펄스에 따라 한 스텝씩 주어진 방향에 따라 회전하게 된다. 이러한 제어를 위하여 스테핑 모터의 제어에는 증폭회로가 내장된 전용 드라이버 모듈이 사용된다.

아두이노에서 제어하기 위하여 5V 환경에서 동작하는 소형 스텝 모터와 ULN2003 IC를 적용한 그림 9.7과 같은 소형 드라이버 모듈을 사용하여 제어하여 본다.

그림 9.7 스테핑 모터와 제어 모듈

4상 스테핑 모터 제어를 위한 ULN2003 IC 모듈의 IN1~IN4와 전원(+,-)에 그림 9.8과 표 9.3과 같이 아두이노 보드를 연결한다.

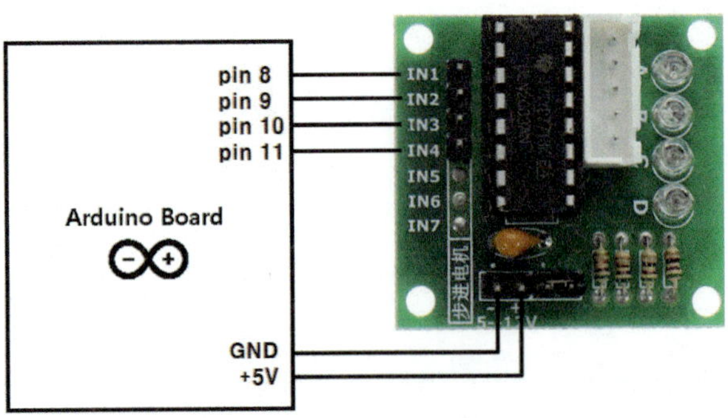

그림 9.8 아두이노와 스테핑 모터제어 모듈 연결

표 9.3 아두이노 보드 핀과 스테핑 모터 제어 모듈의 연결

아두이노 보드	스테핑 모터 제어 모듈
디지털입출력 핀 8번	IN1
디지털입출력 핀 9번	IN2
디지털입출력 핀 10번	IN3
디지털입출력 핀 11번	IN4

9.4 실•전•예•제 스테핑 모터를 시계방향으로 회전시키기

아두이노 보드로 스테핑 모터를 시계방향으로 회전 시켜본다. 아두이노 보드의 디지털입출력 핀 8~11을 각각 스테핑 모터 제어모듈의 IN1~IN4에 연결하고, 제어모듈의 +와 -전원은 아두이노 보드의 +5V와 GND에서 공급한다.

완성된 스케치는 다음과 같다.

`int pinMotor[4] = {8, 9, 10, 11};` `int dTime = 2;`	4상 스테핑 모터의 4상 선언 해당 4상 파형의 발생주기를 결정

`void setup( ) {`
`  for(int k=0; k<4; k++) {`
`    pinMode(pinMotor[k], OUTPUT);`
`  }`
`}`
	pin 8 → IN1
	pin 9 → IN2
	pin 10 → IN3
	pin 11 → IN4

`void loop() {`
`  setpMotor(1, 0, 0, 0);`
`  setpMotor(0, 1, 0, 0);`
`  setpMotor(0, 0, 1, 0);`
`  setpMotor(0, 0, 0, 1);`
`}`
	A,B,C,D상의 값 : H, L, L, L
	A,B,C,D상의 값 : L, H, L, L
	A,B,C,D상의 값 : L, L, H, L
	A,B,C,D상의 값 : L, L, L, H

`void setpMotor(int a, int b, int c, int d) {`
`  digitalWrite(pinMotor[0], a);`
`  digitalWrite(pinMotor[1], b);`
`  digitalWrite(pinMotor[2], c);`
`  digitalWrite(pinMotor[3], d);`
`  delay(dTime);`
`}`
	A,B,C,D상에 값을 출력하는 함수
	
	해당 4상 파형의 발생주기

■

실•전•예•제

9.5 스테핑 모터를 시계방향과 반시계방향으로 회전시키기

아두이노 보드로 스테핑 모터를 시계(CW)방향과 반시계(CCW)방향으로 일정시간 간격으로 반복 회전 시켜보자.

앞의 예제 9.4에 3장의 그림 3.11에서 설명한 bitWrite( ) 함수와 같은 원리로 사용되는 그림 9.9의 bitRead( )함수를 사용한다.

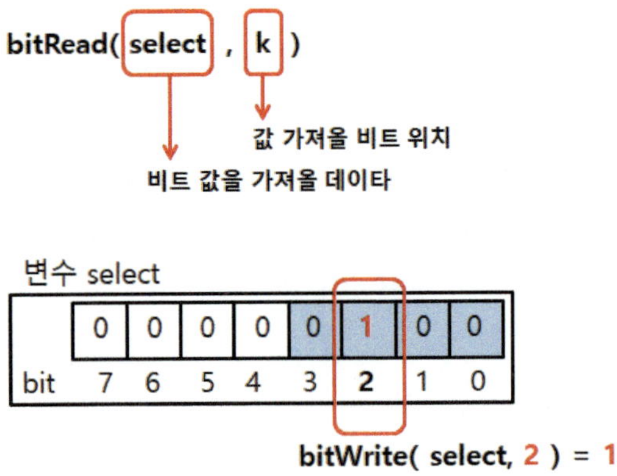

그림 9.9 bitRead( ) 함수

완성된 스케치는 다음과 같다.

int pinMotor[4] = {8, 9, 10, 11}; int phase[4] = {B01000, B00100, B00010, B00001}; int dTime = 2;	4상 스테핑 모터의 4상 선언 4상 위상방향 데이터 해당 4상 파형의 발생주기를 결정

void setup( ) {
  for(int k=0; k<4; k++) {
    pinMode(pinMotor[k], OUTPUT);
  }
}
	pin 8 → IN1
	pin 9 → IN2
	pin 10 → IN3
	pin 11 → IN4

void loop() {
  for (int n=0; n<1000; n++) {
    for(int k=0; k<4; k++) {
      setpMotor(k);
    }
  }
  for (int n=0; n<1000; n++) {
    for(int k=3; k>=0; k--) {
      setpMotor(k);
    }
  }
}
	시계방향(CW) 회전
	
	반시계방향(CCW) 회전

void setpMotor(int p) {
  for(int k=0; k<4; k++) {
    digitalWrite(pinMotor[k], bitRead(phase[p],k));
  }
  delay(dTime);
}
	A,B,C,D상에 값을 출력하는 함수
	
	bitRead( )함수
	
	해당 4상 파형의 발생주기

스테핑 모터가 약 16초 간격으로 시계(CW)방향과 반시계(CCW)방향으로 반복 회전한다.

■

9.4 직류모터 제어 드라이버 모듈 사용하기

서보모터와 다르게 직류모터는 아두이노 보드의 출력핀에 직접 연결하여 모터를 회전시킬 수 없다. 직류모터를 구동시킬 수 있는 전류가 부족하기 때문이다.

이러한 문제를 해결하기 위하여 일반적으로 아두이노 보드는 직류모터를 제어하기 위하여 전용 모터 드라이버 쉴드나 별도의 모터 드라이버 모듈을 사용하여 직류모터의 회전 속도의 빠르기와 회전방향을 제어한다.

L298를 사용한 직류모터 드라이버 모듈들은 그림 9.10처럼 다양하지만, 2개의 직류모터의 속도와 방향을 각각 제어할 수 있게 되어 있다.

그림 9.10 L298를 사용한 모터 드라이버 모듈

그림 9.10의 직류모터 드라이버 모듈 가운데 일반적으로 많이 사용되는 모듈로 2개의 직류모터와 속도와 방향을 제어하기 위한 연결 방법을 설명하면, 드라이버 모듈은 크게 3부분으로 구분된다.

그림 9.11과 같이 2개의 직류모터 A와 B를 연결하는 부분과 모듈과 모터에 전원을 공급하는 부분, 그리고 각 모터의 회전속도와 방향을 제어하는 부분으로 나누어진다.

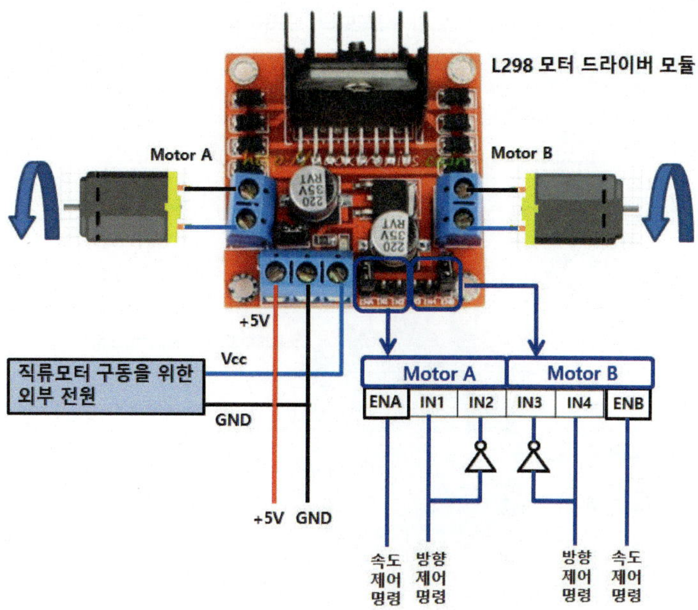

그림 9.11 2개의 직류모터 제어를 위한 드라이버 모듈의 연결방법

아두이노 보드에 모터 드라이버 모듈을 연결하고 1개의 직류모터를 시계방향(CW)과 반시계방향(CCW)으로 회전시켜보자.

실 • 전 • 예 • 제

9.6 직류모터의 회전제어

범용 L298 직류모터 드라이버 모듈을 사용하여 아두이노 보드와 표 9.4와 그림 9.12과 같이 연결한다.

직류모터를 드라이버 모듈의 A에 연결하고, 전원은 외부전원 없이 아두이노 보드의 전원을 사용한다. 또한 회전방향을 설정하기 위하여 사용하는 아두이노의 디지털 입출력핀 4번을 IN1에 연결하고 NOT게이트를 사용하여 IN2에 연결하는 대신 디지털 입출력핀 3번을 사용하여 디지털 입출력핀 4번의 신호를 반전시켜 입력한다.

속도제어 위하여 모터 드라이버 모듈의 ENA에 PWM 출력이 가능한 디지털 입출력핀 5번을 연결한다. 다만 이 예제에서는 PWM 출력을 사용하지 않고 디지털 신호 0과 1로 일정한 속도로 회전하며 회전방향의 제어를 확인한다.

표 9.4 아두이노 보드와 직류모터 드라이버 모듈 연결 구성

	아두이노 보드	모터 드라이버 모듈	
연결선 연결	PWM 핀 5번	ENA	
연결선 연결	디지털입출력 핀 4번	IN1	
연결선 연결	디지털입출력 핀 3번	IN2(IN1 반전)	

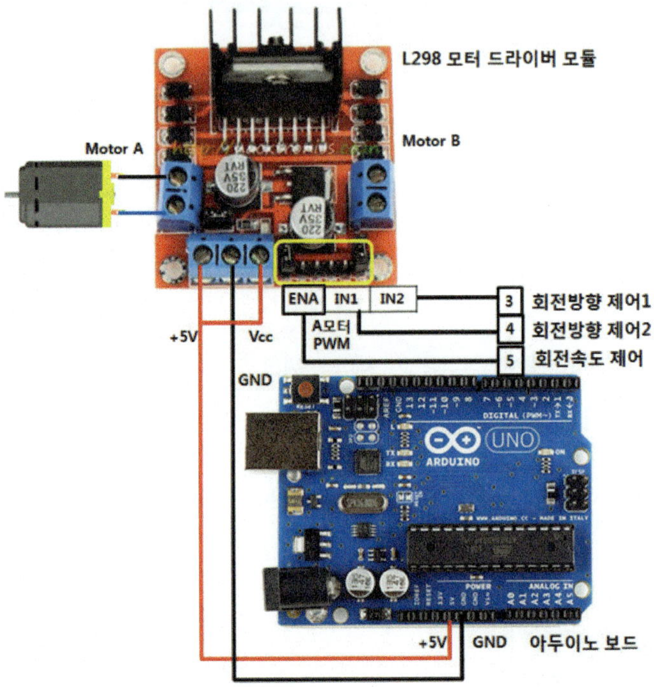

그림 9.12 아두이노 보드로 1개의 직류모터 제어를 위한 모듈의 연결

작성된 스케치는 다음과 같다.

int ENA=5;
int IN1=4;
int IN2=3;
	모터A 회전속도 제어(ENA) 핀 지정
	모터A 회전방향 제어(IN1) 핀 지정
	모터A 회전방향 제어(IN2) 핀 지정

void setup() {
    pinMode(ENA, OUTPUT);
    pinMode(IN1, OUTPUT);
    pinMode(IN2, OUTPUT);
}	

void loop() {	

digitalWrite(IN1, LOW);
digitalWrite(IN2, HIGH);
digitalWrite(ENA, HIGH);
delay(1000);
	시계방향(CW) 회전
	
	회전속도 일정

digitalWrite(ENA, LOW); delay(1000);	모터 회전 정지

digitalWrite(IN1, HIGH);
digitalWrite(IN2, LOW);
digitalWrite(ENA, HIGH);
delay(1000);
	반시계방향(CCW) 회전
	
	회전속도 일정

digitalWrite(ENA, LOW); delay(1000);	모터 회전 정지
}	

직류모터가 1초 간격으로 시계방향(CW) 회전→ 정지→ 반시계방향(CCW) 회전→ 정지를 반복한다.

■

아두이노 보드에 모터 드라이버 모듈을 연결하여 직류모터의 속도를 변경하며 회전시켜보자.

실•전•예•제 9.7 직류모터의 속도제어

예제 9.6의 아두이노와 모터 드라이버 모듈의 연결을 그대로 사용하고, 속도제어 위하여 모터 모듈의 ENA에 연결된 PWM 출력이 가능한 디지털 입출력핀 5번에 PWM 신호를 이용하여 회전속도를 제어한다.

작성된 스케치는 다음과 같다.

int ENA=5;
int IN1=4;
int IN2=3;
	모터A 회전속도 제어(ENA) 핀 지정
	모터A 회전방향 제어(IN1) 핀 지정
	모터A 회전방향 제어(IN2) 핀 지정

void setup() {
// pinMode(ENA, OUTPUT);
pinMode(IN1, OUTPUT);
pinMode(IN2, OUTPUT);
}	

void loop() {	
digitalWrite(IN1, HIGH); digitalWrite(IN2, LOW);	시계방향(CW) 회전

for (int k=100; k<255; k=k+50) {
analogWrite(ENA, k);
delay(2000);
analogWrite(ENA, 0);
delay(2000);
}
	회전속도 100→150→200→250로 변화
	
	모터 회전 정지

}	

직류모터가 시계방향(CW)으로 회전속도를 100 → 150 → 200 → 250의 4단계로 2초 단위로 변화하며 반복한다.

■

직류모터의 회전과 속도 제어가 가능한 함수를 만들어 제어해보자.

실 • 전 • 예 • 제

9.8 직류모터의 속도제어 (함수)

예제 9.6의 아두이노와 모터 드라이버 모듈의 연결을 그대로 사용하고, 회전속도와 방향을 값을 받아 동작하는 함수를 만들어 제어한다.

작성된 스케치는 다음과 같다.

int ENA=5;
int IN1=4;
int IN2=3;
	모터A 회전속도 제어(ENA) 핀 지정
	모터A 회전방향 제어(IN1) 핀 지정
	모터A 회전방향 제어(IN2) 핀 지정

void setup() {
pinMode(IN1, OUTPUT);
pinMode(IN2, OUTPUT);
}	

코드	설명

void loop() {
aMotor(1, 0, 200); delay(2000);
aMotor(1, 0, 0); delay(1000);
aMotor(0, 1, 100); delay(2000);
aMotor(0, 1, 0); delay(1000);
}
	200의 속도로 CW방향으로 2초가 회전
	1초가 정지
	200의 속도로 CW방향으로 2초가 회전
	1초가 정지

void aMotor(int dir1, int dir2, int sp) {
digitalWrite(IN1, dir1);
digitalWrite(IN2, dir2);
analogWrite(ENA, sp);
}
	A모터의 회전 속와 방향을 제어하는 함수

직류모터의 회전방향과 속도를 제어하기 위한 다양한 구조의 함수를 만들어 사용하면 로봇 자동차의 제어와 다양한 구동부 제어에 편리하게 사용할 수 있다.

■

아두이노로 로봇 자동차 제어

CHAPTER 10

9장에서 서보모터(Servo Motor), 스테핑모터(Stepping Motor) 그리고 직류모터(DC Motor)를 제어하는 방법을 학습하였다.

스테핑 모터는 정확한 각도제어가 유리하여 기계적인 움직임을 정밀하게 제어하는 곳에 많이 사용되고 있으며, 서보모터는 일반 직류모터에 서보제어 기능을 내장하여 속도가 빠르고 정밀한 제어와 큰 힘을 필요로 하는 로봇의 제어 등에 많이 사용된다. 직류모터는 저렴하면서도 효과적인 구동수단이 된다.

특히 모터에 바퀴 등을 연결하여 구동부를 만들면 자유롭게 움직일 수 있는 수단이 되며, 이것에 다양한 센서 등을 장착하면 스스로 움직일 수 있는 지능형 자동차가 된.

이장에서는 간단하게 직류모터에 2개의 모터와 바퀴를 사용하여 로봇자동차를 구성하고 자유로운 이동이 가능하도록 제어하여 본다. 또한 센서를 적용하여 장애물을 회피하며 이동하도록 제어해 본다.

10.1 아두이노 직류모터 제어 쉴드 사용하기

9장 4절에서 L298를 사용한 직류모터 제어모듈을 사용한 제어방법을 살펴보았다. 이러한 범용 직류모터 제어모듈을 사용하려면, 그림 9.11과 같이 2개의 직류모터 M1과 M2를 연결하는 부분과 모듈과 모터에 전원을 공급하는 부분, 그리고 각 모터의 회전속도와 방향을 제어하는 부분 등 아두이노 보드에서 제어하기 위하여 여러 가지 연결을 해야 했다.

아두이노 보드를 위한 전용 모터구동 쉴드를 이용하면 그림 10.1과 같이 아두이노 보드 위에 적층형(아두이노 보드에 쌓아 연결)으로 연결할 수 있어 편리하게 모터제어를 할 수 있다.

그림 10.1 아두이노 전용 모터구동 쉴드

그림 10.2는 아두이노 모터구동 쉴드에 2개의 모터를 연결하는 방법을 나타낸 것이다. 아두이노 보드와 모터구동 쉴드가 내부적으로는 표 10.1과 같이 연결되지만, 외부적으로는 모터구동 쉴드에 모터만 연결하면 되어 직류모터 사용과 제어가 편리하다. 이 쉴드를 이용하면 아두이노에서 간단하게 직류모터에 2개의 모터와 바퀴를 사용하여 로봇자동차를 구성하고 쉽게 제어가 가능하다.

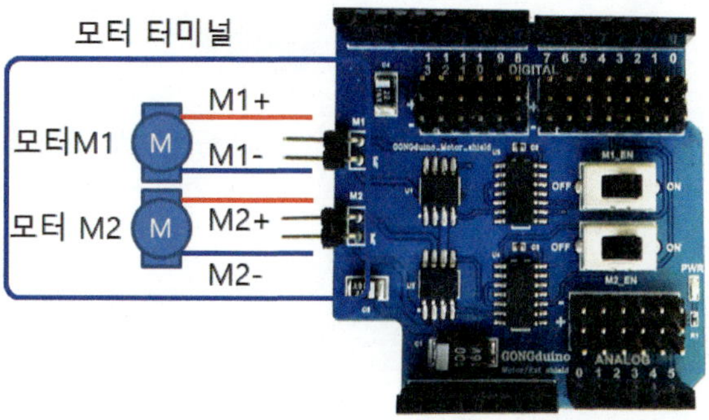

그림 10.2 모터구동 쉴드와 직류모터의 연결

아두이노 보드와 전용 모터쉴드를 적층형으로 결합하면 9장에서 사용한 모터 드라이버 모듈에 속도와 방향을 제어하기 위하여 연결했던 아두이노의 제어 핀들이 내부적으로 자동 결합된다. 즉, 표 10.1과 같이 직류 모터 M1과 M2의 제어를 위하여 각각 아두이노 보드의 디지털입출력 핀 4번과 7번이 사용되고, 속도를 제어하기 위하여 PWM 핀 5번과 6번이 사용된다.

표 10.1 모터쉴드를 이용한 아두이노 보드 핀의 직류모터 제어

아두이노 보드	모터 쉴드
디지털입출력 핀 4번	모터 M1의 방향(Direction) 제어
PWM 핀 5번	모터 M1의 속도(Speed, PWM) 제어
PWM 핀 6번	모터 M2의 속도(Speed, PWM) 제어
디지털입출력 핀 7번	모터 M2의 방향(Direction) 제어

그림 10.2와 같이 아두이노 보드에 모터 쉴드를 연결하고 1개의 직류모터를 시계방향(CW)과 반시계방향(CCW)으로 회전시켜보자.

그림 10.2 아두이노 보드와 전용 모터구동 쉴드의 결합

실•전•예•제

10.1 모터 쉴드로 직류모터의 회전제어

이 예제에서는 1개의 모터만 연결하여 시계방향이나 반시계방향 회전만 하게 되므로 연결 상태는 다음과 같다.

아두이노 보드의 디지털입출력 핀 4번은 모터의 회전 방향을 결정하게 되고, PWM 핀 5번은 회전 속도를 결정한다. 그러나 다음과 같이 PWM 핀 5번에 'HIGH'와 'LOW'의 디지털 값으로 주면 최대속도로 회전하거나 정지하게 된다.

표 10.2 모터쉴드 제어 명령 구성(고정속도)

아두이노 핀	스케치	모터동작
디지털입출력 핀 4번	digitalWrite(4, HIGH)	시계방향 회전
	digitalWrite(4, LOW)	반시계방향 회전
디지털입출력 핀 5번	digitalWrite(5, HIGH)	회전
	digitalWrite(5, LOW)	정지

완성된 스케치는 앞장의 예제 9.5와 유사하며 다음과 같다.

int dirM1=4; int spdM1=5;	모터 M1 회전방향 제어(dirM1) 핀 지정 모터 M1 회전속도 제어(spdM1) 핀 지정

void setup() {
  pinMode(dirM1, OUTPUT);
  pinMode(spdM1, OUTPUT);
}	

void loop() {	

digitalWrite(dirM1, HIGH);
digitalWrite(spdM1, HIGH);
delay(1000);
	시계방향(CW) 회전
	회전속도 일정

digitalWrite(spdM1, LOW); delay(1000);	모터 회전 정지

digitalWrite(dirM1, LOW);
digitalWrite(spdM1, HIGH);
delay(1000);
	반시계방향(CCW) 회전
	회전속도 일정

digitalWrite(spdM1, LOW); delay(1000);	모터 회전 정지
}	

스케치를 업로드하여 실행시키면, 직류모터가 1초 간격으로 시계방향(CW) 회전→ 정지→ 반시계방향(CCW) 회전→ 정지를 반복한다.

만일 모터의 회전이 digitalWrite(4, HIGH)일 때 시계방향 회전이 일어나지 않고 반대로 회전하면 모터쉴드와 직류모터의 2개의 연결선을 서로 반대로 연결한다.

■

실 • 전 • 예 • 제

10.2 직류모터의 가감속 회전제어

아두이노 보드에 모터 드라이버 회로를 연결하고 직류모터의 속도를 가속이나 감속 회전시켜보자.

연결은 예제 10.1과 같이 유지한다.

아두이노 보드는 PWM 신호를 이용하여 직류모터의 회전을 가속이나 감속시킬 수 있다.

회전을 제어하는 PWM핀 5번을 10.1과 다르게 analogWrite(5, val);를 사용한다.

직류모터의 기동 토크 등을 고려하여 0부터 가속시키지 않고 100~255 범위로 가속시킨다.

표 10.3 모터쉴드 제어 명령 구성(속도 가변)

아두이노 핀	스케치	모터동작
PWM 핀 5번	analogWrite(5, val)	0~255 범위에서 회전

완성된 스케치는 앞장의 예제 9.6과 유사하며 다음과 같다.

int dirM1=4; int spdM1=5;	모터 M1 회전방향 제어(dirM1) 핀 지정 모터 M1 회전속도 제어(spdM1) 핀 지정

void setup() {
  pinMode(dirM1, OUTPUT);
// pinMode(spdM1, OUTPUT);
}	

void loop() {	
digitalWrite(dirM1, HIGH);	시계방향(CW) 회전

for (int k=100; k<255; k=k+50) {
    analogWrite(spdM1, k);
    delay(2000);
    analogWrite(spdM1, 0);
    delay(2000);
  }
	회전속도 100→150→200→250로 변화
	
	모터 회전 정지

}	

스케치를 업로드하여 실행시키면, 직류모터가 시계방향(CW)으로 회전속도를 100→150→200→250의 4단계로 2초단위로 변화하며 반복한다. 모터의 시계방향으로 2초 간격으로 가속 회전한다.

■

10.3 실•전•예•제 직류모터의 기동 토크

직류모터의 기동토크를 알아보기 위하여 예제 10.2와 가변저항을 이용하여 모터의 회전이 시작되는 값을 찾아보자.

다음과 같이 회로를 구성한다.

표 10.4 아두이노 보드 연결 구성

아두이노 UNO 보드		연결 장치
핀번호	setup( ) 설정	
아날로그 입력 핀 A2번	설정 필요 없음	가변저항(VR)
디지털 입출력 핀 5번	설정 필요 없음	모터쉴드 적층연결
디지털 입출력 핀 4번	pinMode(4, OUTPUT)	모터쉴드 적층연결

완성된 스케치는 다음과 같다. 시리얼 모니터의 활용은 4장을 참고한다.

int dirM1=4;
int spdM1=5;
int val;	

void setup( ) {
  Serial.begin(9600);
  pinMode(dirM1, OUTPUT);
}
	아두이노 보드 PWM핀은 출력을 지정하지 않아도 된다.

void loop( ) {	loop( )의 시작
val=analogRead(2); val=map(val, 0, 1023, 0, 255);	가변저항 값 읽기 (0~1023)을 (0~255)로 변환
Serial.print("PWM Power(0~255) = "); Serial.println(val);	시리얼 모니터 출력
digitalWrite(dirM1, HIGH); analogWrite(spdM1, val);	모터회전
}	loop( )의 끝

스케치를 업로드하여 실행시키고 시리얼 모니터 창을 연다. 가변저항을 변화시키면서 직류모터가 정지하기 시작하는 때의 값을 시리얼 모니터에서 확인한다.

예제에서 사용한 직류모터의 경우 70전후에서 모터가 정지하였다.

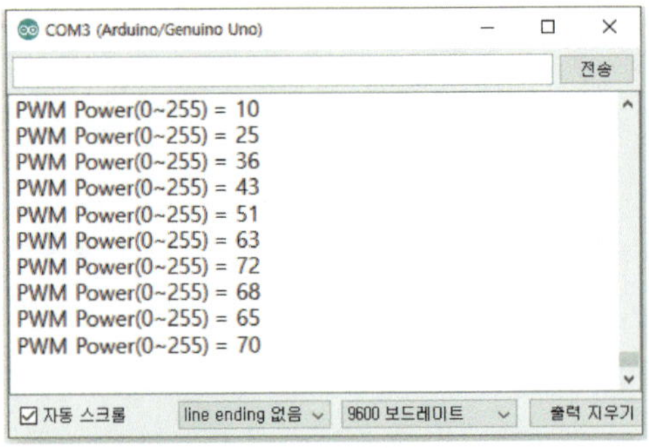

그림 10.3 시리얼 모니터 결과

10.2 직류모터로 2바퀴 이동 로봇자동차 만들기

2개의 모터에 각각 바퀴를 달아 그림 10.4와 같이 2개의 바퀴로 움직이는 전기자동차나 로봇을 만든다면, 쉽고 효과적인 구동수단이 된다.

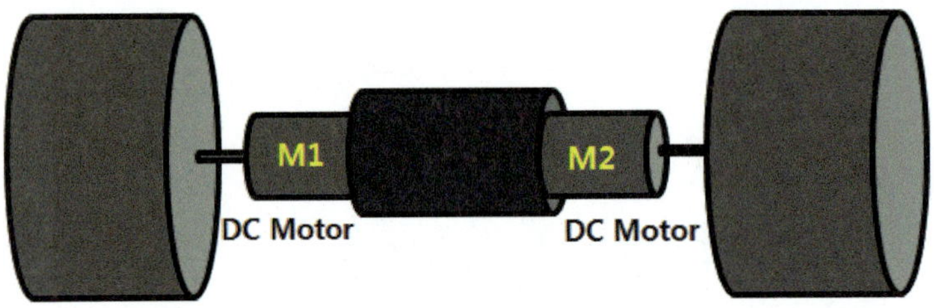

그림 10.4 2개의 바퀴로 움직이는 로봇자동차

이러한 2바퀴 구동 시스템(Two-Wheel-Drive System)이 전진이나 후진 그리고 좌우회전을 하려면 그림 10.5와 같이 각 모터를 제어해야 한다.

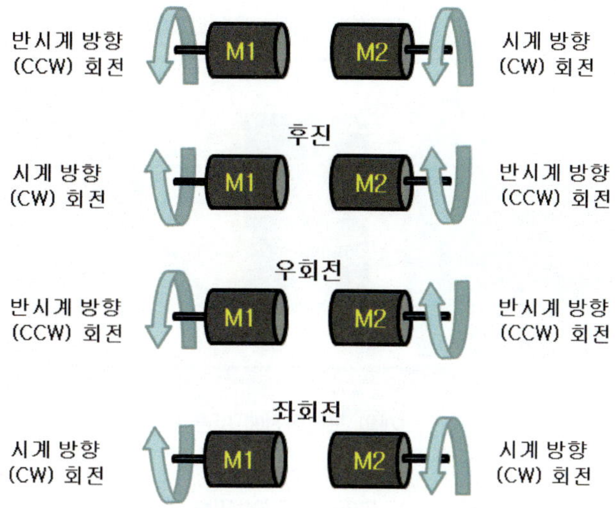

그림 10.5 2개의 모터회전에 따른 방향 조정

10.4 실•전•예•제 2휠 로봇자동차의 전진, 후진, 우회전, 좌회전

그림 10.4의 구조를 갖는 2휠 로봇 자동차를 전진, 후진, 우회전, 좌회전 시켜보자.

아두이노 보드와 직류모터 드라이버 쉴드는 그림 10.1를 참고하여, 표 10.5 같이 연결하면 다음과 같이 회로가 구성된다.

표 10.5 모터쉴드와 모터의 연결

모터	모터 쉴드
M1+	모터 M1 단자1
M1-	모터 M1 단자2
M2+	모터 M2 단자1
M2-	모터 M2 단자2

Fritzing으로 회로를 구성하면 다음과 같다.

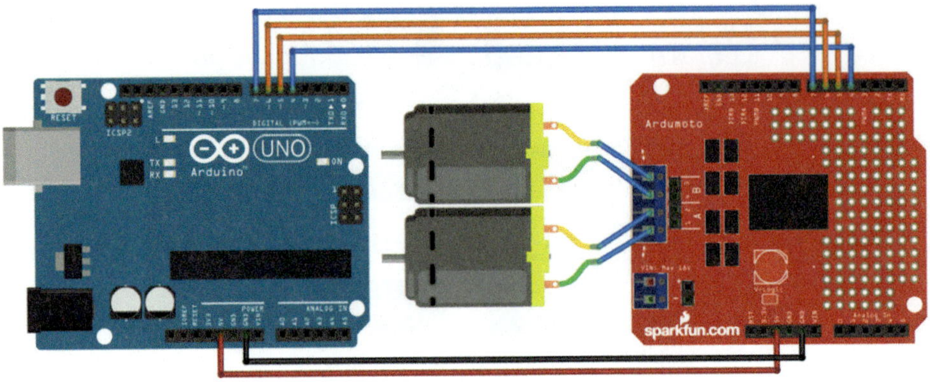

그림 10.6 2개의 모터회전에 따른 방향 조정

표 10.6 모터쉴드 제어 명령 구성

	회전 방향	회전 속도
모터 A	디지털입출력 핀 4번	PWM 핀 5번
	digitalWrite(4, HIGH) digitalWrite(4, LOW)	analogWrite(5, val2)
모터 B	디지털입출력 핀 7번	PWM 핀 6번
	digitalWrite(7, HIGH) digitalWrite(7, LOW)	analogWrite(6, val2)

그림 10.5와 같이 전진, 후진, 우회전, 좌회전을 할 수 있는 함수를 만들어 사용하여 구성한다. 만일 전진을 위하여 그림 10.7과 같이 모터 M1과 모터 M2의 방향 값을 지정하였을 때 두 모터의 회전 방향이 일치하지 않으면 각 모터의 연결선을 변경하여 그림 10.7과 같이 되도록 일치 시킨다.

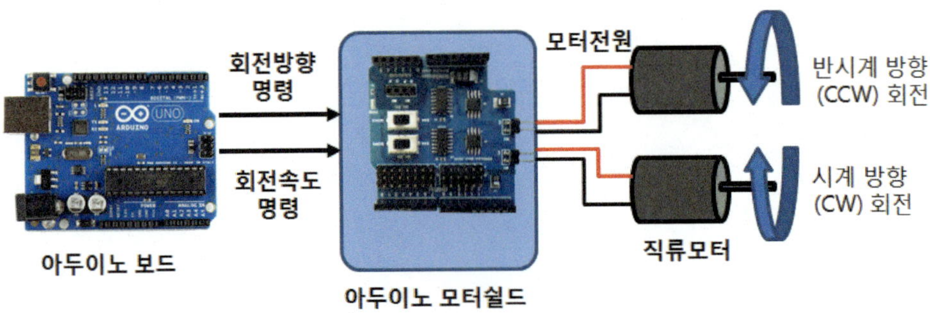

그림 10.7 2개의 모터회전에 따른 방향 조정

완성된 스케치는 다음과 같다.

int dirM1=4;
int dirM2=7;
int spdM1=5;
int spdM2=6;
int val;
	핀 4번 모터 M1의 방향지정(dirM1)
	핀 7번 모터 M2의 방향지정(dirM2)
	핀 5번 모터 M1의 속도지정(spdM1)
	핀 6번 모터 M2의 속향지정(spdM2)

void setup( ) {
pinMode(dirM1, OUTPUT);
pinMode(dirM2, OUTPUT);
}
	
	핀 4번(dirM1) 출력모드지정
	핀 7번(dirM2) 출력모드지정

void loop( ) {	loop( )의 시작

motor_FW(2000);
motor_RT(1000);
motor_FW(2000);
motor_LT(1000);
motor_FW(2000);
motor_BW(2000);
motor_ST(2000);
	2초 전진
	1초 우회전
	2초 전진
	1초 좌회전
	2초 전진
	2초 후진
	2초 정지

}	loop( )의 끝

void motor_FW(int t) {
digitalWrite(dirM1, HIGH);
analogWrite(spdM1, 255);
digitalWrite(dirM2, LOW);
analogWrite(spdM2, 255);
delay(t);
}
	전진 함수
	모터 M1의 방향 : 반시계방향
	
	모터 M2의 방향 : 시계방향
	
	지정시간 동안 전진

void motor_BW(int t) {
digitalWrite(dirM1, LOW);
analogWrite(spdM1, 255);
digitalWrite(dirM2, HIGH);
analogWrite(spdM2, 255);
delay(t);
}
	후진 함수
	모터 M1의 방향 : 시계방향
	
	모터 M2의 방향 : 반시계방향
	
	지정시간 동안 전진

void motor_RT(int t) {	우회전 함수
digitalWrite(dirM1, HIGH);	모터 M1의 방향 : 반시계방향
analogWrite(spdM1, 255);	
digitalWrite(dirM2, HIGH);	모터 M2의 방향 : 반시계방향
analogWrite(spdM2, 255);	
delay(t);	지정시간 동안 회전
}	

void motor_LT(int t) {	좌회전 함수
digitalWrite(dirM1, LOW);	모터 M1의 방향 : 시계방향
analogWrite(spdM1, 255);	
digitalWrite(dirM2, LOW);	모터 M2의 방향 : 시계방향
analogWrite(spdM2, 255);	
delay(t);	지정시간 동안 회전
}	

void motor_ST(int t) {	정지 함수
analogWrite(spdM1, 0);	모터 M1 정지
analogWrite(spdM2, 0);	모터 M2 정지
delay(t);	지정시간 동안 정지
}	

스케치를 업로드하여 실행시키면 로봇자동차는 2초 전진 → 1초 우회전 → 2초 전진 → 1초 좌회전 → 2초 전진 → 2초 후진 → 2초 정지를 반복한다.

■

10.3 초음파 센서를 사용한 로봇자동차 제어하기

앞의 10.2절에서 2개의 모터에 각각 바퀴를 달아 자유롭게 움직일 수 있는 로봇 자동차를 제어하여 보았다. 이 로봇자동차에 다양한 센서 등을 장착하면 스스로 움직일 수 있는 지능형 자동차를 만들 수 있다.

직류모터에 2개의 모터와 바퀴로 만든 로봇자동차에 8장에서 배운 초음파 센서를 적용하여 장애물을 회피하며 이동하도록 제어해 본다.

아두이노 보드와 직류모터 드라이버 쉴드는 그림 10.8과 같이 연결하고 초음파 센서를 연결한다.

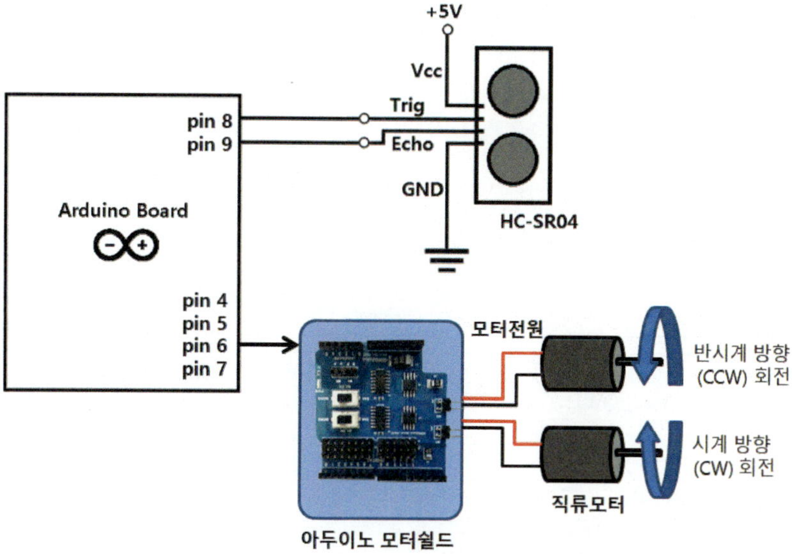

그림 10.8 2개의 모터회전에 따른 방향 조정

실 • 전 • 예 • 제

10.5 로봇자동차의 초음파 센서를 이용한 장애물 회피 이동

그림 10.8과 같이 아두이노에 모터쉴드를 연결하고 초음파 센서를 연결한다. 로봇자동차가 전진하다가 초음파 센서에서 장애물을 인식하면 뒤로 물러나서 오른 쪽으로 회전한 후 다시 전진하도록 제어하여 보자.

완성된 스케치는 다음과 같다.

int pinECHO = 9;	핀 9번 초음파 센서의 Echo핀
int pinTRIG = 8;	핀 8번 초음파 센서의 Trig핀
int dirM1=4;	핀 4번 모터 M1의 방향지정(dirM1)
int dirM2=7;	핀 7번 모터 M2의 방향지정(dirM2)
int spdM1=5;	핀 5번 모터 M1의 속도지정(spdM1)
int spdM2=6;	핀 6번 모터 M2의 속향지정(spdM2)
int dist;	거리변수

void setup( ) {	
Serial.begin(9600);	시리얼 모니터 설정
pinMode(pinECHO, INPUT);	
pinMode(pinTRIG, OUTPUT);	
pinMode(dirM1, OUTPUT);	핀 4번(dirM1) 출력모드지정
pinMode(dirM2, OUTPUT);	핀 7번(dirM2) 출력모드지정
}	

코드	설명
void loop( ) {	loop( )의 시작
ultrSen( );	거리측정 함수 호출
Serial.print(dist); Serial.println("cm");	시리얼 모니터 출력
if(dist <15) {	15cm안 쪽에 장애애물 감지
motor_ST(500);	0.5초 정지
motor_BW(2000);	2초간 후진
motor_RT(1000);	우회전
}	
motor_FW(1000);	1초 전진
}	loop( )의 끝

코드	설명
void ultrSen( ) {	초음파센서 거리측정 함수
digitalWrite(pinTRIG, LOW);	
delayMicroseconds(2);	
digitalWrite(pinTRIG, HIGH);	
delayMicroseconds(10);	
digitalWrite(pinTRIG, LOW);	
int distance = pulseIn(pinECHO, HIGH);	
dist = distance/58;	거리 측정 값(cm)
}	

코드	설명
void motor_FW(int t) {	전진 함수
digitalWrite(dirM1, HIGH);	모터 M1의 방향 : 반시계방향
analogWrite(spdM1, 255);	
digitalWrite(dirM2, LOW);	모터 M2의 방향 : 시계방향
analogWrite(spdM2, 255);	
delay(t);	지정시간 동안 전진
}	

코드	설명
void motor_BW(int t) {	후진 함수
digitalWrite(dirM1, LOW);	모터 M1의 방향 : 시계방향
analogWrite(spdM1, 255);	
digitalWrite(dirM2, HIGH);	모터 M2의 방향 : 반시계방향
analogWrite(spdM2, 255);	
delay(t);	지정시간 동안 전진
}	

코드	설명
void motor_RT(int t) {	우회전 함수
digitalWrite(dirM1, HIGH);	모터 M1의 방향 : 반시계방향
analogWrite(spdM1, 255);	
digitalWrite(dirM2, HIGH);	모터 M2의 방향 : 반시계방향
analogWrite(spdM2, 255);	
delay(t);	지정시간 동안 회전
}	

void motor_LT(int t) {
    digitalWrite(dirM1, LOW);
    analogWrite(spdM1, 255);
    digitalWrite(dirM2, LOW);
    analogWrite(spdM2, 255);
    delay(t);
}
	좌회전 함수
	모터 M1의 방향 : 시계방향
	
	모터 M2의 방향 : 시계방향
	
	지정시간 동안 회전

void motor_ST(int t) {
    analogWrite(spdM1, 0);
    analogWrite(spdM2, 0);
    delay(t);
}
	정지 함수
	모터 M1 정지
	모터 M2 정지
	지정시간 동안 정지

스케치를 업로드하여 실행시키면 로봇자동차는 전진하다가 초음파센서로 15cm 앞에서 장애물을 감지하면 0.5초 정지 → 2초 후진 → 1초 우회전 후 전진을 반복한다.

■

실습용 베이스 보드의 활용

(1) 모터쉴드와 모터 연결(예제 10.3, 10.4, 10.5)

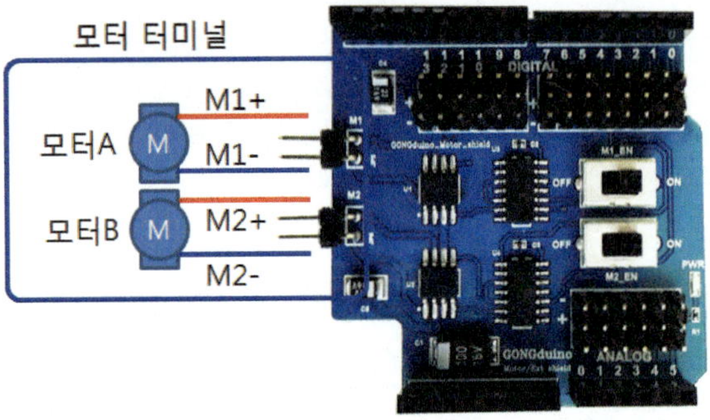

PART **3**

IoT 제어

BlueTooth를 이용한 시리얼통신

CHAPTER 11

외부 기기를 사용하여 아두이노를 제어하거나 아두이노에 연결된 센서 등의 정보를 외부로 보내는 방법으로 4장에서 시리얼 통신을 이용하는 것을 다루었다. 아두이노는 시리얼 통신 방식이외에도 이더넷이나 무선인터넷, zigbee, RFID 등 다양한 통신 방식을 활용하기 편리하게 되어 있다.

아두이노는 기본 보드 외에 기능을 확장하기 위하여 1장에서 설명한 것 같이 다양한 종류의 쉴드 보드들을 가지고 있다. 아두이노의 확장 핀을 통해 기본 제어 보드와 확장 쉴드를 위로 계속 쌓아 올려 사용하는 적층형 구조로 되어 있어 용도에 따른 확장 연결이 편리하게 되어 있다. 또한 쉴드 형태가 아니어도 다양한 통신 모듈들도 쉽게 사용할 수 있도록 라이브러리들이 제공된다.

아두이노 보드와 블루투스 모듈이나 쉴드를 사용하면, 스마트 폰과 같은 블루투스 연결이 가능한 기기를 통하여 무선으로 제어 대상을 제어 할 수 있다. 이 장에서는 블루투스 모듈과 쉴드(BT Shield)의 사용한 시리얼통신 방법을 실습해 보자.

11.1 블루투스를 이용한 시리얼통신

4장에서는 PC와 시리얼 모니터를 활용하여 아두이노에 제어를 위한 정보를 보내거나 센서의 정보를 시리얼 모니터에 나타내 보았다. 이를 위하여 PC와 아두이노 보드 사이를 시리얼 통신이 가능한 케이블로 연결하여 시리얼 모니터로 통신하였다.

PC는 오래전부터 마우스, 키보드, 프린터, 스캐너와 스피커 등 다양한 주변기기를 시리얼 케이블로 연결하여 사용하여 왔고, 최근에는 케이블을 사용하지 않고 블루투스(BlueTooth)를 통한 무선 방식으로 연결하고 있다.

그러므로 아두이노 또한 블루투스로 시리얼 통신 통신이 가능한 모듈이나 쉴드를 사용하면 블루투스 기능을 활용할 수 있다. 더욱이 대부분의 스마트 기기들이 블루투스 기능을 내장하고 있기 때문에 아두이노와 스마트 기기 연결하여 다양한 제어에 활용할 수 있다.

아두이노 보드를 스마트 폰으로 제어하려면, 아두이노 보드와 개발용PC가 시리얼 통신을 통하여 정보를 주고 받는 것처럼 아두이노 보드와 스마트 폰 사이에 통신이 이루어지도록 해야 한다.

아두이노 보드는 그림 11.1과 같이 블루투스 모듈이나 쉴드(BT Shield)를 사용하면 블루투스 기능이 있는 기기들과 통신을 할 수 있다. 아두이노 보드에 블루투스 쉴드를 장착하면, 스마트 폰과 아두이노 보드에 장착된 블루투스 모듈이나 쉴드가 블루투스 방식으로 통신할 수 있게 되고, 아두이노 보드는 블루투스 모듈이나 쉴드와 시리얼 통신으로 정보를 주고받게 되므로 시리얼 통신으로 스마트 폰과 통신이 가능하게 된다. 일단 아두이노 보드가 스마트 폰과 블루투스로 시리얼 통신이 연결되고 나면, 그 다음은 4장에서 다룬 것과 같은 일반적인 시리얼 통신 제어와 동일하게 된다.

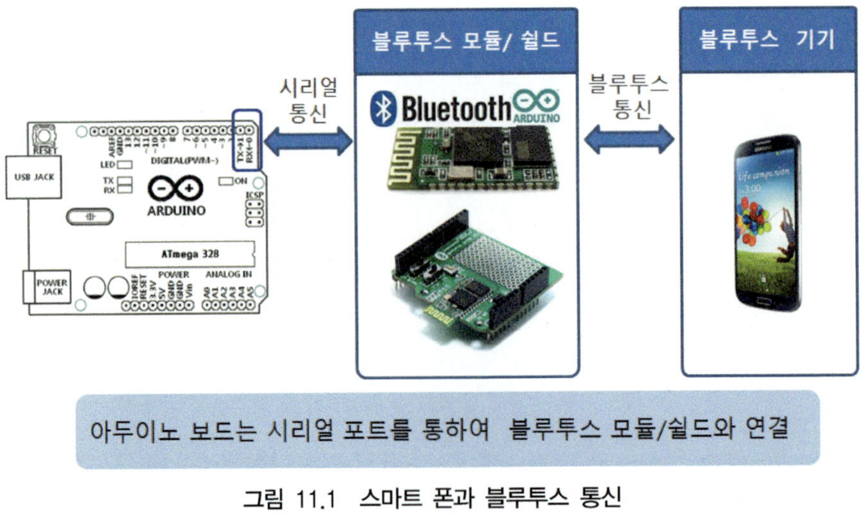

그림 11.1 스마트 폰과 블루투스 통신

11.2 아두이노 블루투스 모듈과 쉴드

아두이노 보드의 시리얼 포트에 블루투스 모듈이나 쉴드를 연결하면 블루투스 기능가진 다른 아두이노 보드, 스마트 기기와 같은 모바일 장치 또는 컴퓨터 등과 연결이 가능하다.

일반적으로 아두이노 보드용 블루투스 쉴드들은 아두이노 보드의 UART 포트인 0번(RX)와

1번(TX)를 사용하여 연결된다. 전송 속도는 9600bps(data bits: 8, stop bit: 1, Parity: No parity)로 기본 설정되어 있으며, Default PINCODE는 "1234"이고, 10m 거리 이내에서 사용할 수 있다.

그런데 블루투스 쉴드가 아두이노 보드의 UART 포트인 0번(RX)와 1번(TX)를 사용하는 구조는 PC가 아두이노 보드와 시리얼 통신을 해야 하는 경우 충돌이 일어날 수 있어서 PC에서 아두이노 보드로 업로드를 할 경우 아두이노 보드의 0번(RX)과 1번(TX)으로부터 반드시 블루투스 쉴드를 제거하고 사용하여야 한다.

이러한 불편을 해결하기 위하여 최근에는 아두이노 보드의 0번과 1번 대신에 다른 디지털입출력 핀을 소프트웨어적으로 정의하여 시리얼 통신하는 블루투스 쉴드 타입도 있다. 이 경우에는 소프트웨어 시리얼 통신용으로 사용하는 핀이 다른 용도로 중복되지 않도록 주의해야 한다.

그러므로 블루투스 쉴드를 사용할 때 어떤 핀을 통신용 RX와 TX로 사용하는 지를 반드시 확인하여야 한다.

아두이노 보드에 블루투스를 통하여 시리얼 통신을 하려면 블루투스 모듈이나 아두이노 전용 쉴드를 사용하면 된다. 쉴드 타입에 비하여 모듈 타입은 전원과 통신선들을 연결해야 하는 불편함이 있지만 다양한 형태와 기능을 가진 그림 11.2와 같은 모듈들이 제공되고 있어 용도에 따라 편리하게 사용할 수 있다.

HC-05는 마스터와 슬레이브 둘 다 사용가능하고, HC-06은 슬레이브로 고정되어 있는 모듈이고, 4.0 BLE HM-10 모듈은 최근 많이 사용되는 BLE Type이다.

그림 11.2 블루투스 모듈

이 장에서는 먼저 블루투스 모듈을 아두이노 보드의 UART 포트인 0번(RX)와 1번(TX)에 연결하여 사용하는 방법을 설명하고, 소프트웨어 시리얼 통신을 하는 타입을 추가적으로 설명한다.

아두이노 전용 블루투스 쉴드를 사용하는 방법은 블루투스 모듈을 사용하기 위하여 외부적으로 선을 연결하는 대신 쉴드를 적층형으로 장착하면 자동으로 사용되는 핀들이 연결되므로 모듈의 사용이나 쉴드의 사용의 차이가 없다.

11.3 아두이노 보드와 블루투스 모듈/쉴드의 연결

먼저 아두이노에서 블루투스 통신기능을 사용하려면, 아두이노 보드에 블루투스 모듈이나 쉴드를 연결해야 한다.

실습을 위하여 일반적으로 많이 활용되는 블루투스 모듈 HC-05/ZS-040, HC-06를 기준으로 아두이노 보드와 연결 방법을 설명한다.

그림 11.3과 같이 블루투스 모듈 HC-05/ZS-040와 HC-06은 아두이노 보드에 연결하는 전원 VCC와 GND, 신호선 RXD와 TXD, 확장을 위한 STATE와 EN로 되어 있고 핀의 위치나 배열이 같다. 다만 HC-05/ZS-040는 6핀을 모두 사용할 수 있도록 6개의 핀이 있고, HC-06은 양쪽 끝의 STATE와 EN를 제외한 4개의 핀만 있다.

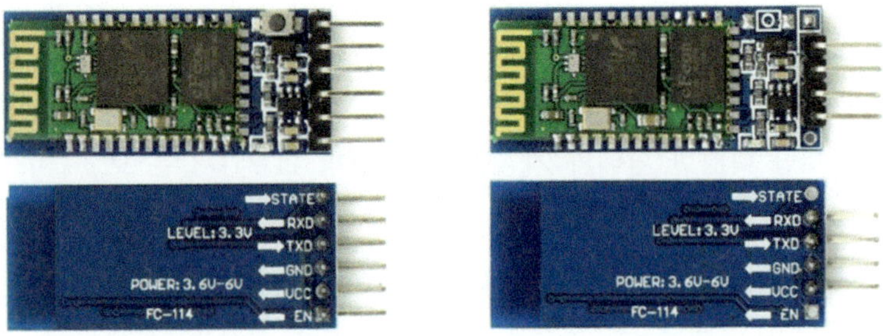

(a) HC-05/ZS-040 (b) HC-06

그림 11.3 블루투스 모듈의 핀 구성

다음으로 시리얼 통신을 위한 아두이노 보드와 불루투스 모듈의 연결 방법을 살펴보자.

아두이노 보드는 시리얼 통신을 위하여 디지털 입출력핀 0번은 RX(수신)로 1번은 TX(송신)로 사용한다. 시리얼 통신은 서로 정보를 주고받는 개념이므로 서로 연결되는 장치의 RX와 TX가 교차되어 연결되어야 한다.

그러므로 그림 11.4와 같이 아두이노 보드의 RX와 TX가 블루투스 모듈의 TXD와 RXD에 각각 연결되어야 한다. 당연히 아두이노 보드의 전원에 VCC와 GND도 연결되어야 한다.

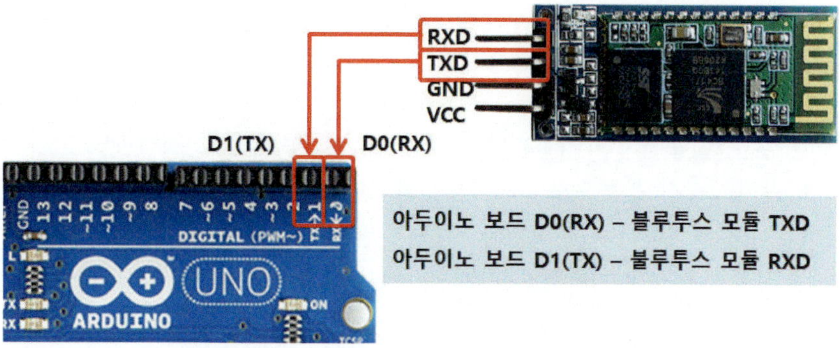

그림 11.4 아두이노와 블루투스 모듈의 연결

아두이노 보드와 블루투스 모듈을 연결하는 과정은 다소 번거롭고 주의가 필요하다. 그런데 아두이노 보드에 적층형으로 연결하는 블루투스 쉴드를 사용하면, 그림 11.5와 같이 10장에서 사용한 아두이노 전용 직류모터 쉴드처럼 아두이노 보드에 쉽게 연결하여 사용할 수 있다.

아두이노 보드에 쉴드를 연결하면, 단순히 외부적 배선의 연결만 하지 않아도 되는 것이 아니라 내부적으로 아두이노의 RX와 TX가 블루투스 쉴드의 TXD와 RXD에 서로 교차되어 연결되기 때문에 관련 특별한 주의 없이 쉽게 사용할 수 있다.

그림 11.5 아두이노 보드와 블루투스 쉴드의 결합

그러나 쉴드 타입은 아두이노 보드와 적층형으로 결합하여 배선을 줄이는 편리함이 있지만 아두이노의 핀을 자유롭게 사용하는 것에 제약이 생긴다. 특히 소프트웨어 시리얼을 사용할 경우 쉴드 타입은 핀이 지정되어 있으므로 불편하다.

반면에 모듈 타입은 전원과 통신선들을 연결해야 하는 불편함이 있지만 다양한 형태와 기능을 가진 그림 11.2와 같은 모듈들이 제공되고 있어 용도에 따라 편리하게 사용할 수 있다.

11.4 아두이노 보드와 블루투스 통신하기

먼저 블루투스 기능을 사용하여 스마트 폰으로 아두이노 보드를 제어하여 보자. 이를 위해 그림 11.6과 같이 2가지 부분으로 나누어진 작업이 이루어져 한다.

하나는 아두이노 보드에서 이루어져야 하는 부분으로, 블루투스 기능을 사용할 수 있도록 블루투스 모듈이나 쉴드를 연결하고, 블루투스 모듈이나 쉴드를 통하여 시리얼 통신으로 제어 데이터를 받거나 내보낼 수 있도록 스케치를 구성해야 한다.

다른 하나는 스마트 폰 등에서 이루어져야 하는 부분으로, 블루투스 통신을 통하여 제어 데이터를 내보내거나 받아들을 수 있는 앱(App)을 설치해야 한다.

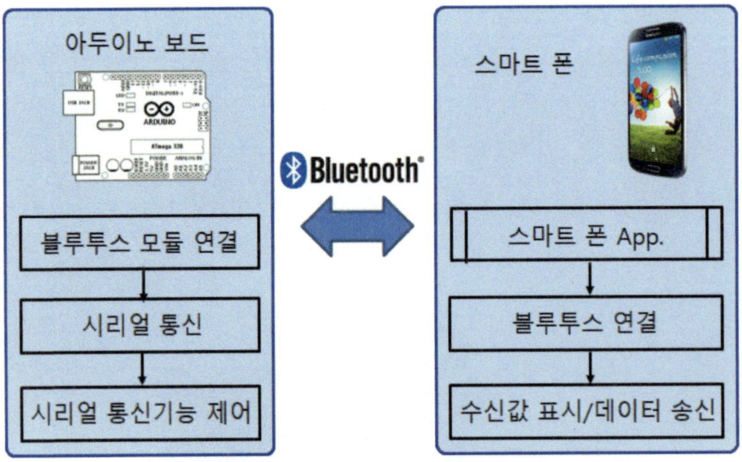

그림 11.6 아두이노 보드와 블루투스 모듈/쉴드의 결합

첫 번째 아두이노 보드에서 블루투스 모듈이나 쉴드를 연결하고 안드로이드 스마트 폰과 블루투스 통신을 통하여 아두이노 보드를 제어하는 방법과 순서를 살펴보자.

① 아두이노 보드에 스케치 작성과 업로드

개발용 PC에서 아두이노 보드에서 사용될 스케치를 작성하고, PC와 아두이노 보드 사이에 시리얼 통신이 가능하도록 USB 통신 케이블 등을 연결하고 아두이노 보드에 스케치를 업로드 한다.

아두이노 보드에 블루투스 모듈이나 쉴드를 연결하지 않은 상태에서 USB 케이블을 통하여 작성된 스케치를 업로드 한다.

② 아두이노 보드에 블루투스 모듈/쉴드 연결

아두이노 보드에 그림 11.4와 같이 블루투스 모듈이나 쉴드를 연결하고, 아두이노 보드가 블루투스 모듈이나 쉴드와 시리얼 통신이 가능하도록 설정한다.

주의사항

아두이노 UNO보드는 하드웨어적으로 하나의 시리얼 포트 밖에 제공하지 않으므로 아두이노 보드가 USB 케이블 등으로 PC와 연결할 때와 아두이노 보드가 블루투스 모듈이나 쉴드를 사용할 때를 구분하여 시리얼 통신 포트가 사용되도록 해야 한다.

예를 들면, PC와 아두이노 보드가 USB 케이블 등으로 연결될 때에는 블루투스 모듈이나 쉴드의 연결을 아두이노 보드에서 분리하여 제거하거나 시리얼 통신 포트가 연결되지 않도록 전환 스위치 등을 조정해야 한다. 반대로 아두이노 보드가 블루투스 모듈이나 쉴드를 사용하여 통신기능을 하게 하려면 PC와 아두이노 보드 사이에 연결하였던 통신 케이블을 제거하거나 모듈이나 쉴드가 시리얼 포트를 사용할 수 있도록 스위치를 조정해야 한다.

두 번째 스마트 폰에서 블루투스 기능을 사용하여 아두이노 보드와 통신하며 제어하는 방법과 순서를 살펴보자.

③ 안드로이드 스마트 폰에 제어를 위한 App 설치

아두이노 보드를 안드로이드 폰으로 제어하기 위해서는 안드로이드 폰에 먼저 아두이노 보드의 기능을 제어할 수 있는 앱(App)을 설치해야 한다. 예를 들면 3장의 2절에서처럼 ON/OFF 스위치로 사용할 수 있는 앱(BT_ONOFFSW.apk)을 설치해야 한다.

스마트 폰에서 아두이노 제어용으로 사용하는 App은 제공된 것을 사용할 수 도 있고, 스스로 제작을 원한다면 구글 앱인벤터를 사용하여 제작하는 방법을 부록에 설명하여 놓았다.

그림 11.7 스마트 폰의 앱

④ 스마트 폰에서 블루투스 기능 활성화

스마트 폰의 설정에서 연결 가능한 블루투스 기기를 검색하여 아두이노 보드에 장착된 블루투스 모듈이나 쉴드를 찾아 연결하고 활성화시킨다.

ⓐ 스마트 폰의 블루투스 기능 ON

ⓑ 스마트폰의 설정 에서 "블루투스 찾기" 선택

ⓒ 검색된 아두이노 블루투스 쉴드 선택

ⓓ PIN코드를 "1234"로 입력하여 등록(페어링)

ⓔ 등록 확인

그림 11.8 블루투스 기기 검색과 등록

⑤ 제어용 App를 활성화

아두이노 보드를 안드로이드 폰으로 제어하기 위해 설치한 앱(App)을 실행하고 블루투스 기능을 활성화한다.

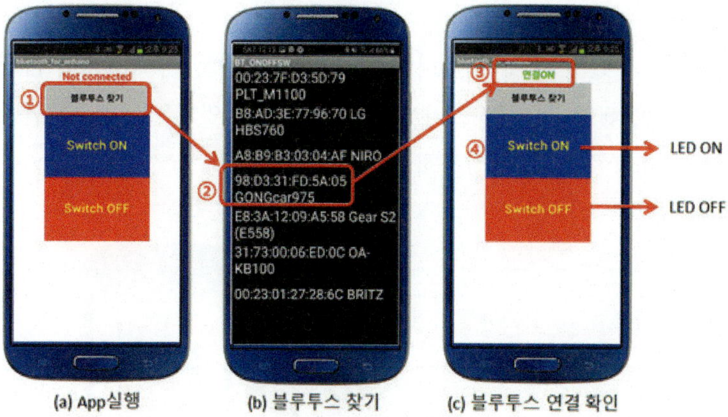

그림 11.9 실행된 App에서 블루투스 기능 활성화

표 11.1 아두이노 블루투스 활용 순서

구분	순서	작업
스케치 작성과 설치 (아두이노 보드)	①	응용 스케치 작성
	②	BT 모듈/쉴드를 아두이노에서 분리한 후 스케치 업로드
	③	아두이노 보드에 BT Shield 장착
앱 설치(스마트 폰)	④	스마트 폰에 App 설치
실행	⑤	스마트 폰의 블루투스 기능 활성화하고 아두이노 BT 찾기
	⑥	스마트 폰에서 앱 실행
	⑦	실행

11.5 블루투스 통신에 의한 아두이노 보드 제어

스마트 폰과 같이 블루투스 기능이 있는 기기에서 블루투스 모듈이나 쉴드가 연결된 아두이노 보드를 제어 하는 방법을 살펴본다.

4장의 시리얼 통신을 이용한 제어에서 아두이노 보드에 연결된 LED, Piezo, TextLCD, 모터 등을 스위치나 가변저항이나 센서 값을 이용하여 시리얼 통신으로 제어할 수 있다. 블루투스 통신은 기본적으로 시리얼 통신을 이용하는 것이므로 블루투스 기능을 이용하면 시리얼 통신으로 제어할 수 있는 것들은 동일하게 제어할 수 있기 때문이다.

4장의 시리얼 통신으로 PC에서 LED를 제어한 것처럼 스마트 폰에서 블루투스 통신을 이용하여 LED를 제어하는 방법을 살펴보자.

먼저 스마트 폰에는 PC가 시리얼 모니터를 통해서 그림 11.10과 같이 LED를 제어할 수 있는 스위치 값을 전달했던 것처럼 스마트 폰에서도 시리얼 통신으로 전달할 스위치 값을 발생시켜 줄 앱(App)을 설치하여 사용하면 된다.

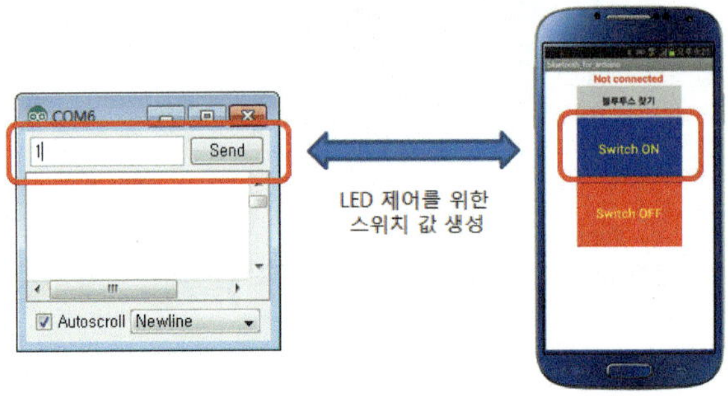

그림 11.10 LED를 제어하기 위한 스맡 폰을 사용한 스위치 기능

스마트 폰에서는 스위치 기능을 할 앱(App)을 이용하여 블루투스 통신으로 아두이노 보드에 접속하고, 아두이노 보드에서는 시리얼 통신 명령으로 얻어진 값에 따라 아두이노 보드에 연결된 LED를 제어하면 된다.

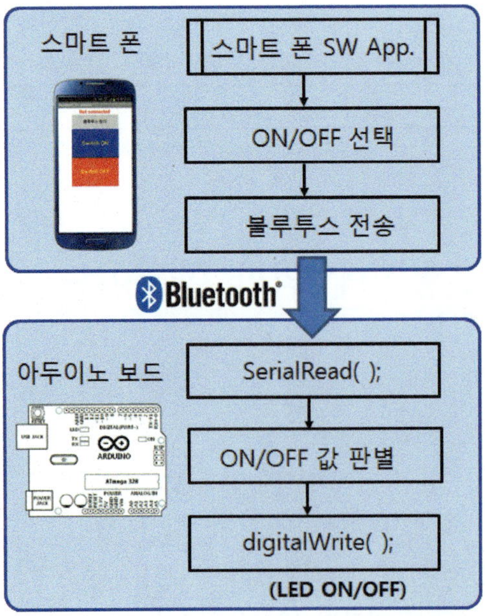

그림 11.11 스마트 폰에서 아두이노 보드 제어하기

11.1 실•전•예•제
블루투스 기능을 이용한 LED의 ON/OFF 제어

스마트 폰에 ON/OFF제어를 할 수 있는 "BT_ONOFFSW.apk"를 설치하고, 블루투스 모듈이나 쉴드가 연결된 아두이노 보드로 LED를 ON/OFF하도록 하여보자.

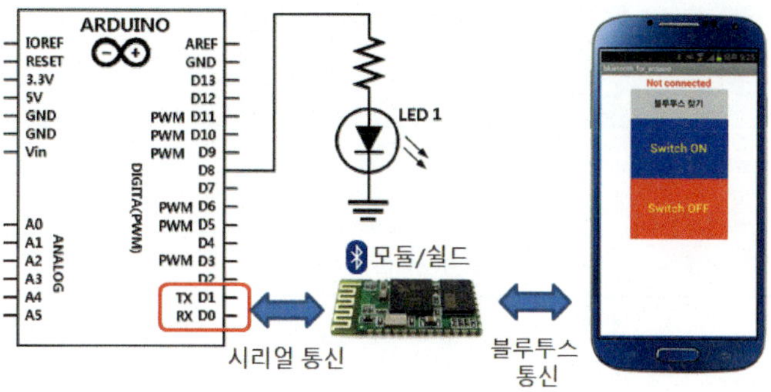

그림 11.12 스마트 폰으로 BT 모듈/쉴드가 장착된 아두이노 보드의 LED 제어

표 11.2 아두이노 보드 연결 구성

UNO 보드		연결 장치
핀번호	setup( ) 설정	
디지털 입출력 핀 0번(RX)	Serial.begin(9600);	블루투스 모듈/쉴드(TXD)
디지털 입출력 핀 1번(TX)		블루투스 모듈/쉴드(RXD)
디지털 입출력 핀 8번	pinMode(8, OUTPUT)	LED1

Fritzing으로 회로를 구성하면 다음과 같다.

그림 11.13 아두이노 보드에 BT 모듈/쉴드와 LED 연결

아두이노 보드에서 UART 포트로 블루투스 통신을 하므로, 시리얼 통신을 위한 설정을 한다. 통신 속도가 9600bps로 이루어지므로 "Serial.begin(9600);"를 설정한다.

BT 모듈이나 쉴드를 통한 정보는 "Serial.read( )" 함수를 통하여 이루어 진다. 시리얼 통신을 통하여 입력이 발생할 때 동작시키기 위하여 "Serial.available( )"함수를 사용한다. "Serial.available( )"는 시리얼 통신을 통하여 수신된 바이트 수를 알려주는 함수이다.

```
if (Serial.available( )> 0) {
  시리얼 입력이 발생하면 실행시킬 내용;
}
```

작성된 스케치는 다음과 같다.

int pinLED = 8;	아두이노 보드의 디지털입출력 핀 8번에 LED연결

void setup( ) {
  Serial.begin(9600);
  pinMode(pinLED, OUTPUT);
}
	BT 모듈/쉴드의 통신 속도 9600bps 설정

void loop() {	loop 시작
byte r_data; if (Serial.available( )> 0) {	BT 모듈/쉴드를 통한 시리얼 통신 입력 발생 검사
r_data = Serial.read( );	BT 모듈/쉴드를 통한 입력 저장

if(r_data == 1) {
      digitalWrite(pinLED, HIGH);
    }
	스마트 폰의 앱 "BT_ONOFFSW.apk" 의 ON 터치
	LED ON

if(r_data == 2) {
      digitalWrite(pinLED, LOW);
    }
	스마트 폰의 앱 "BT_ONOFFSW.apk" OFF 터치
	LED OFF

}	if (Serial.available( )>0)의 끝
}	loop 끝

실행을 위해서는 앱이 설치되어 있는 스마트 폰이 필요하므로, 먼저 스마트 폰에 ON/FFF 기능을 할 수 있는 간단한 앱 "BT_ONOFFSW.apk"을 설치한다.

ON/OFF앱은 구글 앱인벤터로 제작하여 사용할 수 있으며, 제작 방법은 부록에 수록하였다. 또한 출판사 홈페이지 "www.bogdoo.co.kr"을 통하여 "BT_ONOFFSW.apk"을 다운받을 수 있다. ■

앞의 예제 11.1을 switch-case문을 사용하면, 더 많은 확장을 쉽게 할 수 있다.

int pinLED = 8;	아두이노 보드의 디지털입출력 핀 8번에 LED연결

void setup( ) {
  Serial.begin(9600);
  pinMode(pinLED, OUTPUT);
}
	BT 모듈/쉴드의 통신 속도 9600bps 설정

void loop() {	loop 시작
byte r_data; if (Serial.available( )〉 0) {	BT 모듈/쉴드를 통한 시리얼 통신 입력 발생 검사
r_data = Serial.read( );	BT 모듈/쉴드를 통한 입력 저장
switch (r_data) {	switch( ) 시작

case 1:
      digitalWrite(pinLED, HIGH);
     break;
	스마트 폰의 앱 "BT_ONOFFSW.apk" 의 ON 터치
	LED ON

case 2:
      digitalWrite(pinLED, LOW);
     break;
	스마트 폰의 앱 "BT_ONOFFSW.apk" OFF 터치
	LED OFF

}	switch( ) 끝
}	if (Serial.available( )〉0)의 끝
}	loop 끝

■

시리얼 통신에 의하여 발생한 입력을 switch-case문으로 쉽게 사용하기 위하여, 시리얼 입력 발생에 대한 검사 방법으로 "serialEvent( )" 함수를 사용하여 보자.

"serialEvent( )"는 다음과 같이 시리얼 입력이 발생하면, "Serial.read();"를 통하여 값을 읽어 변수 "phoneData"에 저장한다.

```
void serialEvent( ) {
 phoneData = Serial.read();
}
```

11.6 소프트웨어 시리얼을 이용한 블루투스 통신

앞에서 다룬 블루투스 모듈이나 쉴드의 TXD와 RXD를 아두이노 보드의 UART 포트인 0번(RX)와 1번(TX)에 연결하여 사용하는 방식이어서 일반적인 시리얼 통신 명령어를 그대로 사용하였다.

이러한 방식은 PC의 시리얼 통신을 활용하는 경우 블루투스 모듈이나 쉴드가 같은 통신 포트를 사용하게 되어 충돌이 일어난다. 이것을 해결하기 위하여 아두이노 보드의 0번과 1번 대신에 다른 디지털입출력 핀을 소프트웨어적으로 정의하여 시리얼 통신할 수 있다. 쉴드 타입의 경우에는 소프트웨어 시리얼 통신용으로 사용하는 핀이 다른 용도로 중복되지 않도록 주의해야 한다.

예를 들면 그림 11.14와 같이 디지털입출력 핀 2번과 3번을 소프트웨어 시리얼 RX와 TX로 정의하는 경우를 살펴보자.

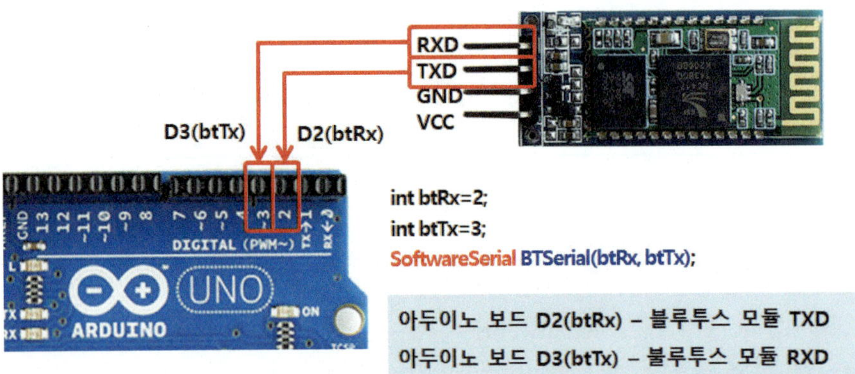

그림 11.14 소프트웨어 시리얼을 사용하기 위한 아두이노와 블루투스 모듈의 연결

소프트웨어적으로 시리얼 기능을 사용하려면 다음과 같이 <SoftwareSerial.h>를 스케치에 포함시키고, 소프트웨어 시리얼 함수를 정의하면 된다.

#include <SoftwareSerial.h>	소프트프웨어 시리얼 라이브러리 포함
int btRx=2; int btTx=3;	RX로 사용할 핀 지정 TX로 사용할 핀 지정
SoftwareSerial BTSerial(btRx, btTx);	소프트웨어 시리얼 BTSerial( ) 함수 지정

SoftwareSerial 명령에 의하여 소프트웨어 시리얼 함수인 BTSerilal( )가 설정되면 일반적인 시리얼 통신을 위하여 사용되는 함수들을 다음과 같이 사용할 수 있다. 예를 들면 Serial.begin(9600)에 대응하여 BTSerial.begin(9600)로 사용하면 된다.

표 11.7 소프트웨어 시리얼 함수

시리얼 통신 명령	정의한 BTSerial 통신 명령
Serial.begin(9600);	BTSerial.begin(9600);
Serial.available( )	BTSerial.available( )
Serial.read( );	BTSerial.read( );
Serial.println( );	BTSerial.println( );
Serial.write( );	BTSerial.write( );

소프트웨어 시리얼 통신을 사용할 수 있도록 제작된 블루투스 모듈이나 쉴드를 사용하여 스마트 폰에 ON/OFF 제어를 할 수 있는 "BT_ONOFFSW.apk"를 설치하고, 블루투스 모듈/쉴드가 연결된 아두이노 보드로 LED를 ON/OFF하도록 하여보자.

실 • 전 • 예 • 제

11.2 소프트웨어 시리얼 기능을 갖는 블루투스 모듈/쉴드를 이용한 LED의 ON/OFF 제어

예제 11.1과 동일하게 ON/OFF제어를 할 수 있는 "BT_ONOFFSW.apk"를 스마트 폰에 설치하여 사용한다. 예제 11.1과 다르게 소프트웨어 시리얼을 사용하기 위하여 블루투스 모듈/쉴드를 그림 11.14와 같이 연결한다.

표 11.8 아두이노 보드 연결 구성

UNO 보드		연결 장치
핀번호	setup( ) 설정	
디지털 입출력 핀 2번(RX사용)	BTSerial.begin(9600);	블루투스 모듈/쉴드(TXD)
디지털 입출력 핀 3번(TX사용)		블루투스 모듈/쉴드(RXD)
디지털 입출력 핀 8번	pinMode(8, OUTPUT)	LED1

그림 11.15 소프트웨어 시리얼을 위한 BT 모듈/쉴드 연결

아두이노 보드에 업로드할 스케치는 예제 11.1에서 사용한 switch-case 예제 스케치에서 소프트웨어 시리얼을 사용하기 위한 설정을 추가하고 Serial( ) 함수 명령부분을 새로 정의한 BTSreial( ) 함수 부분으로 다음과 같이 수정한다.

#include 〈SoftwareSerial.h〉
int btRx=2;
int btTx=3;
SoftwareSerial BTSerial(btRx, btTx);
	소프트웨어 시리얼 설정

int pinLED = 8;	아두이노 보드의 디지털입출력 핀 8번에 LED연결

void setup( ) {
  BTSerial.begin(9600);
  pinMode(pinLED, OUTPUT);
}
	BT 모듈/쉴드의 통신 속도 9600bps 설정

void loop() {	loop 시작
byte r_data; if (BTSerial.available( )〉 0) {	BT 모듈/쉴드를 통한 시리얼 통신 입력 발생 검사
r_data = BTSerial.read( );	BT 모듈/쉴드를 통한 입력 저장
switch (r_data) {	switch( ) 시작

case 1:
       digitalWrite(pinLED, HIGH);
     break;
	스마트 폰의 앱 "BT_ONOFFSW.apk" 의 ON 터치
	LED ON

case 2:
       digitalWrite(pinLED, LOW);
     break;
	스마트 폰의 앱 "BT_ONOFFSW.apk" OFF 터치
	LED OFF

}	switch( ) 끝
}	if (BTSerial.available( )〉 0) 끝
}	loop 끝

실행을 위해서는 앱이 설치되어 있는 스마트 폰이 필요하므로, 먼저 스마트 폰에 ON/FFF 기능을 할 수 있는 간단한 앱 "BT_ONOFFSW.apk"을 설치하고 예제 11.1에서와 같이 스마트 폰을 사용하여 LED ON/OFF를 실행시킨다.

■

주의사항

소프트웨어 시리얼 기능을 사용하는 블루투스 모듈이나 쉴드를 사용하는 경우 제조사에 따라 모듈이나 쉴드에서 RXD와 TXD 핀의 위치가 다를 수 있으므로 사용하려고 하는 모듈이나 쉴드에서 RXD와 TXD 핀의 위치를 반드시 확인하여 SoftwareSerial BTSerial(btRx, btTx) 명령에 적용해야 한다.

그리고 소프트웨어 시리얼을 위하여 사용하는 디지털입출력 핀을 다른 용도로 중복하여 사용하지 않도록 해야 한다.

스마트 폰을 이용한 BlueTooth 통신 제어

CHAPTER 12

외부 기기를 사용하여 아두이노를 제어하거나 아두이노에 연결된 센서 등의 정보를 외부로 보내기 위하여 11장에서 블루투스를 이용한 시리얼 통신 방법을 다루었다.

이장에서는 스마트 기기에서 블루투스를 통한 시리얼 통신으로 아두이노를 제어하거나 스마트 기기에 센서정보를 전달하는 방법을 학습한다. 스마트 폰의 다양한 기능을 활용하여 앱으로 아두이노 보드를 제어하는 다양한 응용예제들을 실습해 보자.

12.1 스마트 폰 앱을 이용한 아두이노 보드 제어

11장에서 스마트 폰에서 블루투스를 이용하여 아두이노 보드와 시리얼 통신하는 방법을 학습하였다.

아두이노 보드의 기본 시리얼통신 포트인 RX(D0)와 TX(D1)를 활용하여 블루투스 모듈이나 쉴드를 그림 12.1과 같이 연결하거나, 소프트웨어 시리얼을 이용하여 그림 12.2와 같이 연결하는 방법을 다루었다.

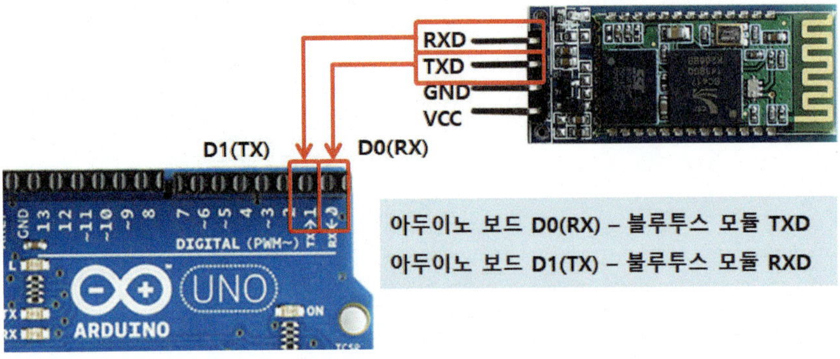

그림 12.1 아두이노와 블루투스 모듈의 연결

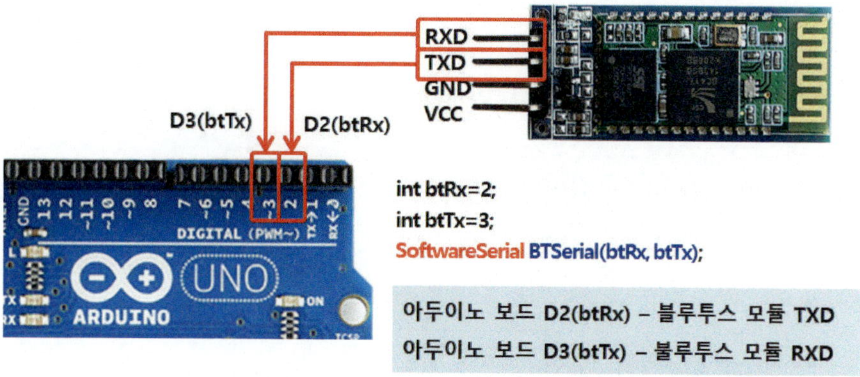

그림 12.2 소프트웨어 시리얼을 이용한 아두이노와 블루투스 모듈의 연결

또한, 스마트 폰으로 아두이노 보드를 제어 하려면, 그림 12.3과 같이 스마트 폰, 블루투스 모듈이나 쉴드 그리고 아두이노 보드의 3가지 요소가 필요하며 그 연결 방법과 동작 구조를 살펴보았다.

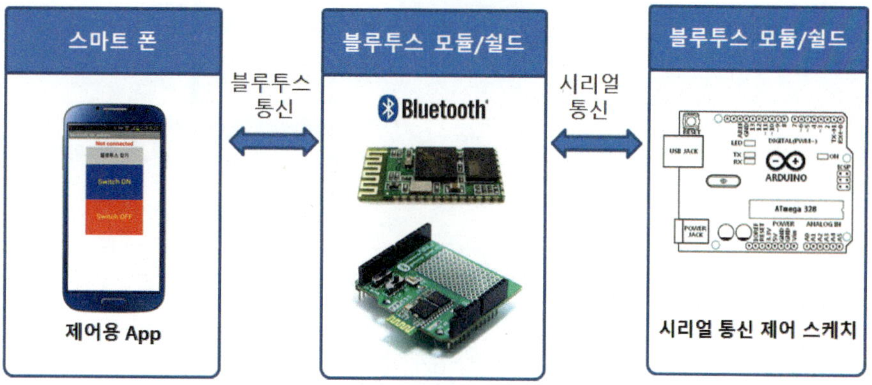

그림 12.3 스마트 폰을 이용한 아두이노 보드의 제어 구성

먼저 아두이노 보드와 스마트 폰이 블루투스로 시리얼 통신으로 연결(페어링)되어야 하고, 다음으로 스마트 폰에는 블루투스를 통하여 아두이노 보드에 전송할 제어명령을 발생시키는 앱(App)이 설치되어 실행되어야 하며, 동시에 아두이노 보드에는 시리얼 통신으로 제어할 스케치가 설치되어 있어야함을 보였다.

예제 9.1과 9.2의 스마트 폰으로 아두이노 보드의 LED를 ON/OFF하는 예제를 통하여 동작원리, 연결과 설정방법 등을 자세히 다루었다.

스마트 폰의 다양한 기능을 활용하여 아두이노 보드를 제어하는 방법을 살펴보자. 먼저 예제 11.1과 11.2를 확장하여 스마트 폰에서 6개의 제어 신호를 받아서 아두이노 보드를 제어할 수 있도록 확장하여 본다.

실 • 전 • 예 • 제

12.1 스마트 폰을 사용한 LED 4개의 ON/OFF 제어

아두이노 보드에 그림 12.4와 같이 4개의 LED를 연결하고, 스마트 폰과 블루투스 모듈/쉴드를 통하여 4개의 LED를 각각 ON을 시키고, OFF시켜 보자.

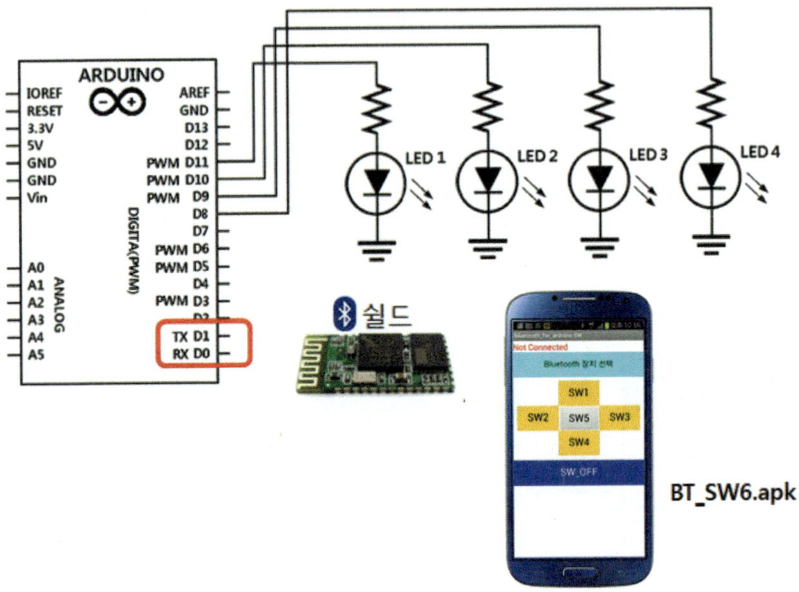

그림 12.4 BT_SW6 앱(App)

아두이노 보드에 4개의 LED를 연결하고, 6개의 기능 버튼이 있는 그림 12.4와 같은 앱 "BT_SW6"이 설치된 스마트 폰으로 표 12.1에 지정된 LED 동작이 되도록 제어하여 보자.

앱 "BT_SW6"의 각 SW1~5와 SW_OFF 값은 표 12.1과 같고, 앱인벤터를 사용한 앱(App)의 제작방법은 부록 A에 첨부하였다.

표 12.1 스마트 폰 앱에 따른 LED 동작

앱 스위치 선택	스위치 값	아두이노 보드의 LED 동작
SW1	1	1번째 LED ON
SW2	2	2번째 LED ON
SW3	3	3번째 LED ON
SW4	4	4번째 LED ON
SW5	5	사용하지 않음
SW_OFF	6	4개의 LED가 동시에 off

아두이노 보드에 설치될 스케치를 다음과 같이 작성한다.

int pinLED[4] = {8, 9, 10, 11}; int k, m; byte phoneData;	디지털입출력 핀 8, 9, 10, 11번에 LED연결

void setup( ) {
  Serial.begin(9600);
  for(k=0; k<4; k++){
    pinMode(pinLED[k], OUTPUT);
  }
}
	BT 모듈/쉴드의 통신 속도 9600bps 설정

void serialEvent( ) {
 phoneData = Serial.read( );
 m=phoneData-1;
}
	BT 모듈/쉴드를 통한 시리얼 통신입력 발생 검사
	BT 모듈/쉴드를 통한 입력 저장

void loop( ) {	loop 시작
switch (phoneData) {	switch( ) 시작

case 1:
      digitalWrite(pinLED[m], HIGH);
      break;
    case 2:
      digitalWrite(pinLED[m], HIGH);
      break;
    case 3:
      digitalWrite(pinLED[m], HIGH);
      break;
    case 4:
      digitalWrite(pinLED[m], HIGH);
      break;
	스마트 폰의 앱에 의하여 지정된 LED ON

case 6:
for(k=0; k<4; k++){
digitalWrite(pinLED[k], LOW);
}
break;
	스마트 폰의 앱에 의하여 4개의 LED OFF

}	switch( ) 끝
}	loop( ) 끝

11장 4절에서 설명한 스마트 폰과 아두이노 보드 사이에 그림 11.8과 같이 블루투스 페어링을 하고, 스마트 폰에서 그림12.4의 앱 "BT_SW6"을 실행시켜 그림 11.9와 같이 앱에서 블루트스 연결을 활성화한다. 아두이노 보드와 블루투스 연결이 확인되면 앱의 버튼을 터치하여 아두이노 보드에 연결된 LED의 제어를 확인한다.

■

실 • 전 • 예 • 제

12.2 스마트 폰을 사용한 4가지 LED 함수의 제어

3장의 연습과제 3.2에서 스위치 입력을 받아 LED 디스플레이 동작을 제어한 것처럼 표 12.2와 같이 예제 12.1에서 사용한 앱 "BT_SW6"를 사용하여 스마트 폰 입력에 따른 LED 디스플레이 동작을 제어하여 보자.

표 12.2 스마트 폰 입력에 따른 LED 동작

스트마 폰 APP "BT_SW6"	SW1	SW2	SW3	SW4	SW6
LED 디스플레이 동작	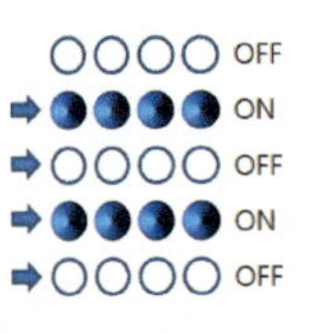	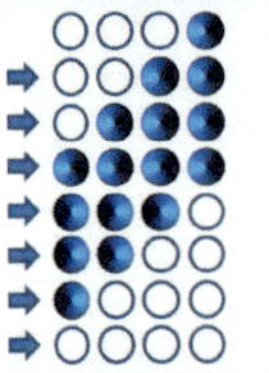	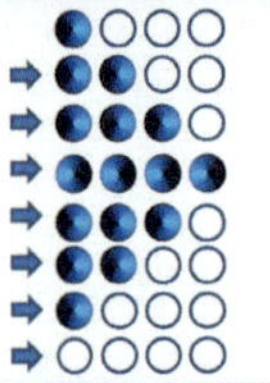	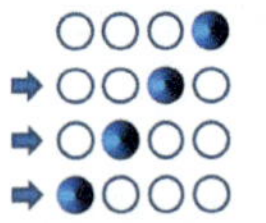	
함수	LEDft1( )	LEDft2( )	LEDft3( )	LEDft4( )	LEDft6( )

아두이노 보드에 설치될 스케치는 3장의 연습과제 3.2를 참고하여 각 LED동작을 함수로 만들어 다음과 같이 작성한다.

Array와 변수 선언

```
int pinLED[4] = {8, 9, 10, 11};
int k;
int phoneData;
```

setup() 함수: 출력모드/시리얼 통신 설정

```
void setup( ) {
  Serial.begin(9600);
  for(k=0; k<4; k++){
    pinMode(pinLED[k], OUTPUT);
  }
}
```

serialEvent() 함수: 시리얼 입력 발생

```
void serialEvent( ) {
 phoneData = Serial.read( );
}
```

loop()함수

```
void loop( ) {
  switch (phoneData) {
    case 1:
      LEDft1();
    break;
    case 2:
      LEDft2();
    break;
    case 3:
      LEDft3();
    break;
    case 4:
      LEDft4();
    break;
    case 6:
      LEDft6();
    break;
  }
}
```

LEDft1( )

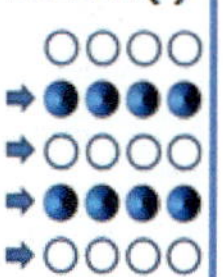

```
void LEDft1( ) {
  for(k=0; k<4; k++) {
    digitalWrite(pinLED[k], HIGH);
  }
  delay(1000);
  for(k=0; k<4; k++) {
    digitalWrite(pinLED[k], LOW);
  }
  delay(1000);
}
```

LEDft2( )

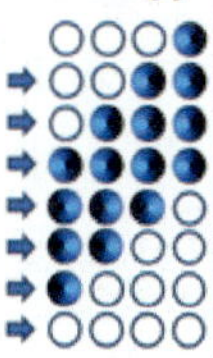

```
void LEDft2( ) {
  for(k=0; k<4; k++) {
    digitalWrite(pinLED[k], HIGH);
    delay(1000);
  }
  for(k=0; k<4; k++) {
    digitalWrite(pinLED[k], LOW);
    delay(1000);
  }
}
```

LEDft3( )

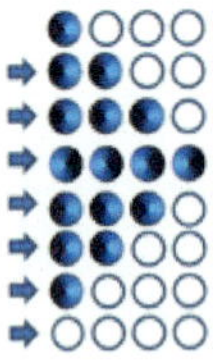

```
void LEDft3( ) {
  for(k=3; k>=0; k--) {
    digitalWrite(pinLED[k], HIGH);
    delay(1000);
  }
  for(k=0; k<4; k++) {
    digitalWrite(pinLED[k], LOW);
    delay(1000);
  }
}
```

LEDft4( )

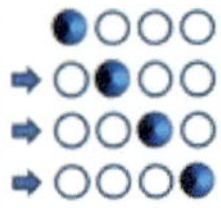

```
void LEDft4( ) {
  for(k=0; k<4; k++) {
    digitalWrite(pinLED[k], HIGH);
    delay(1000);
    digitalWrite(pinLED[k], LOW);
    delay(1000);
  }
}
```

LEDft6( )

LED off

```
void LEDft6( ) {
  for(k=0; k<4; k++) {
    digitalWrite(pinLED[k], LOW);
  }
}
```

그림 12.5 아두이노 보드에 설치할 스케치

앞의 예제처럼 블루투스 페어링을 하고, 스마트 폰에서 앱 “BT_SW6”을 실행시켜 앱의 버튼을 터치하여 아두이노 보드에 연결된 LED의 디스플레이 상태를 확인한다.

■

12.2 스마트 폰으로 로봇자동차 구동하기

10장에서 다룬 2바퀴로 구동되는 로봇자동차를 스마트 폰으로 제어하여 보자.

예제 12.2에서 사용한 6개의 기능 버튼이 있는 그림 12.4와 같은 앱 “BT_SW6”을 스마트 폰에 설치하고 표 12.3에 지정된 동작이 되도록 제어한다. 또한 10장의 예제 10.4에서 사용한 함수를 사용한다.

앱 “BT_SW6”의 각 SW1~5와 SW_OFF 값은 표 12.3과 같다.

표 12.3 스마트 폰 앱에 따른 로봇자동차 동작

앱 스위치 선택	스위치 값	아두이노 보드의 LED 동작
SW1	1	전진
SW2	2	좌회전
SW3	3	우회전
SW4	4	후진
SW5	5	제자리돌기
SW_OFF	6	정지

실•전•예•제

12.3 스마트 폰으로 로봇자동차 구동하기

먼저 10장에서처럼 2바퀴로 구동되는 로봇자동차를 제어하기 위하여 아두이노 보드와 직류 모터 드라이버 모듈이나 쉴드를 표 12.4와 같이 연결한다.

그리고 아두이노 보드에 블루투스 통신을 위하여 모듈이나 쉴드를 연결한다.

표 12.4 모터쉴드를 이용한 아두이노 보드 핀의 직류모터 제어

아두이노 보드	모터 쉴드
디지털입출력 핀 4번	모터 M1의 방향(Direction) 제어
PWM 핀 5번	모터 M1의 속도(Speed, PWM) 제어
PWM 핀 6번	모터 M2의 속도(Speed, PWM) 제어
디지털입출력 핀 7번	모터 M2의 방향(Direction) 제어

10장에서 설명한 것처럼 아두이노 보드를 위한 전용 모터구동 쉴드를 이용하면 그림 12.6과 같이 아두이노 보드 위에 적층형(아두이노 보드에 쌓아 연결)으로 연결할 수 있어 편리하게 모터제어를 할 수 있다.

그림 12.6 아두이노 전용 모터구동 쉴드

아두이노 보드에 설치될 스케치는 다음과 같다.

int pinLED[4] = {8, 9, 10, 11}; int m; byte phoneData;	디지털입출력 핀 8, 9, 10, 11번에 LED연결

void setup( ) {
  Serial.begin(9600);
  for(int k=0; k<4; k++){
    pinMode(pinLED[k], OUTPUT);
  }
  pinMode(4, OUTPUT);
  pinMode(7, OUTPUT);
}
	BT 모듈/쉴드의 통신 속도 9600bps 설정
	
	핀 4번 모터 M1의 방향지정
	핀 7번 모터 M2의 방향지정

void serialEvent( ) {
  phoneData = Serial.read( );
  m=phoneData-1;
}
	BT 모듈/쉴드를 통한 시리얼 통신 입력 발생 검사
	BT 모듈/쉴드를 통한 입력 저장

void loop() {	loop 시작
switch (phoneData) {	switch( )문 시작

case 1:
    motor_FW(100);
    digitalWrite(pinLED[m], HIGH);
    break;
	로봇자동차 전진
	0번 LED ON

case 2:
    motor_LT(100);
    digitalWrite(pinLED[m], HIGH);
    break;
	로봇자동차 좌회전
	1번 LED ON

case 3:
    motor_RT(100);
    digitalWrite(pinLED[m], HIGH);
    break;
	로봇자동차 우회전
	2번 LED ON

case 4:
  motor_BW(100);
  digitalWrite(pinLED[m], HIGH);
  break;
	로봇자동차 후진
	3번 LED ON

case 5:
  motor_RT(2000);
  for(int k=0; k<4; k++){
    digitalWrite(pinLED[k], HIGH);
  }
  break;
	로봇자동차 2초간 우회전
	4개의 LED ON

case 6:
  motor_ST(100);
  for(int k=0; k<4; k++){
    digitalWrite(pinLED[k], LOW);
  }
  break;
	로봇자동차 정지
	4개의 LED OFF

}	switch( )문 끝
}	loop 끝

void motor_FW(int t) {
  digitalWrite(4, HIGH);
  analogWrite(5, 255);
  digitalWrite(7, LOW);
  analogWrite(6, 255);
  delay(t);
}
	전진 함수
	모터 M1의 방향 : 반시계방향
	
	모터 M2의 방향 : 시계방향
	
	지정시간 동안 전진

void motor_BW(int t) {
  digitalWrite(4, LOW);
  analogWrite(5, 255);
  digitalWrite(7, HIGH);
  analogWrite(6, 255);
  delay(t);
}
	후진 함수
	모터 M1의 방향 : 시계방향
	
	모터 M2의 방향 : 반시계방향
	
	지정시간 동안 전진

void motor_RT(int t) {
  digitalWrite(4, HIGH);
  analogWrite(5, 128);
  digitalWrite(7, HIGH);
  analogWrite(6, 128);
  delay(t);
}
	우회전 함수
	모터 M1의 방향 : 반시계방향
	
	모터 M2의 방향 : 반시계방향
	
	지정시간 동안 회전

void motor_LT(int t) {
  digitalWrite(4, LOW);
  analogWrite(5, 128);
  digitalWrite(7, LOW);
  analogWrite(6, 128);
  delay(t);
}
	좌회전 함수
	모터 M1의 방향 : 시계방향
	
	모터 M2의 방향 : 시계방향
	
	지정시간 동안 회전

void motor_ST(int t) {	정지 함수
analogWrite(5, 0);	모터 M1 정지
analogWrite(6, 0);	모터 M2 정지
delay(t);	지정시간 동안 정지
}	

앞의 예제처럼 블루투스 페어링을 하고, 스마트 폰에서 앱 "BT_SW6"을 실행시켜 앱의 버튼을 터치하여 로봇자동차의 동작 상태를 확인한다.

■

12.3 블루투스 통신으로 데이터 전송

앞 절에서는 스마트 폰의 블루투스 통신 기능을 이용하여 블루투스 모듈이나 쉴드가 연결된 아두이노 보드를 제어하는 방법을 살펴보았는데, 이 절에서는 아두이노 보드에서 블루투스 통신을 이용하여 스마트 폰에 정보를 전송하는 방법을 살펴본다.

아두이노 보드에서는 6장에서 가변저항이나 센서들의 측정값을 시리얼 통신으로 PC의 시리얼 모니터에 나타낸 것과 같이 블루투스 모듈이나 쉴드를 통하여 시리얼 통신으로 값을 전송한다.

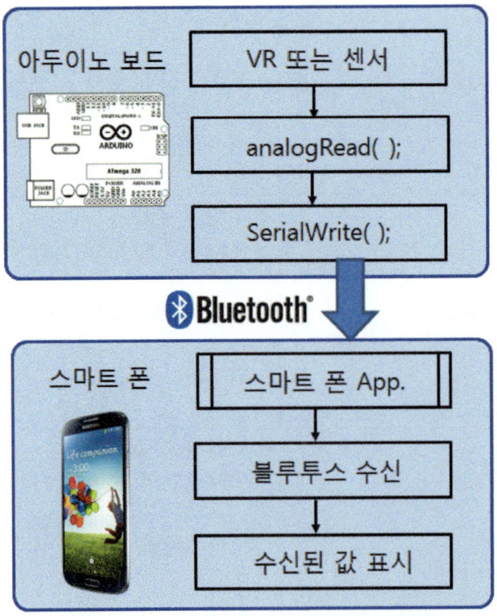

그림 12.7 아두이노 보드에서 스마트 폰으로 정보 보내기

스마트 폰에서는 앞 절에서 스위치 기능을 할 앱(App)이 필요했던 것처럼 PC의 시리얼 모니터 역할을 할 앱(App)이 필요하다.

앱 "BT_RCV1"은 블루투스 기기를 검색하여 연결하고 "수신시작"이 터치되면 블루투스 쉴드가 장착된 아두이노 보드로부터 값을 받아 그 값을 표시하는 간단한 앱이다.

표 12.5 스마트 폰 앱의 기능과 아두이노 동작

앱 화면 선택	아두이노 보드
Bluetooth 주소검색	아두이노 보드의 BT 주소
BT 접속	아두이노 보드의 BT와 연결
BT 해제	아두이노 보드의 BT와 연결 종료
수신 시작	아두이노 보드에 '1' 전달 아두이노 보드에서 전송되는 값 수신
수신 종료	아두이노 보드에 '2' 전달

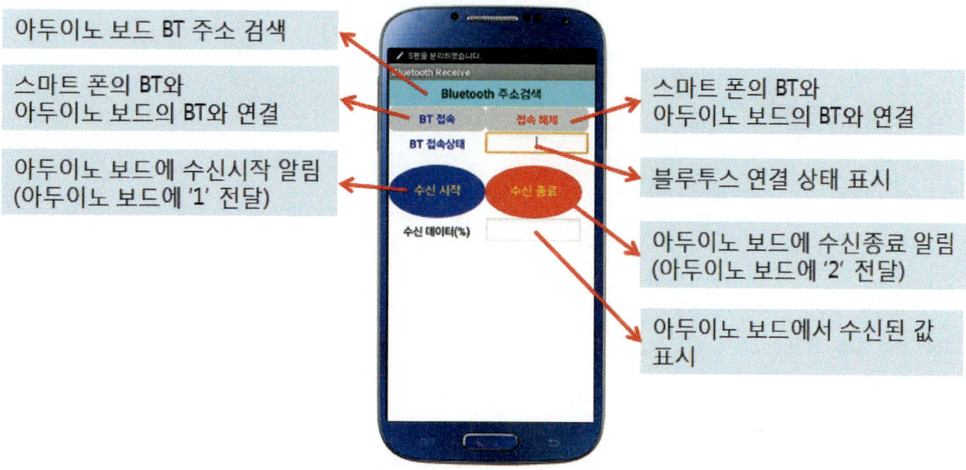

그림 12.8 BT_RCV1 앱(App)

"BT_RCV1.apk"의 제작 방법은 부록A에 수록하였고, "www.bookdoo.co.kr"을 통하여 다운 받을 수 있다.

실 • 전 • 예 • 제

12.4 아두이노 보드의 가변저항 값을 스마트 폰에 표시하기

먼저 아두이노에서 측정하여 보내오는 가변저항 값을 받을 수 있도록 스마트 폰에 그림 12.8과 같은 앱 "BT_RCV1.apk"를 설치한다.

블루투스 모듈이나 쉴드가 연결된 아두이노 보드에 가변저항을 연결하여, 가변저항 값에 따라 LED의 밝기가 조절되고, 가변저항의 값이 스마트 폰에 표시되도록 하여보자.

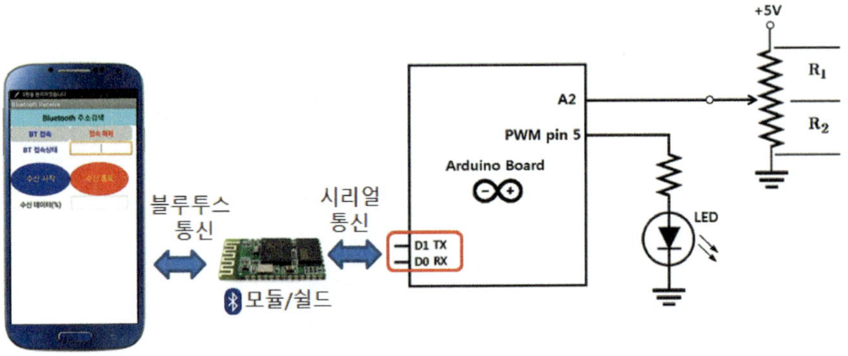

그림 12.9 아두이노 보드의 아날로그 입력

블루투스 모듈이나 쉴드가 연결된 아두이노 보드에서 가변저항(VR)를 통하여 아날로그 입력을 받아들이고, 그 입력에 비례하여 LED의 밝기가 조절되도록 그림 12.9와 같이 회로를 구성한다. 가변저항은 아두이노 보드의 아날로그 입력 A2에 연결하고, LED는 PWM 핀 5번에 연결한다.

표 12.6 아두이노 보드 연결 구성

UNO 보드		연결 장치
핀번호	setup( ) 설정	
디지털 입출력 핀 0번(RX)	Serial.begin(9600);	블루투스 모듈/쉴드(TXD)
디지털 입출력 핀 1번(TX)		블루투스 모듈/쉴드(RXD)
아날로그 입력 핀 A2번	설정 필요 없음	가변저항(VR)
디지털 입출력 핀 5번	PWM 모드 사용	LED

Fritzing으로 회로를 구성하면 다음과 같다.

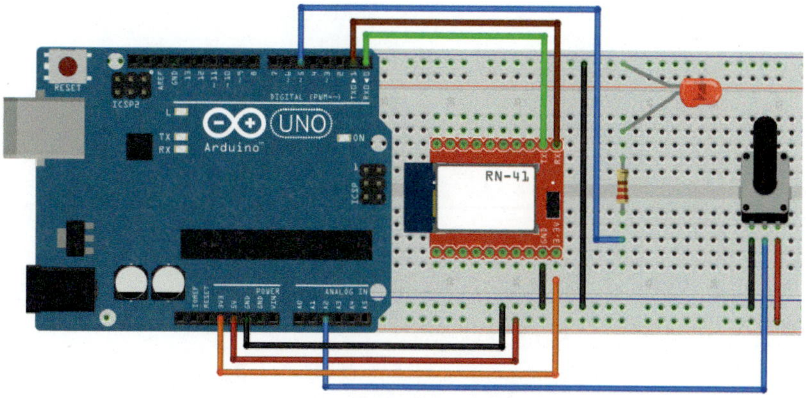

그림 12.10 아두이노 보드에 BT 모듈/쉴드와 LED 연결

아두이노 보드에서 UART 포트로 블루투스 통신을 하므로, 시리얼 통신을 위한 설정을 한다. 통신 속도가 9600bps로 이루어지므로 "Serial.begin(9600);"를 설정한다.

아두이노 보드에 설치되는 스케치는 다음과 같다.

int pinLED = 5; int val1, val2, val3;	아두이노 보드의 PWM핀 5번에 LED연결

void setup( ) {
  Serial.begin(9600);
}
	시리얼 모니터 통신 속도 9600bps 설정

void loop( ) {	loop 시작
byte select; if (Serial.available( )> 0) {	BT 모듈/쉴드의 시리얼 통신 입력 발생 검사
select = Serial.read( );	BT 모듈/쉴드를 통한 입력 저장
switch (select) {	스마트 폰 앱에서 '수신 시작' 명령 수신
case 1:	

val1=analogRead(2);
val2=map(val1, 0, 1023, 0, 100);
Serial.write(val2);
	아두이노 보드에 연결된 VR로 부터 값 입력
	%값으로 변환
	블루투스 통신으로 스마트 폰에 값 전달

val3 = map(val1, 0, 1023, 0, 255);
analogWrite(pinLED, val3);
delay(50);
	PWM 값으로 변환
	VR값에 비례한 LED 밝기 표시

break;	

case 2:
  analogWrite(pinLED, 0);
  delay(20);
break;
	스마트 폰 앱에서 '수신 종료' 명령 수신
	LED OFF

}	switch( ) 끝
}	if (Serial.available( )〉 0) 끝
}	loop 끝

앞의 예제들처럼 블루투스 페어링을 하고, 스마트 폰에서 앱 "BT_RCV1.apk"을 실행시키고 수신시작 버튼을 터치하여 수신 데이터 값을 확인한다.

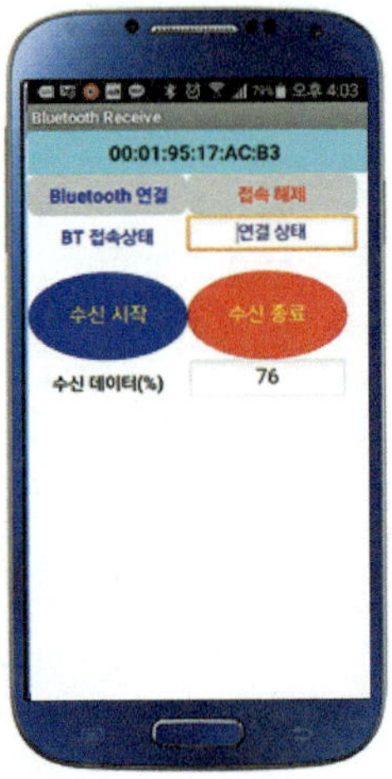

그림 12.11 스마트 폰 실행 결과

■

소프트웨어 시리얼을 사용하고 앞의 예제 12.4를 변형하여, 아두이노 보드의 가변저항 값을 시리얼 모니터와 스마트 폰에 동시에 표시하여 보자.

그림 12.12와 같이 아두이노의 D0(RX)와 D1(TX)를 시리얼 모니터를 위해 사용하고, 블루투스는 11장 6절에서 설명한 소프트웨어 시리얼을 사용하여 연결한다.

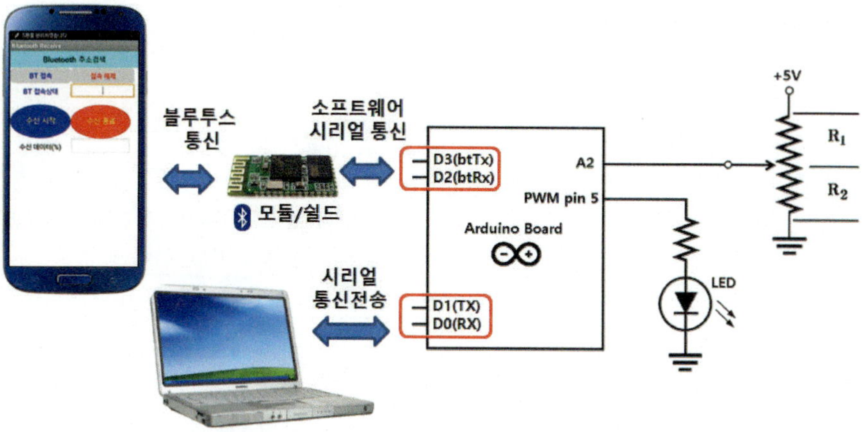

그림 12.12 아두이노 보드의 아날로그 입력

소프트웨어 시리얼을 설정하기 위하여 앞의 그림 12.2와 같이 아두이노의 D2와 D3를 각각 블루투스 연결을 위한 btRx와 btTx로 사용한다.

실 • 전 • 예 • 제

12.5 아두이노 보드의 가변저항 값을 시리얼 모니터와 스마트 폰에 동시에 표시하기

예제 12.4와 같이 먼저 아두이노에서 측정하여 보내오는 가변저항 값을 받을 수 있도록 스마트 폰에 그림 12.8과 같은 앱 "BT_RCV1.apk"를 설치한다.

블루투스 모듈이나 쉴드가 연결된 아두이노 보드에 가변저항을 연결하여, 가변저항 값에 따라 LED의 밝기가 조절되고, 가변저항의 값이 시리얼 모니터와 스마트 폰에 표시되도록 하여보자.

아두이노 보드에서 UART 포트로 블루투스 통신을 하므로, 시리얼 통신을 위한 설정을 한다. 통신 속도가 9600bps로 이루어지므로 "Serial.begin(9600);"를 설정한다.

아두이노 보드에 설치되는 스케치는 다음과 같다.

#include <SoftwareSerial.h>
int btRx=2;
int btTx=3;
SoftwareSerial BTSerial(btRx, btTx);
	소프트웨어 시리얼 설정

int pinLED = 5; int val1, val2, val3;	아두이노 보드의 PWM핀 5번에 LED연결

void setup( ) {
  Serial.begin(9600);
  BTSerial.begin(9600);
}
	시리얼 모니터 통신 속도 9600bps 설정
	BT 모듈/쉴드 통신 속도 9600bps 설정

void loop( ) {	loop 시작
byte select; if (BTSerial.available( )> 0) {	BT 모듈/쉴드의 시리얼 통신 입력 발생 검사
select = BTSerial.read( );	BT 모듈/쉴드를 통한 입력 저장
switch (select) {	스마트 폰 앱에서 '수신 시작' 명령 수신
case 1:	

val1=analogRead(2);
      val2=map(val1, 0, 1023, 0, 100);
      BTSerial.write(val2);
	아두이노 보드에 연결된 VR로 부터 값 입력
	%값으로 변환
	블루투스 통신으로 스마트 폰에 값 전달

Serial.print("VR % value = "); Serial.println(val2);	시리얼 모니터에 VR의 %값 전송

val3 = map(val1, 0, 1023, 0, 255);
      analogWrite(pinLED, val3);
      delay(50);
	PWM 값으로 변환
	VR값에 비례한 LED 밝기 표시

break;	

case 2:
      analogWrite(pinLED, 0);
      delay(20);
    break;
	스마트 폰 앱에서 '수신 종료' 명령 수신
	LED OFF

}	switch( ) 끝
}	if (BTSerial.available( )> 0) 끝
}	loop 끝

업로드 후 시리얼 모니터를 열고, 앞의 예제들처럼 블루투스 페어링을 하고, 스마트 폰에서 앱 "BT_RCV1.apk"을 실행시키고 수신시작 버튼을 터치하여 수신 데이터 값을 확인한다.

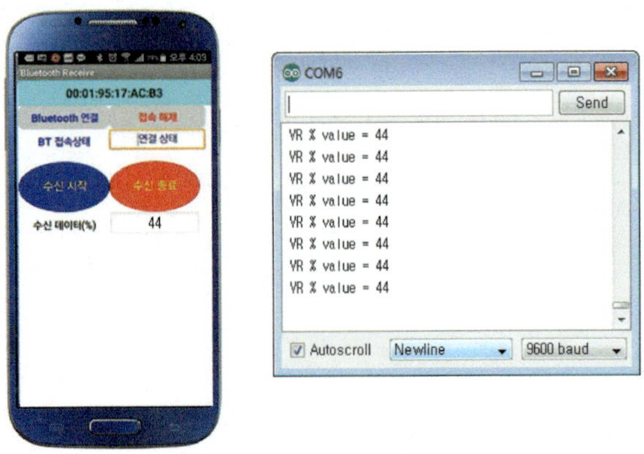

그림 12.13 스마트 폰과 시리얼 모니터 실행 결과

■

아두이노 보드에 블루투스 모듈이나 쉴드를 장착하면 시리얼 통신을 사용하여 아두이노 보드에 연결된 LED, Piezo, TextLCD, 모터 등을 제어한 것처럼 스마트 폰에서 제어할 수 있으며, 가변저항 센서들의 측정 값을 스마트 폰에 나타낼 수도 있다.

예를 들면 앞에서 다룬 것과 같이 LED를 스위치나 시리얼 모니터로 제어하였다면 스마트 폰에서도 스위치 대신에 스위치 기능을 하는 제어값을 블루투스로 전송하여 동일한 방법으로 제어할 수 있다. 또한 스마트 폰에서 블루투스 통신을 이용하여 피에조의 소리를 발생시키는 것도 가능하며, 모터에 의한 전후좌우 이동이나 Text LCD의 문자표현도 가능하다.

CHAPTER 13 이더넷을 위한 설정

아두이노 보드에서 이더넷이나 WiFi를 통하여 인터넷에 연결하는 방법을 살펴보자. 아두이노 보드는 이더넷 또는 WiFi모듈이나 쉴드와 접근 가능한 IP가 있다면 쉽게 인터넷으로 통신을 할 수 있으며, 웹페이지를 통해 아두이노 보드에 연결된 LED, 피에조, 모터 등을 제어할 수 있다. 이 장에서는 이더넷 쉴드를 사용하여 인터넷에 접속하고 아두이노 보드를 제어하는 방법을 살펴본다.

13.1 이더넷 쉴드를 활용한 제어

아두이노 보드를 인터넷으로 제어하려면, 아두이노 보드와 개발용 PC가 시리얼 통신을 통하여 정보를 주고받는 것처럼 아두이노 보드가 인터넷에 접속할 수 있도록 해야 한다.

아두이노에서 인터넷을 사용하려면 이더넷(Ethernet)을 사용할 것인지 와이파이(WiFi)를 사용할 것인지 결정하고 해당하는 모듈이나 전용 쉴드를 사용하여야 한다. 이 장에서는 먼저 이더넷을 사용하는 방법을 배워보자.

아두이노 보드는 이더넷 모듈이나 쉴드를 설치하여 인터넷에 접속하여 정보를 주고 받으며 제어할 수 있다. 그림 13.1과 같이 아두이노 보드에 이더넷 모듈이나 쉴드(Ethernet Shield)를 연결하고 IP를 부여 받으면 인터넷에 접속할 수 있다.

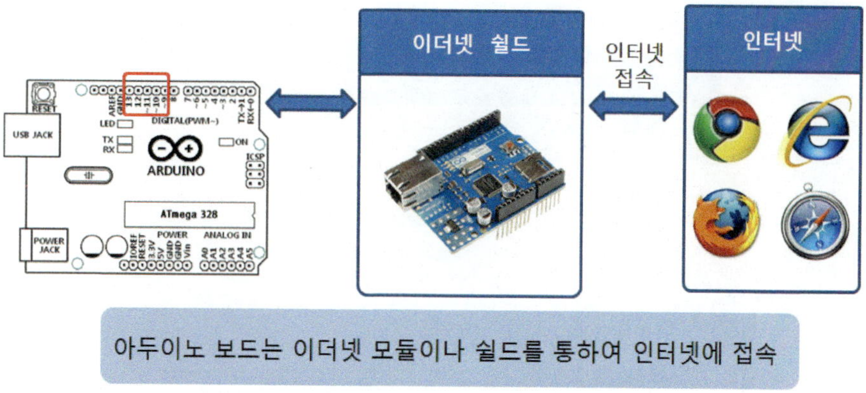

그림 13.1 아두이노 보드의 이더넷을 통한 인터넷 접속

13.2 이더넷 쉴드 연결과 설정

(1) 이더넷 쉴드의 연결

이더넷 쉴드는 앞에서 사용한 블루투스 쉴드와 같이 아두이노 보드에 적층형으로 그림 13.2와 같이 결합하여 사용하면 된다.

그림 13.2 아두이노 보드와 이더넷 쉴드의 결합

표 13.1 아두이노 보드와 이더넷 쉴드의 신호 연결

	이더넷 쉴드/모듈	아두이노 보드
전원	3.3V	3.3V
접지	GND	GND
신호선	MISO	D12
신호선	MOSI	D11
신호선	SCK	D13
모듈 선택	CS	D10

아두이노의 대부분의 쉴드들처럼 아두이노 전용으로 개발된 쉴드들도 인터넷 클라이언트나 서버로 만드는데 필요한 여러 가지 프로토콜을 Ethernet 라이브러리와 예제들이 지원해 주므로 전문적인 지식이 없어도 사용이 가능하다.

이 라이브러리나 예제들은 지정된 모듈이나 쉴드의 미리 정의된 디지털입출력 핀을 신호선으로 사용하므로 아두이노 보드와 모듈이나 쉴드를 하드웨적으로 연결할 때 주의하여야 한다. 또한 이더넷 기능을 위하여 사용되는 디지털입출력 핀을 중복하여 사용하지 않도록 주의해야 한다.

(2) 이더넷 쉴드에 IP 설정하기

아두이노 보드가 이더넷 쉴드를 사용하여 인터넷에 연결하려면, 통신할 때 TCP/IP 프로토콜을 사용하므로 다음과 같은 설정들이 필요하다.

먼저 MAC address를 설정해야한다. MAC address는 물리적인 네트워크에서 TCP/IP 프로토콜을 사용할 때 각 기기를 구별할 수 있는 고유한 주소로 이더넷 쉴드에 적혀있으며, 아두이노 스케치를 작성할 때 다음과 같이 mac주소로 지정해줘야 한다.

```
byte mac[ ] = { 0x90, 0xA2, 0xDA, 0x0D, 0x23, 0xB8 }; //이더넷 쉴드의 mac 주소 입력
```

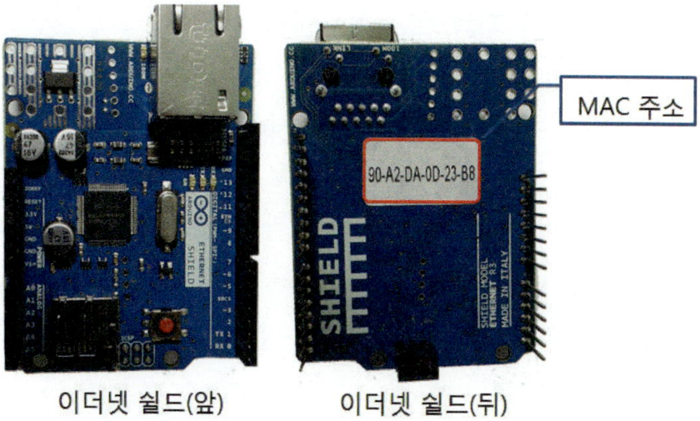

그림 13.3 이더넷 쉴드의 MAC 주소

다음으로 IP address, Gateway, Subnet, DNS, DNS Server address 등을 설정하여야 한다.

1) 이더넷 쉴드에서 사용할 IP를 알고 있는 경우

```
byte ip[ ] = {114, 71, 137, 36}; // 이더넷 쉴드가 사용하는 IP
```

```
Ethernet.begin(mac, ip);
```

2) 이더넷 쉴드가 라우터나 게이트웨이를 통해 연결되는 경우

라우터나 게이트웨이를 사용하여 이더넷 네트워크에 연결된다면 ethernet.begin 함수를 호출할 때 게이트웨이의 IP 주소가 필요하다. 게이트웨이의 주소는 라우터나 게이트웨이 장치 매뉴얼을 참조하면 확인할 수 있다.

다음과 같이 스케치의 이더넷 쉴드를 사용하기 위한 설정부분에 IP, DNS 서버와 게이트웨이 주소를 추가한다.

```
byte ip[ ] = {192, 168, 1, 7}; // 이더넷 쉴드가 사용하는 IP
byte dns_server[ ] = {192, 168, 1, 2}; // DNS 서버 주소
byte gateway[ ] = {192, 168, 1, 254}; // 게이트웨이 주소
```

```
Ethernet.begin(mac, ip, dns_sever , geteway);
```

3) 이더넷 쉴드가 사용할 IP를 자동으로 받는 방법

이더넷 쉴드에 네트워킹이 가능한 LAN선을 연결하면, 이더넷 쉴드는 DHCP 서버에 IP address 주소를 얻고 싶다고 요청하게 되고, DHCP 서버는 사용할 수 있는 IP주소를 부여하게 된다.

DHCP 서버로부터 부여 IP주소는 다음과 같이 확인할 수 있다.

```
IPAddress myIP = Ethernet.localIP( );
```

(3) 인터넷 공유기의 상태 정보 확인

윈도우의 cmd창에서 'ipconfig'라고 입력하면, 연결된 PC의 IP와 기본 게이트웨이를 확인할 수 있다. 구글의 크롬(Chrome)이나 MS의 익스플로러(Explorer)의 주소창에 이 게이트웨이의 주소를 입력하면, 인터넷 공유기의 상태 정보를 볼 수 있다.

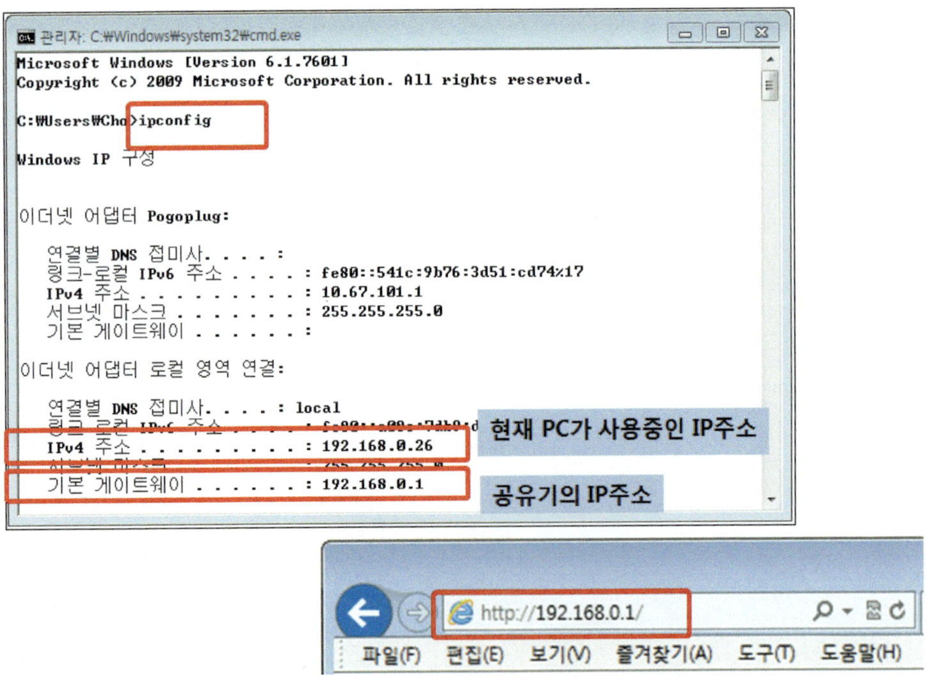

그림 13.5 인터넷 공유기의 상태 정보 확인

아두이노 보드에 이더넷 쉴드를 설치하여 웹 클라이언트와 웹 서버를 구축하기 위한 방법을 살펴본다.

13.3 이더넷 쉴드를 클라이언트로 설정하기

이더넷 쉴드를 이용하여 아두이노 보드가 클라이언트로서 인터넷을 이용하여 서버에게 접속하여 정보를 요청하는 방법을 살펴본다.

실 • 전 • 예 • 제

13.1 아두이노 클라이언트

이더넷 쉴드가 장착된 아두이노 보드에서 Google 사이트에 접속하여 정보를 검색해오는 인터넷 클라이언트를 만드는 방법을 살펴보자.

우선 파일-예제-Ethernet-webClient에서 아두이노 IDE에서 제공하는 예제를 이용한다.

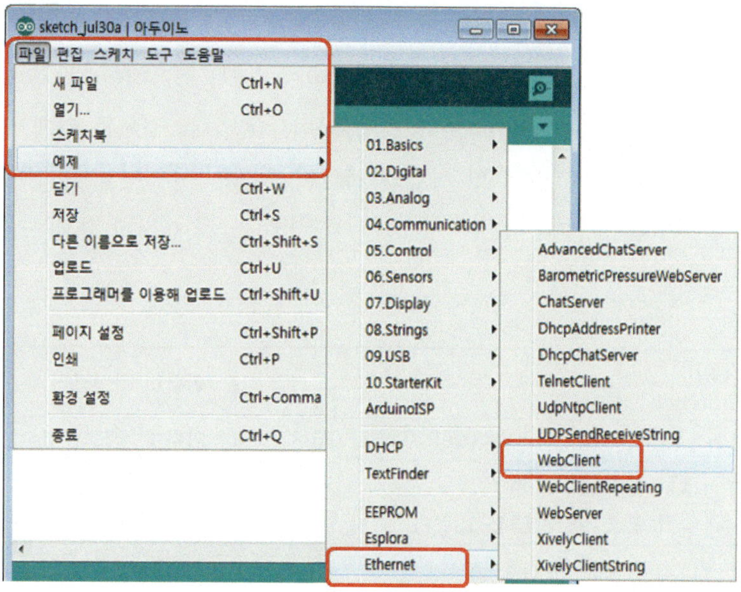

그림 13.6 이더넷 WebClient 예제

Arduino Wiznet Ethernet shield를 이용하여 구글(http://www.google.com)에 접속하는 웹 클라이언트를 제작한다.

윈도우의 cmd창에서 'ping google.com'으로 현재 구글의 IP를 확인할 수 있다.

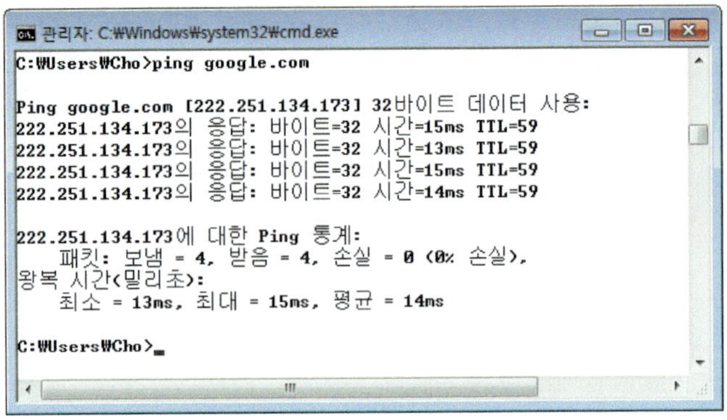

그림 13.7 구글의 IP 주소 확인

또는 다음과 같이 DNS를 이용하여 IP주소를 얻을 수 있다.

```
char server[ ] = "www.google.com";
```

client.available( )와 client.read( )의 "client."은 인터넷에서 클라이언트로서 데이터를 가져온다는 의미이며, 사용가능한 데이터가 있으면 바이트 단위로 정보를 읽게 된다.

요청의 끝을 의미하는 첫 번째 빈 라인이 나타날 때까지 데이터를 읽는다.

client.println 명령을 사용하여 http 헤더가 전송되며, 그 뒤를 이어 아날로그 포트의 값이 인쇄된다.

#include <SPI.h> #include <Ethernet.h>	이더넷 라이브러리 사용
byte mac[ ] = { 0x90, 0xA2, 0xDA, 0x0D, 0x23, 0xB8 };	이더넷 쉴드의 MAC 주소
byte ip[ ] = { 114, 71, 137, 36 };	사용할 ip 주소
byte server[ ] = { 222, 251, 134, 134 };	접속할 구글 IP 주소
EthernetClient client;	이더넷 클라이언트 라이브러리 초기화
void setup( ) {	setup( ) 시작
Serial.begin(9600);	시리얼 모니터 사용 설정
Ethernet.begin(mac, ip); delay(1000);	mac주소와 IP를 사용하여 이더넷 하드웨어 초기화
Serial.println("connecting...");	시리얼 모니터에 표시

if (client.connect(server, 80)) {
      Serial.println("connected");
      client.println("GET /search?q=arduino HTTP/1.0");
      client.println( );
    }
    else {
      Serial.println("connection failed");
    }
	HTTP요청

}	setup( ) 끝
void loop( ){	loop( ) 시작

if (client.available( )) {
      char c = client.read( );
      Serial.print(c);
    }	

if (!client.connected( )) {
      Serial.println( );
      Serial.println("disconnecting.");
      client.stop( );
      for(; ;)
        ;
    }	

}	loop( ) 끝

시리얼 모니터를 열어 연결 상태를 확인하면 다음과 같다.

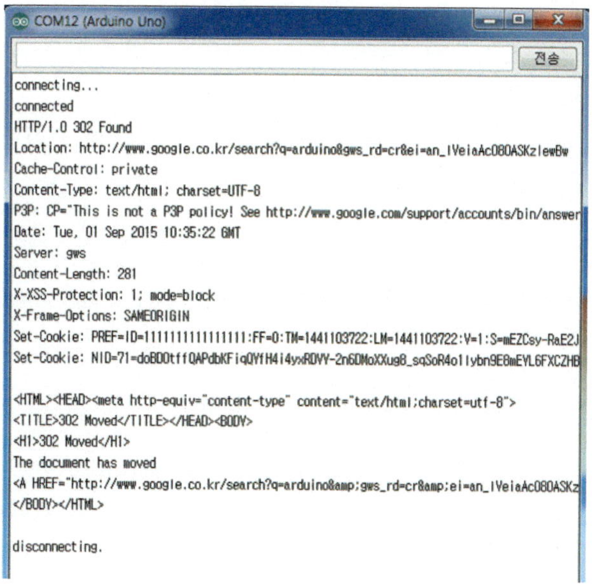

그림 13.8 시리얼 모니터 출력

■

실·전·예·제

13.2 자동으로 IP 주소 받기

네트워크에서 이더넷 쉴드의 IP주소를 DHCP서버로부터 자동으로 할당 받는 방법을 살펴본다.

DHCP(Dynamic Host Configuration Protocol, 동적 호스트 설정 통신 규약)를 이용하면, 인터넷이 연결되는 네트워크에 DHCP 서버가 존재하므로 DHCP서버가 알아서, 이더넷 쉴드에 IP address를 배정하게 되므로 이더넷 쉴드에 할당된 IP adress, gateway, subnet mask 등을 알 필요가 없어진다.

이더넷 쉴드에 네트워킹이 가능한 LAN선을 연결하면, 이더넷 쉴드는 DHCP 서버에 IP 주소를 요청하게 되고, DHCP 서버는 사용할 수 있는 IP주소를 부여한다.

DHCP 서버로부터 부여된 IP주소는 다음과 같이 확인할 수 있다.

```
IPAddress myIP = Ethernet.localIP( );
```

#include <SPI.h> #include <Ethernet.h>	
byte mac[ ] = { 0x90, 0xA2, 0xDA, 0x0D, 0x23, 0xB8 };	이더넷 쉴드의 MAC 주소
byte server[ ] = { 222, 251, 134, 242 };	접속할 구글 IP 주소
EthernetClient client;	
void setup( ) {	setup( ) 시작
Serial.begin(9600);	시리얼 모니터 사용 설정
if(Ethernet.begin(mac) == 0) {	MAC주소와 DHCP를 사용하여 이더넷을 시작

Serial.println("Failed to conf. Ethernet using DHCP");
    while(true)
      ;
  }
	MAC주소를 얻지 못하면
	메시지를 내보내고 무한 루프

delay(1000);
  Serial.print("This IP address: ");
  IPAddress myIP = Ethernet.localIP( );
  Serial.print(myIP);
	MAC주소를 얻으면
	myIP에 저장하고
	시리얼 모니터에 출력

`if(client.connect(server, 80)>0) {`
`  Serial.println(" connected");`
`  client.println("GET /search?q=arduino HTTP/1.0");`
`  client.println( );`
`}`
`else {`
`  Serial.println("connection failed");`
`}`	

`}`	
`void loop( ){`	loop( ) 시작

`if (client.available( )) {`
`  char c = client.read( );`
`  Serial.print(c);`
`}`	

`if (!client.connected( )) {`
`  Serial.println( );`
`  Serial.println("disconnecting.");`
`  client.stop( );`
`  for( ; ; )`
`    ;`
`}`	

`}`	loop( ) 끝

■

13.4 아두이노를 웹 서버로 설정하기

아두이노를 웹 서버로 만들면 PC에서 웹 브라우저에 전송된 매개변수를 통하여 아두이노의 디지털이나 아날로그 출력을 제어할 수 있다.

웹 서버를 만들기 위하여 HTTP 프로토콜을 사용하는 서버-클라이언트 구조를 이해할 필요가 있다.

클라이언트로 접속하기 위하여 크롬과 같은 웹 브라우저의 주소창에 arduino.cc 같이 접속하기 원하는 주소를 입력하면, 요청 내용을 웹 서버로 전달한다. 그러면 웹사이트를 관리하고 있는 서버인 웹 서버는 저장되어 있는 웹 페이지를 응답 메시지로 보내준다. 이 때 서로 주고 받은 메시지를 해석할 때 HTTP 프로토콜을 사용한다.

그러므로 아두이노 스케치 내부에서 요청 메시지를 받거나 응답메시지를 만들 때 HTTP 프로토콜 형태에 맞춰서 메시지를 작성해야 한다.

이더넷 쉴드가 설치된 아두이노 보드를 서버로 사용하기 위하여 다음과 같은 구조로 스케치를 구성하여야 한다.

① 이더넷 사용을 위하여 필요한 라이브러리를 스케치에 포함시킨다.

```
#include <SPI.h>
#include <Ethernet.h>
```

② 이더넷 쉴드의 MAC 주소와 이더넷 쉴드에 배정된 IP주소를 설정한다.

```
byte mac[ ] = { 0x90, 0xA2, 0xDA, 0x0D, 0x23, 0xB8 };
byte ip[ ] = { 114, 71, 137, 36 };
```

③ 이더넷 서버를 설정한다.

```
EthernetServer server(80);
```

⑤ setup( ) 함수에서 mac주소와 할당된 IP 주소로 이더넷 쉴드를 초기화 하고 아두이노 보드로 접속하는 클라이언트에 대한 수신을 시작한다.

```
void setup( ) {
  Ethernet.begin(mac, ip);
  server.begin( );
}
```

다음은 loop( )함수의 스케치 부분으로 서버로서 서비스하기 위한 일반적인 공통구조로 서버가 클라이언트에게 서비스하고자 하는 내용에 따라 ⓓ의 if (client.available( ))부분이 조금씩 달라질 수 있다.

⑥ loop( )함수는 다음과 같은 구조로 작성한다.

void loop( ){	loop( ) 시작
EthernetClient client = server.available( );	ⓐ
if (client) {	ⓑ
while (client.connected( )) {	ⓒ
if (client.available( )) {	ⓓ

char c = client.read( );	ⓔ
if (c == '₩n') {	ⓕ
client.println( ); 클라이언트에 제공될 내용	ⓖ
}	if (c == '₩n') 끝
}	if(client.available( )) 끝
}	while(client.connected( )) 끝
delay(1);	ⓗ
client.stop( );	ⓘ
}	if (client)
}	loop( ) 끝

ⓐ 웹 서버에 입력이 있는지 검사 서버에 제공된 IP주소에 대한 메시지를 검사한다.

```
EthernetClient client = server.available( );
```

ⓑ 클라이언트가 성공적으로 시작되면 클라이언트에 대한 서비스를 시작한다.

```
if (client) {
        ;
}
```

ⓒ 웹서버가 접속을 요청한 클라이언트와 연결되었는지 확인한다.

```
    while (client.connected( )) {
```

ⓓ 클라이언트로부터 입력이 있는지 검사하여 클라이언트에게 서버가 제공하고자 서비스 부분을 작성한다.

```
        if (client.available( )) {
              ;
        }
```

ⓔ 클라이언트로부터 입력된 값을 읽는다.

```
          char c = client.read( );
```

ⓕ 클라이언트에게 제공될 서비스 내용을 작성한다.

client.println( )를 사용하여 html문법을 적용하여 작성한다.

```
if (c == '₩n') {

    client.println( );
    클라이언트에 제공될 내용

}
```

ⓖ ⓕ의 클라이언트 서비스 내용이 웹 브라우저에 전달될 때까지 잠시 기다리기 위한 부분이다.

```
delay(1);
```

ⓗ 서버를 통한 서비스가 완료되면 클라이언트와 연결을 정지한다.

```
client.stop( );
```

13.5 웹브라우저에 문자 표시

앞에 설명한 서버 구성을 위한 스케치 구조를 이용하여 웹브라우저를 통해 아두이노 보드의 서버 IP에 접속한 클라이언트의 웹브라우저의 인터넷페이지에 글을 나타내 보자.

실・전・예・제

13.3 아두이노로 인터넷페이지에 글쓰기

웹브라우저를 통하여 아두이노 보드에 장착된 이더넷 쉴드에 할당된 IP로 접속하면 다음과 같이 "Hello Arduino! This web page from the Arduino server"라는 문구가 나타나게 한다.

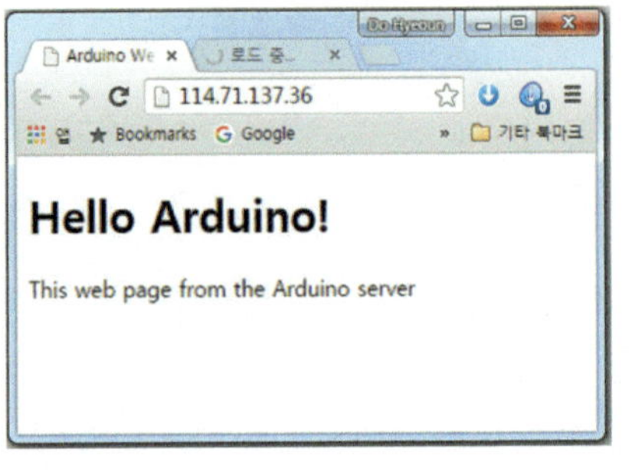

그림 13.9 시리얼 모니터 출력

작성된 스케치는 다음과 같다.

#include <SPI.h> #include <Ethernet.h>	
byte mac[ ] = { 0x90, 0xA2, 0xDA, 0x0D, 0x23, 0xB8 };	이더넷 쉴드의 MAC 주소
byte ip[ ] = { 114, 71, 137, 36 };	이더넷 쉴드의 IP주소
EthernetServer server(80);	서버포트 80
void setup( ) {	setup( ) 시작
Ethernet.begin(mac, ip);	이더넷 초기화
server.begin( );	start to listen for clients
}	setup( ) 끝
void loop( ){	loop( ) 시작
EthernetClient client = server.available( );	
if (client) {	
boolean currentLineIsBlank = true;	
while (client.connected( )) {	
if (client.available( )) {	
char c = client.read( );	
if (c == '₩n') {	

```
client.println("HTTP/1.1 200 OK");
client.println("Content-Type: text/html");
client.println("Connection: close");
client.println( );
client.println("<!DOCTYPE html>");
client.println("<html>");
client.println("<head>");
client.println("<title>Arduino Web Page</title>");
client.println("</head>");
client.println("<body>");
client.println("<h1>Hello Arduino!</h1>");
client.println("This web page from the Arduino server");
client.println("</body>");
client.println("</html>");
break;
```

}	if (c == '₩n') 끝
}	if(client.available( )) 끝
}	while(client.connected( )) 끝
delay(1);	

client.stop( );	
}	if (client) 끝
}	loop( ) 끝

클라이언트에게 제공될 서비스 내용 중 client.println( )를 사용하여 html문법으로 작성된 다음 앞부분은 헤드에 대한 것이다.

```
client.println("HTTP/1.1 200 OK");
client.println("Content-Type: text/html");
client.println("Connection: close");
client.println( );
client.println("<!DOCTYPE html>");
client.println("<html>");
client.println("<head>");
client.println("<title>Arduino Web Page</title>");
client.println("</head>");
```

다음의 뒷부분은 웹 브라우저를 통하여 나타낼 문구를 작성하는 부분이다.

```
client.println("<body>");
client.println("<h1>Hello Arduino!</h1>");
client.println("This web page from the Arduino server");
client.println("</body>");
client.println("</html>");
break;
```

아두이노에 업로드 후, PC에서 브라우저를 열어 아두이노 보드에 할당한 IP와 포트번호를 다음과 같이 주소창에 입력한다.

```
114.71.137.36:80
```

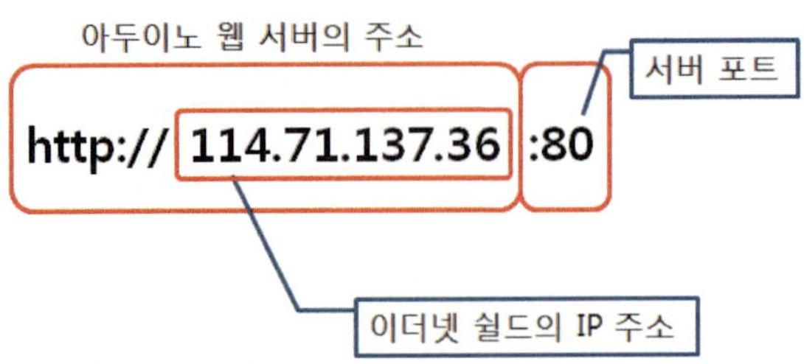

Client.println( )함수에 작성된 html부분에서 문구가 출력되는 부분을 변경하여 다양한 문구를 나타내 본다.

■

13.6 유동 IP에서 이더넷 쉴드 사용법

고정 IP를 사용하지 않고 공유기를 사용하여 DHCP를 통하여 이더넷 쉴드에 IP를 할당하기 위하여 다음과 같은 작업이 필요하다.

먼저 사용하고 있는 IP공유기에 접속하여 정보를 확인 하여야한다.

윈도우 시작 버튼을 누르면 나타나는 '프로그램 및 파일 검색' 창에 다음과 같이 cmd 명령을 실행시킨다.

그림 13.10 cmd 실행 방법

cmd 창에서 ipconfig를 입력하면 나타나는 다음 정보에서 "이더넷 어댑터 로컬 영역 연결:"에서 기본 게이트웨이의 주소를 확인한다.

예를 들어 다음과 같이 나타났다면, 현재 PC가 사용 중인 IP주소는 192.168.0.26이고 공유기의 IP주소는 192.168.0.1이다.

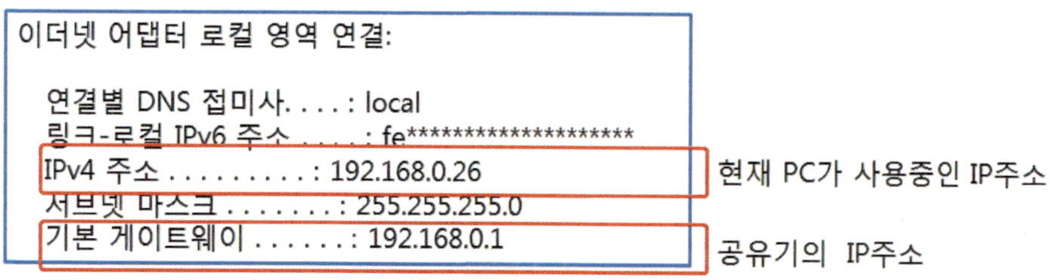

그림 13.11 ipconfig 결과

PC가 사용하고 있는 공유기를 통하여 아두이노 보드의 이더넷 쉴드가 사용할 수 있는 IP주소는 192.168.0.xx의 값이 된다.

더 자세한 정보나 설정을 하려면 웹 브라우저를 열어 주소창에 기본 게이트웨이의 주소를 입력한다.

예를 들어 사용자가 ipTime의 공유기를 사용하여 인터넷을 사용하고 있다면 그림과 같이 나타날 것이다.

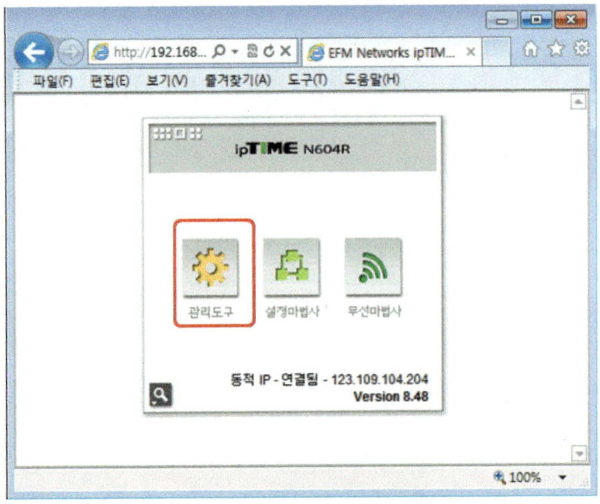

그림 13.12 공유기 접속

관리도구 부분을 클릭하면 다음과 같이 이더넷을 사용하는 장치의 mac 주소와 ip를 할당할 수 있게 해준다.

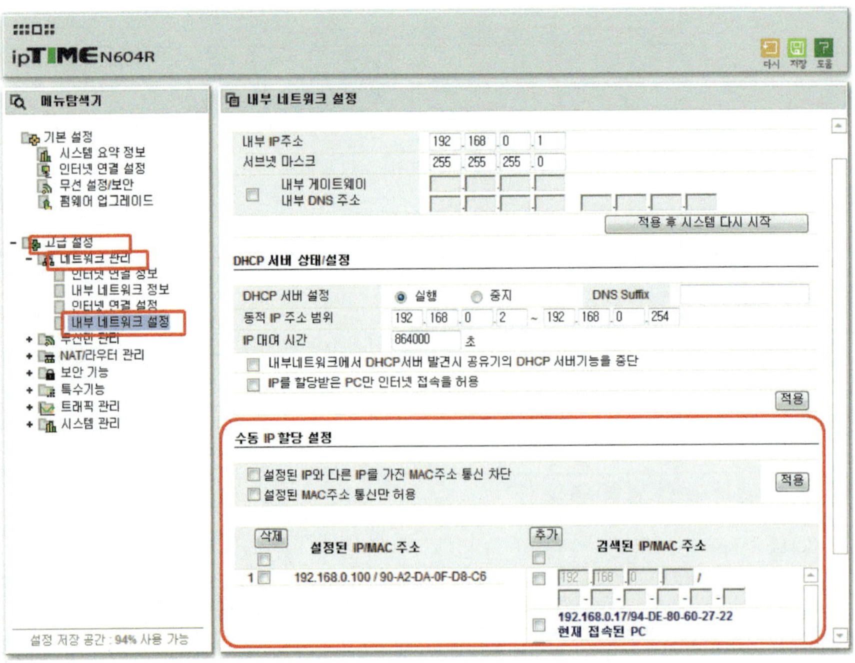

그림 13.13 공유기 정보

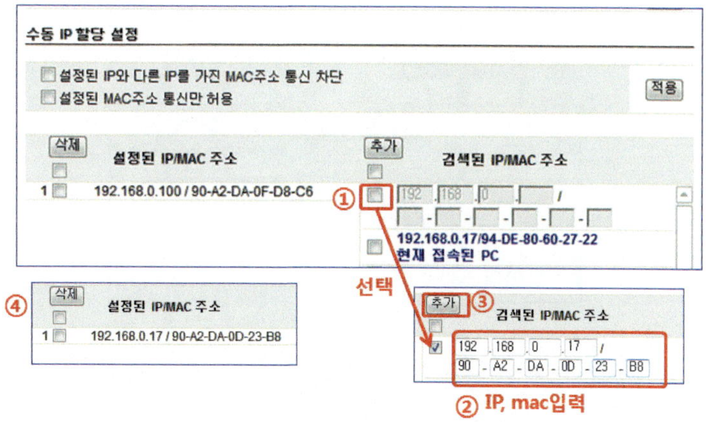

그림 13.13 수동 IP 할당 설정

■ 용어 설명

표 13.2 용어

용어	기능
IP address	네트워크에 상에서 host를 구별하기 위한 숫자로 스케치 내부에서 ip 주소 할당 필요
gateway	다른 네트워크 host와 통신은 gateway를 거쳐서 이루어짐
subnet	현재 네트워크가 자신이 속한 네트워크인지 아닌지 구분
dns	사람들이 IP주소를 기억하기 쉽게 바꾼 주소를 의미 ex) www.naver.com
dns server address	dns가 dns server를 통하여 ip 주소로 변환되는 데, 이때 dns server의 주소를 의미

호스트 구성 프로토콜에 따라 고정IP와 유동IP로 분류할 수 있으며, 고정 IP(static IP)는 고정된 IP 주소를 가지고 시간이 지나도 변하지 않는다.

DHCP(Dynamic Host Configuration Protocol)는 유동 IP로 TCP/IP를 위한 IP를 자동적으로 할당해주며, IP가 일정 시간 유효하다.

데이터 전송 프로토콜인 TCP(Transmission Control Protocol)는 신뢰성이 요구되는 애플리케이션에서 사용하는 데이터 전송 방법으로 송신측에서 데이터를 전송하고, 수신측에서 잘 전송을 받았다는 응답을 통해서 통신이 이루어지게 되며, 만약 응답을 받지 못한 경우에는 재전송을 하게 된다.

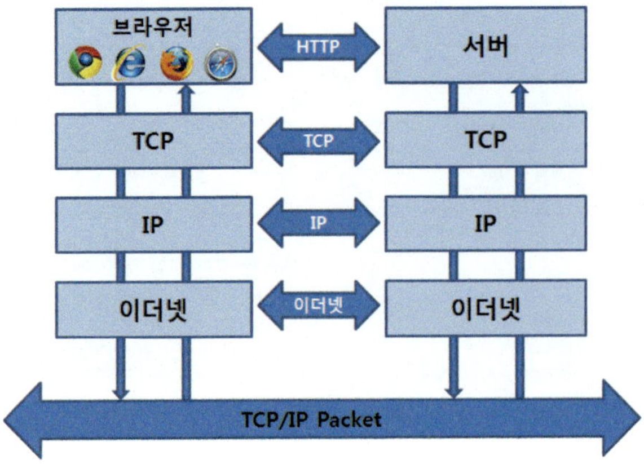

● 그림 13.14 물리적 계층 구조

이더넷을 이용한 입출력 제어

CHAPTER 14

PC에서 웹브라우저를 통하여 인터넷으로 이더넷 쉴드를 설치한 아두이노 보드에 접속하여, 아두이노 보드에 연결된 센서와 같은 디지털이나 아날로그 입력을 받아 제어하여 본다.

웹페이지를 통해 아두이노 보드에 연결된 LED, 피에조, 모터 등을 제어할 수 있다. 이 장에서는 이더넷 쉴드를 사용하여 인터넷으로 아두이노 보드를 제어하는 방법을 살펴본다.

14.1 웹브라우저에 센서 데이터 나타내기

아두이노 보드에 연결된 빛, 온도, 접촉 등 센서의 정보나 스위치나 가변저항의 값을 웹브라우저를 통하여 나타내 보자.

사물 인터넷(IoT)를 구현하기 위하여 실내온도, 습도, 먼지레벨, 유해가스검출 등을 인터넷을 통하여 원격에서 실시간으로 확인할 수 있는 기능이 반드시 필요하다.

다양한 아날로그 센서 대신에 가변저항의 값을 웹브라우저에 나타내어 보자.

실•전•예•제 14.1 가변저항 값 나타내기

이더넷 쉴드가 연결된 아두이노 보드를 웹 서버로 만들어 아두이노 아날로그 핀 2번(A2)에 연결되어 있는 가변저항의 값을 웹브라우저에 나타내어 보자.

#include <SPI.h> #include <Ethernet.h>	
byte mac[ ] = { 0x90, 0xA2, 0xDA, 0x0D, 0x23, 0xB8 };	이더넷 쉴드의 MAC 주소

byte ip[ ] = { 114, 71, 137, 36 };	이더넷 쉴드의 IP주소
EthernetServer server(80);	서버포트 80 지정
void setup( ) {	setup( ) 시작
Ethernet.begin(mac, ip);	이더넷 초기화
server.begin( );	start to listen for clients
}	setup( ) 끝
void loop( ){	loop( ) 시작
EthernetClient client = server.available( );	
if (client) {	클라이언트 검사
boolean currentLineIsBlank = true;	http요청의 빈 라인 검사용 변수
while (client.connected( )) {	
if (client.available( )) {	이더넷을 통한 데이터 입력이 있는지 검사
char c = client.read( );	데이터가 있으면 읽어서 저장
if (c == '₩n' && currentLineIsBlank) {	데이터가 빈줄이면

client.println("HTTP/1.1 200 OK");
client.println("Content-Type: text/html");
client.println( );
client.print("analog input ");
client.print(2);
client.print(" is ");
client.print(analogRead(2));
client.println("
");
break;	

}	if(c=='₩n' && ....)의 끝

if (c == '₩n') {
currentLineIsBlank = true ;
}
	빈 라인이면 새 라인 시작

else if (c != '₩r') {
currentLineIsBlank = false ;
}
	빈 라인이 아니면
	현재 라인에서 문자를 읽음

}	if(client.available()) 끝
}	while(client.connected()) 끝
delay(1);	웹브라우저 전송 위해 대기
client.stop( );	클라이언트 연결을 닫음
}	if (client) 끝
}	loop( ) 끝

client.println( )함수에 작성된 html부분은 표준 http response header를 전송부분과 아날로그 입력핀 2번(A2)에서 값을 읽어 웹브라우저에 나타내는 부분으로 구성되어 있다.

client.println("HTTP/1.1 200 OK");
client.println("Content-Type: text/html");
client.println( );
	표준 http response header를 전송

client.print("analog input ");
client.print(2);
client.print(" is ");
client.print(analogRead(2));
client.println("〈br /〉");
	아날로그 입력핀 2번에서 값을 읽어
	웹브라우저에 표시

아두이노에 업로드 후, PC에서 브라우저를 열어 아두이노 보드에 할당한 IP와 포트번호를 다음과 같이 주소창에 입력하면, 아두이노 보드의 가변저항 값이 변하는 것을 확인할 수 있다.

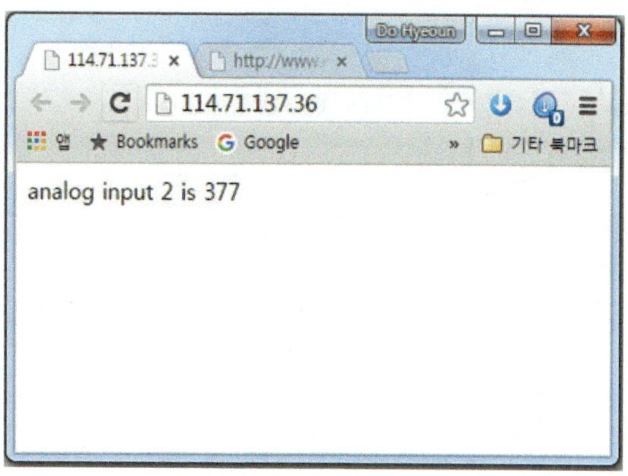

그림 14.1 웹 브라우저 출력

또한 아두이노 보드의 6개 아날로그 입력핀 값을 모두 읽어 웹브라우저에 표시하려면 위의 아날로그 입력핀 2번에서 값을 읽어 웹브라우저에 표시하는 부분을 다음과 같이 수정하면 된다.

for (int k = 0; k 〈 6; k++) {
    client.print("analog input ");
    client.print(k);
    client.print(" is ");
    client.print(analogRead(k));
    client.println("〈br /〉");
}
	아두이노 보드의 6개 아날로그 입력핀 값을
	읽어 웹 브라우저에 표시

아두이노의 디지털입출력 핀에 스위치를 연결하고 웹브라우저에 표시하여 본다.

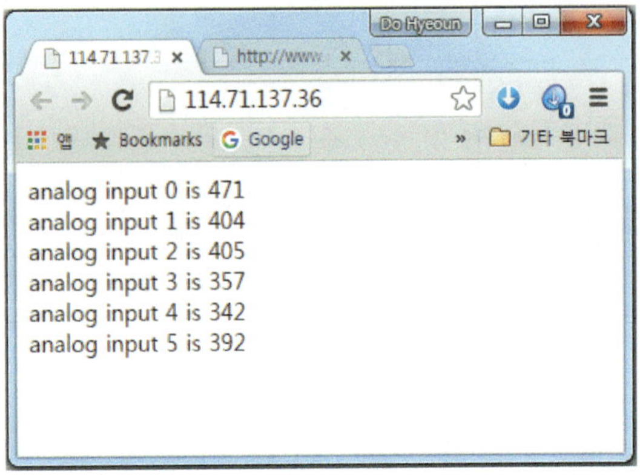

그림 14.2 웹브라우저 출력

■

14.2 웹브라우저에서 LED 제어하기

아두이노 보드의 디지털입출력 핀의 출력을 인터넷을 통하여 웹브라우저에서 원격으로 제어하여 보자.

웹브라우저를 이용하여 아두이노 보드의 디지털입출력 핀의 출력을 제어하는 방법은 html 코딩을 이용하거나 이용하지 않는 두 가지 형태가 가능하다.

먼저, html 코딩 없이 주소창에 컨트롤 할 값을 넣어 아두이노 보드의 출력을 제어하는 방법을 살펴본다. 이를 위하여 아두이노 보드의 디지털입출력 핀에 LED를 연결하여 켜고 끄는 제어를 하여 보자.

주의사항

아두이노 보드의 디지털입출력 핀에 LED와 같이 출력 장치를 연결할 경우, 이더넷 쉴드가 디지털 핀 10, 11, 12, 13번을 사용하므로 이들 핀을 사용하지 않도록 주의한다.

실 • 전 • 예 • 제

14.2 HTML 코딩 없이 주소창에서 LED 제어하기

아두이노 보드의 디지털입출력 핀 2번에 LED를 연결하고, 웹 브라우저에서 아두이노 보드의 IP 주소와 LED를 제어할 값을 다음과 같이 입력하여 제어하여 본다.

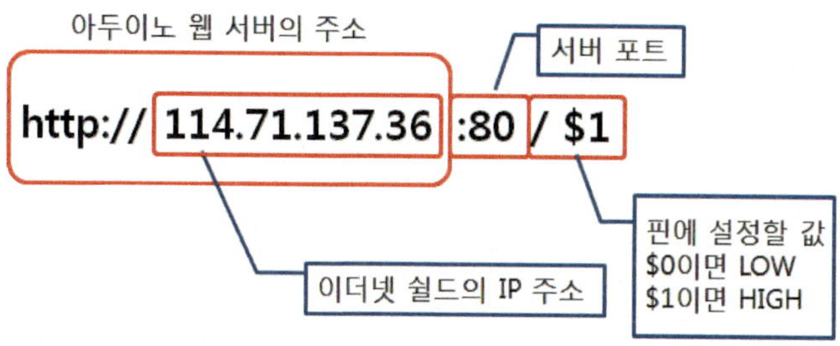

그림 14.3

여기서, IP주소와 서버 포트 뒤에 표시된 $1은 디지털입출력 핀 2번에 연결된 LED에 HIGH을 출력하여 LED를 켜질 수 있게 하며, $0를 넣게 되면 LOW값을 출력하여 LED를 끄게 된다.

#include <SPI.h> #include <Ethernet.h> boolean instate = 0;	
byte mac[ ] = { 0x90, 0xA2, 0xDA, 0x0D, 0x23, 0xB8 };	이더넷 쉴드의 mac 주소
byte ip[ ] = { 114, 71, 137, 36 };	이더넷 쉴드의 IP주소
EthernetServer server(80);	서버 포트 설정
void setup( ) {	setup( ) 시작
pinMode(2,OUTPUT);	디지털입출력 핀 2번 출력지정
Ethernet.begin(mac, ip);	이더넷 초기화
server.begin( );	
}	setup( ) 끝
void loop( ){	
EthernetClient client = server.available( );	
if (client) {	
boolean currentLineIsBlank = true;	
while (client.connected( )) {	
if (client.available( )) {	
char c = client.read( );	클라이언트에서 입력된값 확인

if (instate && c == ' ') {
  instate = 0;
}
	입력이 없으면,
	instate = 0

if (c == '$') {
  instate = 1;
}
	입력이 '$'이면,
	instate = 1

if (instate == 1) {	'$'이 입력되었으면,

if (c == '0') {
    digitalWrite(2, LOW);
  }
	$0이면 LED OFF

if(c == '1') {
    digitalWrite(2, HIGH);
  }
	$1이면 LED ON

}	if (instate == 1) 끝
}	if (client.available) 끝
}	while (client.connected) 끝
delay(1);	웹 브라우저 전송 위해 대기
client.stop( );	클라이언트 연결을 닫음
}	if (client)의 끝
}	loop( )의 끝

아두이노에 업로드 후, PC에서 브라우저를 열어 아두이노 보드에 할당한 IP와 제어 값을 다음과 같이 주소창에 입력하면, 아두이노 보드에 연결된 LED의 상태가 변하는 것을 확인할 수 있다.

114.71.137.36:80/$0	LED OFF
114.71.137.36:80/$1	LED ON

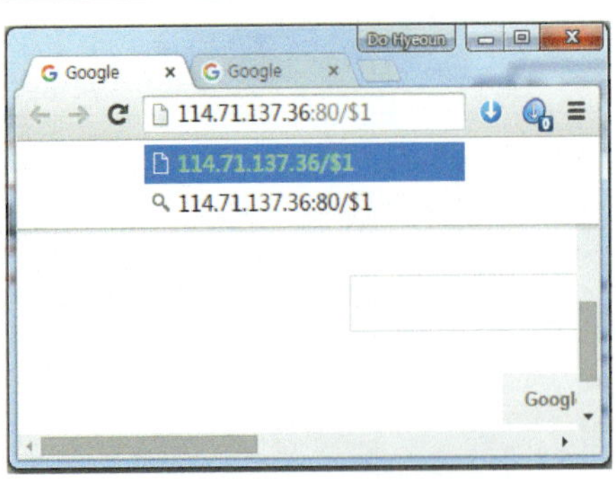

그림 14.4 웹 브라우저 입력

다음으로, html 코딩을 하여 다음과 같이 버튼을 만들어 아두이노 보드의 출력을 제어하는 방법을 살펴본다. 다음 html 폼을 사용하여 디지털입출력 핀 8번을 제어한다.

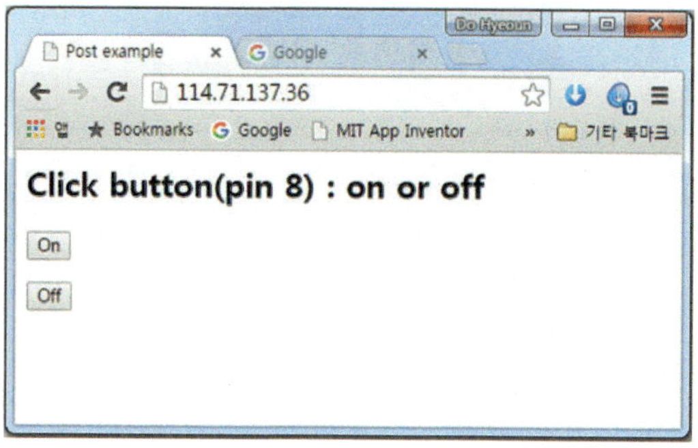

그림 14.5 웹 브라우저 출력

■

실•전•예•제

14.3 HTML 코딩으로 버튼을 만들어 LED 제어하기

아두이노의 이더넷 쉴드에서 웹 브라우저를 통한 클라이언트의 요청을 POST로 받고 그 결과에 따라 LED가 연결된 포트에 값을 변경시킨다.

#include 〈SPI.h〉 #include 〈Ethernet.h〉	
const int MAX_PAGENAME_LEN = 8;	페이지 이름의 최대 문자 수
char buffer[MAX_PAGENAME_LEN+1];	페이지 이름 + 종료 널
byte mac[]={0x90, 0xA2, 0xDA, 0x0D, 0x23, 0xB8};	이더넷 쉴드의 MAC 주소
byte ip[ ] = { 114, 71, 137, 36 };	이더넷 쉴드의 IP주소
EthernetServer server(80);	
void setup( ) {	setup( ) 시작
Ethernet.begin(mac, ip); server.begin( );	
}	setup( ) 끝
void loop( ){	loop( ) 시작
EthernetClient client = server.available( );	
if (client) {	
int type = 0; while (client.connected( )) {	웹서버가 요청한 클라이언트에 연결 되었는지 확인

if (client.available( )) {	클라이언트 입력 검사
memset(buffer,0, sizeof(buffer));	버퍼를 지운다.
if(client.readBytesUntil('/', buffer,sizeof(buffer))){	
if(strcmp(buffer,"POST") == 0){	브라우저의 요청이 서버에 수신되면 서버에서는 다음과 같이 "POST" 문자열을 검색하여 전달된 폼의 시작부분을 식별
client.find("₩n₩r");	본문으로 이동

while(client.findUntil("pinD", "₩n₩r")){
int pin = client.parseInt( );
int val = client.parseInt( );
pinMode(pin, OUTPUT);
digitalWrite(pin, val);
}
	핀 번호
	0 또는 1

}	if(strcmp(..)) 끝

client.println("HTTP/1.1 200 OK");
client.println("Content-Type: text/html");
client.println();
client.print("<html><head><title>");
client.print("Post example");
client.println("</title><body>");	

client.println("<h2>Click button(pin 8) : on or off</h2>");
client.print("<form action='/' method='POST'><p> ");
client.print("<input type='hidden' name='pinD8' value='1'>");
client.print("<input type='submit' value='ON'/></form>");
client.print("<form action='/' method='POST'><p> ");
client.print("<input type='hidden' name='pinD8' value='0'>");
client.println("<input type='submit' value='OFF'/></form>");
client.println("</body></html>");
client.stop( );	

}	if(client.readBytesUntil(...) 끝
}	if (client.available()) 끝
}	while (client.connected()) 끝
delay(1);	웹 브라우저 전송 위해 대기
client.stop( );	클라이언트 연결을 닫음
}	if (client) 끝
}	loop( ) 끝

client.findUntil("pinD", "₩n₩r")에서 ".findUntil"는 "pinD"를 검색하고 라인의 끝에서 검색을 멈춘다. "₩n₩r"은 웹 브라우저에서 보낸 새 라인 캐리지 리턴으로 폼의 끝에 있다. 'pin'으로 시작되는 문자열을 찾고 첫 번째 빈 라인에서 멈춘다. 폼에서 예상하는 POST 매개변

수는 pinDx=Y이며, "pinD" 뒤의 x는 핀 번호이고, Y는 OFF 버튼이 눌려지면 0(LOW)이 되고, ON 버튼이 눌려지면 1(HIGH)이 된다.

즉, OFF 버튼을 누르면 수신된 페이지에 문자열 pinD8=0이 포함되며, ON 버튼을 누르면 수신된 페이지에 문자열 pinD8=1이 포함된다.

Client.println( )함수에 작성된 html부분은 표준 http response header를 전송부분과 버튼 기능을 만들어 웹브라우저에 나타내는 부분으로 구성되어 있다.

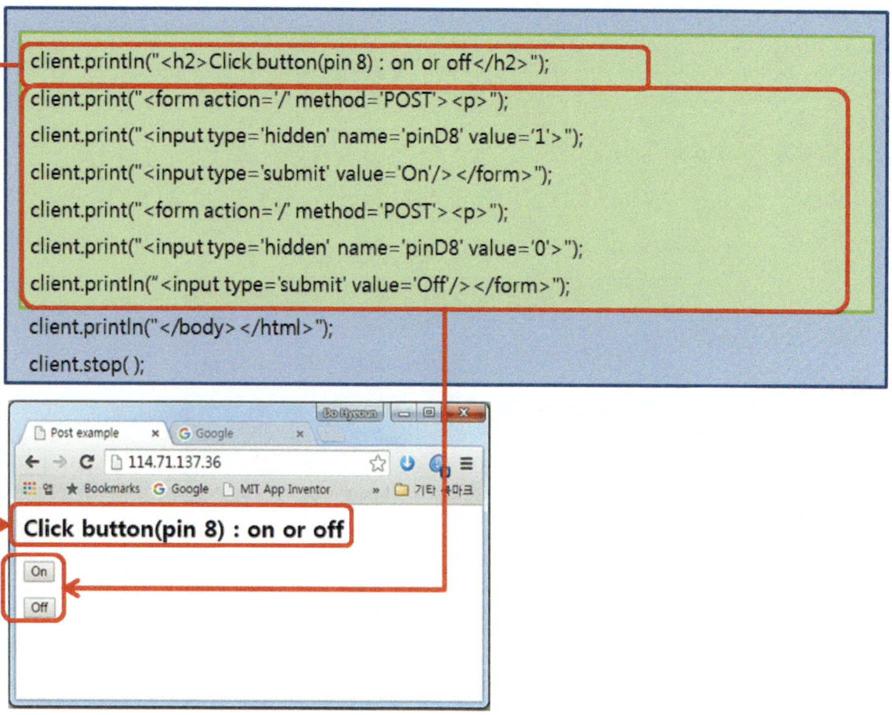

그림 14.6 웹브라우저 출력

"Click buttons to turn pin 8 on or off"라는 문구를 출력한다.

```
client.println("<h2>Click button(pin 8) : on or off</h2>");
```

pinD8이라는 이름의 버튼이 포함된 폼이 만들어진다.

On 버튼에는 "On"이라는 레이블이 지정된다. 이 버튼을 누르면 값 1이 서버로 전송된다.

```
client.print("<form action='/' method='POST'> <p> “);
client.print("<input type='hidden' name='pinD8' value='1'>");
client.print("<input type='submit' value='On'/></form>");
```

Off 버튼에는 “Off”라는 레이블이 지정된다. 이 버튼을 누르면 값 0이 서버로 전송된다.

```
client.print("<form action='/' method='POST'> <p> “);
client.print("<input type='hidden' name='pinD8' value='0'>");
client.println("<input type='submit' value='Off'/></form>");
```

웹브라우저를 통하여 아두이노 보드의 웹 서버 IP에 접속하면, 다음과 같이 나타나며, 나타난 웹 페이지에서 버튼을 클릭하면 POST 요청으로 서버로 정보를 보낸다.

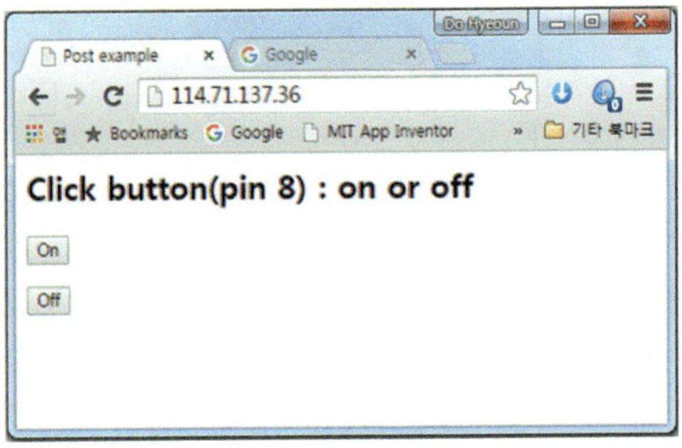

그림 14.7 웹브라우저 출력

버튼의 해당 값을 받아서 LED가 연결된 핀에 값을 할당하고 LED를 제어하게 된다. 시리얼 모니터를 통하여 버튼 제어 정보가 잘 전달되고 있는 것을 확인할 수 있다.

버튼을 추가하여 보자.

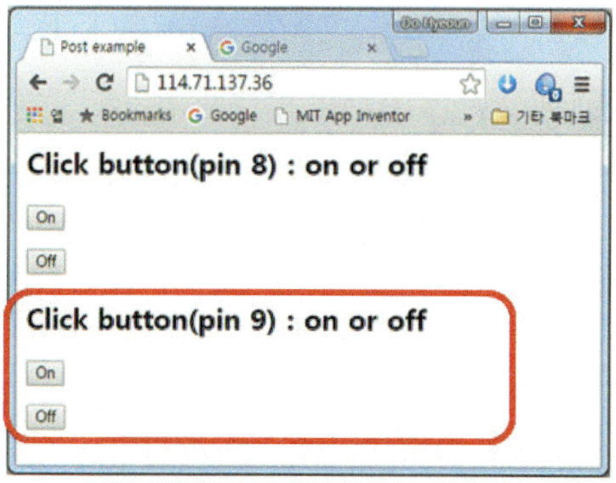


```
client.println("<h2>Click button(pin 9) : on or off</h2>");
client.print("<form action='/' method='POST'><p>");
client.print("<input type='hidden' name='pinD9' value='1'>");
client.print("<input type='submit' value='On'/></form>");
client.print("<form action='/' method='POST'><p>");
client.print("<input type='hidden' name='pinD9' value='0'>");
client.println("<input type='submit' value='Off'/></form>");
```

그림 14.8 웹브라우저 출력

■

14.4 실•전•예•제 웹브라우저에서 LED on/off 제어

브라우저의 주소 표시줄에 'http://114.71.137.36/?pinD2=1'을 입력하면 아두이노 보드의 디지털입출력 핀2번에 연결된 LED가 켜지고, 'http://114.71.137.36/?pinD2=0'을 입력하면 디지털입출력 핀2번에 연결된 LED가 꺼진다.

물음표를 기준으로 앞부분은 웹 서버의 주소부분이고, 뒤의 데이터는 아두이노 보드의 핀에 대한 정보를 나타낸다.

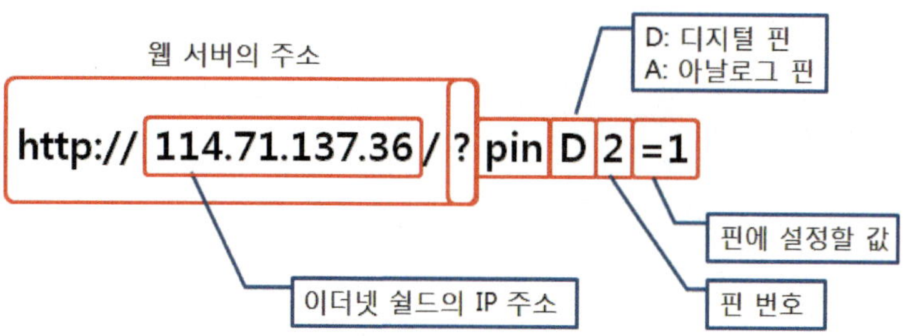

그림 14.9

아두이노 보드의 핀에 대한 정보를 나타내는 각 필드는 pin이라는 단어로 시작된다. D와 A는 각각 디지털 핀 또는 아날로그 핀을 의미하고, D나 A뒤의 숫자 값은 핀 번호를 나타낸다. 핀번호 뒤에는 등호기호(=)와 함께 핀에 설정할 값이 나온다.

예로 나타낸 'pinD2=1'은 디지털 핀 2를 HIGH로 설정한 것이다.

핀마다 하나의 필드가 사용되며, 각 필드는 앰퍼샌드 기호(&)로 구분된다.

#include 〈SPI.h〉 #include 〈Ethernet.h〉	
byte mac[ ] = {0x90, 0xA2, 0xDA, 0x0D, 0x23, 0xB8};	이더넷 쉴드의 MAC 주소
byte ip[ ] = { 114, 71, 137, 36 };	이더넷 쉴드의 IP주소
EthernetServer server(80);	
void setup( ) {	setup( ) 시작
Serial.begin(9600);	시리얼 모니터 사용 설정
Ethernet.begin(mac, ip); server.begin( ); Serial.println("ready");	
}	
void loop( ){	
EthernetClient client = server.available( );	
if (client) {	
while (client.connected( )) {	웹서버가 요청한 클라이언트에 연결되었는지 확인
if (client.available( )) {	클라이언트에서 입력이 있는지 검사
int digitalRequests = 0; int analogRequests = 0;	디지털핀 값 변경 수 카운트 아날로그핀 값 변경 수 카운트
if(client.find("GET /")) {	'GET'를 검색
while(client.findUntil("pin", "₩n₩r")){	pin으로 시작되는 데이터 필드 검색
char type = client.read( );	D 또는 A 값 저장
int pin = client.parseInt( );	핀 번호 저장
int val = client.parseInt( );	핀 설정 값 저장

if(type == 'D') {
Serial.print("Digital pin ");
pinMode(pin, OUTPUT);
digitalWrite(pin, val);
digitalRequests++;
}
	디지털 핀

else if(type == 'A'){
Serial.print("Analog pin ");
analogWrite(pin, val);
analogRequests++;
}
	아날로그 핀

else {
Serial.print("Unexpected type ");
Serial.print(type);
}	

Serial.print(pin); Serial.print("="); Serial.println(val);	
}	while(client.findUntil)의 끝
}	if(client.find("GET /"))의 끝

Serial.println( );
client.println("HTTP/1.1 200 OK");
client.println("Content-Type: text/html");
client.println( );
client.print(digitalRequests);
client.print(" digital pin(s) written");
client.println("
");
client.print(analogRequests);
client.print(" analog pin(s) written");
client.println("
");
client.println("
");	

for (int i = 0; i < 6; i++) {
client.print("analog input ");
client.print(i);
client.print(" is ");
client.print(analogRead(i));
client.println("
");
}	

break; }	if (client.available)의 끝
}	while (client.connected)의 끝
delay(1); client.stop( );	
}	if (client)의 끝
}	loop( )의 끝

시리얼 모니터에는 그림 11.10과 같이 아두이노 보드가 정상적으로 서버로서 동작하고 있다는 'ready' 메시지가 출력된다.

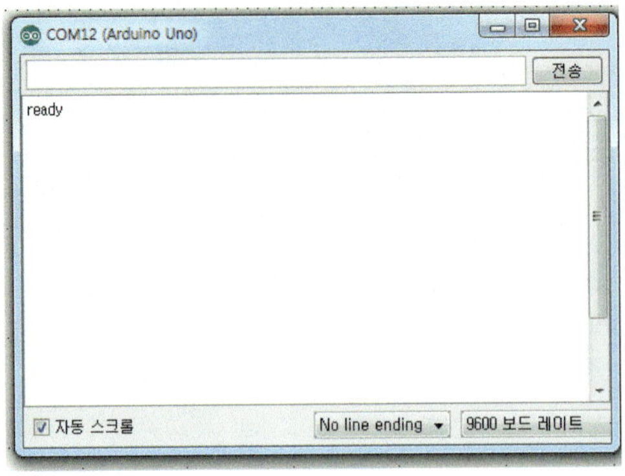

그림 14.10 시리얼 모니터 출력

구글에서 제공하는 웹브라우저인 크롬을 실행시키고 아두이노 보드에 연결된 이더넷 쉴드의 IP 주소로 지정한 "14.71.137.36"을 주소 창에 그림 11.11과 같이 입력하면 그림 11.12와 같이 아두이노 보드의 디지털입출력 핀과 아날로입력 핀이 상태를 나타내 준다.

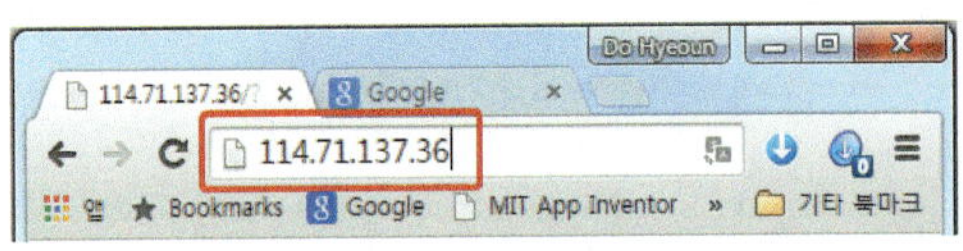

그림 14.11 웹브라우저 입력

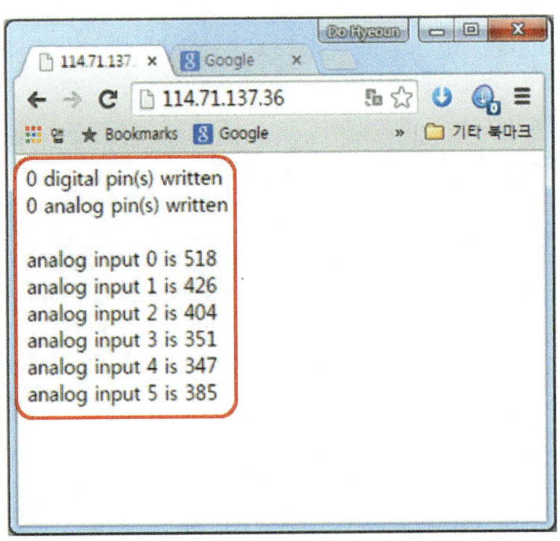

그림 14.12 웹브라우저 출력

브라우저의 주소 입력창에서 아두이노 디지털입출력의 출력값을 조정하기 위하여 먼저 아두이노 보드의 디지털입출력핀 2번(D2)에 LED를 연결하고, 그림 11.13과 같이 주소창에 입력하면, 아두이노 보드의 디지털입출력핀 2번(D2)에 연결된 LED가 켜지거나 꺼지게 된다.

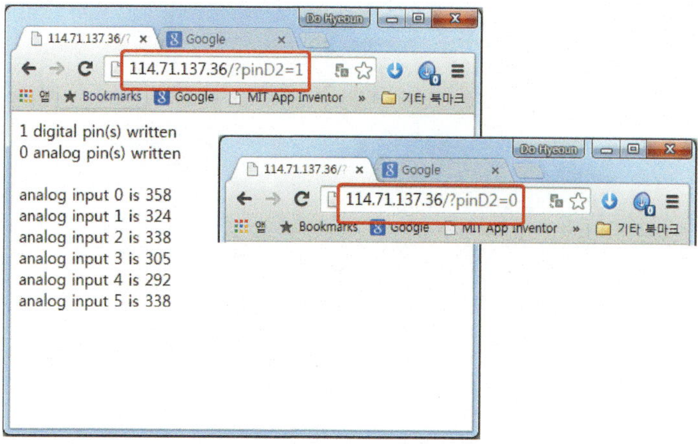

그림 14.13 웹브라우저 출력

■

14.3 Get 방식과 form 태그

(1) Get 방식

일반적으로 Web에서 한 페이지에서 다음 페이지로 내용을 전달할 때, 다음과 같은 형태로 브라우저의 주소 표시줄에 정보를 붙여서 보내는 방식이다.

```
http://114.71.137.36/?pinD2=1&pinA0=0
```

물음표를 기준으로 앞부분은 웹 서버의 주소부분이고, 뒷부분은 전달하고자하는 정보를 나타내며 정보가 여러 개인 경우 각 필드는 앰퍼샌드 기호(&)로 구분하여 나타낸다.

아두이노 보드의 핀에 대한 정보를 나타내는 각 필드는 pin이라는 단어로 시작된다. D와 A는 각각 디지털 핀 또는 아날로그 핀을 의미하고, D나 A뒤의 숫자 값은 핀 번호를 나타낸다. 핀번호 뒤에는 등호기호(=)와 함께 핀에 설정할 값이 나온다.

예로 나타낸 'pinD2=1'은 디지털 핀 2에 HIGH를 설정한 것이다.

핀마다 하나의 필드가 사용되며, Get 방식은 주소창에 전달하기 원하는 값(파라미터)을 다 나타내야 하지만 간단하게 프로그램을 만들 수 있어서 사용이 간단하다.

(2) 〈form〉 태그 방식

Get 방식과 달리 〈form〉 안에 data를 넣어서 보내는 Post 방식이 있다.

```
〈form action='(변수 or 경로)' method='POST'〉 〈p〉
〈input type='hidden' name='pinD8' value='0'〉
〈input type='submit' value='Off'/〉〈/form〉
```

아이콘을 클릭하면 form 안의 내용을 'form action='에서 지정한 (변수 or 경로)로 전달하는 방법이다.

form 양식에 입력한 내용들을 서버 측에 보내야 할 때 전송태그가 사용된다.

복수의 submit 이용

```
〈form action='(변수 or 경로)' method='POST'〉 〈p〉
〈input type='hidden' name='pinD8' value='1'〉
〈input type='submit' value='Onf'/〉〈/form〉
〈form action='(변수 or 경로)' method='POST'〉 〈p〉
〈input type='hidden' name='pinD8' value='0'〉
〈input type='submit' value='Off'/〉〈/form〉
```

무선인터넷 제어

CHAPTER 15

아두이노 보드에서 무선인터넷을 통하여 인터넷에 연결하는 방법을 살펴보자. 아두이노 보드는 WiFi모듈이나 쉴드를 사용하여 무선인터넷 환경을 쉽게 만들 수 있다. WiFi를 활용하면 아두이노 보드에서 유선으로 이더넷을 연결하는 것보다 더 편리하고 쉽게 제어할 수 있다.

15.1 WiFi 쉴드

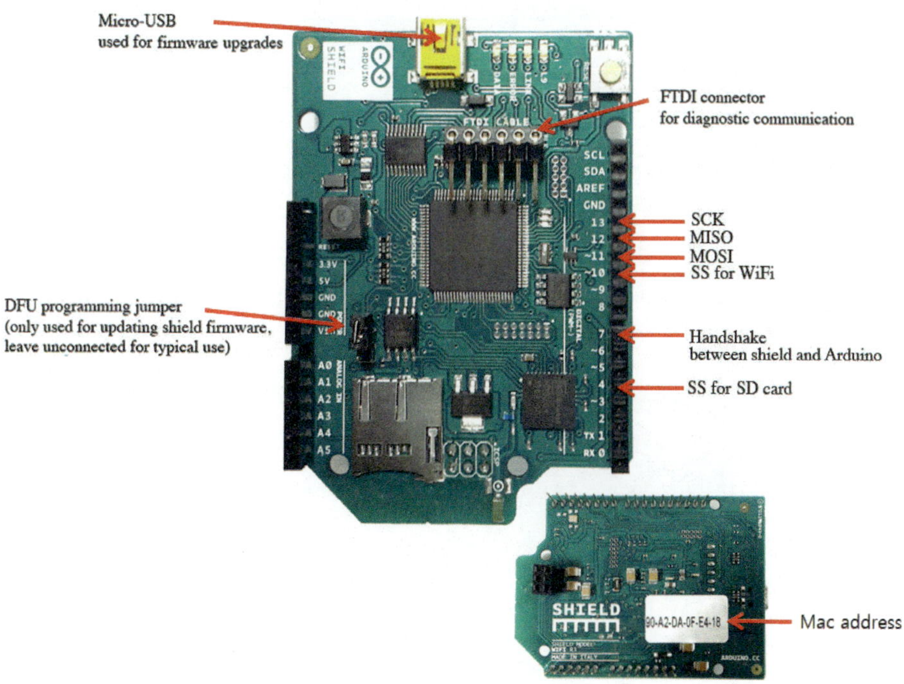

그림 15.1 와이파이 쉴드

아두이노 보드에서 무선인터넷을 통하여 인터넷에 접속하려면 무선인터넷을 연결할 수 있는 쉴드를 사용하면 되며, 이런 쉴드로는 아두이노의 공인 WiFi 쉴드와 TI사의 CC3000을 이용한 호환 쉴드가 있다. 먼저 이 장에서는 WiFi 쉴드를 사용하는 방법을 살펴보고 보고 다음 장에서 호환쉴드를 사용하는 방법을 살펴본다.

WiFi 쉴드는 아두이노 보드에 사용할 수 있도록 만들어진 아두이노 공식 쉴드로 동작도 안정적이고 연결방법 쉬우며 WiFi 쉴드용 라이브러리가 아두이노 개발환경에 포함되어 있어 사용하기 편리하다.

15.2 WiFi 쉴드로 아두이노 Web 클라이언트 만들기

먼저 아두이노 UNO보드에 WiFi 쉴드를 사용하여 보자.

라이브러리가 설치되었으면 [파일 - 예제 - WiFi]에 있는 WiFiWebClient 예제를 실행해서 테스트해 본다.

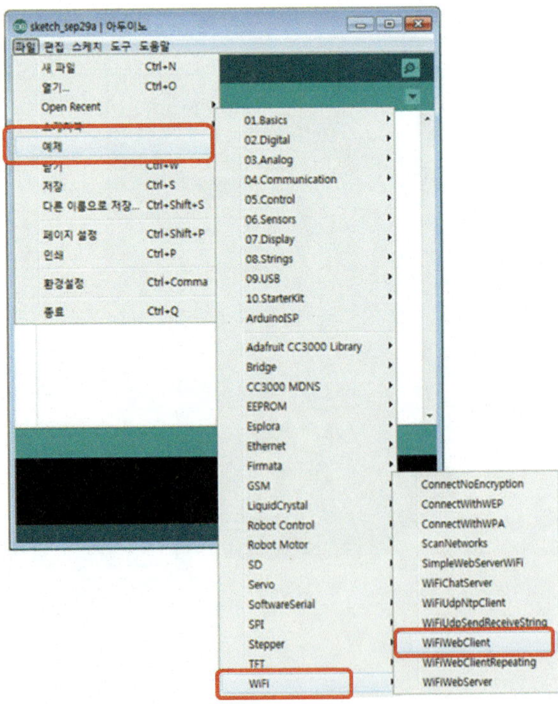

그림 15.2 WiFiWebClient 예제

15.1 실•전•예•제 WiFiWebClient

그림 15.3 WiFiWebClient예제의 스케치 27~28번 라인에 네트워크의 SSID, 패스워드 부분을 사용하게 된다. 무선 WiFi의 정보를 수정하고, 예제 소스의 보호를 위하여 수정된 스케치를 다른 이름으로 변경하여 저장한다.

라인	WiFiWebClient예제	무선 연결 정보 수정
27	char ssid[ ] = "yourNetwork";	char ssid[ ] = "AndroidHotspot3339";
28	char pass[ ] = "secretPassword";	char pass[ ] = "john3339";

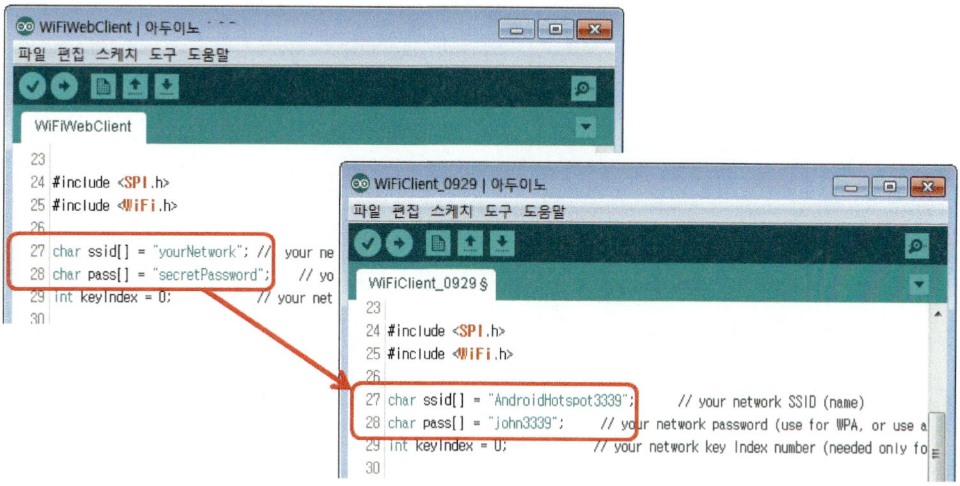

그림 15.3 IP와 PW 설정

WiFiWebClient 예제를 자세히 살펴보자.

① Wifi 쉴드를 사용하기 위한 라이브러리를 스케치 제일 앞부분에 선언하여야 한다. 이 선언으로 인하여 작성한 스케치에 필요한 라이브러리 부분이 자동으로 포함된다.

#include 〈SPI.h〉 #include 〈WiFi.h〉	Wifi 쉴드를 사용하기 위한 라이브러리 연결

② 공식 WiFi 쉴드는 CC3000 WiFi 쉴드와 달리 아두이노 보드와 pin 연결 상태를 선언할 필요가 없다.

③ Wifi연결을 위한 설정

char ssid[ ] = "AndroidHotspot3339"; char pass[ ] = "john3339"; int keyIndex = 0;	네트워크의 SSID 네트워크의 패스워드 network key Index number(WEP인 경우 필요)

예제 WiFiWebClient의 스케치 27~28번 라인에 네트워크의 SSID, 패스워드, 보안 인증 방식 부분을 모바일 핫스파 구성 내용으로 수정한다.

④ 변수 선언

int status = WL_IDLE_STATUS;	
char server[ ] = "www.google.com";	접속할 Google의 IP 주소
WiFiClient client;	이더넷 client library 초기화

⑤ 다음은 Setup( )함수의 구성을 살펴보자.

예제의 Setup( )함수 부분에는 WiFi 쉴드의 연결 상태 등을 시리얼 모니터에 나타낸 부분들이 포함되어 있다.

앞의 ①~④ 부분과 ⑤ Setup( )함수 부분은 시리얼 모니터에 출력되는 부분을 제외하고는 WiFi 쉴드를 사용할 때 공통적으로 설정하여야 할 부분이다.

void setup( ) {	Setup( ) 시작
Serial.begin(9600);	시리얼 포트 초기화 전송속도 9600

while (!Serial) {
;
}
	Leonardo 보드의 경우에 사용

String fv = WiFi.firmwareVersion( ); if (fv != "1.1.0") Serial.println("Please upgrade the firmware");	WiFi 쉴드 펌웨어 버전 확인 ver 1.1.0이 아니면 upgrade 필요 메시지 출력

while (status != WL_CONNECTED) {
Serial.print("Attempting to connect to SSID: ");
Serial.println(ssid);
status = WiFi.begin(ssid, pass);
delay(10000);
}
	WPA/WPA2 네트워크에
	연결을 위하여 10초 대기

Serial.println("Connected to wifi"); printWifiStatus( ); Serial.println("₩nStarting connection to server...");	연결이 성공하면 상태와 IP address 출력 함수호출

if (client.connect(server, 80)) {
Serial.println("connected to server");
client.println("GET /search?q=arduino HTTP/1.1");
client.println("Host: www.google.com");
client.println("Connection: close");
client.println( );
}
	HTTP의 default port 80
	Make a HTTP request:

}	Setup( ) 끝

다음은 이 예제의 loop( )함수 부분을 살펴보자.

⑥ loop( )함수

void loop( ) {	loop( ) 시작

while (client.available( )) {
char c = client.read( );
Serial.write(c);
}
	서버로부터 입력이 들어오면,
	문자형으로 읽고
	시리얼모니터에 출력

if (!client.connected()) {
Serial.println( );
Serial.println("disconnecting from server.");
client.stop( );
while (true);
}
	서버와 연결이 끊어지면
	메시지를 출력하고
	클라이언트 중지

}	loop( ) 끝

⑦ setup( )에서 호출한 WiFi연결 상태를 시리얼 모니터에 출력하기 위한 함수

void printWifiStatus( ) {	printWifiStatus( ) 시작
Serial.print("SSID: "); Serial.println(WiFi.SSID( ));	연결된 네트워크의 SSID 출력
IPAddress ip = WiFi.localIP( ); Serial.print("IP Address: "); Serial.println(ip);	WiFi 쉴드에 할당된 IP주소 출력
long rssi = WiFi.RSSI( ); Serial.print("signal strength (RSSI):"); Serial.print(rssi); Serial.println(" dBm");	WiFi 신호의 강도 출력
}	printWifiStatus( ) 끝

아두이노 보드에 WiFi 쉴드를 적층하고 스케치를 업로드하고 시리얼 모니터를 열어 동작 결과를 확인한다.

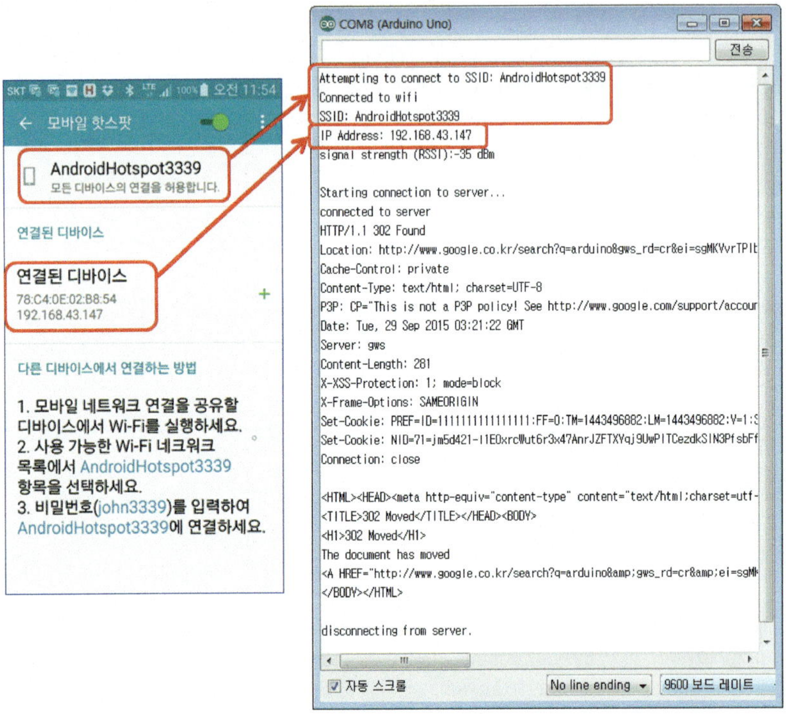

그림 15.4 시리얼 모니터를 통한 확인

■

(2) WiFi 쉴드로 아두이노 Web 서버 만들기

먼저 아두이노 UNO보드에 WiFi 쉴드를 사용하여 보자.

라이브러리가 설치되었으면 [파일 - 예제 - WiFi]에 있는 WiFiWebServer 예제을 실행해서 테스트해 본다.

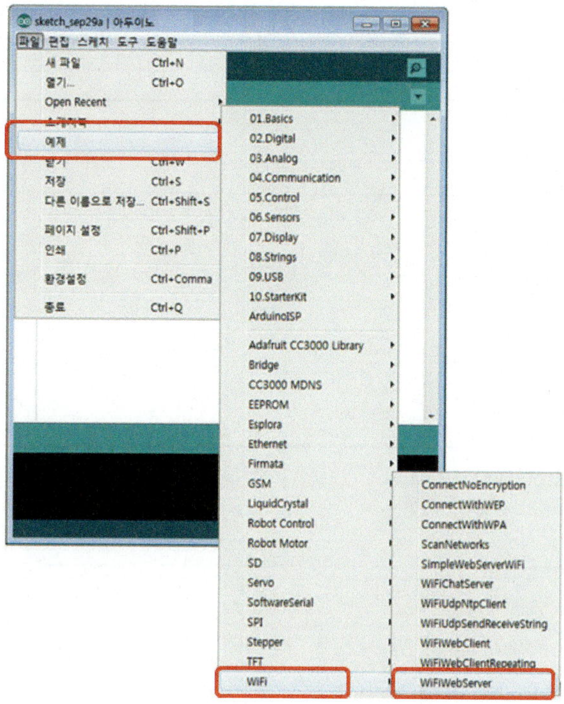

그림 15.5 WiFiWebServer 예제

실 • 전 • 예 • 제

15.2 WiFiWebServer

이 예제는 아두이노 보드의 아날로그 입력 A0~A5를 통하여 입력되는 값을 웹 브라우저를 통하여 나타내는 예제이다.

그림 15.5 WiFiWebServer예제의 스케치 25~26번 라인의 네트워크의 SSID, 패스워드 부분을 앞의 WiFiWebClient예제처럼 무선 WiFi의 정보로 수정하고, 예제 소스의 보호를 위하여 수정된 스케치를 다른 이름으로 변경하여 저장한다.

라인	WiFiWebServer예제	무선 연결 정보 수정
27	char ssid[ ] = "yourNetwork";	char ssid[ ] = "AndroidHotspot3339";
28	char pass[ ] = "secretPassword";	char pass[ ] = "john3339";

WiFiWebServer 예제를 자세히 살펴보자.

① Wifi 쉴드를 사용하기 위한 라이브러리를 스케치 제일 앞부분에 선언하여야 한다. 이 선언으로 인하여 작성한 스케치에 필요한 라이브러리 부분이 자동으로 포함된다.

#include 〈SPI.h〉 #include 〈WiFi.h〉	Wifi 쉴드를 사용하기 위한 라이브러리 연결

② 공식 WiFi 쉴드는 CC3000 WiFi 쉴드와 달리 아두이노 보드와 pin 연결 상태를 선언할 필요가 없다.

③ Wifi연결을 위한 설정

char ssid[ ] = "AndroidHotspot3339"; char pass[ ] = "john3339"; int keyIndex = 0;	SSID of network Password of network network key Index number(WEP인 경우 필요)

예제 WiFiWebClient의 스케치 27~28번 라인의 네트워크의 SSID, 패스워드, 보안 인증 방식 부분을 모바일 핫스파 구성 내용으로 수정한다.

④ 변수 선언

int status = WL_IDLE_STATUS;	
WiFiServer server(80);	WiFiServer 초기화

⑤ 다음은 Setup( )함수의 구성을 살펴보자.

예제의 Setup( )함수 부분에는 WiFi 쉴드의 연결 상태 등을 시리얼 모니터에 나타낸 부분들이 포함되어 있다.

앞의 ①~④ 부분과 ⑤ Setup( )함수 부분은 시리얼 모니터에 출력 되는 부분을 제외하고는 WiFi 쉴드를 사용할 때 공통적으로 설정하여야 부분이다.

void setup( ) {	Setup( ) 시작
Serial.begin(9600);	시리얼 포트 초기화 전송속도 9600

while (!Serial) {
;
}
	Leonardo 보드의 경우에 사용

if (WiFi.status() == WL_NO_SHIELD) {
  Serial.println("WiFi shield not present");
  while (true);
}
	WiFi 쉴드 연결 상태 확인

String fv = WiFi.firmwareVersion( ); if (fv != "1.1.0") Serial.println("Please upgrade the firmware");	WiFi 쉴드 펌웨어 버전 확인 ver 1.1.0이 아니면 upgrade 필요 메시지 출력

while (status != WL_CONNECTED) {
  Serial.print("Attempting to connect to SSID: ");
  Serial.println(ssid);
  status = WiFi.begin(ssid, pass);
  delay(10000);
}
	WPA/WPA2 네트워크에 연결
	연결을 위하여 10초 대기

server.begin( ); printWifiStatus( );	서버 시작 상태와 IP address 출력함수 호출
}	Setup( ) 끝

다음은 이 예제의 loop( )함수 부분을 살펴보자.

⑥ loop( )함수

void loop( ){	loop( ) 시작
WiFiClient client = server.available();	
if (client) {	클라이언트 검사
Serial.println("new client"); boolean currentLineIsBlank = true;	http요청의 빈 라인 검사용 변수
while (client.connected( )) {	
if (client.available( )) {	이더넷을 통한 데이터 입력이 있는지 검사
char c = client.read( ); Serial.write(c);	데이터가 있으면 읽어서 저장
if (c == '\n' && currentLineIsBlank) {	데이터가 빈 줄이면

```
client.println("HTTP/1.1 200 OK");
client.println("Content-Type: text/html");
client.println("Connection: close");
client.println("Refresh: 5");
client.println( );
client.println("<!DOCTYPE HTML>");
client.println("<html>");
```

for (int analogChannel = 0; analogChannel 〈 6; analogChannel++) {
int sensorReading = analogRead(analogChannel);
client.print("analog input ");
client.print(analogChannel);
client.print(" is ");
client.print(sensorReading);
client.println("〈br /〉");
}	

client.println("〈/html〉") break;	
}	if (c == '₩n' && ....) 끝

if (c == '₩n') {
currentLineIsBlank = true ;
}
	빈 라인이면 새 라인 시작

else if (c != '₩r') {
currentLineIsBlank = false ;
}
	빈 라인이 아니면
	현재 라인에서 문자를 읽음

}	if(client.available()) 끝
}	while(client.connected()) 끝
delay(1);	웹 브라우저 전송 위해 대기
client.stop( ); Serial.println("client disonnected");	클라이언트 연결을 닫음
}	if (client) 끝
}	loop( ) 끝

⑦ setup( )에서 호출한 WiFi연결 상태를 시리얼 모니터에 출력하기 위한 함수

void printWifiStatus( ) {	printWifiStatus( ) 시작
Serial.print("SSID: "); Serial.println(WiFi.SSID( ));	연결된 네트워크의 SSID 출력
IPAddress ip = WiFi.localIP( ); Serial.print("IP Address: "); Serial.println(ip);	WiFi 쉴드에 할당된 IP주소 출력
long rssi = WiFi.RSSI( ); Serial.print("signal strength (RSSI):"); Serial.print(rssi); Serial.println(" dBm");	WiFi 신호의 강도 출력
}	printWifiStatus( ) 끝

아두이노 보드에 WiFi 쉴드를 적층하고 스케치를 업로드하고 시리얼 모니터와 브라우저를 열어 동작 결과를 확인한다.

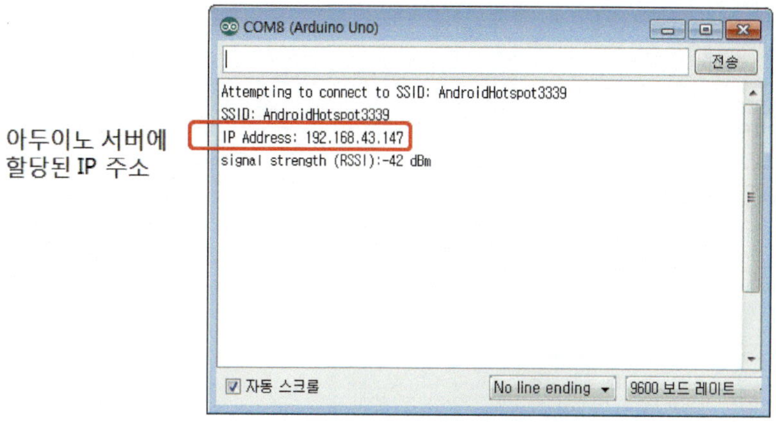

그림 15.6 시리얼 모니터를 통한 확인

웹브라우저의 주소창에 시리얼모니터에서 확인한 아두이노 보드로 만든 서버의 IP주소를 입력한다.

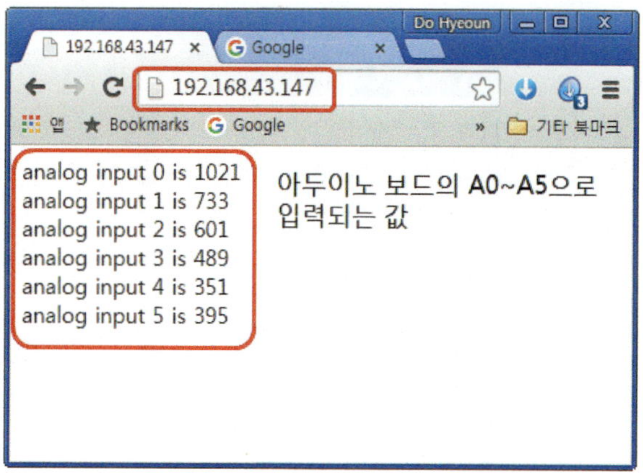

그림 15.7 웹브라우저 출력

주의할 것은 IP공유기를 사용하는 경우 아두이노 보드의 WiFi 쉴드와 브라우저를 통하여 아두이노 서버에 접속하는 PC가 같은 네트워크 상에 있어야 한다.

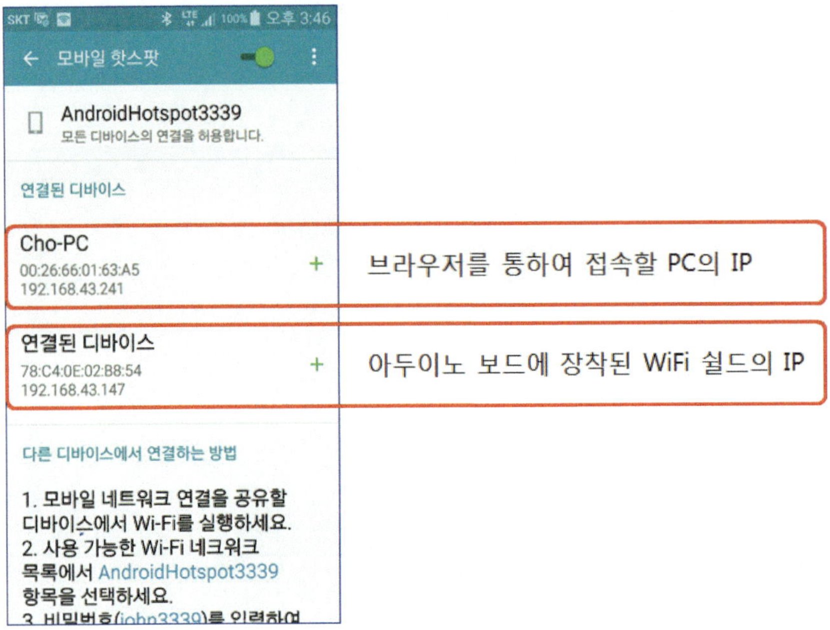

그림 15.8 스마트 폰 와이파이 설정

스마트 폰에서 테더링을 이용하여 접속하면 다음과 같다.

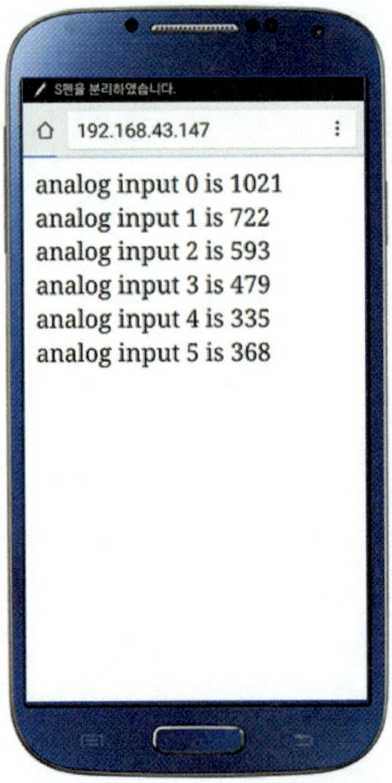

그림 15.9 스마트 폰 출력

■

실•전•예•제

15.3 WiFiWebServer를 이용한 LED 제어

앞 WiFiWebServer예제를 응용하여 아두이노 보드의 디지털입출력핀에 연결된 LED를 On/Off 제어하여 보자.

① Wifi 쉴드를 사용하기 위한 라이브러리를 스케치 제일 앞부분에 선언하여야 한다. 이 선언으로 인하여 작성한 스케치에 필요한 라이브러리 부분이 자동으로 포함된다.

#include <SPI.h> #include <WiFi.h>	Wifi 쉴드를 사용하기 위한 라이브러리 연결

② Wifi연결을 위한 설정

char ssid[ ] = "AndroidHotspot3339"; char pass[ ] = "john3339"; int keyIndex = 0;	SSID of network Password of network network key Index number(WEP인 경우 필요)

예제 WiFiWebClient의 스케치 27~28번 라인의 네트워크의 SSID, 패스워드, 보안 인증 방식 부분을 모바일 핫스파 구성 내용으로 수정한다.

③ 변수 선언

int status = WL_IDLE_STATUS;	
WiFiServer server(80);	WiFiServer 초기화

④ 다음은 Setup( )함수의 구성을 살펴보자.

예제의 Setup( )함수 부분에는 WiFi 쉴드의 연결 상태 등을 시리얼 모니터에 나타낸 부분들이 포함되어 있다.

앞의 ①~③ 부분과 ④ Setup( )함수 부분은 시리얼 모니터에 출력되는 부분을 제외하고는 WiFi 쉴드를 사용할 때 공통적으로 설정하여야 부분이다.

void setup( ) {	Setup( ) 시작
Serial.begin(9600);	시리얼 포트 초기화 전송속도 9600

pinMode(9,OUTPUT);	디지털입출력핀 9번 출력모드 설정

while (!Serial) {
  ;
}
	Leonardo 보드의 경우에 사용

if (WiFi.status() == WL_NO_SHIELD) {
  Serial.println("WiFi shield not present");
  while (true);
}
	WiFi 쉴드 연결 상태 확인

String fv = WiFi.firmwareVersion( ); if (fv != "1.1.0") Serial.println("Please upgrade the firmware");	WiFi 쉴드 펌웨어 버전 확인 ver 1.1.0이 아니면 upgrade 필요 메시지 출력

while (status != WL_CONNECTED) {
  Serial.print("Attempting to connect to SSID: ");
  Serial.println(ssid);
  status = WiFi.begin(ssid, pass);
  delay(10000);
}
	WPA/WPA2 네트워크에 연결
	연결을 위하여 10초 대기

server.begin( ); printWifiStatus( );	서버 시작 상태와 IP address 출력 함수 호출
}	Setup( ) 끝

다음은 이 예제의 loop( )함수 부분을 살펴보자.

⑤ loop( )함수

void loop( ){	loop( ) 시작
WiFiClient client = server.available();	
if (client) {	클라이언트 검사
String currentLine = "";	변수 선언
Serial.println("new client"); boolean currentLineIsBlank = true;	http요청의 빈 라인 검사용 변수
while (client.connected( )) {	
if (client.available( )) {	이더넷을 통한 데이터 입력이 있는지 검사
char c = client.read( ); Serial.write(c);	데이터가 있으면 읽어서 저장
if (c == '₩n') {	
if (currentLine.length( ) == 0) {	

client.println("HTTP/1.1 200 OK");
client.println("Content-type:text/html");
client.println();
client.print("Click <a href=₩"/H₩"> here </a> turn the LED on pin 9 on
");
client.print("Click <a href=₩"/L₩"> here </a> turn the LED on pin 9 off
");
client.println();	

break; }	if(currentLine.length( )==0) 끝

else {
currentLine = "";
}	

}	if(c == '₩n') 끝

else if (c != '₩r') {
currentLine += c ;
}
	빈 라인이 아니면
	현재 라인에서 문자를 읽음

if (currentLine.endsWith("GET /H")) {
digitalWrite(9, HIGH);
}
	html 요청으로 'GET /H'이 들어오면 LED ON

if (currentLine.endsWith("GET /L")) {
digitalWrite(9, LOW);
}
	html 요청으로 'GET /L'이 들어오면 LED ON

}	if(client.available()) 끝
}	while(client.connected()) 끝
delay(1);	웹 브라우저 전송 위해 대기
client.stop( ); Serial.println("client disonnected");	클라이언트 연결을 닫음
}	if (client) 끝
}	loop( ) 끝

⑥ setup( )에서 호출한 WiFi연결 상태를 시리얼 모니터에 출력하기 위한 함수

void printWifiStatus( ) {	printWifiStatus( ) 시작
Serial.print("SSID: "); Serial.println(WiFi.SSID( ));	연결된 네트워크의 SSID 출력
IPAddress ip = WiFi.localIP( ); Serial.print("IP Address: "); Serial.println(ip);	WiFi 쉴드에 할당된 IP주소 출력
long rssi = WiFi.RSSI( ); Serial.print("signal strength (RSSI):"); Serial.print(rssi); Serial.println(" dBm");	WiFi 신호의 강도 출력
}	printWifiStatus( ) 끝

아두이노 보드에 WiFi 쉴드를 적층하고 스케치를 업로드하고 시리얼 모니터와 브라우저를 열어 동작 결과를 확인한다.

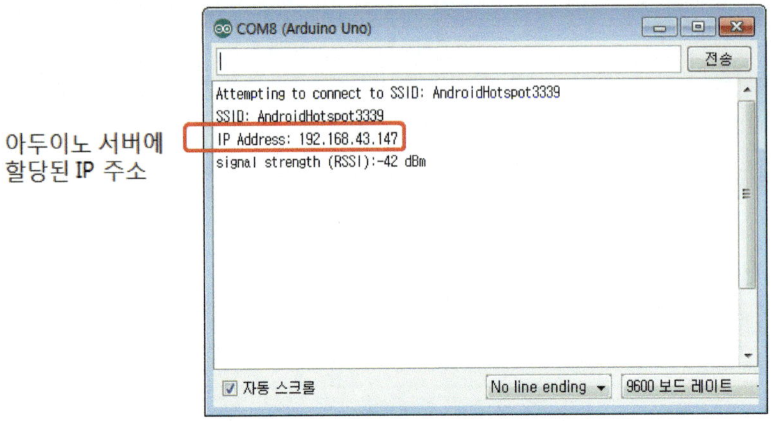

그림 15.10 시리얼 모니터를 통한 확인

웹브라우저의 주소창에 시리얼모니터에서 확인한 아두이노 보드로 만든 서버의 IP주소를 입력하면 그림과 같이 브라우저에 나타나고 'here' 부분을 클릭하면 아두이노 보드의 D9에 연결된 LED가 on 또는 off 된다.

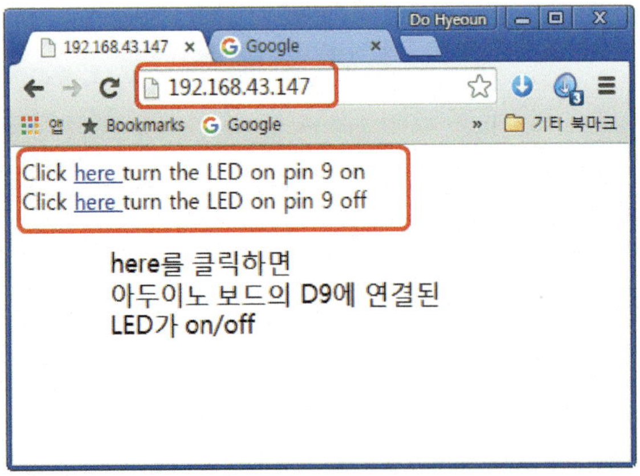

그림 15.11 웹브라우저 출력

'here' 부분이 클릭되면 시리얼 모니터는 다음 그림과 같이 변화된다.

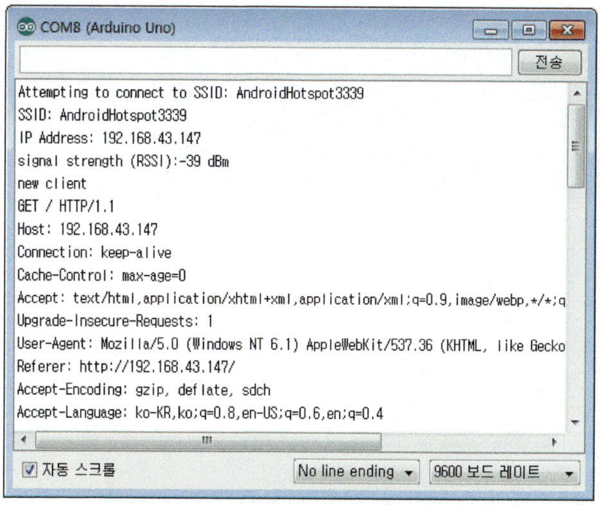

그림 15.12 시리얼 모니터를 통한 확인

스마트 폰에서 테더링을 이용하여 접속하면 다음과 같다.

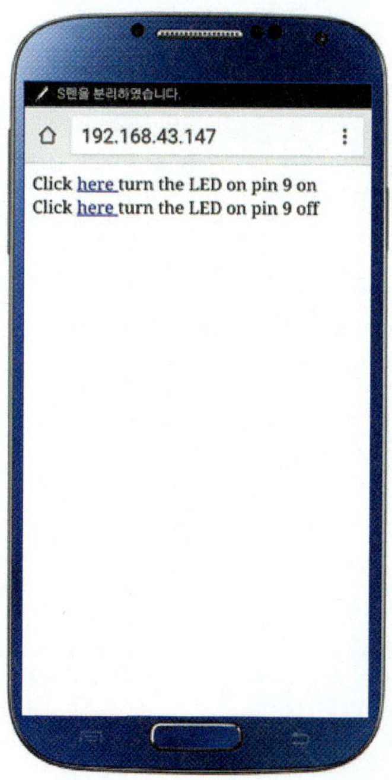

그림 15.13 스마트 폰 출력

■

WiFi 쉴드 활용

CHAPTER 16

이 장에서는 WiFi 쉴드보다 저렴하여 많이 사용되는 CC3000으로 제작된 WiFi 쉴드를 사용하는 방법을 다루어 보자. 무선인터넷을 이용하여 클라이언트나 서버를 구성하는 기본 개념은 유사하지만 구체적인 구현 방법은 WiFi 쉴드에 비하여 다소 불편하다. CC3000 WiFi 쉴드는 크게 Sparkfun 제품과 Adafruit 제품 2가지가 있으며, 초기화 방법에서 두 제품이 차이점이 있을 뿐 사용방법은 거의 유사하게 사용할 수 있으며, 라이브러리 등도 같이 사용할 수 있다.

16.1 CC3000 WiFi 쉴드

CC3000 WiFi 쉴드는 일반적으로 Adafruit와 Sparkfun 만든 2가지 형태가 많이 사용된다. Adafruit와 Sparkfun의 쉴드에 따라 아두이노 보드의 사용되는 핀이 다르며, 사용되는 라이브러리도 다르다.

CC3000 WiFi 쉴드는 TI의 CC3000를 기반으로 제작된 아두이노 쉴드로 WiFi 쉴드보다 사용이 다소 불편하지만 저렴하다.

CC 3000(Adafruit) CC 3000(Sparkfun)

그림 16.1 와이파이 쉴드

다음 표는 Adafruit CC3000 쉴드와 Sparkfun CC3000 쉴드에 따라 사용되는 아두이노 Uno 보드의 핀을 나타내었다. 아두이노 보드의 핀을 사용하여 센서나 출력 장치를 연결할 때, 쉴드를 사용하기 위하여 연결된 핀은 사용하지 않도록 주의해야 한다. 아두이노의 10~13핀은 11장에서 다룬 이더넷 쉴드의 연결에서도 사용되므로 아두이노 보드에서 인터넷을 활용하여 제어하고자 할 때 중복하여 사용하지 않도록 주의하여야 한다.

또한 WiFi 모듈들은 대부분 소모 전류가 높다. PC와 USB로 아두이노에 연결된 전원만을 사용할 경우 정상적인 동작이 안될 수 있다. 이 경우 전용 9V 어댑터로 전원을 공급하는 것이 좋다.

표 16.1 Adafruit CC3000 쉴드와 Sparkfun CC3000 쉴드

기능	Adafruit-아두이노Uno		Sparkfun-아두이노Uno	
	CC3000 WiFi 쉴드	Uno Pin	CC3000 WiFi 쉴드	Uno Pin
5V	VCC or +5V	+5V	VCC or +5V	+5V
GND	GND	GND	GND	GND
Interrupt	IRQ	3	INT	2
WiFi Enable	VBAT_EN	5	EN	7
CS for SD Card	SD	4	SDCS	8
CS for CC3000	CS(CC3000)	10	CS(CC3000)	10
SPI MOSI	MOSI	11	MOSI	11
SPI MISO	MISO	12	MISO	12
SPI Clock	SCK	13	SCK	13

아두이노 보드에서 WiFi 연결을 쉽게 할 수 있는 이유는 WiFi 쉴드와 전용 라이브러리를 활용할 수 있기 때문이다. Adafruit나 Sparkfun의 CC3000 WiFi 쉴드를 사용하려면 각각에 맞는 라이브러리를 설치해야 한다.

표 16.2 Adafruit와 Sparkfun의 라이브러리

CC3000	라이브러리를 다운받을 수 있는 사이트
Adafruit	https://github.com/adafruit/Adafruit_CC3000_Library
Sparkfun	https://github.com/sparkfun/SFE_CC3000_Library

다운로드 받은 라이브러리의 압축을 풀어서 아두이노 프로그램이 있는 폴더의 라이브러리 폴더 안에 복사한다.

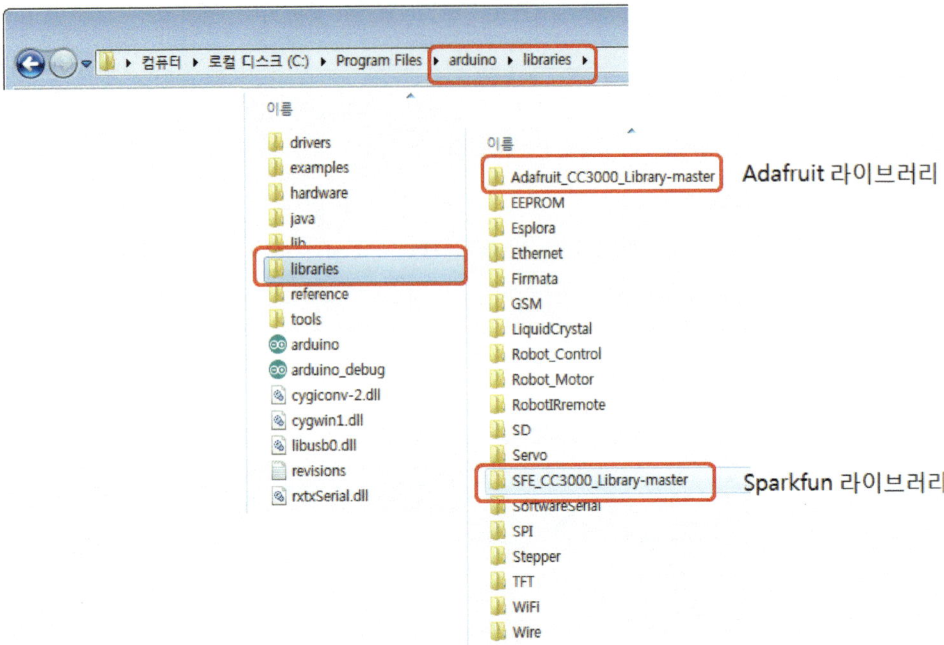

그림 16.2 Adafruit와 Sparkfun의 라이브러리 복사

이 책에서는 Sparkfun CC3000을 중심으로 설명하지만 Adafruit CC3000의 경우도 거의 유사한 방식으로 사용할 수 있다.

먼저 아두이노 UNO보드에 Sparkfun CC3000 WiFi 쉴드를 적층형으로 연결한다.

그림 16.3 Sparkfun CC3000 WiFi 쉴드

라이브러리가 설치되었으면 [파일 – 예제 – SFE_CC3000_Libray-master]에 있는 WebClient 예제를 실행해서 테스트해 본다.

16.2 SFE CC3000 WiFi 쉴드로 아두이노 Web 클라이언트 만들기

먼저 아두이노 UNO보드에 WiFi 쉴드를 사용하여 보자.

라이브러리가 설치되었으면 [파일 - 예제 - SFE_CC3000_Library-master]에 있는 WebClient 예제를 실행해서 테스트해 본다.

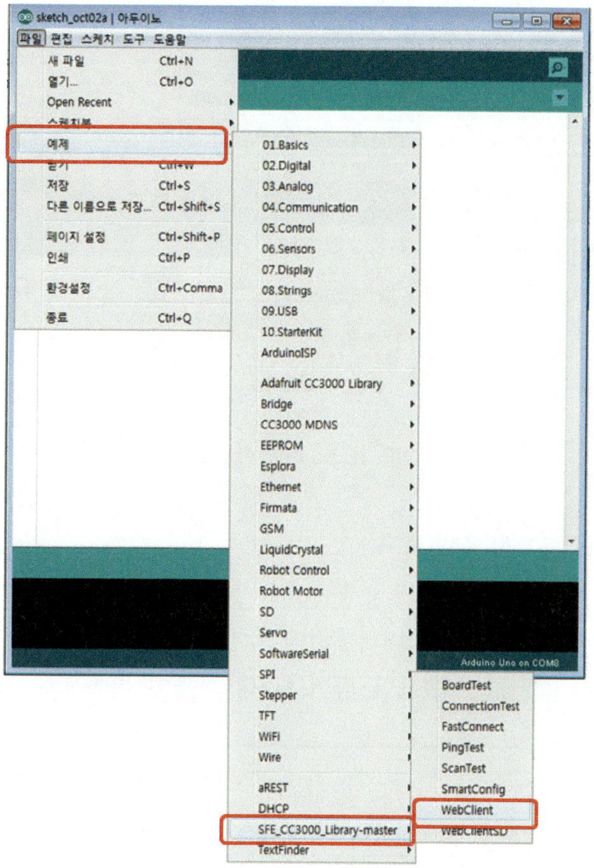

그림 16.4 WebClient 예제

실•전•예•제

16.1 WiFiClient

그림 16.4 WebClient예제의 스케치 55~56번 라인의 네트워크의 SSID, 패스워드 부분을 사용하게 되는 무선 WiFi의 정보로 수정하고, 예제 소스의 보호를 위하여 수정된 스케치를 다른 이름으로 변경하여 저장한다.

라인	WiFiWebClient예제	무선 연결 정보 수정
27	char ap_ssid[ ] = "SSID";	char ap_ssid[ ] = "AndroidHotspot3339";
28	char ap_password[ ] = "PASSWORD";	char ap_password[ ] = "john3339";

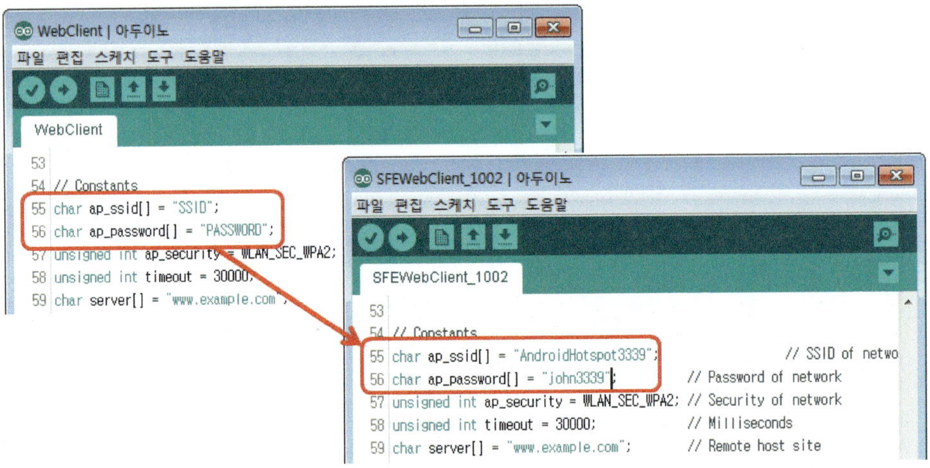

그림 16.5 IP와 PW 설정

WebClient 예제를 자세히 살펴보자.

① Wifi 쉴드를 사용하기 위한 라이브러리를 스케치 제일 앞부분에 선언하여야 한다. 이 선언으로 인하여 작성한 스케치에 필요한 라이브러리 부분이 자동으로 포함된다.

#include 〈SPI.h〉 #include 〈SFE_CC3000.h〉 #include 〈SFE_CC3000_Client.h〉	Wifi 쉴드를 사용하기 위한 라이브러리 연결

② 아두이노 보드와 Wifi 쉴드의 pin 연결 상태를 선언하여 준다. 이 부분은 아두이노 보드에 Wifi 쉴드인 Sparkfun CC3000가 하드웨어적으로 연결된 상태를 알려 주는 부분이다.

#define CC3000_INT 2 #define CC3000_EN 7 #define CC3000_CS 10	SFE CC3000 쉴드를 사용을 위한 아두이노 보드의 핀 설정
#define IP_ADDR_LEN 4	Length of IP address in bytes

③ Wifi연결을 위한 설정

char ap_ssid[ ] = "AndroidHotspot3339";
char ap_password[ ] = "john3339";
unsigned int ap_security = WLAN_SEC_WPA2;
unsigned int timeout = 30000;
char server[ ] = "www.example.com";
	네트워크의 SSID
	네트워크의 패스워드
	보안인증 방식
	Milliseconds
	Remote host site

예제 WebClient의 스케치 55~57번 라인의 네트워크의 SSID, 패스워드, 보안 인증 방식 부분을 모바일 핫스팟 구성 내용으로 수정한다.

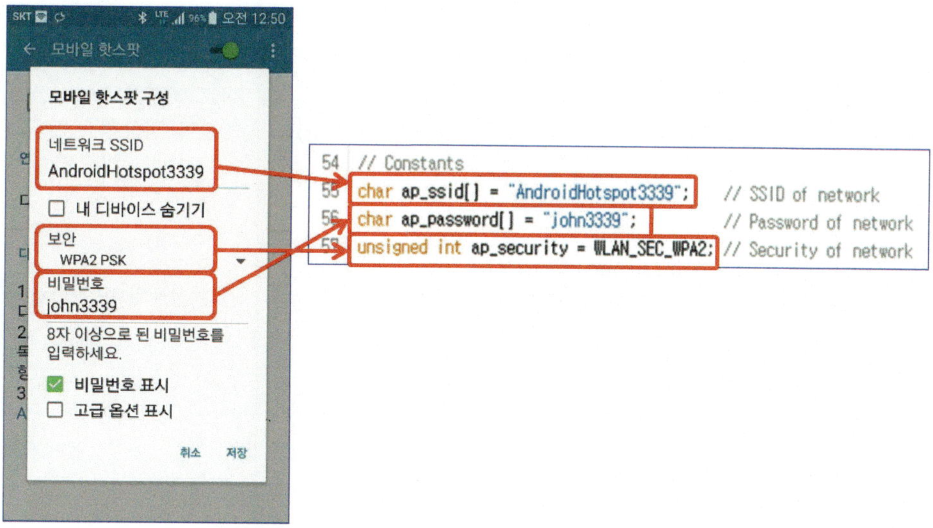

그림 16.6 스마트폰 핫스팟의 IP와 PW 설정

④ 변수 선언

```
SFE_CC3000 wifi = SFE_CC3000(CC3000_INT, CC3000_EN, CC3000_CS);
SFE_CC3000_Client client = SFE_CC3000_Client(wifi);
```

⑤ 다음은 Setup( )함수의 구성을 살펴보자.

예제의 Setup( )함수 부분에는 WiFi 쉴드의 연결 상태 등을 시리얼 모니터에 나타낸 부분들이 포함되어 있다.

앞의 ①~④ 부분과 ⑤ Setup( )함수 부분은 시리얼 모니터에 출력 되는 부분을 제외하고는 WiFi 쉴드를 사용할 때 공통적으로 설정하여야 할 부분이다.

void setup( ) {	Setup 시작
ConnectionInfo connection_info; int i;	
Serial.begin(115200); Serial.println( ); Serial.println("----------------------------"); Serial.println("SparkFun CC3000 - WebClient"); Serial.println("----------------------------");	시리얼 포트 초기화 전송속도 115200

if (wifi.init( )) {
Serial.println("CC3000 initialization complete");
}
else {
Serial.println("Something went wrong during CC3000 init!");
}
	Wifi 쉴드 CC3000 초기화

Serial.print("Connecting to SSID: ");
Serial.println(ap_ssid);
if(!wifi.connect(ap_ssid, ap_security, ap_password, timeout))
{
Serial.println("Error: Could not connect to AP");
}
	DHCP 연결
	연결이 정상적으로
	이루어지지 않으면
	오류 메시지 출력

if (!wifi.getConnectionInfo(connection_info)) {
Serial.println("Error: Could not obtain connection details");
}
	연결 상태와 IP address 출력

else {
Serial.print("IP Address: ");
for (i = 0; i < IP_ADDR_LEN; i++) {
Serial.print(connection_info.ip_address[i]);
if (i < IP_ADDR_LEN - 1) {
Serial.print(".");
}
}
Serial.println();
}	

Serial.print("Performing HTTP GET of: ");
Serial.println(server);
if (!client.connect(server, 80)) {
Serial.println("Error: Could not make a TCP connection");
}
	호스트(remote host)에
	TCP 연결

client.println("GET /index.html HTTP/1.1");
client.print("Host: ");
client.println(server);
client.println("Connection: close");
client.println( );
Serial.println( );
	HTTP GET 요청

}	Setup 끝

다음은 이 예제의 loop( )함수 부분을 살펴보자.

⑥ loop( )함수

void loop() {	loop 시작

if (client.available( )) {
char c = client.read();
Serial.print(c);
}
	클라인언트 입력 확인

if (!client.connected( )) { Serial.println();	서버와 연결되지 않으면, client와 WiFi 정지

if (!client.close( )) {
Serial.println("Error: Could not close socket");
}
	Close socket

if (!wifi.disconnect( )) {
Serial.println("Error: Could not disconnect from network");
}
	WiFi 중지

Serial.println("Finished WebClient test");
while(true){
delay(1000);
}	

}	if(!client.connected( ))의 끝
}	loop 끝

시리얼 모니터를 열어 동작 결과를 확인한다.

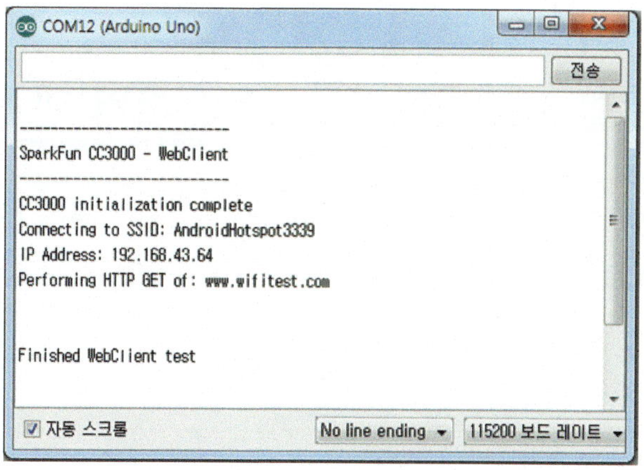

그림 16.7 시리얼 모니터 출력(연결 준비)

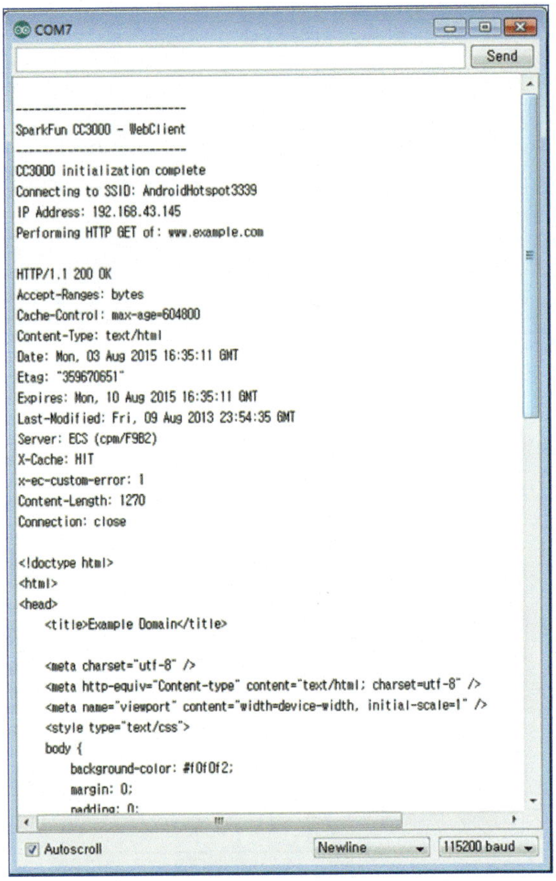

그림 16.8 시리얼 모니터 출력(연결 성공)

16.3 WiFi 쉴드로 아두이노 Web 서버 만들기

라이브러리에서 제공하는 서버예제 가운데 가장 쉽게 접근할 수 있는 [파일 - 예제 - Adafruit CC3000 Library]에 있는 HTTPServer 예제을 실행해서 테스트해 보자.

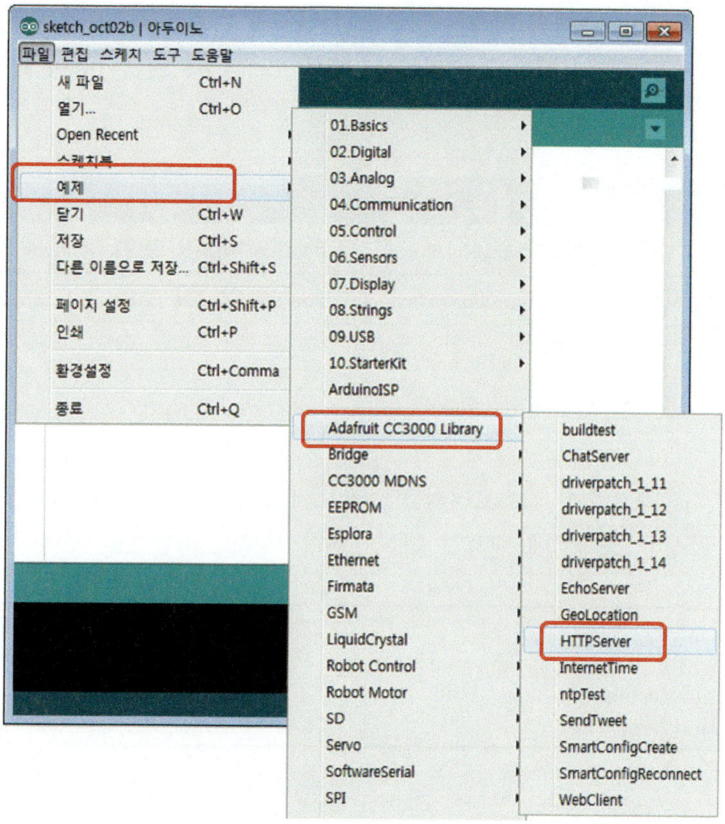

그림 16.9 HTTPServer 예제

16.2 실•전•예•제 HTTPServer

Adafruit CC3000 Library에서 제공하는 HTTPServer예제는 Adafruit CC3000 WiFi 쉴드와 아두이노 보드 사이의 연결 상태를 선언하고 있으므로 Sparkfun CC3000 WiFi 쉴드에 맞도록 예제 61~64번 라인의 연결 핀에 대한 정의 부분을 수정하면 Sparkfun CC3000 WiFi 쉴드에서 Adafruit에서 제공히는 Library를 사용할 수 있다.

라인	HTTPServer예제(Adafruit)	Sparkfun CC3000 WiFi 쉴드
61	#define ADAFRUIT_CC3000_IRQ 3	#define ADAFRUIT_CC3000_IRQ 2
63	#define ADAFRUIT_CC3000_VBAT 5	#define ADAFRUIT_CC3000_VBAT 7
64	#define ADAFRUIT_CC3000_CS 10	#define ADAFRUIT_CC3000_CS 10

그림 16.9 HTTPServer예제의 스케치 71~72번 라인의 네트워크의 SSID, 패스워드 부분을 사용하게 되는 무선 WiFi의 정보로 수정하고, 예제 소스의 보호를 위하여 수정된 스케치를 다른 이름으로 변경하여 저장한다.

라인	WiFiWebClient예제	무선 연결 정보 수정
71	#define WLAN_SSID "myNetwork"	#define WLAN_SSID "AndroidHotspot3339"
72	#define WLAN_PASS "myPassword"	#define WLAN_PASS "john3339"

WiFiWebServer 예제를 자세히 살펴보자.

① Wifi 쉴드를 사용하기 위한 라이브러리를 스케치 제일 앞부분에 선언하여야 한다. 이 선언으로 인하여 작성한 스케치에 필요한 라이브러리 부분이 자동으로 포함된다.

#include <Adafruit_CC3000.h> #include <SPI.h> #include "utility/debug.h" #include "utility/socket.h"	Wifi 쉴드를 사용하기 위한 라이브러리 연결

② CC3000 WiFi 쉴드의 설정

#define ADAFRUIT_CC3000_IRQ 2 #define ADAFRUIT_CC3000_VBAT 7 #define ADAFRUIT_CC3000_CS 10	SFE CC3000 쉴드를 사용을 위한 아두이노 보드의 핀 설정

```
Adafruit_CC3000 cc3000 = Adafruit_CC3000(ADAFRUIT_CC3000_CS, ADAFRUIT_CC3000_IRQ,
                                         ADAFRUIT_CC3000_VBAT, SPI_CLOCK_DIVIDER);
```

③ Wifi연결을 위한 설정

#define WLAN_SSID "AndroidHotspot3339" #define WLAN_PASS "john3339"	네트워크의 SSID 네트워크의 패스워드
#define WLAN_SECURITY WLAN_SEC_WPA2	무선 네트워크 보안 설정

예제 HTTPServer의 스케치 71~72 라인의 네트워크의 SSID, 패스워드와 74라인의 보안 인증 방식 부분을 모바일 핫스파 구성 내용으로 수정한다.

④ 쉴드 초기화 설정

#define LISTEN_PORT 80	TCP port 설정 (HTTP protocol port 80)
#define MAX_ACTION 10	HTTP action 최대길이
#define MAX_PATH 64	HTTP action request path 최대길이
#define BUFFER_SIZE MAX_ACTION + MAX_PATH + 20	입력요청 정보를 위한 버퍼의 크기
#define TIMEOUT_MS 500	입력요청 대기시간

Adafruit_CC3000_Server httpServer(LISTEN_PORT); uint8_t buffer[BUFFER_SIZE+1]; int bufindex = 0; char action[MAX_ACTION+1]; char path[MAX_PATH+1];	httpServer 초기화

⑤ 다음은 Setup( )함수의 구성을 살펴보자.

예제의 Setup( )함수 부분에는 WiFi 쉴드의 연결 상태 등을 시리얼 모니터에 나타낸 부분들이 포함되어 있다.

앞의 ①~④ 부분과 ⑤ Setup( )함수 부분은 시리얼 모니터에 출력 되는 부분을 제외하고는 WiFi 쉴드를 사용할 때 공통적으로 설정하여야 부분이다.

void setup(void) {	Setup( ) 시작
Serial.begin(115200);	시리얼 전송속도 115200
Serial.println(F("Hello, CC3000!₩n")); Serial.print("Free RAM: "); Serial.println(getFreeRam(), DEC);	RAM 여유공간 check
Serial.println(F("₩nInitializing..."));	

if (!cc3000.begin()) {
Serial.println(F("Couldn't begin()! Check your wiring?"));
while(1);
}
	CC3000 시작
	CC3000 연결상태 확인

Serial.print(F("₩nAttempting to connect to ")); Serial.println(WLAN_SSID);	

if (!cc3000.connectToAP(WLAN_SSID, WLAN_PASS,
WLAN_SECURITY)) {
Serial.println(F("Failed!"));
while(1);
}
	CC3000를 사용한 WiFi 설정
	(SSID, PW, 보안설정)

Serial.println(F("Connected!")); Serial.println(F("Request DHCP"));	

while (!cc3000.checkDHCP()) {
  delay(100);
}
	DHCP check₩

while (! displayConnectionDetails()) {
  delay(1000);
}
	displayConnectionDetails() 호출
	IP주소 DNS, Gateway 등 출력

Serial.println(F("₩r₩nNOTE: This sketch may cause problems with other sketches")); Serial.println(F("since the .disconnect() function is never called, so the")); Serial.println(F("AP may refuse connection requests from the CC3000 until a")); Serial.println(F("timeout period passes. This is normal behaviour since")); Serial.println(F("there isn't an obvious moment to disconnect with a server.₩r₩n"));	
httpServer.begin();	http Server 연결
Serial.println(F("Listening for connections..."));	
}	Setup( ) 끝

다음은 이 예제의 loop( )함수 부분을 살펴보자.

⑥ loop( )함수

void loop(void) {	loop( ) 시작
Adafruit_CC3000_ClientRef client = httpServer.available();	
if (client) {	client 검사
Serial.println(F("Client connected."));	
bufindex = 0; memset(&buffer, 0, sizeof(buffer));	입력 data buffer 지움
memset(&action, 0, sizeof(action));	action strings 지움
memset(&path, 0, sizeof(path));	path strings 지움
unsigned long endtime = millis( ) + TIMEOUT_MS;	모든 입력 데이터를 읽기 위한 시간 설정

bool parsed = false;
    while (!parsed && (millis() < endtime)
        && (bufindex < BUFFER_SIZE)) {
	입력 데이터 읽음

if (client.available()) {
        buffer[bufindex++] = client.read();
      }	

parsed = parseRequest(buffer, bufindex, action, path); }	parseRequest( )함수 호출

if (parsed) {
  Serial.println(F("Processing request"));
  Serial.print(F("Action: "));
  Serial.println(action);
  Serial.print(F("Path: ")); Serial.println(path);
	path 출력

if (strcmp(action, "GET") == 0) {	데이터 빈어있는 줄인지 체크
client.fastrprintln(F("HTTP/1.1 200 OK"));	연결성공 메시지 출력

client.fastrprintln(F("Content-Type: text/plain"));
    client.fastrprintln(F("Connection: close"));
    client.fastrprintln(F("Server: Adafruit CC3000"));	

client.fastrprintln(F(""));	body의 signal start를 위한 empty line 전송

client.fastrprintln(F("Hello world!"));
    client.fastrprint(F("You accessed path: "));
    client.fastrprintln(path);
	response data 전송

}	if(strcmp(action,...)==0) 끝

else {
   client.fastrprintln(F("HTTP/1.1 405 Method Not Allowed"));
   client.fastrprintln(F(""));
  }
	연결 오류 출력

}	if(parsed) 끝
delay(100);	웹 브라우저 전송 위해 대기
Serial.println(F("Client disconnected")); client.close( );	Client 닫음
}	if (client) 끝
}	loop( ) 끝

▶ parseRequest( ) 함수

```
bool parseRequest(uint8_t* buf, int bufSize, char* action, char* path) {
    if (bufSize < 2)
        return false;
    if (buf[bufSize-2] == '\r' && buf[bufSize-1] == '\n') {
     parseFirstLine((char*)buf, action, path);
     return true;
    }
    return false;
}
```

▶ parseFirstLine( ) 함수

```
void parseFirstLine(char* line, char* action, char* path) {
  char* lineaction = strtok(line, " ");
  if (lineaction != NULL)
    strncpy(action, lineaction, MAX_ACTION);
  char* linepath = strtok(NULL, " ");
  if (linepath != NULL)
    strncpy(path, linepath, MAX_PATH);
}
```

⑦ setup( )에서 호출한 WiFi연결 상태를 시리얼 모니터에 출력하기 위한 함수

```
bool displayConnectionDetails(void) {
 uint32_t ipAddress, netmask, gateway, dhcpserv, dnsserv;
if(!cc3000.getIPAddress(&ipAddress,&netmask,&gateway, &dhcpserv, &dnsserv)) {
    Serial.println(F("Unable to retrieve the IP Address!₩r₩n"));
    return false;
  }
  else  {
    Serial.print(F("₩nIP Addr: "));  cc3000.printIPdotsRev(ipAddress);
    Serial.print(F("₩nNetmask: "));  cc3000.printIPdotsRev(netmask);
    Serial.print(F("₩nGateway: "));  cc3000.printIPdotsRev(gateway);
    Serial.print(F("₩nDHCPsrv: "));  cc3000.printIPdotsRev(dhcpserv);
    Serial.print(F("₩nDNSserv: "));  cc3000.printIPdotsRev(dnsserv);
    Serial.println();
    return true;
  }
}
```

아두이노 보드에 WiFi 쉴드를 적층하고 스케치를 업로드하고 시리얼 모니터와 브라우저를 열어 동작 결과를 확인한다.

웹브라우저의 주소창에 시리얼모니터에서 확인한 아두이노 보드로 만든 서버의 IP주소를 입력한다.

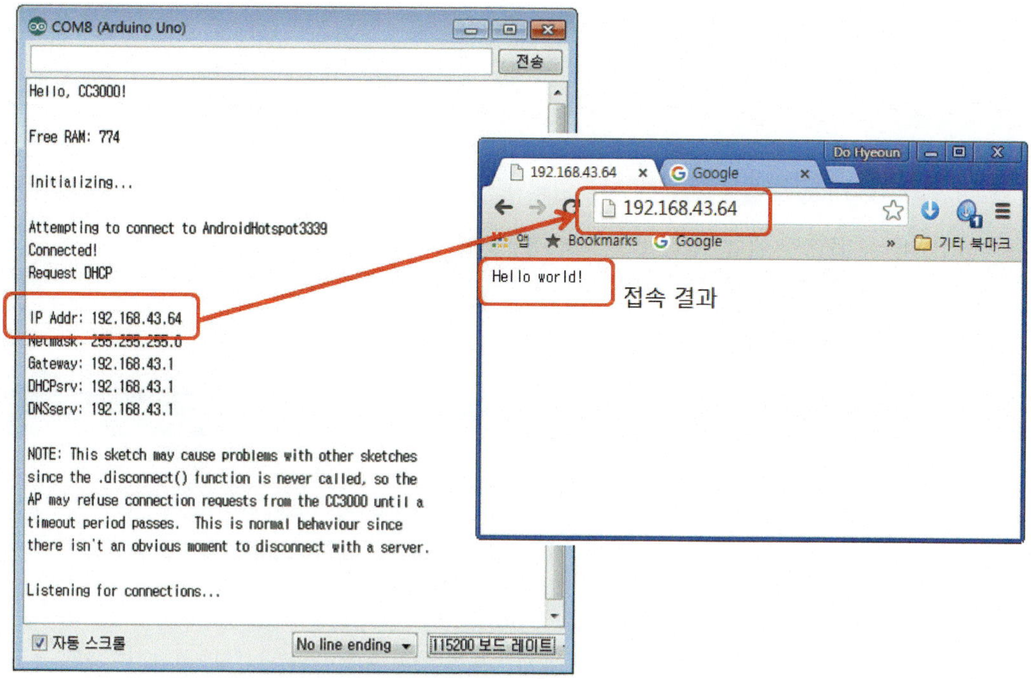

그림 16.10 시리얼 모니터 출력과 웹 브라우저 입력

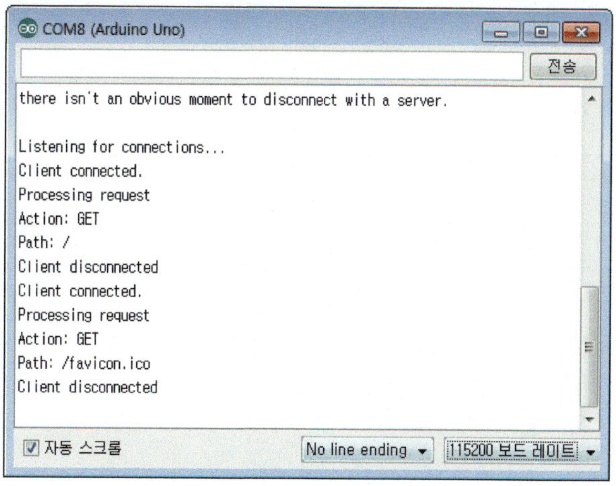

그림 16.11 시리얼 모니터 출력(연결 성공)

주의할 것은 IP공유기를 사용하는 경우 아두이노 보드의 WiFi 쉴드와 브라우저를 통하여 아두이노 서버에 접속하는 PC가 같은 네트워크 상에 있어야 한다.

■

16.3 실・전・예・제 CC3000 WebServer

앞의 예제 HTTPServer를 이용하여 아두이노 보드의 아날로그 입력 A0~A5를 통하여 입력되는 값을 웹브라우저를 통하여 나타내보자.

예제 16.2와 같이 Sparkfun CC3000 WiFi 쉴드에 맞도록 연결 핀에 대한 정의 부분을 수정하고 setup( )함수를 동일하게 사용한다.

HTTPServer예제(Adafruit)	Sparkfun CC3000 WiFi 쉴드
#define ADAFRUIT_CC3000_IRQ 3	#define ADAFRUIT_CC3000_IRQ 2
#define ADAFRUIT_CC3000_VBAT 5	#define ADAFRUIT_CC3000_VBAT 7
#define ADAFRUIT_CC3000_CS 10	#define ADAFRUIT_CC3000_CS 10

네트워크의 SSID, 패스워드 부분을 사용하게 되는 무선 WiFi의 정보로 수정하고, 예제 소스의 보호를 위하여 수정된 스케치를 다른 이름으로 변경하여 저장한다.

WiFiWebClient예제	무선 연결 정보 수정
#define WLAN_SSID "myNetwork"	#define WLAN_SSID "AndroidHotspot3339"
#define WLAN_PASS "myPassword"	#define WLAN_PASS "john3339"

① Wifi 쉴드를 사용하기 위한 라이브러리를 스케치 제일 앞부분에 선언하여야 한다. 이 선언으로 인하여 작성한 스케치에 필요한 라이브러리 부분이 자동으로 포함된다.

#include <Adafruit_CC3000.h> #include <SPI.h> #include "utility/debug.h" #include "utility/socket.h"	Wifi 쉴드를 사용하기 위한 라이브러리 연결

② CC3000 WiFi 쉴드의 설정

#define ADAFRUIT_CC3000_IRQ 2 #define ADAFRUIT_CC3000_VBAT 7 #define ADAFRUIT_CC3000_CS 10	SFE CC3000 쉴드를 사용을 위한 아두이노 보드의 핀 설정

```
Adafruit_CC3000 cc3000 = Adafruit_CC3000(ADAFRUIT_CC3000_CS, ADAFRUIT_CC3000_IRQ,
                                         ADAFRUIT_CC3000_VBAT, SPI_CLOCK_DIVIDER);
```

③ Wifi연결을 위한 설정

#define WLAN_SSID "AndroidHotspot3339" #define WLAN_PASS "john3339"	네트워크의 SSID 네트워크의 패스워드
#define WLAN_SECURITY WLAN_SEC_WPA2	무선 네트워크 보안 설정

예제 HTTPServer의 스케치 71~72 라인의 네트워크의 SSID, 패스워드와 74라인의 보안 인증 방식 부분을 모바일 핫스파 구성 내용으로 수정한다.

④ 쉴드 초기화 설정

#define LISTEN_PORT 80	TCP port 설정 (HTTP protocol port 80)
#define MAX_ACTION 10	HTTP action 최대길이
#define MAX_PATH 64	HTTP action request path 최대길이
#define BUFFER_SIZE MAX_ACTION + MAX_PATH + 20	입력요청 정보를 위한 버퍼의 크기
#define TIMEOUT_MS 500	입력요청 대기시간

Adafruit_CC3000_Server httpServer(LISTEN_PORT); uint8_t buffer[BUFFER_SIZE+1]; int bufindex = 0; char action[MAX_ACTION+1]; char path[MAX_PATH+1];	httpServer 초기화

⑤ 다음은 Setup( )함수의 구성을 살펴보자.

예제의 Setup( )함수 부분에는 WiFi 쉴드의 연결 상태 등을 시리얼 모니터에 나타낸 부분들이 포함되어 있다.

앞의 ①~④ 부분과 ⑤ Setup( )함수 부분은 시리얼 모니터에 출력 되는 부분을 제외하고는 WiFi 쉴드를 사용할 때 공통적으로 설정하여야 부분이다.

void setup(void) {	Setup( ) 시작
Serial.begin(115200);	시리얼 전송속도 115200
Serial.println("Hello, CC3000!");	

Serial.println("Initializing...");	

if (!cc3000.begin( )) {
Serial.println("Couldn't begin()! Check your wiring?");
while(1);
}	

Serial.print("Attempting to connect to "); Serial.println(WLAN_SSID);	SSID 시리얼 모니터에 출력

if (!cc3000.connectToAP(WLAN_SSID, WLAN_PASS, WLAN_SECURITY)) {
Serial.println(F("Failed!"));
while(1);
}	

Serial.println("Connected!"); Serial.println("Request DHCP");	

while (!cc3000.checkDHCP()) {
delay(100);
}
	DHCP check!

while (! displayConnectionDetails( )) {
delay(1000);
}
	displayConnectionDetails( ) 호출
	IP주소 DNS, Gateway 등 출력

httpServer.begin( );	httpServe 연결시작
Serial.println("Listening for connections...");	
}	Setup( ) 끝

다음은 이 예제의 loop( )함수 부분을 살펴보자.

⑥ loop( )함수

void loop(void){	loop( ) 시작
Adafruit_CC3000_ClientRef client = httpServer.available( );	
if (client) {	클라이언트 검사
Serial.println(F("Client connected.")); boolean currentLineIsBlank = true;	http요청의 빈 라인 검사용 변수
while (client.connected( )) {	
if (client.available( )) {	이더넷을 통한 데이터 입력이 있는지 검사
char c = client.read( ); Serial.write(c);	데이터가 있으면 읽어서 저장
if (c == '₩n' && currentLineIsBlank) {	데이터가 빈 줄이면

```
        client.println("HTTP/1.1 200 OK");
        client.println("Content-Type: text/html");
        client.println("Connection: close");
        client.println("Refresh: 5");
        client.println( );
        client.println("<!DOCTYPE HTML>");
        client.println("<html>");

        for (int analogChannel = 0; analogChannel < 6; analogChannel++) {
          int sensorReading = analogRead(analogChannel);
            client.print("analog input ");
            client.print(analogChannel);
            client.print(" is ");
            client.print(sensorReading);
            client.println("<br />");
        }

        client.println("</html>");

        break;
```

`}`	if (c == '₩n' && ....) 끝

`if (c == '₩n') {`
`  currentLineIsBlank = true ;`
`}`
	빈 라인이면 새 라인 시작

`else if (c != '₩r') {`
`  currentLineIsBlank = false ;`
`}`
	빈 라인이 아니면
	현재 라인에서 문자를 읽음

`}`	if(client.available( )) 끝
`}`	while(client.connected( )) 끝
`delay(1);`	웹 브라우저 전송 위해 대기
`client.stop( );` `Serial.println("client disonnected");`	클라이언트 연결을 닫음
`}`	if (client) 끝
`}`	loop( ) 끝

⑦ setup( )에서 호출한 WiFi연결 상태를 시리얼 모니터에 출력하기 위한 함수

```
bool displayConnectionDetails(void) {
  uint32_t ipAddress, netmask, gateway, dhcpserv, dnsserv;
if(!cc3000.getIPAddress(&ipAddress, &netmask, &gateway, &dhcpserv, &dnsserv))  {
    Serial.println(F("Unable to retrieve the IP Address!₩r₩n"));
    return false;
  }
```

```
    else {
      Serial.print(F("₩nIP Addr: ")); cc3000.printIPdotsRev(ipAddress);
      Serial.print(F("₩nNetmask: ")); cc3000.printIPdotsRev(netmask);
      Serial.print(F("₩nGateway: ")); cc3000.printIPdotsRev(gateway);
      Serial.print(F("₩nDHCPsrv: ")); cc3000.printIPdotsRev(dhcpserv);
      Serial.print(F("₩nDNSserv: ")); cc3000.printIPdotsRev(dnsserv);
      Serial.println();
      return true;
    }
}
```

아두이노 보드에 WiFi 쉴드를 적층하고 스케치를 업로드하고 시리얼 모니터와 브라우저를 열어 동작 결과를 확인한다.

웹브라우저의 주소창에 시리얼모니터에서 확인한 아두이노 보드로 만든 서버의 IP주소를 입력한다.

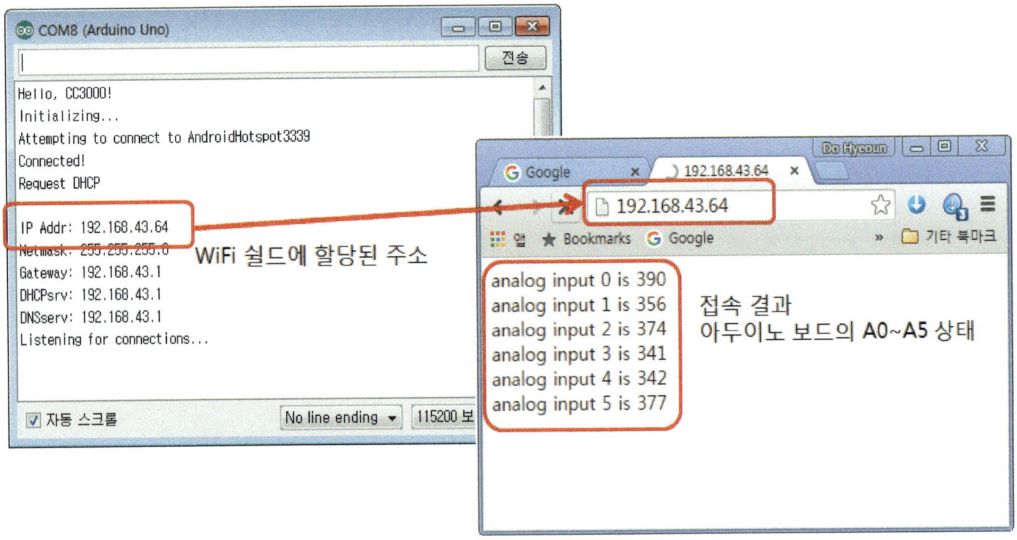

그림 16.12 시리얼 모니터 출력과 웹 브라우저 입력

주의할 것은 IP공유기를 사용하는 경우 아두이노 보드의 WiFi 쉴드와 브라우저를 통하여 아두이노 서버에 접속하는 PC가 같은 네트워크 상에 있어야 한다.

스마트 폰에서 테더링을 이용하여 접속하면 다음과 같다.

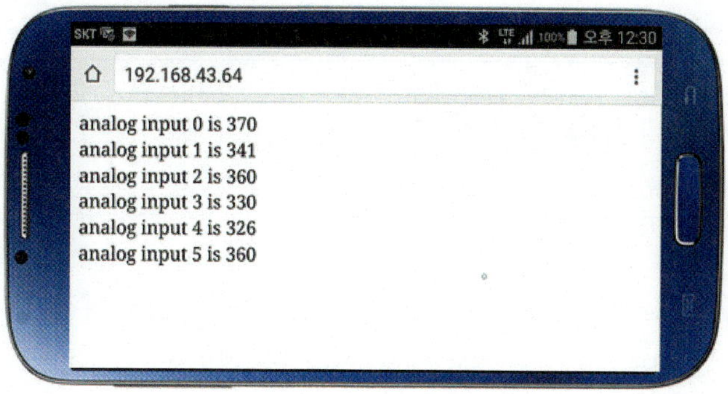

그림 16.13 스마트 폰 출력

실·전·예·제 16.4 CC3000 WebServer를 사용한 LED제어

앞의 예제 16.3을 이용하여 아두이노 보드의 디지털입출력핀에 연결된 LED를 On/Off 제어하여 보자.

① Wifi 쉴드를 사용하기 위한 라이브러리를 스케치 제일 앞부분에 선언하여야 한다. 이 선언으로 인하여 작성한 스케치에 필요한 라이브러리 부분이 자동으로 포함된다.

#include <Adafruit_CC3000.h> #include <SPI.h> #include "utility/debug.h" #include "utility/socket.h"	Wifi 쉴드를 사용하기 위한 라이브러리 연결

② CC3000 WiFi 쉴드의 설정

#define ADAFRUIT_CC3000_IRQ 2 #define ADAFRUIT_CC3000_VBAT 7 #define ADAFRUIT_CC3000_CS 10	SFE CC3000 쉴드를 사용을 위한 아두이노 보드의 핀 설정

```
Adafruit_CC3000 cc3000 = Adafruit_CC3000(ADAFRUIT_CC3000_CS, ADAFRUIT_CC3000_IRQ,
                                        ADAFRUIT_CC3000_VBAT, SPI_CLOCK_DIVIDER);
```

③ Wifi연결을 위한 설정

#define WLAN_SSID "AndroidHotspot3339" #define WLAN_PASS "john3339"	네트워크의 SSID 네트워크의 패스워드
#define WLAN_SECURITY WLAN_SEC_WPA2	무선 네트워크 보안 설정

예제 HTTPServer의 스케치 71~72 라인에 네트워크의 SSID, 패스워드와 74라인의 보안 인증 방식 부분을 모바일 핫스파 구성 내용으로 수정한다.

④ 쉴드 초기화 설정

#define LISTEN_PORT 80	TCP port 설정 (HTTP protocol port 80)
#define MAX_ACTION 10	HTTP action 최대길이
#define MAX_PATH 64	HTTP action request path 최대길이
#define BUFFER_SIZE MAX_ACTION + MAX_PATH + 20	입력요청 정보를 위한 버퍼의 크기
#define TIMEOUT_MS 500	입력요청 대기시간

Adafruit_CC3000_Server httpServer(LISTEN_PORT); uint8_t buffer[BUFFER_SIZE+1]; int bufindex = 0; char action[MAX_ACTION+1]; char path[MAX_PATH+1];	httpServer 초기화

⑤ 다음은 Setup( )함수의 구성을 살펴보자.

예제의 Setup( )함수 부분에는 WiFi 쉴드의 연결 상태 등을 시리얼 모니터에 나타낸 부분들이 포함되어 있다.

앞의 ①~④ 부분과 ⑤ Setup( )함수 부분은 시리얼 모니터에 출력되는 부분을 제외하고는 WiFi 쉴드를 사용할 때 공통적으로 설정하여야 부분이다.

void setup(void) {	Setup( ) 시작
Serial.begin(115200); pinMode(9,OUTPUT);	시리얼 전송속도 115200
Serial.println(F("Hello, CC3000!"));	
Serial.println(F("Initializing..."));	

if (!cc3000.begin( )) {
Serial.println(F("Couldn't begin()! Check your wiring?"));
while(1);
}	

Serial.print(F("Attempting to connect to ")); Serial.println(WLAN_SSID);	SSID 시리얼 모니터에 출력

if (!cc3000.connectToAP(WLAN_SSID, WLAN_PASS,
WLAN_SECURITY)) {
Serial.println(F("Failed!"));
while(1);
}	

Serial.println(F("Connected!")); Serial.println(F("Request DHCP"));	

while (!cc3000.checkDHCP()) {
delay(100);
}
	DHCP check!

while (! displayConnectionDetails( )) {
delay(1000);
}
	displayConnectionDetails()호출
	IP주소 DNS, Gateway 등 출력

httpServer.begin( );	httpServe 연결시작
Serial.println(F("Listening for connections..."));	
}	Setup( ) 끝

다음은 이 예제의 loop( )함수 부분을 살펴보자.

⑥ loop( )함수

void loop(void){	loop( ) 시작
Adafruit_CC3000_ClientRef client = httpServer.available( );	
if (client) {	클라이언트 검사
Serial.println(F("Client connected.")); String currentLine = "";	http요청 빈 라인 검사용 변수
while (client.connected( )) {	
if (client.available( )) {	이더넷을 통한 데이터 입력이 있는지 검사
char c = client.read( ); Serial.write(c);	데이터가 있으면 읽어서 저장
if (c == '₩n') {	데이터가 빈 줄이면
if (currentLine.length( ) == 0) {	

```
client.println("HTTP/1.1 200 OK");
client.println("Content-type:text/html");
client.println( );
client.print("Click <a href=₩"/H₩">here</a> turn the LED on pin 9 on<br>");
client.print("Click <a href=₩"/L₩">here</a> turn the LED on pin 9 off<br>");
client.println( );
```

`break;`	
`}`	if(currentLine.length...) 끝

`else {`
`currentLine = "";`
`}`	

`}`	

`else if (c != '₩r') {`
`currentLine += c;`
`}`
	빈 라인이 아니면
	현재 라인에서 증가

`if (currentLine.endsWith("GET /H")) {`
`digitalWrite(9, HIGH);`
`}`
	GET /H과 같은 html 요청이 들어오면 LED를 ON

`if (currentLine.endsWith("GET /L")) {`
`digitalWrite(9, LOW);`
`}`
	GET /L과 같은 html 요청이 들어오면 LED를 OFF

`}`	if(client.available()) 끝
`}`	while(client.connected()) 끝
`delay(100);`	웹 브라우저 전송 위해 대기
`Serial.println(F("Client disconnected"));` `client.close( );`	클라이언트 연결을 닫음
`}`	if (client) 끝
`}`	loop( ) 끝

⑦ setup( )에서 호출한 WiFi연결 상태를 시리얼 모니터에 출력하기 위한 함수

```
bool displayConnectionDetails(void) {
  uint32_t ipAddress, netmask, gateway, dhcpserv, dnsserv;
if(!cc3000.getIPAddress(&ipAddress, &netmask, &gateway, &dhcpserv, &dnsserv))   {
    Serial.println(F("Unable to retrieve the IP Address!₩r₩n"));
    return false;
  }
```

```
  else  {
    Serial.print(F("₩nIP Addr: ")); cc3000.printIPdotsRev(ipAddress);
    Serial.print(F("₩nNetmask: ")); cc3000.printIPdotsRev(netmask);
    Serial.print(F("₩nGateway: ")); cc3000.printIPdotsRev(gateway);
    Serial.print(F("₩nDHCPsrv: ")); cc3000.printIPdotsRev(dhcpserv);
    Serial.print(F("₩nDNSserv: ")); cc3000.printIPdotsRev(dnsserv);
    Serial.println();
    return true;
  }
}
```

아두이노 보드에 WiFi 쉴드를 적층하고 스케치를 업로드하고 시리얼 모니터와 브라우저를 열어 동작 결과를 확인한다.

웹브라우저의 주소창에 시리얼모니터에서 확인한 아두이노 보드로 만든 서버의 IP주소를 입력하면 그림과 같이 브라우저에 나타나고 'here' 부분을 클릭하면 아두이노 보드의 D9에 연결된 LED가 on 또는 off 된다.

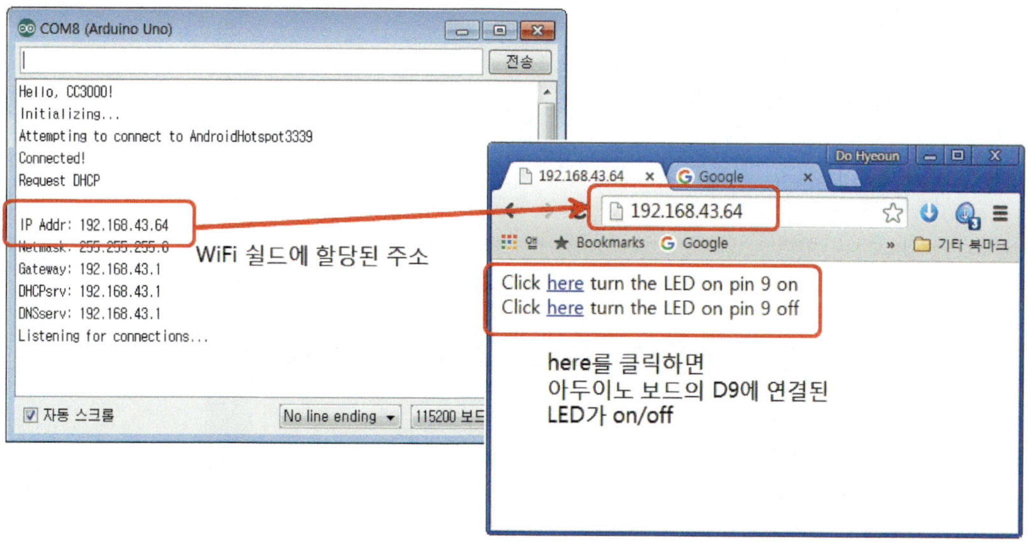

그림 16.14 시리얼 모니터 출력과 웹 브라우저 입력

'here'부분이 클릭되면 시리얼 모니터는 다음 같이 변화된다.

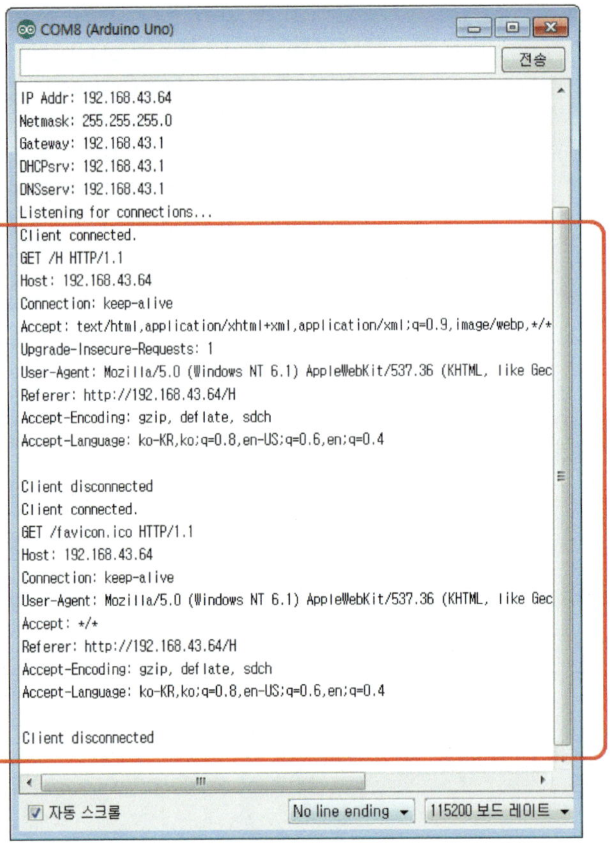

그림 16.15 시리얼 모니터 출력(연결 성공)

스마트 폰에서 테더링을 이용하여 접속하면 다음과 같다.

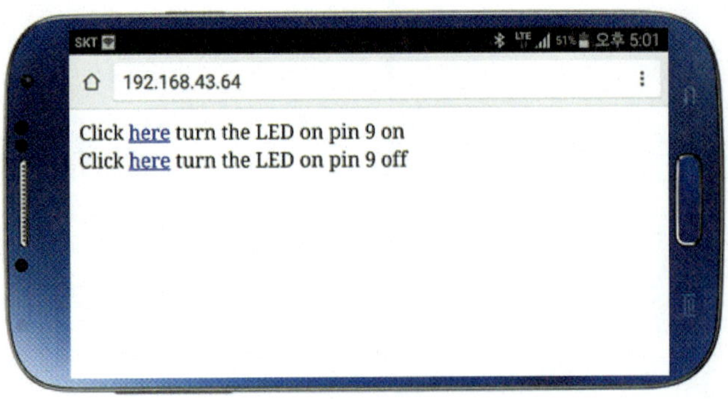

그림 16.16 스마트 폰 출력

■

무선인터넷 응용제어

CHAPTER 17

무선인터넷을 통하여 WiFi 쉴드가 설치된 아두이노 보드를 다양한 방법으로 제어하여 보자. 웹페이지를 통해 아두이노 보드에 연결된 텍스트 LCD, 피에조, 모터 등을 제어할 수 있다.

17.1 웹브라우저 다양한 응용제어

실•전•예•제

17.1 웹브라우저에서 LED 밝기 조절하기

웹 브라우저의 텍스트 박스에 값을 입력하여 WiFi 쉴드를 설치한 아두이노 보드의 PWM핀에 연결된 LED 밝기를 조정하여 본다.

아두이노 보드에 WiFi 쉴드를 설치하고 PWM핀에 LED를 연결한다. 이 때, 아두이노 보드에서 WiFi 쉴드를 사용하기 위하여 Interrupt, WiFi Enable, CC3000의 CS로 Sparkfun은 2, 7, 10을 사용하고, Adafruit는 3, 5, 10를 사용하므로 주의한다. 이들 핀을 중복하여 사용하지 않도록 주의한다.

아두이노 보드의 PWM핀 9번에 LED를 연결한다.

아두이노 보드가 서버로서 웹 브라우저에 다음과 같이 출력되도록 한다.

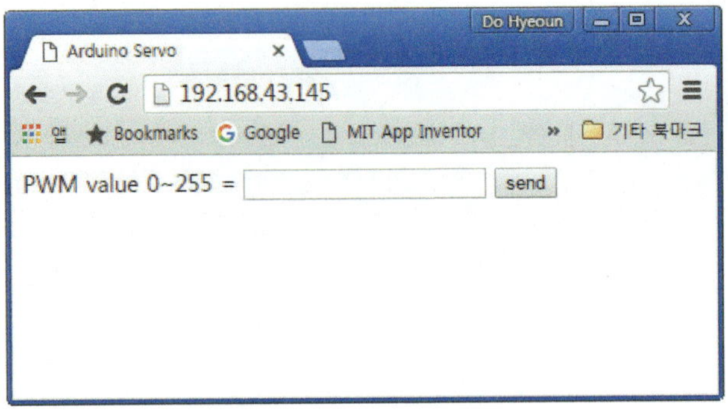

그림 17.1 웹 브라우저 출력

먼저 Sparkfun CC3000 WiFi 쉴드를 사용하기 위하여 다음과 같이 설정한다. 앞장에서 설명한 것처럼 Adafruit의 라이브러리를 사용하는 것이 편리하다. 그러나 Sparkfun과 Adafruit는 사용하는 핀이 서로 다르므로 설정을 맞추어 주어야 한다.

① Wifi 쉴드를 사용하기 위한 라이브러리를 스케치 제일 앞부분에 선언하여야 한다. 이 선언으로 인하여 작성한 스케치에 필요한 라이브러리 부분이 자동으로 포함된다.

#include 〈Adafruit_CC3000.h〉 #include 〈SPI.h〉 #include "utility/debug.h" #include "utility/socket.h"	Wifi 쉴드를 사용하기 위한 라이브러리 연결

② Sparkfun CC3000 WiFi 쉴드의 설정

#define ADAFRUIT_CC3000_IRQ 2 #define ADAFRUIT_CC3000_VBAT 7 #define ADAFRUIT_CC3000_CS 10	SFE CC3000 쉴드를 사용을 위한 아두이노 보드의 핀 설정

```
Adafruit_CC3000 cc3000 = Adafruit_CC3000(ADAFRUIT_CC3000_CS, ADAFRUIT_CC3000_IRQ,
                         ADAFRUIT_CC3000_VBAT, SPI_CLOCK_DIVIDER);
```

③ Wifi연결을 위한 설정

#define WLAN_SSID "AndroidHotspot3339" #define WLAN_PASS "john3339"	네트워크의 SSID 네트워크의 패스워드
#define WLAN_SECURITY WLAN_SEC_WPA2	무선 네트워크 보안 설정

예제 HTTPServer의 스케치 71~72 라인에 네트워크의 SSID, 패스워드와 74라인의 보안 인증 방식 부분을 모바일 핫스파 구성 내용으로 수정한다.

④ 쉴드 초기화 설정

Adafruit_CC3000_Server httpServer(80); uint8_t buffer[95]; int bufindex = 0; char action[11]; char path[65];	httpServer 초기화
String request = "" ;	request를 string 변수로 선언

⑤ 다음은 Setup( )함수의 구성을 살펴보자.

예제의 Setup( )함수 부분에는 WiFi 쉴드의 연결 상태 등을 시리얼 모니터에 나타낸 부분들이 포함되어 있다.

앞의 ①~④ 부분과 ⑤ Setup( )함수 부분은 시리얼 모니터에 출력되는 부분을 제외하고는 WiFi 쉴드를 사용할 때 공통적으로 설정하여야 부분이다.

void setup(void) {	Setup( ) 시작
Serial.begin(115200);	시리얼 전송속도 115200
Serial.println(F("Initializing..."));	

if (!cc3000.begin( )) {
Serial.println(F("Couldn't begin()!"));
while(1);
}	

Serial.print(F("Attempting to connect to ")); Serial.println(WLAN_SSID);	SSID 시리얼 모니터에 출력

if (!cc3000.connectToAP(WLAN_SSID, WLAN_PASS, WLAN_SECURITY)) {
Serial.println(F("Failed!"));
while(1);
}	

Serial.println(F("Connected!")); Serial.println(F("Request DHCP"));	

while (!cc3000.checkDHCP()) {
delay(100);
}
	DHCP check!

while (! displayConnectionDetails( )) {
  delay(1000);
}
	displayConnectionDetails()호출
	IP주소 DNS, Gateway 등 출력

httpServer.begin( );	httpServe 연결시작
Serial.println(F("Listening for connections..."));	
}	Setup( ) 끝

다음은 이 예제의 loop( )함수 부분을 살펴보자.

⑥ loop( )함수

void loop(void){	loop( ) 시작
Adafruit_CC3000_ClientRef client = httpServer.available( );	
if (client) {	클라이언트 검사
Serial.println(F("Client connected.")); String currentLine = "";	http요청 빈 라인 검사용 변수
while (client.connected( )) {	
if (client.available( )) {	이더넷을 통한 데이터 입력이 있는지 검사
char c = client.read( ); request += c;	데이터가 있으면 읽어서 저장
if (c == '₩n') {	데이터가 빈 줄이면

```
client.println("HTTP/1.1 200 OK");
client.println("Content-Type: text/html");
client.println();
client.println("<!DOCTYPE html>");
client.println("<HTML>");
client.println("<HEAD>");
client.println("<TITLE>Arduino Servo</TITLE>");
client.println("</HEAD>");
client.println("<BODY>");
client.println("<form method=₩"get₩">") ;
client.println("PWM value 0~255 = <input type=₩"text₩" name=₩"val₩">") ;
client.println("<input type=₩"submit₩" value=₩"send₩">") ;
client.println("</form>") ;
client.println("</BODY>");
client.println("</HTML>");
```

delay(1);
client.stop( );
Serial.println(request) ;	

if (request.indexOf("val=") > -1) {	indexOf를 사용하여 "val="검색

request.remove(0, 10); request.remove(3) ; Serial.print("request:"); Serial.println(request) ;	
long pwmV = request.toInt( );	string의 숫자를 정수로 변환

Serial.print("PWM value:");
Serial.println(pwmV,DEC) ;
analogWrite(9,pwmV);
delay(15);
	9번 핀으로 PWM 출력

}	if (request...)의 끝
request = "";	
}	if (c == '₩n') 끝
}	if(client.available()) 끝
}	while(client.connected()) 끝
delay(100);	웹 브라우저 전송 위해 대기
client.close( );	클라이언트 연결을 닫음
}	if (client) 끝
}	loop( ) 끝

request.indexOf("val=")는 String변수인 request에서 "val="를 검색하고 없으면 '-1'를 리턴한다.

toInt( )함수는 String 오브젝트에 있는 숫자를 정수 값으로 리턴한다.

⑦ setup( )에서 호출한 WiFi연결 상태를 시리얼 모니터에 출력하기 위한 함수

```
bool displayConnectionDetails(void) {
 uint32_t ipAddress, netmask, gateway, dhcpserv, dnsserv;
if(!cc3000.getIPAddress(&ipAddress, &netmask, &gateway, &dhcpserv, &dnsserv))   {
    Serial.println(F("Unable to retrieve the IP Address!₩r₩n"));
    return false;
  }
  else  {
    Serial.print(F("₩nIP Addr: ")); cc3000.printIPdotsRev(ipAddress);
    Serial.println();
    return true;
  }
}
```

아두이노 보드에 WiFi 쉴드를 설치하고 스케치를 업로드하고 시리얼 모니터와 브라우저를 열어 동작 결과를 확인한다.

웹 브라우저의 주소창에 시리얼모니터에서 확인한 아두이노 보드로 만든 서버의 IP주소를 입력하면 그림과 같이 브라우저에 나타난다.

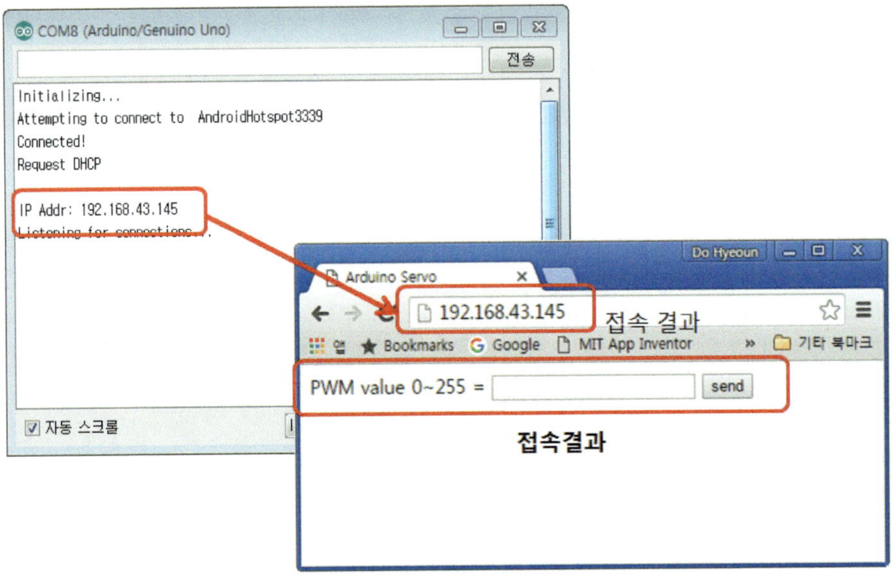

그림 17.2 시리얼 모니터 출력과 웹 브라우저 입력

브라우저에 다음과 같이 0~255 사이의 값을 입력하고 send 버튼을 클릭한다.

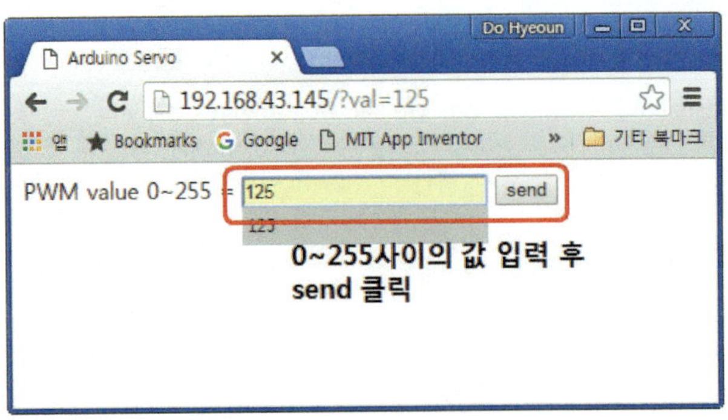

그림 17.3 웹브라우저를 통한 PWM제어 값 입력

웹브라우저에 125의 값을 입력하였다면 시리얼 모니터에 다음과 같이 정상적으로 PWM 값이 정수 값으로 생성되었음을 보여주고, 아두이노 보드의 PWM핀에 연결된 LED는 해당하는 밝기로 켜진다.

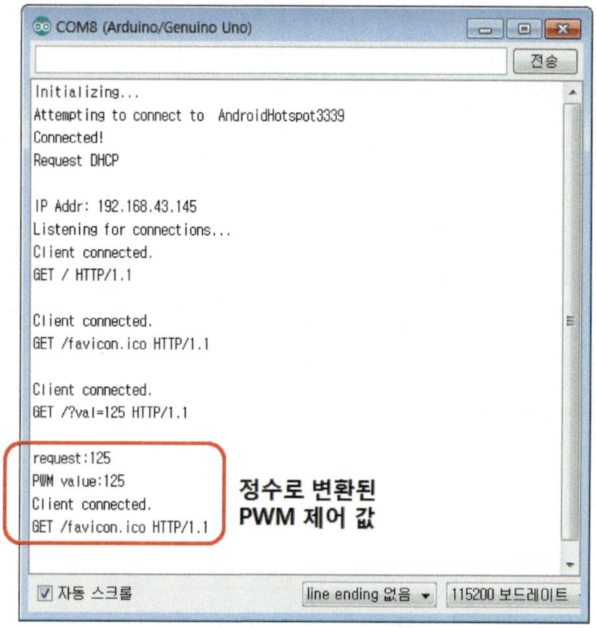

그림 17.4 시리얼 모니터 출력(연결 성공)

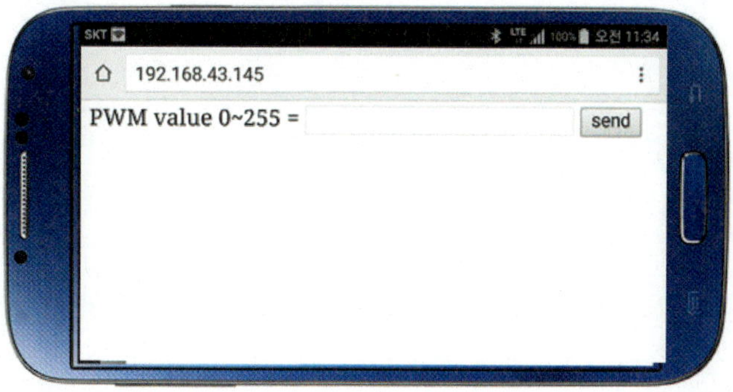

그림 17.5 스마트 폰 출력

■

실 • 전 • 예 • 제

17.2 웹브라우저에서 서버모터 제어하기

WiFi 쉴드를 설치한 아두이노 보드에 서버모터를 연결하고 웹브라우저의 텍스트 박스에 서보모터의 각도를 입력하여 서보모터의 각도를 동작시켜 보자.

아두이노 보드의 PWM핀 9번에 서버모터의 제어선을 연결하고, 7장에서처럼 myservo를 정의하여 사용한다.

아두이노 보드가 서버로서 웹 브라우저에 다음과 같이 출력되도록 한다.

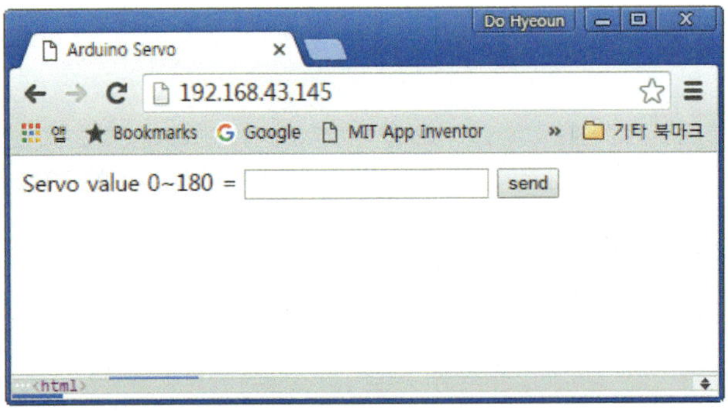

그림 17.6 웹 브라우저 출력

서버모터 제어를 위한 라이브러리 적용에 관련된 부분을 추가하고 Wifi 쉴드의 설정이나 setup( )과 loop( ) 함수의 구성은 앞의 예제 17.1과 거의 유사하다.

① Wifi 쉴드를 사용하기 위한 라이브러리를 스케치 제일 앞부분에 선언하여야 한다. 이 선언으로 인하여 작성한 스케치에 필요한 라이브러리 부분이 자동으로 포함된다.

#include 〈Adafruit_CC3000.h〉 #include 〈SPI.h〉 #include "utility/debug.h" #include "utility/socket.h " #include 〈Servo.h〉	Wifi 쉴드를 사용하기 위한 라이브러리 연결 Servo 라이브러리 추가

② Sparkfun CC3000 WiFi 쉴드의 설정

#define ADAFRUIT_CC3000_IRQ 2 #define ADAFRUIT_CC3000_VBAT 7 #define ADAFRUIT_CC3000_CS 10	SFE CC3000 쉴드를 사용을 위한 아두이노 보드의 핀 설정

```
Adafruit_CC3000 cc3000 = Adafruit_CC3000(ADAFRUIT_CC3000_CS, ADAFRUIT_CC3000_IRQ,
                                  ADAFRUIT_CC3000_VBAT, SPI_CLOCK_DIVIDER);
```

③ Wifi연결을 위한 설정

#define WLAN_SSID "AndroidHotspot3339" #define WLAN_PASS "john3339"	네트워크의 SSID 네트워크의 패스워드
#define WLAN_SECURITY WLAN_SEC_WPA2	무선 네트워크 보안 설정

④ 쉴드 초기화 설정

Adafruit_CC3000_Server httpServer(80); uint8_t buffer[95]; int bufindex = 0; char action[11]; char path[65];	httpServer 초기화
Servo myservo;	Servo변수를 myservo로 지정
String request = "" ;	request를 string 변수로 선언

⑤ 다음은 Setup( )함수의 구성을 살펴보자.

예제의 Setup( )함수 부분에는 WiFi 쉴드의 연결 상태 등을 시리얼 모니터에 나타낸 부분들이 포함되어 있다.

앞의 ①~④ 부분과 ⑤ Setup( )함수 부분은 시리얼 모니터에 출력되는 부분을 제외하고는 WiFi 쉴드를 사용할 때 공통적으로 설정하여야 할 부분이다.

void setup(void) {	Setup( ) 시작
myservo.attach(9);	PWM핀 9번을 myservo에 지정
Serial.begin(115200);	시리얼 전송속도 115200
Serial.println(F("Initializing..."));	

if (!cc3000.begin( )) {
  Serial.println(F("Couldn't begin()!"));
  while(1);
}	

Serial.print(F("Attempting to connect to ")); Serial.println(WLAN_SSID);	SSID 시리얼 모니터에 출력

if (!cc3000.connectToAP(WLAN_SSID, WLAN_PASS,
   WLAN_SECURITY)) {
  Serial.println(F("Failed!"));
  while(1);
}	

Serial.println(F("Connected!")); Serial.println(F("Request DHCP"));	

while (!cc3000.checkDHCP()) {
  delay(100);
}
	DHCP check!

while (! displayConnectionDetails( )) {
  delay(1000);
}
	displayConnectionDetails()호출
	IP주소 DNS, Gateway 등 출력

httpServer.begin( );	httpServe 연결시작
Serial.println(F("Listening for connections..."));	
}	Setup( ) 끝

다음은 이 예제의 loop( )함수 부분을 살펴보자.

⑥ loop( )함수

void loop(void){	loop( ) 시작
Adafruit_CC3000_ClientRef client = httpServer.available( );	
if (client) {	클라이언트 검사
Serial.println(F("Client connected.")); String currentLine = "";	http요청 빈 라인 검사용 변수
while (client.connected( )) {	
if (client.available( )) {	이더넷을 통한 데이터 입력이 있는지 검사
char c = client.read( ); request += c;	데이터가 있으면 읽어서 저장
if (c == '₩n') {	데이터가 빈 줄이면

```
client.println("HTTP/1.1 200 OK");
client.println("Content-Type: text/html");
client.println();
client.println("<!DOCTYPE html>");
client.println("<HTML>");
client.println("<HEAD>");
client.println("<TITLE>Arduino Servo</TITLE>");
client.println("</HEAD>");
client.println("<BODY>");
client.println("<form method=₩"get₩">") ;
client.println("Servo value 0~180 = <input type=₩"text₩" name=₩"val₩">") ;
client.println("<input type=₩"submit₩" value=₩"send₩">") ;
client.println("</form>") ;
client.println("</BODY>");
client.println("</HTML>");
```

`delay(1);`
`client.stop( );`
`Serial.println(request) ;`	

`if (request.indexOf("val=") > -1) {`	indexOf를 사용하여 "val="검색

`request.remove(0, 10);`
`request.remove(3) ;`
`Serial.print("request:");`
`Serial.println(request) ;`	

`long serV = request.toInt( );`	string의 숫자를 정수로 변환

`Serial.print("Servo Value:");`
`Serial.println(serV,DEC) ;`
`myservo.write(serV) ;`
`delay(15);`
	서보모터 이동 각도 출력

`}`	if (request...)의 끝
`request = "";`	
`}`	if (c == '₩n') 끝
`}`	if(client.available()) 끝
`}`	while(client.connected()) 끝
`delay(100);`	웹 브라우저 전송 위해 대기
`client.close( );`	클라이언트 연결을 닫음
`}`	if (client) 끝
`}`	loop( ) 끝

myservo.write(serV)에 의하여 서보모터 이동 각도 출력이 이루어진다.

⑦ setup( )에서 호출한 WiFi연결 상태를 시리얼 모니터에 출력하기 위한 함수

```
bool displayConnectionDetails(void) {
  uint32_t ipAddress, netmask, gateway, dhcpserv, dnsserv;
if(!cc3000.getIPAddress(&ipAddress, &netmask, &gateway, &dhcpserv, &dnsserv))   {
      Serial.println(F("Unable to retrieve the IP Address!₩r₩n"));
      return false;
   }
   else   {
      Serial.print(F("₩nIP Addr: ")); cc3000.printIPdotsRev(ipAddress);
      Serial.println();
      return true;
   }
}
```

아두이노 보드에 WiFi 쉴드를 설치하고 스케치를 업로드하고 시리얼 모니터와 브라우저를 열어 동작 결과를 확인한다.

웹 브라우저의 주소창에 시리얼모니터에서 확인한 아두이노 보드로 만든 서버의 IP주소를 입력하면 그림과 같이 브라우저에 나타난다. 브라우저에 다음과 같이 0~180 사이의 값을 입력하고 send 버튼을 클릭한다.

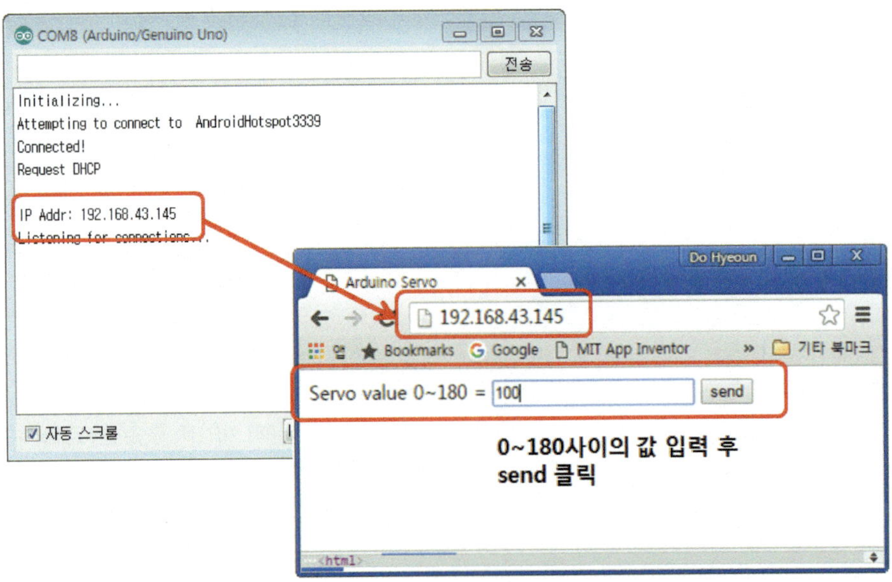

그림 17.7 시리얼 모니터 출력과 웹브라우저 입력

웹브라우저에 100의 값을 입력하였다면 시리얼 모니터에 다음과 같이 정상적으로 서버모터 회전 값이 정수 값으로 생성되었음 보여주고, 아두이노 보드의 PWM핀에 연결된 서보모터가 회전한다.

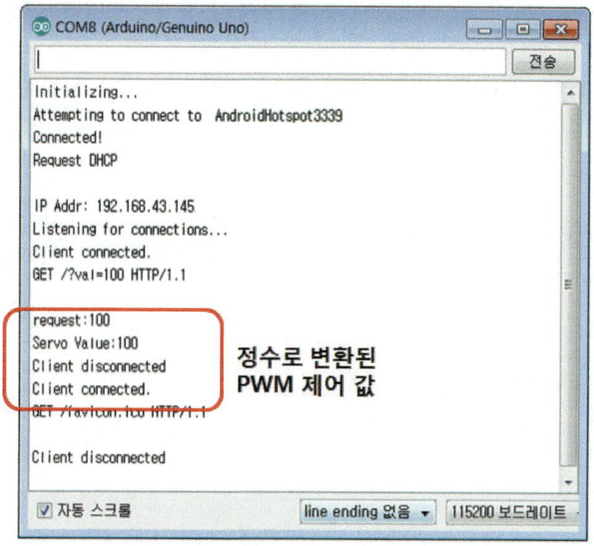

그림 17.8 시리얼 모니터 출력(연결 성공)

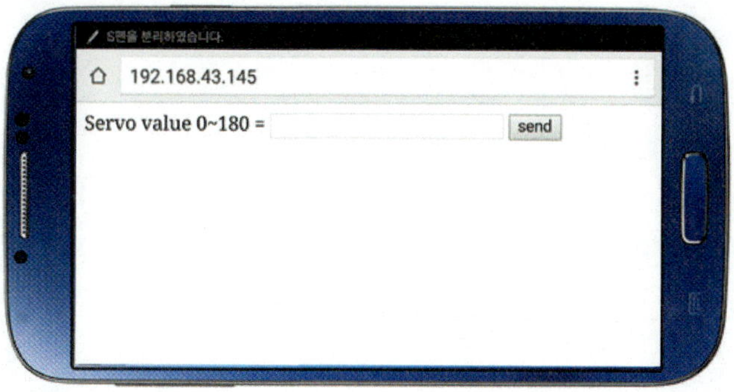

그림 17.9 스마트 폰 출력

■

17.3 실•전•예•제 웹브라우저에서 DC모터 제어하기

WiFi 쉴드를 설치한 아두이노 보드에 직류 모터쉴드를 사용하여 모터를 연결하고 웹브라우저의 텍스트 박스에서 DC모터의 회전 방향을 제어해 보자.

7장에서처럼 아두이노 보드에 직류 모터쉴드를 사용하여 모터를 연결하여 사용한다. 아두이노 보드가 서버로서 웹브라우저에 다음과 같이 출력되도록 한다.

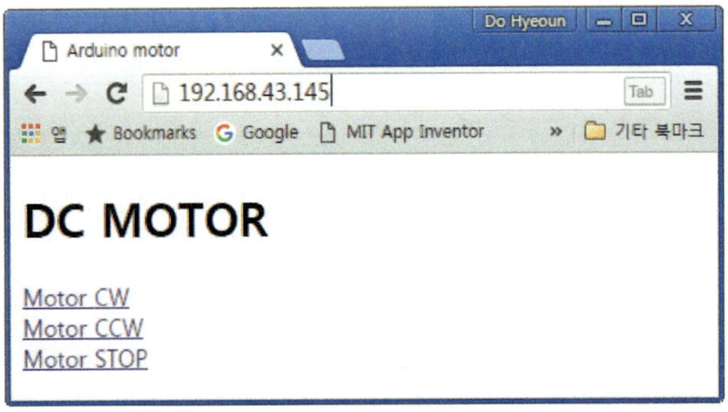

그림 17.10 웹브라우저 출력

직류모터 제어를 위한 부분을 추가하고 Wifi 쉴드의 설정이나 setup( )과 loop( ) 함수의 구성은 앞의 예제 17.1과 거의 유사하다.

① Wifi 쉴드를 사용하기 위한 라이브러리를 스케치 제일 앞부분에 선언하여야 한다. 이 선언으로 인하여 작성한 스케치에 필요한 라이브러리 부분이 자동으로 포함된다.

#include <Adafruit_CC3000.h> #include <SPI.h> #include "utility/debug.h" #include "utility/socket.h"	Wifi 쉴드를 사용하기 위한 라이브러리 연결

② Sparkfun CC3000 WiFi 쉴드의 설정

#define ADAFRUIT_CC3000_IRQ 2 #define ADAFRUIT_CC3000_VBAT 7 #define ADAFRUIT_CC3000_CS 10	SFE CC3000 쉴드를 사용을 위한 아두이노 보드의 핀 설정

```
Adafruit_CC3000 cc3000 = Adafruit_CC3000(ADAFRUIT_CC3000_CS, ADAFRUIT_CC3000_IRQ,
                    ADAFRUIT_CC3000_VBAT, SPI_CLOCK_DIVIDER);
```

③ Wifi연결을 위한 설정

#define WLAN_SSID "AndroidHotspot3339" #define WLAN_PASS "john3339"	네트워크의 SSID 네트워크의 패스워드
#define WLAN_SECURITY WLAN_SEC_WPA2	무선 네트워크 보안 설정

④ 쉴드 초기화 설정

Adafruit_CC3000_Server httpServer(80); uint8_t buffer[95]; int bufindex = 0; char action[11]; char path[65];	httpServer 초기화
String request = "" ;	request를 string 변수로 선언

⑤ 다음은 Setup( )함수의 구성을 살펴보자.

예제의 Setup( )함수 부분에는 WiFi 쉴드의 연결 상태 등을 시리얼 모니터에 나타낸 부분들이 포함되어 있다.

앞의 ①~④ 부분과 ⑤ Setup( )함수 부분은 시리얼 모니터에 출력 되는 부분을 제외하고는 WiFi 쉴드를 사용할 때 공통적으로 설정하여야 부분이다.

void setup(void) {	Setup( ) 시작
Serial.begin(115200);	시리얼 전송속도 115200
pinMode(4, OUTPUT);	핀 4번 모터 M1의 방향지정
Serial.println(F("Initializing..."));	

if (!cc3000.begin( )) {
  Serial.println(F("Couldn't begin()!"));
  while(1);
}	

Serial.print(F("Attempting to connect to ")); Serial.println(WLAN_SSID);	SSID 시리얼 모니터에 출력

if (!cc3000.connectToAP(WLAN_SSID, WLAN_PASS,
  WLAN_SECURITY)) {
  Serial.println(F("Failed!"));
  while(1);
}	

Serial.println(F("Connected!")); Serial.println(F("Request DHCP"));	

while (!cc3000.checkDHCP()) {
  delay(100);
}
	DHCP check!

while (! displayConnectionDetails( )) {
  delay(1000);
}
	displayConnectionDetails()호출
	IP주소 DNS, Gateway 등 출력

httpServer.begin( );	httpServe 연결시작
Serial.println(F("Listening for connections..."));	
}	Setup( ) 끝

다음은 이 예제의 loop( )함수 부분을 살펴보자.

⑥ loop( )함수

void loop(void){	loop( ) 시작
Adafruit_CC3000_ClientRef client = httpServer.available( );	
if (client) {	클라이언트 검사
Serial.println(F("Client connected.")); String currentLine = "";	http요청 빈 라인 검사용 변수
while (client.connected( )) {	
if (client.available( )) {	이더넷을 통한 데이터 입력이 있는지 검사
char c = client.read( ); request += c;	데이터가 있으면 읽어서 저장
if (c == '₩n') {	데이터가 빈 줄이면

```
client.println("<!DOCTYPE html>");
client.println("<html>");
client.println("<head>");
client.println("<title>Arduino motor</title>");
client.println("</head>");

client.println("<body>");
client.println("<h1>DC MOTOR</h1>");
client.println("<form method=₩"get₩">") ;
client.println("<a href=₩"/?1₩">Motor  CW</a><br />") ;
client.println("<a href=₩"/?2₩">Motor  CCW</a><br />") ;
client.println("<a href=₩"/?3₩">Motor STOP</a><br />") ;
client.println("</form>");
client.println("</body>");
client.println("</html>");
```

delay(1);
client.stop( );
Serial.println(request) ;	

if (request.indexOf("?") > -1) {	indexOf를 사용하여 "val="검색
request.remove(0, 6); request.remove(1) ; Serial.print("request:"); Serial.println(request) ;	
long select = request.toInt( );	string의 숫자를 정수로 변환
switch (select) {	case 선택
case 1 : motor_CW(2000); Serial.println("Motor CW"); break ;	모터 M1 2초간 정회전
case 2 : motor_CCW(2000); Serial.println("Motor CCW"); break ;	모터 M1 2초간 역회전
case 3 : motor_ST(2000); Serial.println("Motor Stop"); break ;	모터 M1 정지
}	switch (select)의 끝
Serial.println(request) ;	
}	if (request...)의 끝
request = "";	
}	if (c == '₩n') 끝
}	if(client.available()) 끝
}	while(client.connected()) 끝
delay(100);	웹 브라우저 전송 위해 대기
client.close( );	클라이언트 연결을 닫음
}	if (client) 끝
}	loop( ) 끝

7장에서처럼 직류 모터 회전 함수를 만들어 사용한다.

void motor_CW(int t) {
digitalWrite(4, HIGH);
analogWrite(5, 255);
delay(t);
}
	시계방향(CW) 회전 함수
	모터 M1의 방향 : 시계방향
	
	지정시간 동안 회전

<table>
<tr><td><pre>void motor_CCW(int t) {
    digitalWrite(4, LOW);
    analogWrite(5, 255);
    delay(t);
  }</pre></td><td>반시계방향(CCW) 회전 함수
모터 M1의 방향 : 반시계방향

지정시간 동안 회전</td></tr>
<tr><td><pre>void motor_CW(int t) {
    analogWrite(5, 0);
    delay(t);
  }</pre></td><td>정지 함수
정지</td></tr>
</table>

⑦ setup( )에서 호출한 WiFi연결 상태를 시리얼 모니터에 출력하기 위한 함수

```
bool displayConnectionDetails(void) {
 uint32_t ipAddress, netmask, gateway, dhcpserv, dnsserv;
if(!cc3000.getIPAddress(&ipAddress, &netmask, &gateway, &dhcpserv, &dnsserv))   {
    Serial.println(F("Unable to retrieve the IP Address!₩r₩n"));
    return false;
  }
  else  {
    Serial.print(F("₩nIP Addr: ")); cc3000.printIPdotsRev(ipAddress);
    Serial.println();
    return true;
  }
}
```

아두이노 보드에 WiFi 쉴드를 설치하고 스케치를 업로드하고 시리얼 모니터와 브라우저를 열어 동작 결과를 확인한다.

웹브라우저의 주소창에 시리얼모니터에서 확인한 아두이노 보드로 만든 서버의 IP주소를 입력하면 그림과 같이 브라우저에 나타난다.

브라우저에 다음과 같이 Motor CW, Motor CCW, Motor Stop 중 하나를 선택하여 클릭한다.

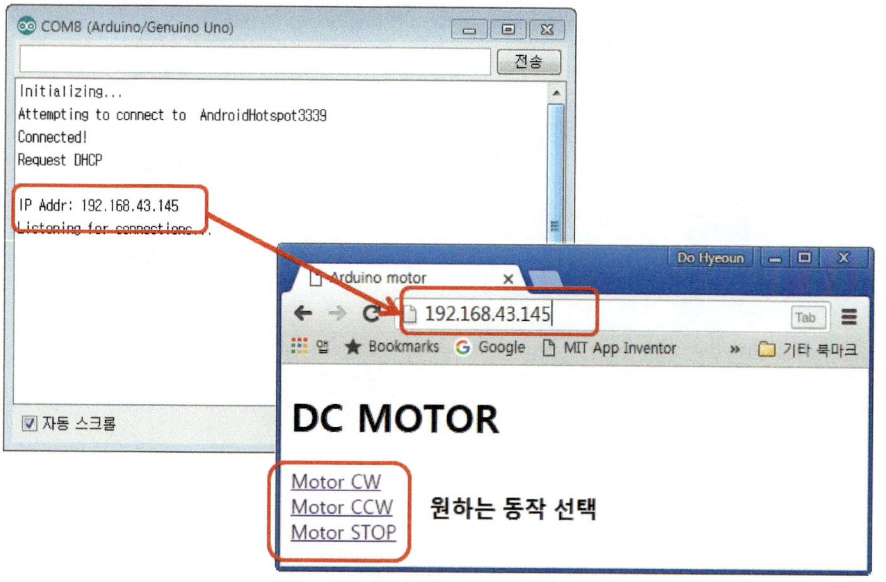

그림 17.11 시리얼 모니터 출력과 웹브라우저 입력

웹브라우저에서 선택한 내용이 시리얼 모니터에 다음과 같이 나타나며 모터가 회전한다.

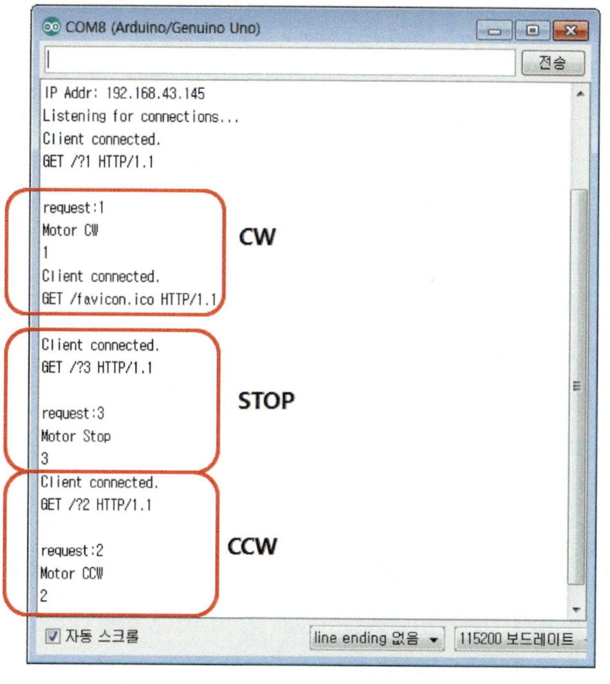

그림 17.12 시리얼 모니터 출력(연결 성공)

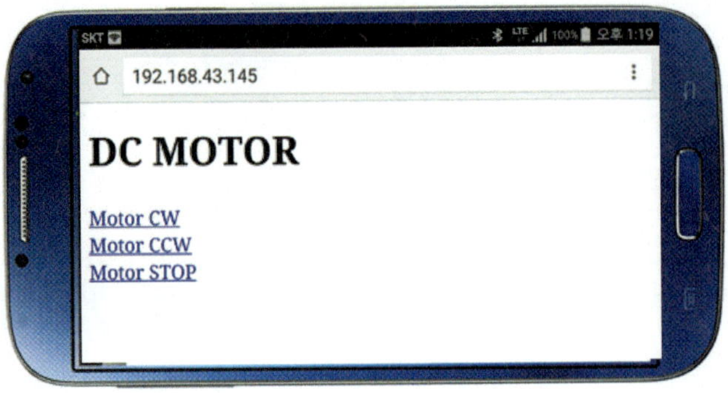

그림 17.13 스마트 폰 출력

실•전•예•제

17.4 웹브라우저에서 입력한 문자를 텍스트 LCD에 출력하기

웹브라우저에서 텍스트 LCD에 표시할 최대 16자의 문장을 입력하면 아두이노 보드에 연결된 텍스트 LCD에 문장을 나타내게 한다.

텍스트 LCD가 최대16자까지 표시가 가능하므로 영어와 숫자로 16자까지만 입력하도록 한다.

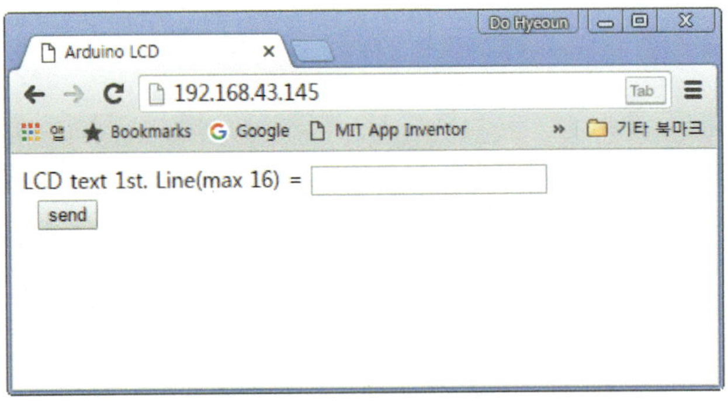

그림 17.14 웹브라우저 출력

또한 아두이노 보드에서 WiFi 쉴드를 사용하기 위하여 Interrupt, WiFi Enable, CC3000의 CS로 Sparkfun은 2, 7, 10을 사용하고, Adafruit는 3, 5, 10를 사용하므로 주의한다. 이들 핀을 중복하여 사용하지 않기 위하여 표 17.1과 같이 아날로그 입력 A0~A5를 디지털출력으로 사용하여 텍스트 LCD를 제어한다.

표 17.1 4bit 인터페이스의 TEXT LCD 함수

Text LCD 모듈	제어핀			데이터 핀							
	RS	RW	E	D0	D1	D2	D3	D4	D5	D6	D7
아두이노 보드 연결	A5	GND	A4	X	X	X	X	A3	A2	A1	A0
LiquidCrystal lcd()	LiquidCrystal lcd(A5, A4, A3, A2, A1, A0);										

직류모터 제어를 위한 부분을 추가하고 Wifi 쉴드의 설정이나 setup( )과 loop( ) 함수의 구성은 앞의 예제 17.1과 거의 유사하다.

① Wifi 쉴드를 사용하기 위한 라이브러리를 스케치 제일 앞부분에 선언하여야 한다. 이 선언으로 인하여 작성한 스케치에 필요한 라이브러리 부분이 자동으로 포함된다.

#include 〈Adafruit_CC3000.h〉 #include 〈SPI.h〉 #include 〈LiquidCrystal.h〉 #include "utility/debug.h" #include "utility/socket.h"	Wifi 쉴드를 사용하기 위한 라이브러리 연결 LCD를 사용하기 위한 라이브러리

② Sparkfun CC3000 WiFi 쉴드의 설정

#define ADAFRUIT_CC3000_IRQ 2 #define ADAFRUIT_CC3000_VBAT 7 #define ADAFRUIT_CC3000_CS 10	SFE CC3000 쉴드 사용을 위한 아두이노 보드의 핀 설정

```
Adafruit_CC3000 cc3000 = Adafruit_CC3000(ADAFRUIT_CC3000_CS, ADAFRUIT_CC3000_IRQ,
                                        ADAFRUIT_CC3000_VBAT, SPI_CLOCK_DIVIDER);
```

③ Wifi연결을 위한 설정

#define WLAN_SSID "AndroidHotspot3339" #define WLAN_PASS "john3339"	네트워크의 SSID 네트워크의 패스워드
#define WLAN_SECURITY WLAN_SEC_WPA2	무선 네트워크 보안 설정

④ 쉴드 초기화 설정

Adafruit_CC3000_Server httpServer(80); uint8_t buffer[95]; int bufindex = 0; char action[11]; char path[65];	httpServer 초기화
LiquidCrystal lcd(A5, A4, A3, A2, A1, A0);	LCD 연결 설정
String request = "" ;	request를 string 변수로 선언

⑤ 다음은 Setup( )함수의 구성을 살펴보자.

예제의 Setup( )함수 부분에는 WiFi 쉴드의 연결 상태 등을 시리얼 모니터에 나타낸 부분들이 포함되어 있다.

앞의 ①~④ 부분과 ⑤ Setup( )함수 부분은 시리얼 모니터에 출력 되는 부분을 제외하고는 WiFi 쉴드를 사용할 때 공통적으로 설정하여야 할 부분이다.

void setup(void) {	Setup( ) 시작
Serial.begin(115200);	시리얼 전송속도 115200
Serial.println(F("Initializing..."));	

if (!cc3000.begin( )) {
Serial.println(F("Couldn't begin()!"));
while(1);
}	

Serial.print(F("Attempting to connect to ")); Serial.println(WLAN_SSID);	SSID 시리얼 모니터에 출력

if (!cc3000.connectToAP(WLAN_SSID, WLAN_PASS,
WLAN_SECURITY)) {
Serial.println(F("Failed!"));
while(1);
}	

Serial.println(F("Connected!")); Serial.println(F("Request DHCP"));	

while (!cc3000.checkDHCP()) {
delay(100);
}
	DHCP check!

while (! displayConnectionDetails( )) {
delay(1000);
}
	displayConnectionDetails()호출
	IP주소 DNS, Gateway 등 출력

httpServer.begin( );	httpServe 연결시작
Serial.println(F("Listening for connections..."));	
}	Setup( ) 끝

다음은 이 예제의 loop( )함수 부분을 살펴보자.

⑥ loop( )함수

void loop(void){	loop( ) 시작
Adafruit_CC3000_ClientRef client = httpServer.available( );	
if (client) {	클라이언트 검사
Serial.println(F("Client connected.")); String currentLine = "";	http요청 빈 라인 검사용 변수
while (client.connected( )) {	
if (client.available( )) {	이더넷을 통한 데이터 입력이 있는지 검사
char c = client.read( ); request += c;	데이터가 있으면 읽어서 저장
if (c == '₩n') {	데이터가 빈 줄이면

```
client.println("HTTP/1.1 200 OK"); //send new page
client.println("Content-Type: text/html");
client.println();
client.println("〈!DOCTYPE html〉");
client.println("〈HTML〉");
client.println("〈HEAD〉");
client.println("〈TITLE〉Arduino Text LCD〈/TITLE〉");
client.println("〈/HEAD〉");

client.println("〈BODY〉");
client.println("〈form method=₩"get₩"〉") ;
client.println("LCD text 1st. Line(max 16) = 〈input type=₩"text₩"
name=₩"val₩"〉 〈br /〉") ;
client.println(" ") ;
client.println("〈input type=₩"submit₩" value=₩"send₩"〉") ;
client.println("〈/form〉") ;
client.println("〈/BODY〉");
client.println("〈/HTML〉");
```

delay(1);
client.stop( );
Serial.print("request0:");
Serial.println(request) ;	

if (request.indexOf("val=") 〉 -1) {	indexOf를 사용하여 "val="검색

request.remove(0, 10) ;	request 앞부분의 "GET /?val=" 제거(문자10개)
Serial.print("request1:"); Serial.println(request) ;	제거결과 출력

for (int tem = 25; tem >= 0; tem--) {
request.remove(tem,1) ;
if(request.lastIndexOf("*")== -1) break;
}
	request에서 "*" 뒷부분 제거

Serial.print("request2:"); Serial.println(request) ;	제거결과 출력
lcd.clear( ) ; lcd.setCursor(0,0) ; lcd.print(request) ;	LCD 화면 지우기 커서 위치 (0,0) 조정 LCD 출력
}	if (request...)의 끝
request = "";	
}	if (c == '₩n') 끝
}	if(client.available()) 끝
}	while(client.connected()) 끝
delay(100);	웹 브라우저 전송 위해 대기
client.close( );	클라이언트 연결을 닫음
}	if (client) 끝
}	loop( ) 끝

⑦ setup( )에서 호출한 WiFi연결 상태를 시리얼 모니터에 출력하기 위한 함수

```
bool displayConnectionDetails(void) {
 uint32_t ipAddress, netmask, gateway, dhcpserv, dnsserv;
if(!cc3000.getIPAddress(&ipAddress, &netmask, &gateway, &dhcpserv, &dnsserv))   {
    Serial.println(F("Unable to retrieve the IP Address!₩r₩n"));
    return false;
  }
  else  {
    Serial.print(F("₩nIP Addr: ")); cc3000.printIPdotsRev(ipAddress);
    Serial.println();
    return true;
  }
}
```

아두이노 보드에 WiFi 쉴드를 설치하고 스케치를 업로드하고 시리얼 모니터와 브라우저를 열어 동작 결과를 확인한다.

웹브라우저의 주소창에 시리얼모니터에서 확인한 아두이노 보드로 만든 서버의 IP주소를 입력하면 그림과 같이 브라우저에 나타난다.

브라우저에 다음과 같이 16개 이하의 영문이나 숫자를 입력하고 뒤에 '*'를 붙여 주고 send를 클릭한다. 끝에 붙여주는 '*'는 문자입력의 끝을 의미한다.

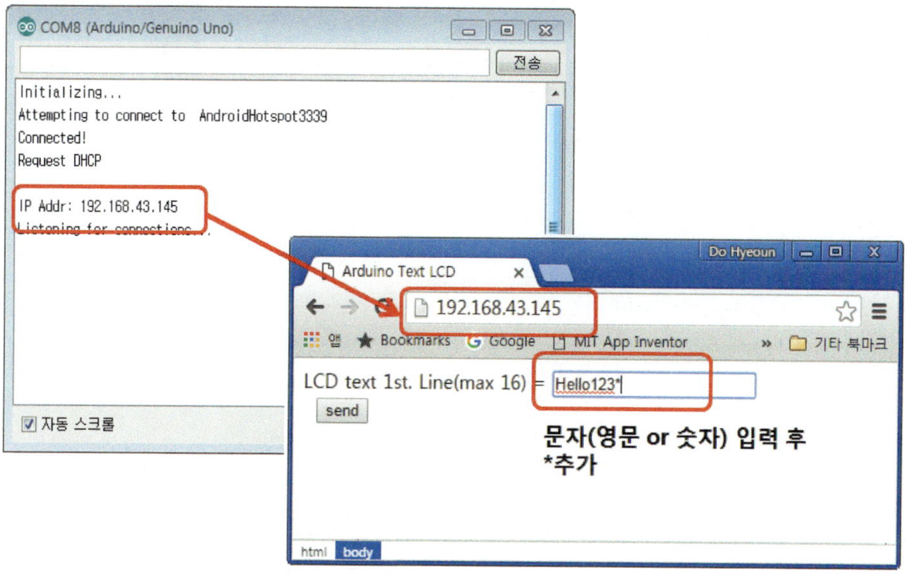

그림 17.15 시리얼 모니터 출력과 웹브라우저 입력

웹브라우저에서 선택한 내용이 시리얼 모니터에 다음과 같이 나타나며 모터 회전한다.

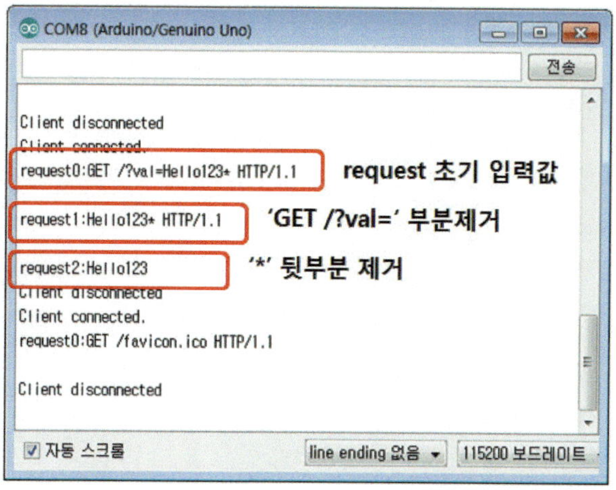

그림 17.16 시리얼 모니터 출력(연결 성공)

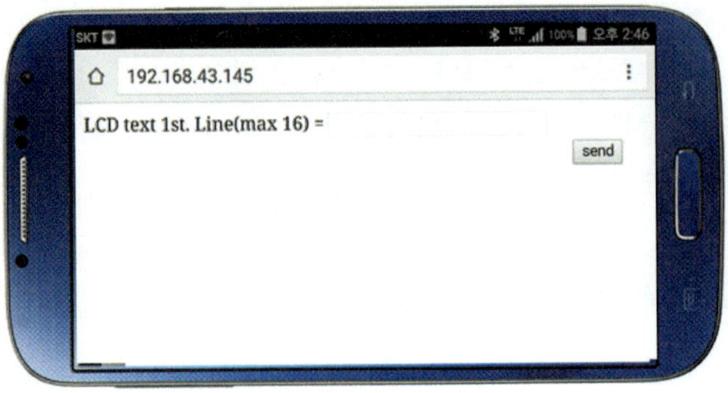

그림 17.17　스마트 폰 출력

■

I2C를 이용한 통신 제어

CHAPTER 18

외부 기기를 사용하여 아두이노를 제어하거나 아두이노에 연결된 센서 등의 정보를 외부로 보내기 위하여, 4장에서는 시리얼 통신을, 11장에서는 블루투스를 이용한 시리얼 통신 방법을 다루었다.

이 장에서는 I2C 통신으로 여러 개의 아두이노 보드를 데이지 체인으로 연결하거나 I2C 방식의 센서나 모터 모듈을 제어하는 방법을 학습한다. 예제들을 실습해 보자.

18.1 I2C통신 방식

일반적으로 많이 사용되는 시리얼 통신 방식인 RS-232, RS-422, RS-485와 같은 UART (Universal asynchronous receiver/transmitter)인 비동기식이다. 특히 아두이노는 RS-232방식을 일반적으로 많이 사용하는데, 1:1 통신 방법으로 다수의 기기를 연결하기 불편하다. 반면에 I2C와 SPI 통신은 1:N 통신이 가능하며, 아두이노는 SPI와 I2C 통신을 사용하는 센서 모듈들을 사용할 수 있다.

I2C(Inter-Intergrated Circuit)와 SPI(Serial Peripheral Interface Bus)는 동기식 통신 방식으로 마스터(master)와 여러 개의 슬레이브(slave) 장치를 연결하여 정보를 주고 받는다.

통신 속도는 SPI가 빠르기 때문에 고속으로 많은 양의 데이터를 전송해야 된다면 SPI통신을 사용하는 것이 적합하지만 장치를 연결할 때마다 사용해야하는 신호선이 많아지기 때문에 복잡해진다.

그러므로 적은 양의 데이터를 저속으로 전송할 경우에는 I2C는 2개의 신호선 만을 이용하므로 I2C 통신을 사용하는 것이 적합하다. 또한 1:N 통신으로 여러 개의 슬레이브 모듈들을 연결할 경우, SPI는 SS 연결을 통해 가능지만, I2C의 경우 슬레이브가 가지고 있는 주소(address)로 접근하는 방식을 사용하여 편리하다.

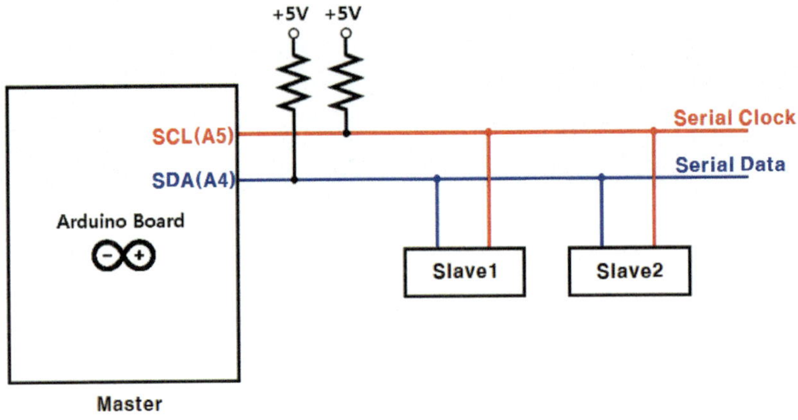

그림 18.1 I2C 통신 방식

아두이노에서 I2C 통신을 사용하기 위해 사용되는 SDA(직렬데이터), SCL(직렬 클럭) 신호선은 그림 18.1과 같이 모두 풀업 저항을 연결하여 데이터를 송수신하지 않을 때 항상 HIGH 상태로 유지시켜야 한다.

I2C나 SPI 통신은 아두이노에서 사용하기 위한 라이브러리가 제공되며, Wire라는 명령을 사용한다.

18.2 I2C로 2개의 아두이노 연결하기

두 개의 아두이노 보드를 그림 18.2와 같이 서로 I2C로 연결하고, 마스터 아두이노에서 보내는 데이터에 따라서 슬레이브 LED의 시리얼 모니터에 출력하는 예제를 제어해 보도록 하자.

그림 18.2와 같이 마스터 아두이노의 SCL(A5)와 슬레이브 아두이노의 SCL(A5)를 연결하고, 마스터 아두이노의 SDA(A4)와 슬레이브 아두이노의 SDA(A4)를 연결한다.

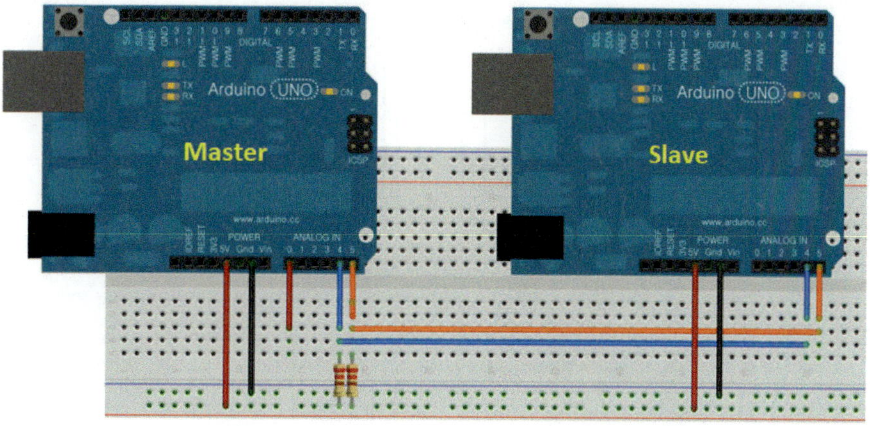

그림 18.2 Master 아두이노 – Slave 아두이노 연결

실 • 전 • 예 • 제

18.1 마스터 아두이노에서 슬레이브 아두이노로 데이터 보내기

I2C로 서로 연결된 마스터 아두이노에는 데이터를 보내는 스케치가 설치 되어야 하고, 슬레이브 아두이노에 데이터를 받아 시리얼 모니터로 출력하는 스케치를 설치해야한다.

이를 위하여 그림 18.2와 같이 마스터 아두이노에는 [파일→ 예제→ Wire→ master_write]의 예제 스케치를 업로드하고, 슬레이브 아두이노에는 [파일→ 예제→ Wire→ slave_receiver]의 예제 스케치를 업로드 한다.

이때, 2개의 아두이노를 동시에 PC에 연결한 경우 마스터 아두이노가 연결된 포트와 슬레이브 아두이노가 연결된 포트를 구분하여 각각의 예제 스케치를 업로드해야 한다.

표 18.1과 그림 18.3처럼 마스터와 슬레이브 아두이노를 구분하여 연결하고 업로드 한다.

표 18.1 Master 아두이노 – Slave 아두이노 연결

	마스터 아두이노 보드	슬레이브 아두이노 보드
연결된 포트	COM3	COM4
예제 스케체	master_write	slave_receiver

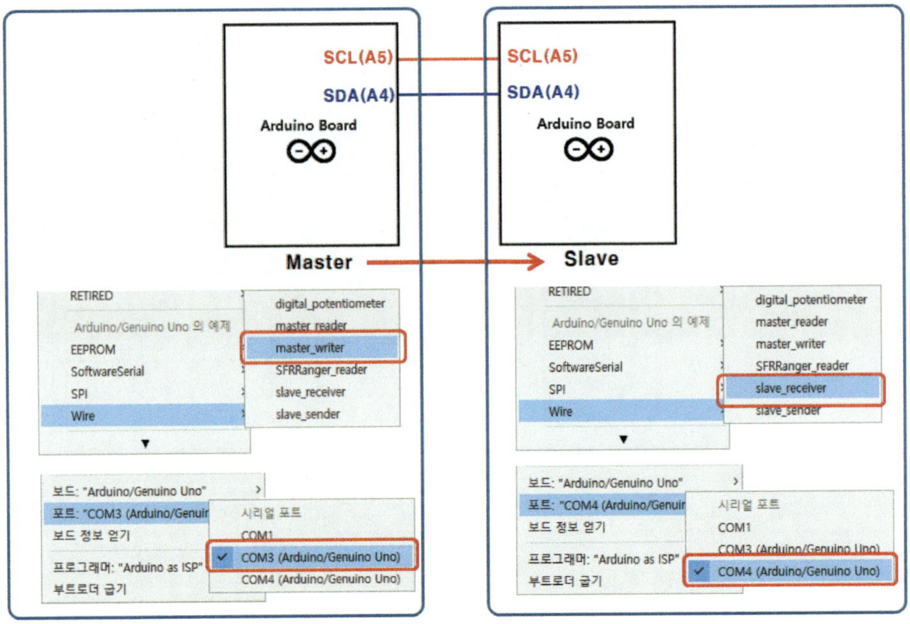

그림 18.3 Master 아두이노와 Slave 아두이노에 예제 스케치 업로드

마스터 아두이노 보드에 설치될 스케치를 다음과 같다.

코드	설명

//I2C Master
#include 〈Wire.h〉
byte x = 0;
	I2C통신을 위한 Wire 라이브러리 사용

void setup( ) {
  Wire.begin();
}
	Wire함수 초기화

void loop( ) {	loop 시작

Wire.beginTransmission(8);
Wire.write("x is ");
Wire.write(x);
Wire.endTransmission();
 	
x++;
delay(500);
	장치 8번에 전송
	"x is "의 5 bytes 보내기
	x값(1byte) 보내기
	전송 정지
	
	x값 +1 증가

}	loop() 끝

슬레이브 아두이노 보드에 설치될 스케치를 다음과 같다.

//I2C Slave
#include <Wire.h>
byte x = 0;
	I2C통신을 위한 Wire 라이브러리 사용

void setup( ) {
  Wire.begin(8);
  Wire.onReceive(receiveEvent);
  Serial.begin(9600);
}
	I2C버스에 #8로 접속
	receiveEvent를 이벤트로 등록
	시리얼 통신 속도 설정(9600)

void loop( ) {
  delay(500);
}	

void receiveEvent(int howMany) {	receiveEvent 함수 시작 마스터로부터 데이터를 수신 할 때마다 실행

while (1 < Wire.available()) {
    char c = Wire.read();
    Serial.print(c);
  }
  int x = Wire.read();
  Serial.println(x);
	Wire를 통한 통신 감지
	I2C버스를 통해 데이터를 문자형으로 받기
	받은 문자("x is ")를 시리얼 모니터에 출력
	
	I2C버스를 통해 데이터를 정수형으로 받기
	받은 값을 정수로 시리얼 모니터에 출력

}	receiveEvent() 끝

마스터 아두이노와 슬레이브 아두이노에 각각 업로드가 완료되면, 슬레이브 아두이노의 시리얼 모니터를 열어 결과를 확인한다.

슬레이브 아두이노 보드 시리얼 모니터

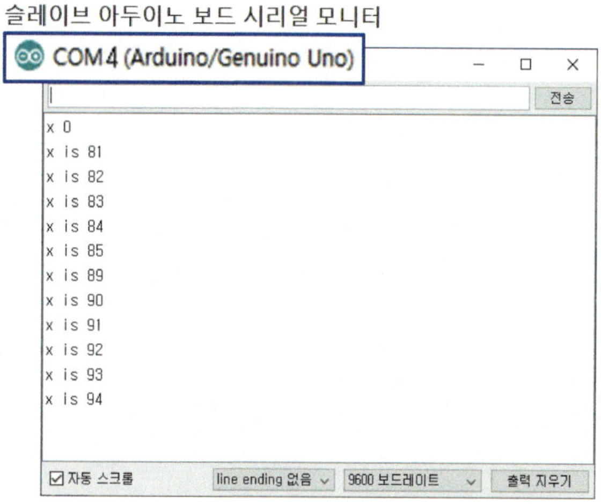

그림 18.4 슬레이브 아두이노의 시리얼 모니터

실•전•예•제

18.2 슬레이브 아두이노에서 마스터 아두이노로 데이터 보내기

예제 18.1과 반대로 슬레이브 아두이노에서 마스터 아두이노로 데이터를 보내는 예제를 살펴보자.

이를 위하여 그림 18.5와 같이 마스터 아두이노에는 [파일→ 예제→ Wire→ master_reader]의 예제 스케치를 업로드하고, 슬레이브 아두이노에는 [파일→ 예제→ Wire→ slave_sender]의 예제 스케치를 업로드 한다.

표 18.2 Master 아두이노 – Slave 아두이노 연결

	마스터 아두이노 보드	슬레이브 아두이노 보드
연결된 포트	COM3	COM4
예제 스케체	master_reader	slave_sender

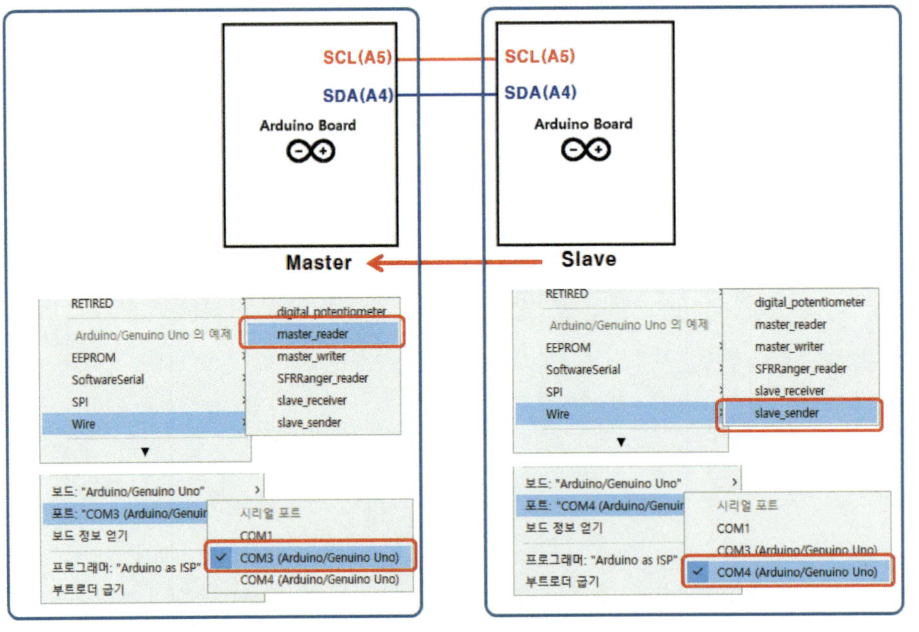

그림 18.5 Master 아두이노와 Slave 아두이노에 에제 스케치 업로드

마스터 아두이노 보드에 설치될 스케치를 다음과 같다.

//I2C Master
#include 〈Wire.h〉
byte x = 0;
	I2C통신을 위한 Wire 라이브러리 사용

void setup( ) {
  Wire.begin();
  Serial.begin(9600);
}
	Wire함수 초기화
	시리얼 통신 속도 설정(9600)

void loop( ) {	loop 시작

Wire.requestFrom(8, 6);
  while (Wire.available()) {
    char c = Wire.read();
    Serial.println(c);
  }
  delay(500);
	장치 8번에 6byte 요청
	
	보내온 데이터를 문자형으로 받기
	받은 문자를 시리얼 모니터에 출력

}	loop() 끝

슬레이브 아두이노 보드에 설치될 스케치를 다음과 같다.

//I2C Slave #include 〈Wire.h〉	I2C통신을 위한 Wire 라이브러리 사용

void setup( ) {
  Wire.begin(8);
  Wire.onRequest(requestEvent);
}
	I2C버스에 #8로 접속
	requestEvent를 이벤트로 등록

void loop( ) {
  delay(500);
}	

void requestEvent() {	receiveEvent 함수 시작 마스터로부터 데이터를 요청할 때마다 실행
Wire.write("hello");	6byte 문자("hello")를 보내기
}	requestEvent() 끝

마스터 아두이노와 슬레이브 아두이노에 각각 업로드가 완료되면, 슬레이브 아두이노의 시리얼 모니터를 열어 결과를 확인한다.

마스터 아두이노가 I2C의 장치 #8번에 연결된 슬레이브 장치에 6바이트의 데이터를 요청하면, 슬레이브 아두이노가 6바이트의 데이터("hello")를 전송한다.

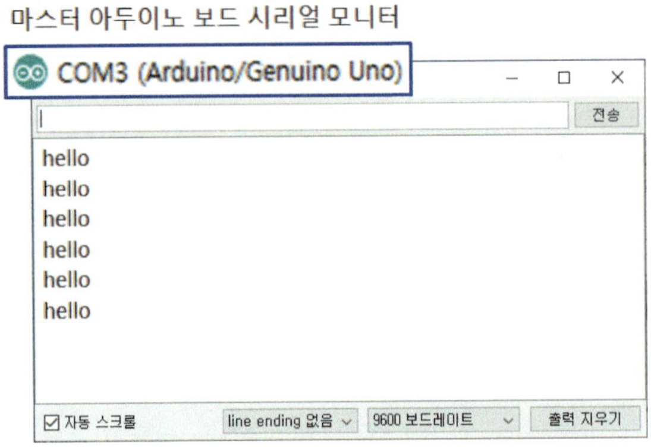

그림 18.6 마스터 아두이노의 시리얼 모니터

18.3 I2C에 연결된 아두이노 제어하기

I2C로 연결된 2개의 아두이노 보드에서 마스터 아두이노로 슬레이브 아두이노를 제어하여 보자.

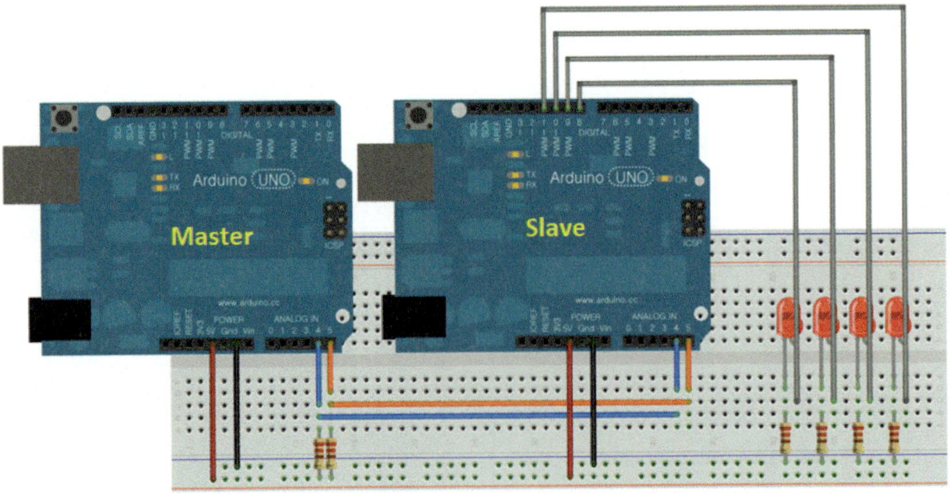

그림 18.7 Master 아두이노 – Slave 아두이노(LED 4개) 연결

실 • 전 • 예 • 제

18.3 마스터 아두이노로 슬레이브 아두이노 제어하기

그림 18.8과 같이 I2C에 연결된 마스터 아두이노에서 데이터를 보내어 슬레이브 아두이노의 LED를 제어하여 보자.

마스터 아두이노에서 0~3의 데이터를 순차적으로 전송하면, 슬레이브 아두이노에 연결된 4개의 LED 가운데 해당하는 순서의 LED에 불이 켜지게 한다.

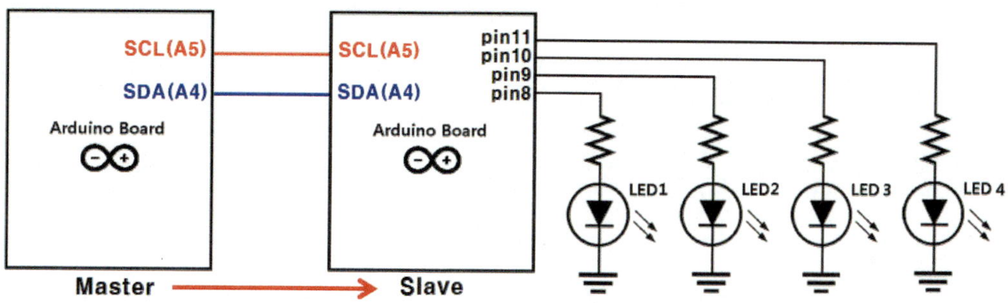

그림 18.8 마스터 아두이노를 사용한 슬레이브 아두이노의 제어

마스터 아두이노 보드에 설치될 스케치를 다음과 같다.

//I2C Master #include <Wire.h> int dataT;	I2C통신을 위한 Wire 라이브러리 사용

void setup( ) {
  Wire.begin();
  Serial.begin(9600);
}
	Wire함수 초기화
	시리얼 통신 속도 설정(9600)

void loop( ) {	loop 시작

for (int k=0; k<4; k++) {
  dataT=k;
  Wire.beginTransmission(0);
  Wire.write(dataT);
  Wire.endTransmission(0);
  Serial.println(dataT);
  delay(200);
}
	전송할 데이터(dataT)를 0~3까지 변화
	장치 #0번에 전송
	데이터(dataT)를 보내기
	전송 정지

}	loop() 끝

슬레이브 아두이노 보드에 설치될 스케치를 다음과 같다.

//I2C Slave
#include 〈Wire.h〉
int pinLED[4]= {8,9,10,11 };
int dataR = 0;
	I2C통신을 위한 Wire 라이브러리 사용

void setup( ) {
  Wire.begin(0);
  Wire.onRequest(receiveEvent);
  Serial.begin(9600);
  for (int k=0; k〈4; k++) {
    pinMode(pinLED[k], OUTPUT);
  }
}
	I2C버스에 #0으로 접속
	receiveEvent를 이벤트로 등록
	
	LED가 연결된 8~11핀 출력모드 선언

void loop( ) {
  for (int k=0; k〈4; k++) {
    digitalWrite(pinLED[k], LOW);
  }
  delay(500);
}
	LED 모두 off

void receiveEvent() {	receiveEvent 함수 시작 마스터로부터 데이터를 요청할 때마다 실행

dataR= Wire.read();
digitalWrite(pinLED[dataR], HIGH);
Serial.println(dataR);
	I2C버스를 통해 데이터를 정수형으로 받기

}	receiveEvent() 끝

마스터 아두이노와 슬레이브 아두이노에 각각 업로드가 완료하면, 슬레이브 아두이노에 연결된 4개의 LED가 순차적은 on/off 된다,

■

18.4 I2C에 연결된 여러 개의 아두이노 제어하기

아두이노 보드에서 마스터 아두이노에 2개의 슬레이브 아두이노를 I2C로 연결하여 제어해 보자.

실 • 전 • 예 • 제

18.4 마스터 아두이노로 2개의 슬레이브 아두이노 제어하기

그림 18.9과 같이 I2C에 연결된 마스터 아두이노에서 데이터를 보내어 2개의 슬레이브 아두이노의 LED를 각각 제어하여 보자.

마스터 아두이노에서 0과 1의 데이터를 전송하면, 슬레이브 아두이노(#0)에 연결된 2개의 LED가 on/off되고, 마스터 아두이노에서 2과 3의 데이터를 전송하면, 슬레이브 아두이노(#1)에 연결된 2개의 LED가 on/off되게 한다.

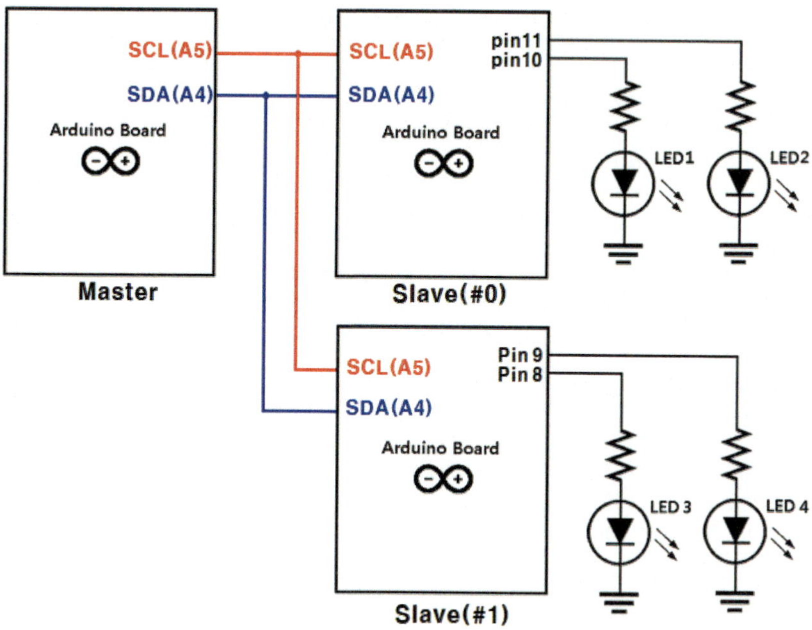

그림 18.9 마스터 아두이노를 사용한 2개의 슬레이브 아두이노의 제어

마스터 아두이노 보드에 설치될 스케치를 다음과 같다.

//I2C Master #include <Wire.h> int dataT;	I2C통신을 위한 Wire 라이브러리 사용

void setup( ) {
  Wire.begin();
  Serial.begin(9600);
}
	Wire함수 초기화
	시리얼 통신 속도 설정(9600)

void loop( ) {	loop 시작

for (int k=0; k<4; k++) {
dataT=k;
Wire.beginTransmission(0);
Wire.write(dataT);
Wire.endTransmission(0);
 	
Wire.beginTransmission(1);
Wire.write(dataT);
Wire.endTransmission(1);
 	
Serial.println(dataT);
delay(200);
}
	
	전송할 데이터(dataT)를 0~3까지 변화
	장치 #0번에 전송
	데이터(dataT)를 보내기
	장치 #0번 전송 정지
	
	장치 #1번에 전송
	데이터(dataT)를 보내기
	장치 #1번 전송 정지

}	loop() 끝

슬레이브 아두이노 보드(#0)에 설치될 스케치를 다음과 같다.

//I2C Slave#0
#include <Wire.h>
int pinLED[4]= {8,9,10,11};
int dataR = 0;
	I2C통신을 위한 Wire 라이브러리 사용

void setup( ) {
Wire.begin(0);
Wire.onRequest(receiveEvent);
Serial.begin(9600);
for (int k=0; k<4; k++) {
pinMode(pinLED[k], OUTPUT);
}
}
	
	I2C버스에 #0으로 접속
	receiveEvent를 이벤트로 등록
	
	LED가 연결된 8~11핀 출력모드 선언

void loop( ) {
for (int k=0; k<4; k++) {
digitalWrite(pinLED[k], LOW);
}
delay(500);
}
	LED 모두 off

void receiveEvent() {	receiveEvent 함수 시작 마스터로부터 데이터를 요청할 때마다 실행

dataR= Wire.read();
digitalWrite(pinLED[dataR], HIGH);
Serial.println(dataR);
	I2C버스를 통해 데이터를 정수형으로 받기

}	receiveEvent() 끝

슬레이브 아두이노 보드(#1)에 설치될 스케치를 다음과 같다.

코드	설명

//I2C Slave#1
#include 〈Wire.h〉
int pinLED[4]= {8,9,10,11};
int dataR = 0;
	I2C통신을 위한 Wire 라이브러리 사용

void setup( ) {
Wire.begin(1);
Wire.onRequest(receiveEvent);
Serial.begin(9600);
for (int k=0; k〈4; k++) {
pinMode(pinLED[k], OUTPUT);
}
}
	I2C버스에 #1으로 접속
	receiveEvent를 이벤트로 등록
	
	LED가 연결된 8~11핀 출력모드 선언

void loop( ) {
for (int k=0; k〈4; k++) {
digitalWrite(pinLED[k], LOW);
}
delay(500);
}
	LED 모두 off

void receiveEvent() {	receiveEvent 함수 시작 마스터로부터 데이터를 요청할 때마다 실행

dataR= 3-Wire.read();
digitalWrite(pinLED[dataR], HIGH);
Serial.println(dataR);
	I2C버스를 통해 데이터를 정수형으로 받기

}	receiveEvent() 끝

마스터 아두이노에서 0과 1의 데이터를 전송하면, 슬레이브 아두이노(#0)에 연결된 2개의 LED가 on/off되고, 마스터 아두이노에서 2과 3의 데이터를 전송하면, 슬레이브 아두이노(#1)에 연결된 2개의 LED가 on/off된다.

■

PART 4

APPENDIX

A_스마트폰과 연동, App 만들기

부록 A 스마트 폰과 연동, App 만들기

앱인벤터는 구글에서 제공하는 안드로이드 장치를 위한 App을 제작하는 도구이다. 손쉽게 스마트 폰용 App 개발이 가능하며, Mac OS, Linux, Windows 운영체제를 지원한다.

앱인벤터는 최근 기존의 베타버전을 업그레이드하여 MIT App Inventor2(AI2)를 제공하고 있다. 새로운 버전인 AI2는 기존의 앱인벤터보다 블록에디터 등의 사용이 편리하여졌다. 앱인벤터를 사용하기 위해서는 구글 아이디 등이 있어야 하므로 검색엔진을 구글 환경에서 사용할 것을 권장한다.

설치 방법은 구글 검색창에서 앱인벤터를 검색하거나, "http://appinventor.mit.edu/"에 접속하여 실행시킬 수 있다.

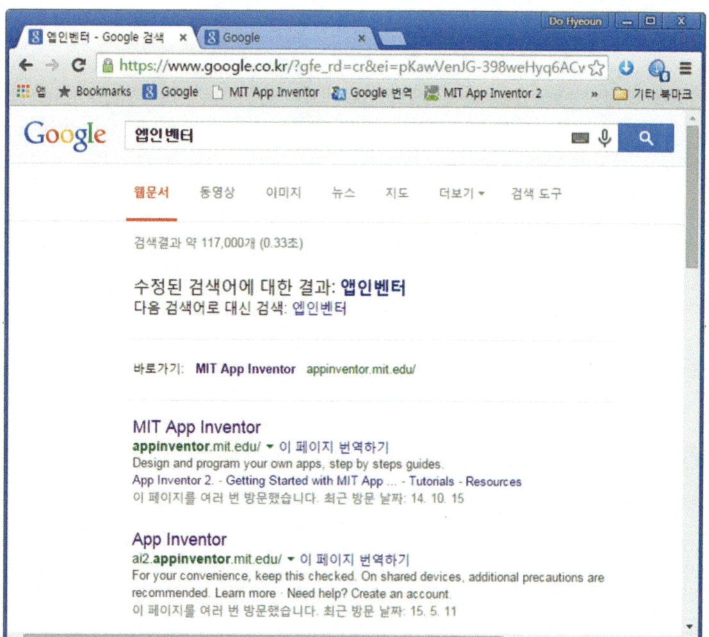

그림 A.1 앱인벤터 검색

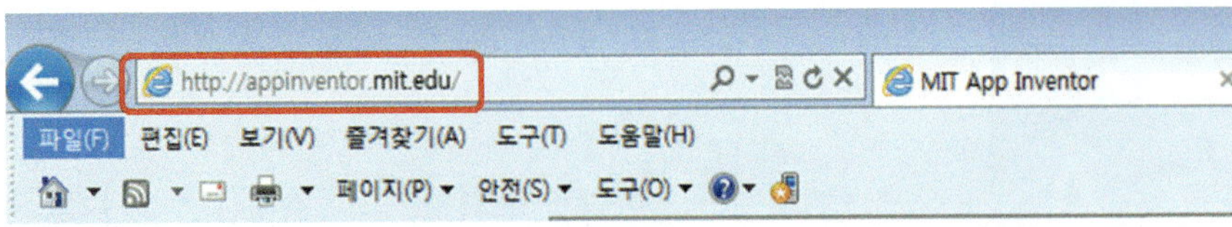

그림 A.2 앱인벤터 웹사이트

앱인벤터 개발 사이트에 접속하면 그림 A.3과 같은 화면이 나타나며, 앱 개발을 위해서는 “Create”를 선택하면 된다. 한편 앱인벤터는 웹브라우저 안에서 개발하므로, 앱인벤터를 제공하는 웹사이트인 구글의 계정이 필요하다.

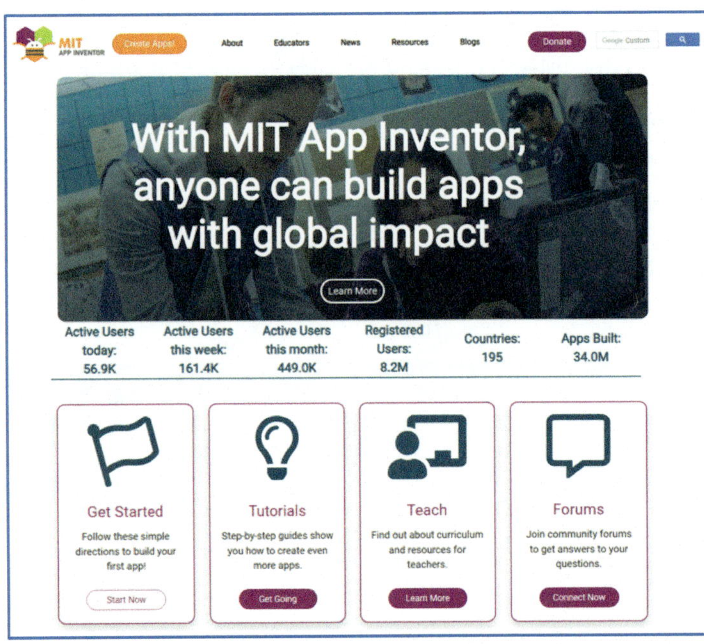

그림 A.3 앱인벤터 초기화면

A.1 앱인벤터 실행하기

앱인벤터 초기화면에서 Create를 선택한다.

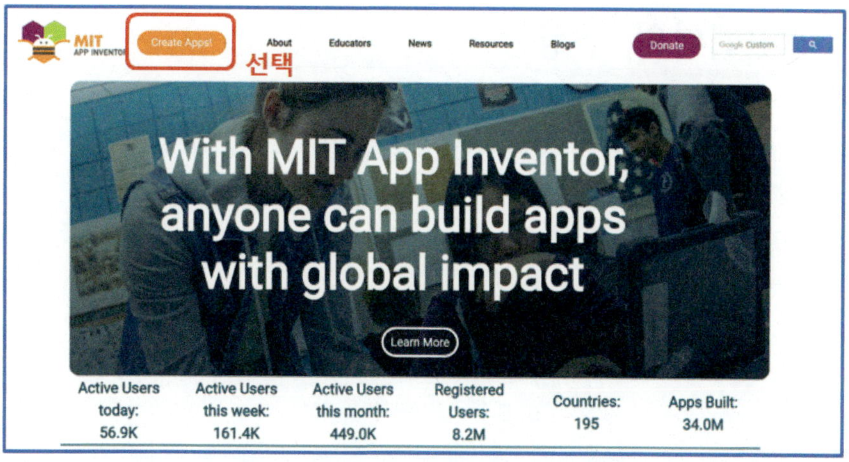

그림 A.4 App 제작을 위한 앱인벤터 실행

Create Apps!를 더블클릭한 후 다음과 같은 창이 나타나면 Continue를 누른다.

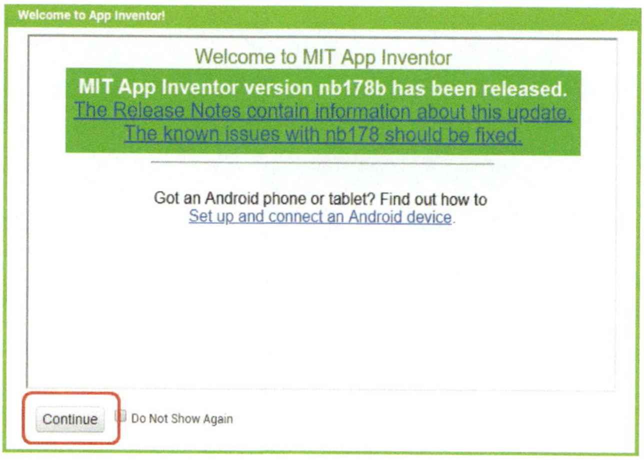

그림 A.5 앱인벤터 초기화면

A.2 앱인벤터의 구성

앱인벤터는 App 개발을 위하여, App의 화면을 구성하는 "컴포넌트 디자이너(Designer)"와 App 프로그래밍에 해당하는 "블록 에디터(Blocks)"로 구성되어 있다.

표 B.1 앱인벤터의 구성

Designer	Blocks
만들 App의 컴포넌트를 선택하는 곳	프로그램 블록을 조립하는 곳 퍼즐 조각 맞추듯 시각적으로 프로그램 제작 가능 컴포넌트 동작을 정의

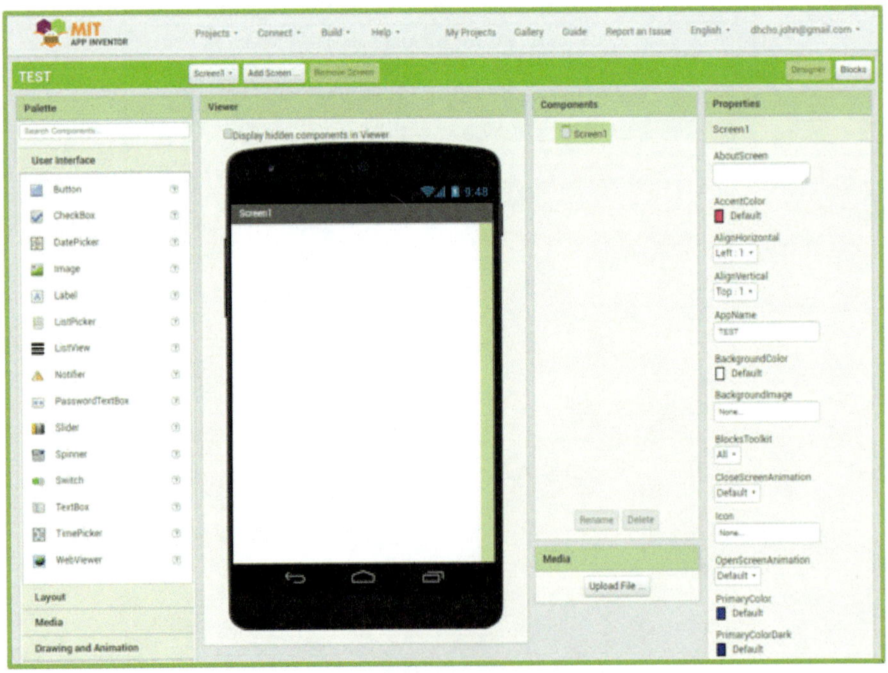

그림 A.6 앱인벤터의 Designer 초기화면

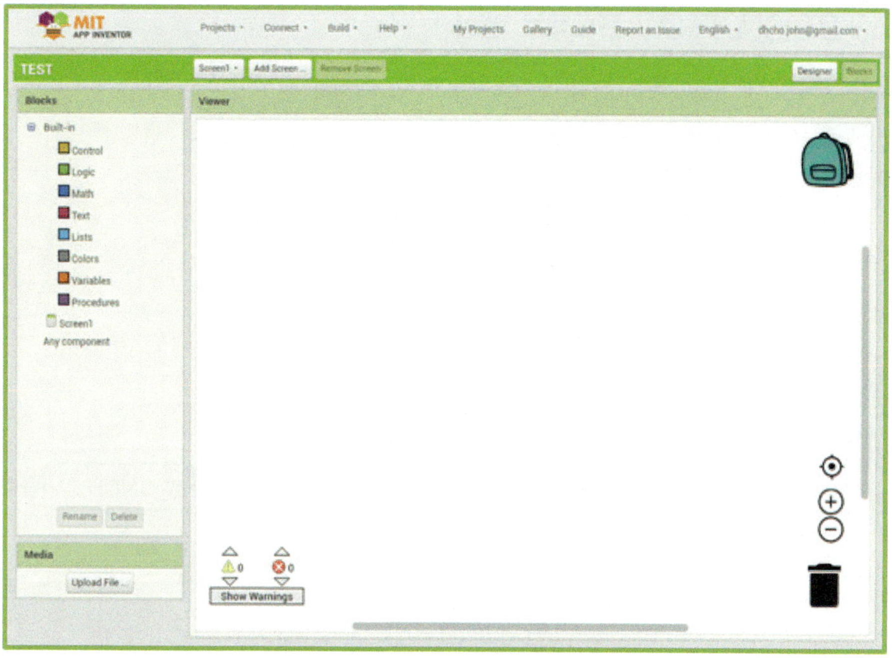

그림 A.7 앱인벤터 Blocks 초기화면

A.3 앱 제작1 : BT_ONOFFSW App 만들기

블루투스 통신을 통해서 스위치 ON/OFF 기능을 할 수 있는 그림 A.8과 같은 앱 "BT_ONOFFSW"을 만들어 보자.

그림 A.8 BT_ONOFFSW.apk 실행화면

[step1] BT_ONOFFSW 프로젝트 생성

윗부분 툴바에서 New Project를 선택하여 프로젝트를 생성한다.
New Project 선택 → Project name → "BT_ONOFFSW"

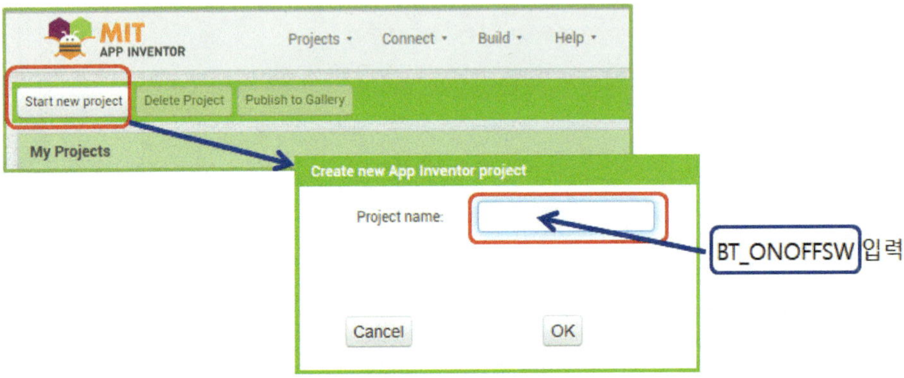

그림 A.9 프로젝트 생성

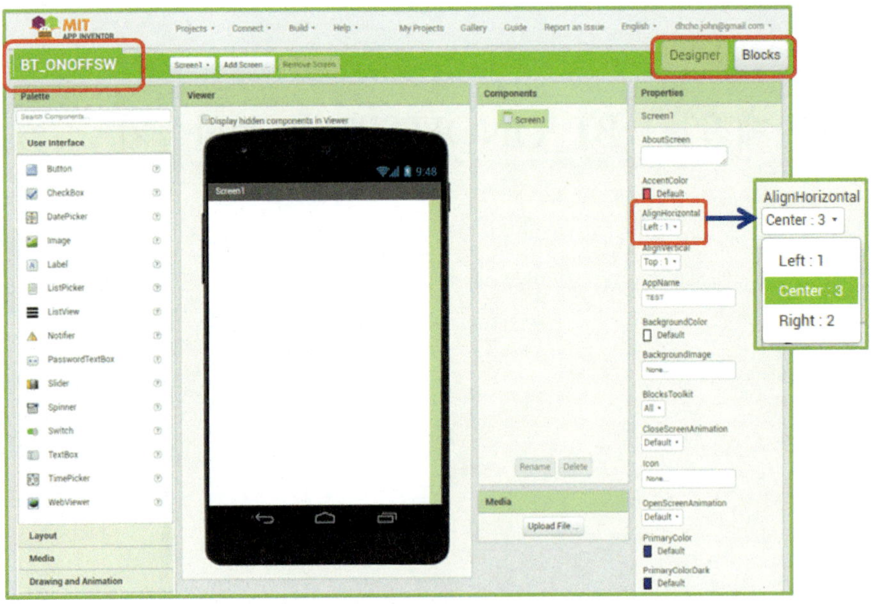

그림 A.10 프로젝트 생성과 디자이너 창 생성

[step2] 컴포넌트 배치하기

스마트 폰의 화면에 나타나게 되는 요소들을 구성한다.

(1) Palette-UserInterface에서 Button 컴포넌트 선택하여 Viewer의 Screen1으로 드래그하면, 다음 그림과 같이 Screen1에 하나의 버튼(Text for Button1)이 배치되고 Components 창에 "Button1"이라는 이름으로 구성요소가 생성된다.

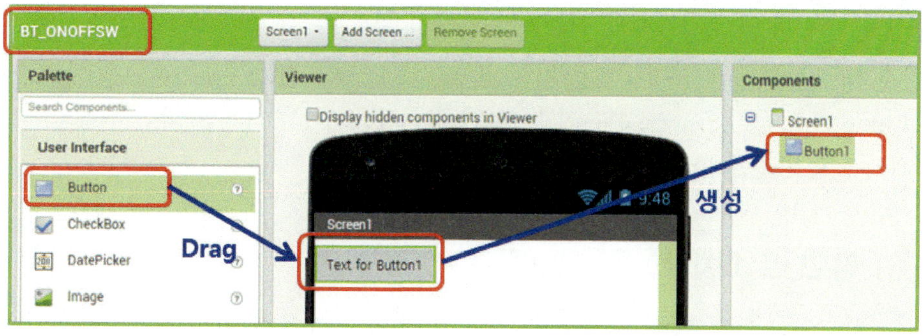

그림 A.11 컴포넌트 배치 방법

이제 스마트폰의 화면을 구성할 구성요소들을 배치하여 보자.

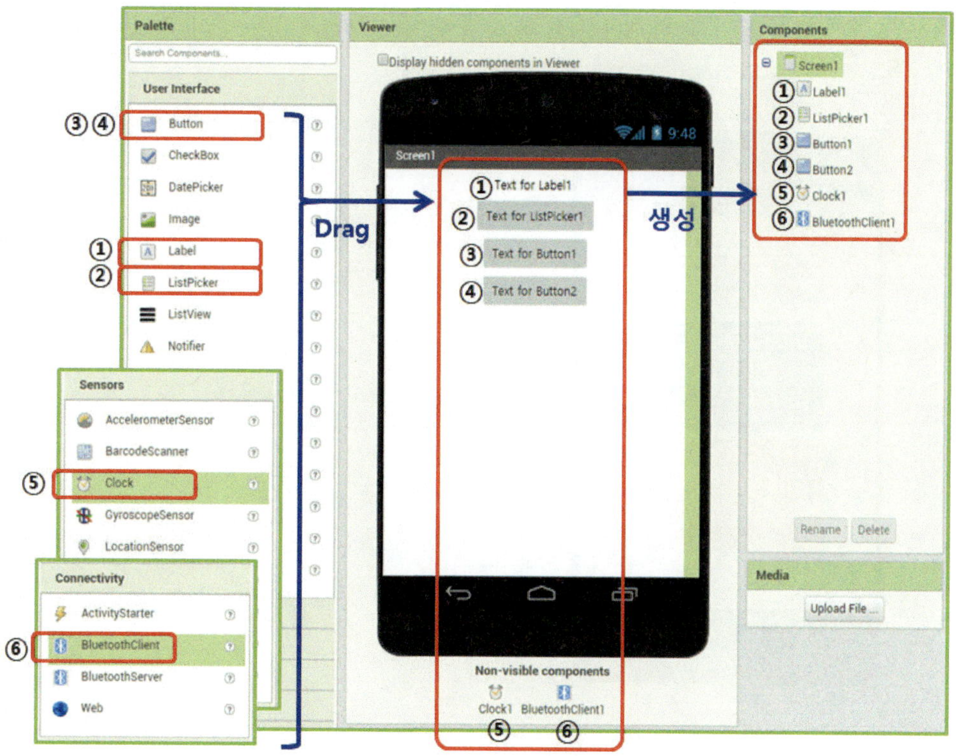

그림 A.12 컴포넌트 배치

먼저, 블루투스 연결 상태를 알려주기 위한 "① Text for Label1"과 스마트폰에서 블루투스를 검색하기 위하여 사용할 "② ListPicker"를 각각 배치하고, 스위치 ON/OFF 기능을 위한 버튼 "③ Text for Button1"과 "④ Text for Button2"를 배치한다. "⑤ Clock은"은 블루투스를 일정 시간동안에만 검색할 수 있도록 하는 기능을 위하여 사용된다.

다음으로 스마트 폰의 블루투스 기능을 사용하기 위하여, "BluetoothClient1"을 그림과 같이 배치한다.

"⑤ Clock"이나 "⑥ BluetoothClient1"는 화면에서 사용되기는 하지만 화면 위에 표시되지는 않기 때문에 Screen창 밖에 배치된다.

[step3] 컴포넌트 디자인

Viewer의 Screen1에 배치된 구성요소들을 보기 좋고 사용에 편리하도록 디자인해보자.

(1) "Text for Label1"은 블루투스 연결 상태를 알려주기 위한 것으로 스마트 폰과 외부 기기가 블루투스 연결되지 않았으면, "Not Connected"를 나타내도록 하도록 구성한다.

다음 그림과 같이 글자크기, 내용문구, 표시될 글자의 색상과 표시창의 크기 등을 설정한다.

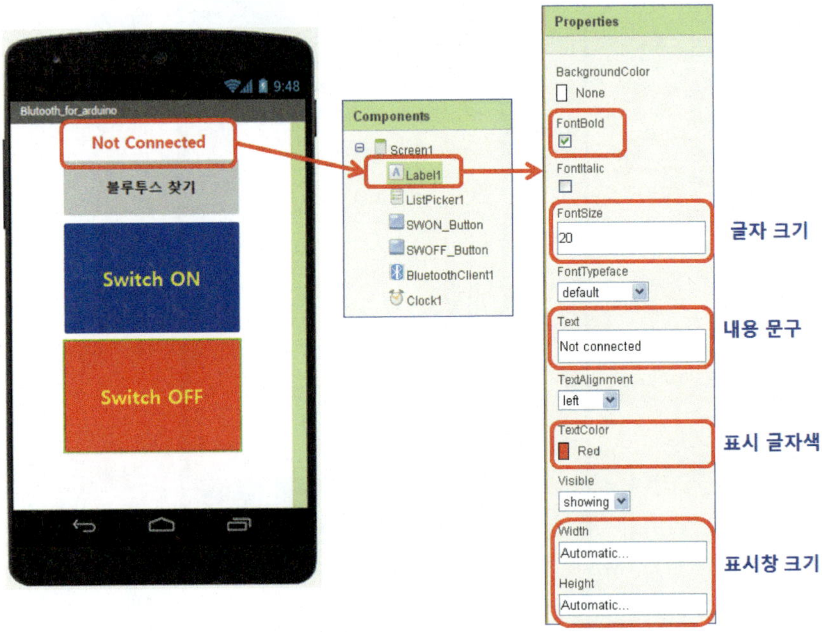

그림 A.13 라벨 디자인

(2) "ListPicker"는 스마트폰에서 블루투스를 검색하기 위하여 사용된다. 블루투스 연결이 되지 않았을 때, 스마트폰에서 연결 가능한 외부 블루투스 기기를 검색하여 연결하게 하여 준다.

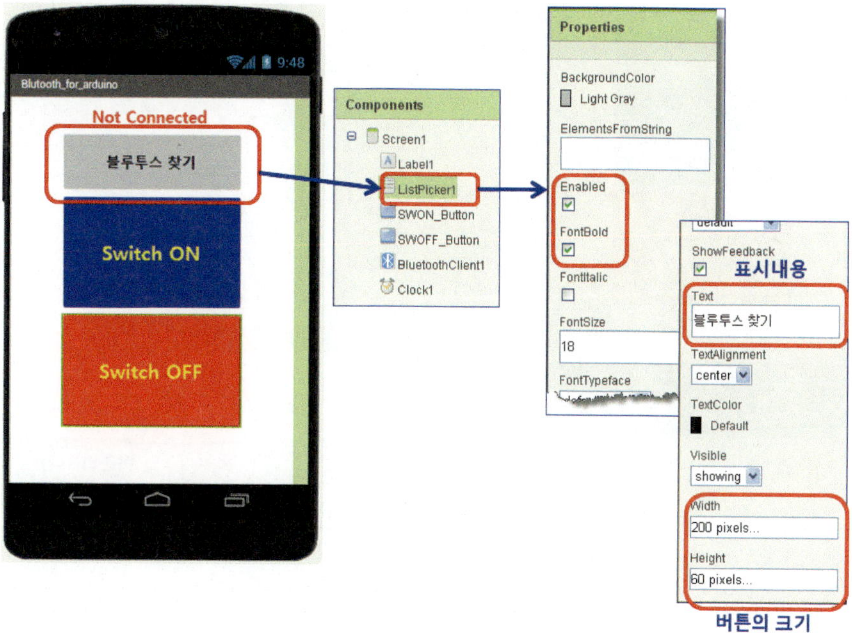

그림 A.14 리스트피커 배치

(3) 스위치 ON/OFF 기능을 위한 버튼 "Text for Button1"과 "Text for Button2"는 프로그램 구성을 위한 블록 에디터에서 사용이 편리하도록 이름을 변경하여 준다. Viewer에서 "Text for Button1" ⓐ를 선택하고, Components창 아래 부분의 Renameⓑ를 클릭하면 Screen Component라는 창이 생성된다.

이 창에서 ⓒ와 같이 "SWON_Button"으로 이름을 변경한다. "Text for Button2"도 같은 방법을 사용하여 "SWOFF_Button"으로 변경하여 준다.

다음으로 각 버튼에 대한 색상이나 글자크기, 버튼의 크기 등도 그림을 참고하여 설정하여 준다.

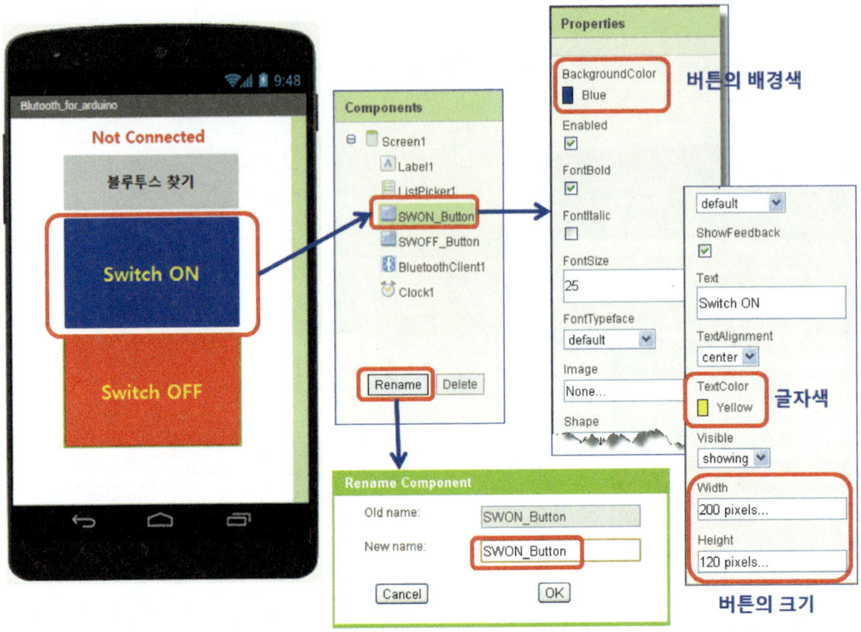

그림 A.15 버튼 디자인

(4) 스마트 폰의 블루투스 기능을 사용하기 위한 "BluetoothClient1"은 다음 그림과 같이 설정한다.

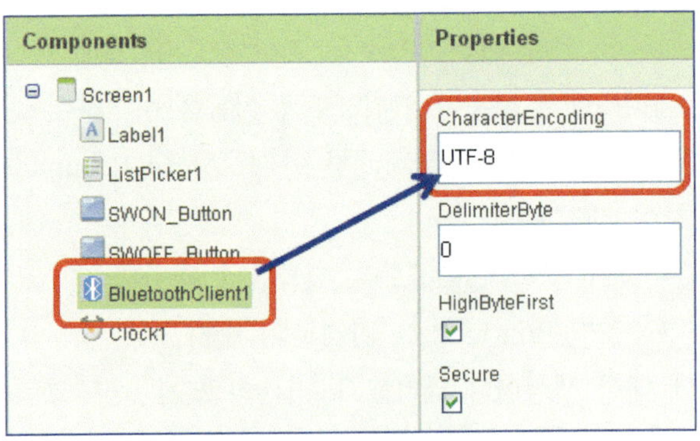

그림 A.16 블루투스 설정

[step4] 컴포넌트 디자이너 저장

컴포넌트의 배치와 디자인이 완료되면, 다음 그림과 같이 위쪽 툴바에서 Project에서 Save project를 이용하여 저장한다.

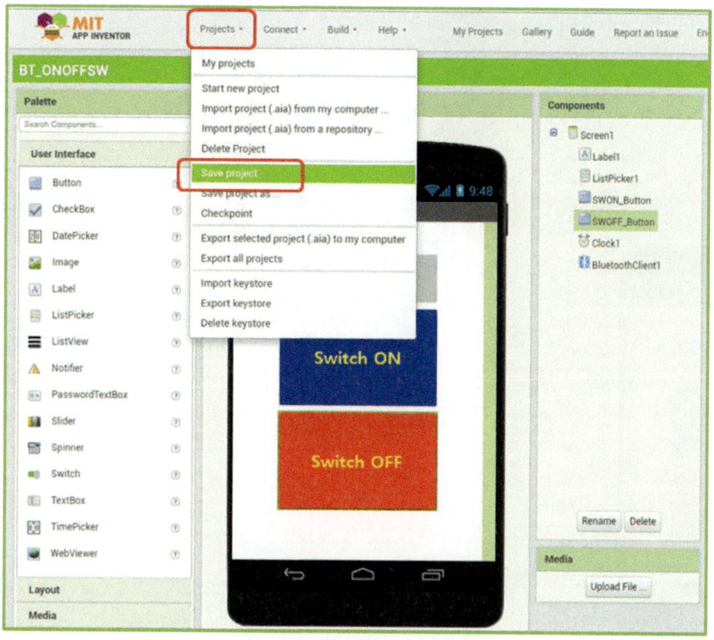

그림 A.17 컴포넌트 디자이너 저장

[step5] 블록 에디터 불러오기

컴포넌트 디자이너의 저장이 완료되면, 블록 에디터를 실행시키기 위하여 다음 그림과 같이 위쪽 툴바의 오른쪽에 있는 "Blocks"를 선택하여 실행시킨다.

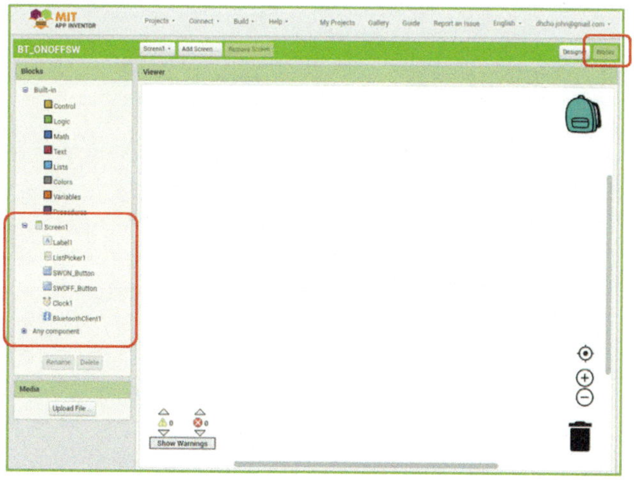

그림 A.18 블록 에디터 불러오기

웹상으로 연결되어 실행되므로 컴퓨터의 성능이나 인터넷 속도에 따라 약간의 시간이 소요된 후 다음과 같은 블록 에디터 창이 실행된다.

그림과 같이 앞의 Components창에 배치한 것과 대응이 되는 요소들이 나타난다.

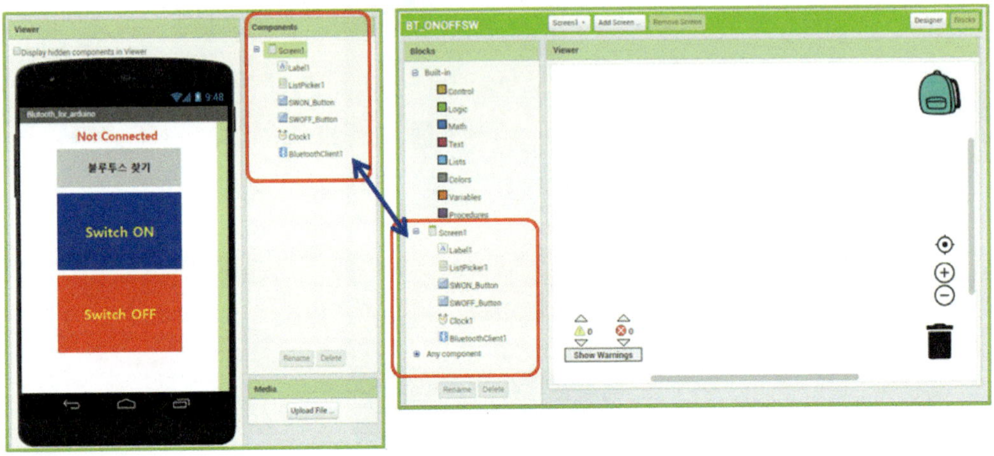

그림 A.19 블록 에디터

[step6] 블록 에디터 작성

다음으로 앞서 작성한 Components들을 프로그래밍하는 작업에 해당하는 블록 편집을 하자. 블록 에디터을 작성하는 방법은 다음 그림과 같이 먼저 My Block에서 구성요소를 드래그(Drag)하여 블록에디터 창에 끌어다 놓으면 된다.

블루투스 검색을 위한 ListPicker 편집 과정을 통하여 블록 에디터 작성 방법을 살펴보자.

ListPicker 기능의 블록 에디터 작성

(1) Screen1에서 "ListPicker1"을 선택하여 "ListPicker1.BeforePicking"을 블록에디터 창에 끌어다 놓는다.

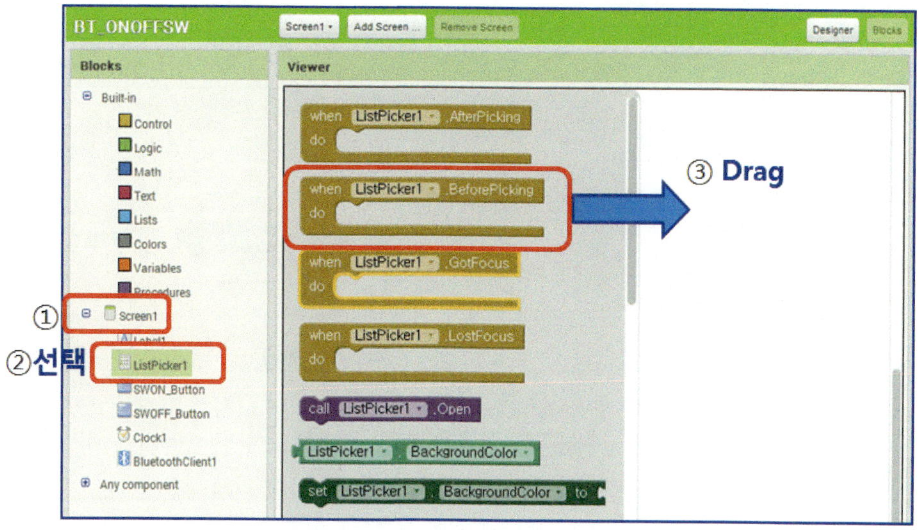

그림 A.20 리스트피커 블록 편집1

(2) Screen1에서 "ListPicker1"을 선택하여 "ListPicker1.Elements"을 블록에디터 창에 끌어다 놓는다.

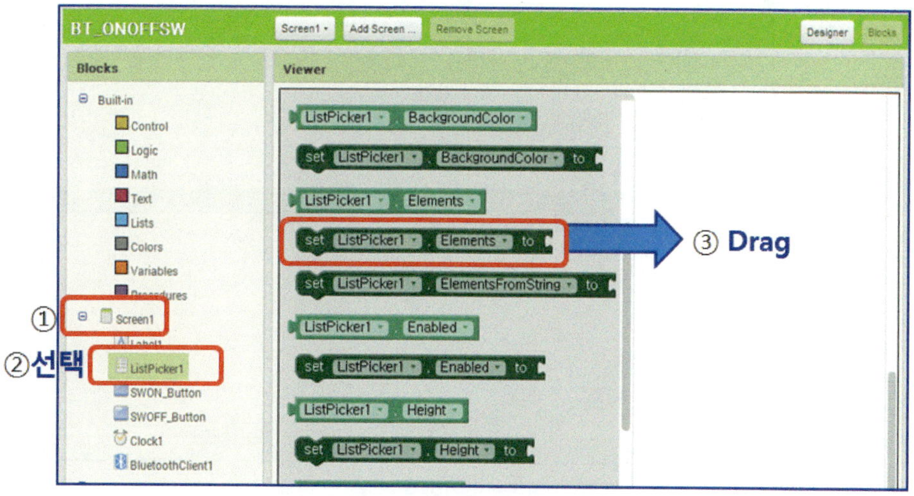

그림 A.22 리스트피커 블록 편집2

(3) Screen1에서 "BluetoothClient1"을 선택하여 "BluetoothClient1AddressesAndNames"을 블록에디터 창에 끌어다 놓는다.

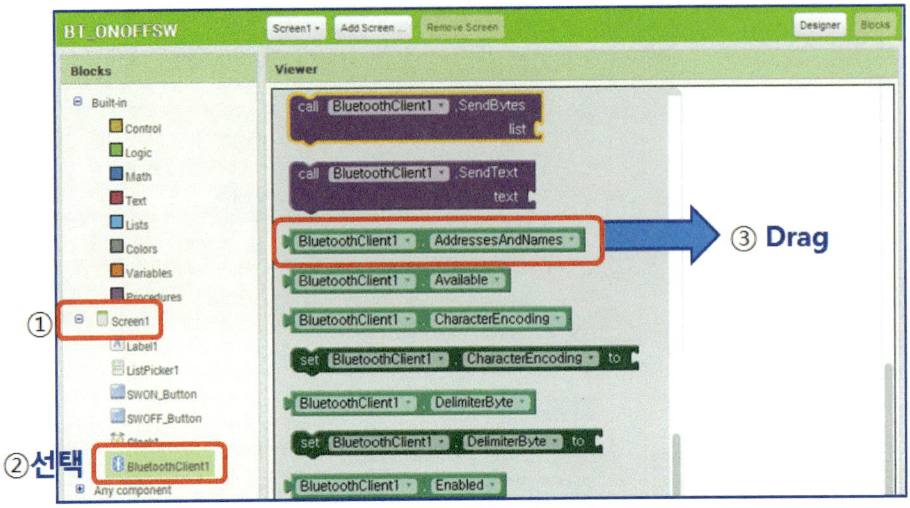

그림 A.23　리스트피커와 블루투스 블록 편집

(4) 그림과 같이 "ListPicker1.BeforePicking"에 "ListPicker1.Elements"과 "BluetoothClient1AddressesAndNames"를 각각 드래그하여 끼워 넣는다.

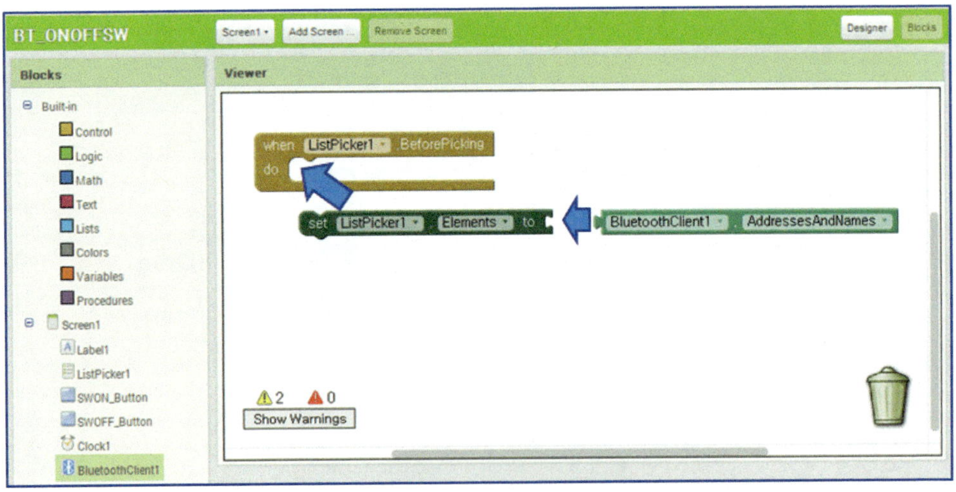

그림 A.21　리스트피커와 블루투스 블록 결합

(5) 3가지 요소가 오류 없이 결합되면 다음과 같이 된다.

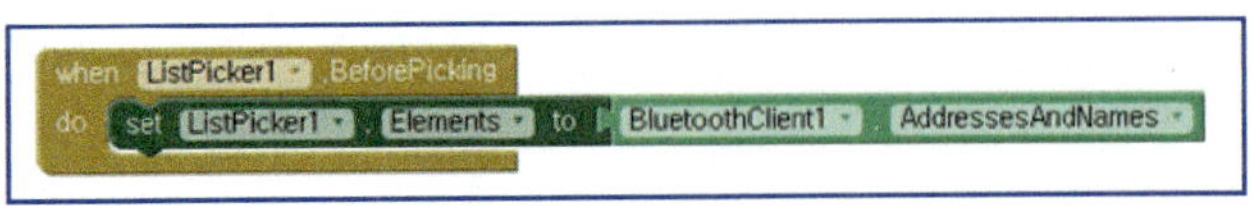

앞에 설명한 방법에 따라 다음 그림과 같이 나머지 블록들도 작성하고 저장한다.

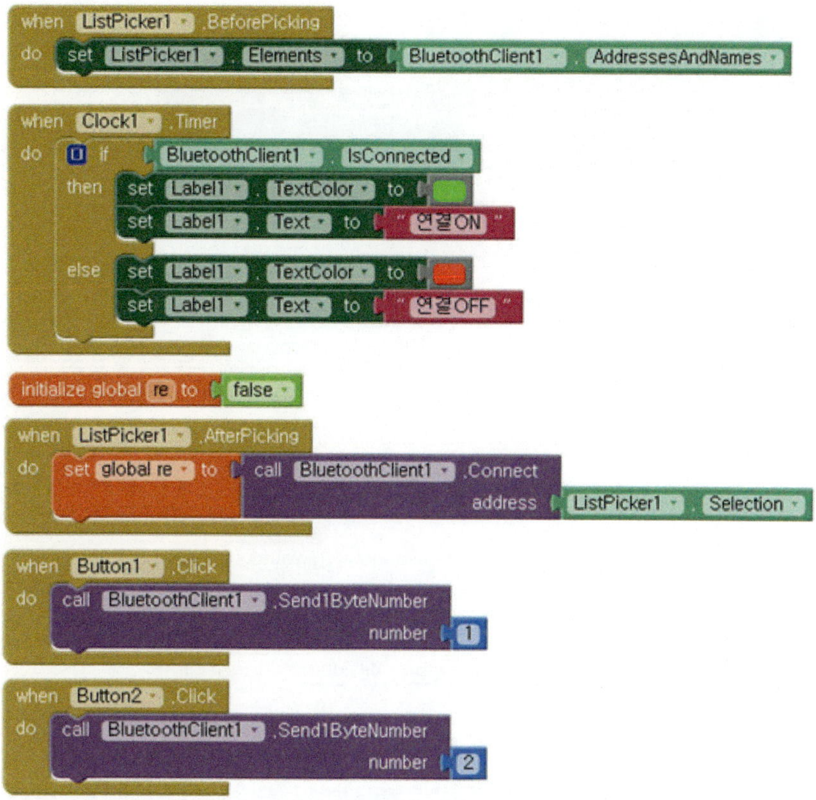

그림 A.22 블록 에디터 작성 결과

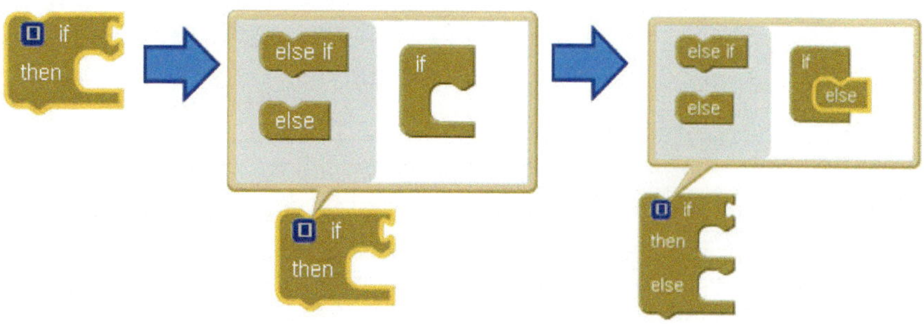

그림 A.23 if문 확장

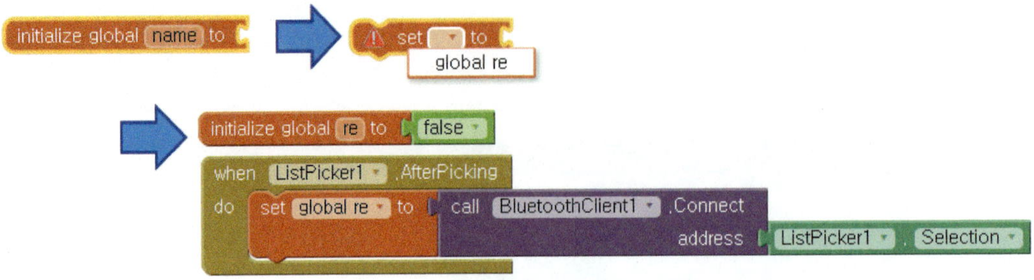

그림 A.24 변수활용

[step7] 앱 생성

컴포넌트 디자이너와 블록 에디터를 통하여 만들어진 프로젝트를 앱으로 생성시켜보자. 다음 그림과 같이 앱을 생성하는 2가지 방법이 있다.

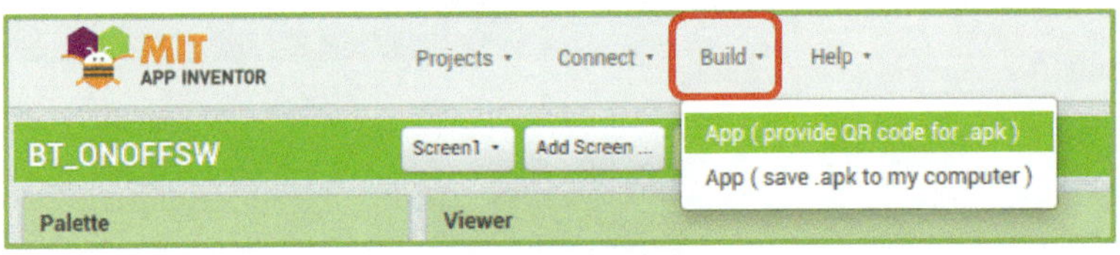

그림 A.25 앱 생성

표 B.2 앱인벤터의 앱생성과 설치 방법

앱 생성 방법	스마트 폰 설치 과정
App(provide QR code for .apk) 	QRcode를 생성되고, 스마트 폰으로 QRcode를 스캔하면, 앱인벤터 호스트에 접속하여 apk파일을 스마트 폰에 다운로드하여 설치(스마트 폰에서 앱인벤터 개발에 사용된 동일한 구글의 아이디와 암호로 접속해야 함)
App(save .apk to my computer) BT_ONOFFSW.apk	앱인벤터 호스트에 접속하여 apk파일을 생성하여 개발용 PC에 저장되며, apk파일을 USB 케이블 등을 사용하여 스마트 폰에 복사하여 설치(apk파일을 복사하여 사용 가능)

이렇게 생성된 apk파일은 기존의 App들처럼 스마트폰에 설치하여 사용할 수 있다.

[step8] 테스트

블루투스 모듈이나 쉴드가 장착된 아두이노 보드에 LED를 연결하고, "BT_ONOFFSW"이 설치된 스마트 폰으로 아두이노 보드의 LED를 제어한다.

int pinLED = 8;	아두이노 보드의 디지털입출력 핀 8번에 LED연결

void setup( ) {
  Serial.begin(9600);
  pinMode(pinLED, OUTPUT);
}
	BT 모듈/쉴드의 통신 속도 9600bps 설정

void loop() {	loop 시작
byte r_data; if (Serial.available( )> 0) {	BT 모듈/쉴드를 통한 시리얼 통신 입력 발생 검사
r_data = Serial.read( );	BT 모듈/쉴드를 통한 입력 저장
switch (r_data) {	switch( ) 시작

case 1:
      digitalWrite(pinLED, HIGH);
     break;
	스마트 폰의 앱 "BT_ONOFFSW.apk" 의 ON 터치
	LED ON

case 2:
      digitalWrite(pinLED, LOW);
     break;
	스마트 폰의 앱 "BT_ONOFFSW.apk" OFF 터치
	LED OFF

}	switch( ) 끝
}	if (Serial.available( )>0)의 끝
}	loop 끝

A.4 앱 제작2 : BT_SW6 App 만들기

다음과 같이 6개의 스위치 기능을 할 수 있는 앱(App)을 만들어 보자.

표 A.3 6개 스위치 기능 스마트 폰 앱

앱 스위치 선택	스위치 값
SW1	1
SW2	2
SW3	3
SW4	4
SW5	5
SW_OFF	6

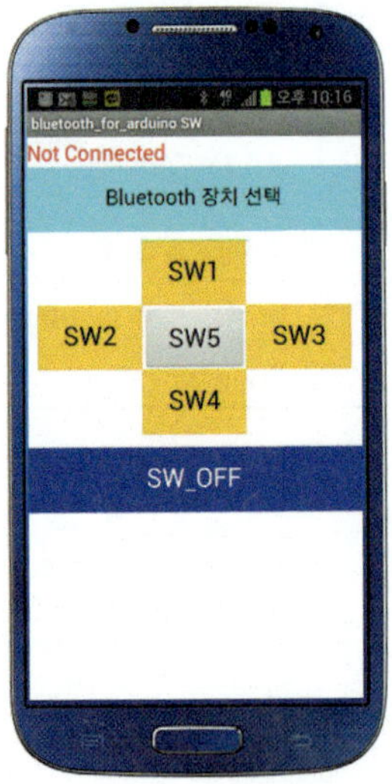

그림 A.26 BT_SW6 앱(App)

(1) 디자이너(Designer) 구성

블루투스 기능을 사용할 수 있는 부분과 6개의 버튼을 다양한 용도에 유용하도록 다음과 같이 배치한다.

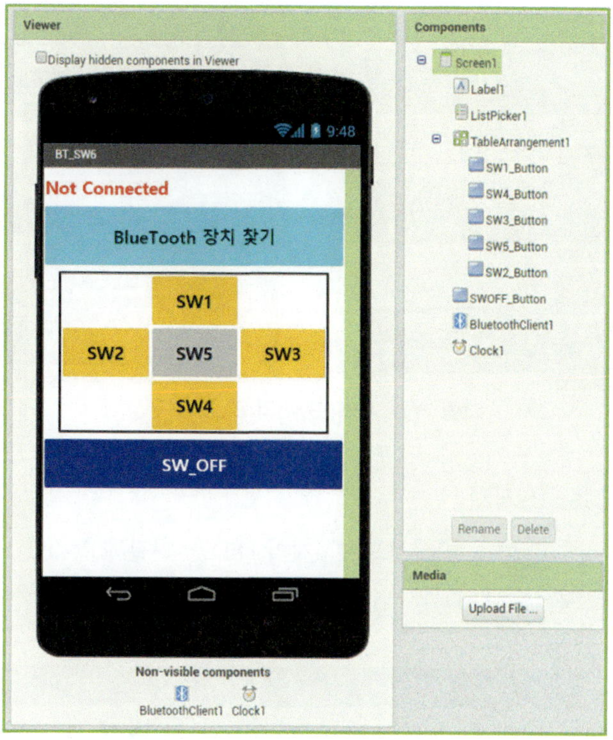

그림 A.27 BT_SW6의 Designer 구성

(2) 블록(Blocks) 구성

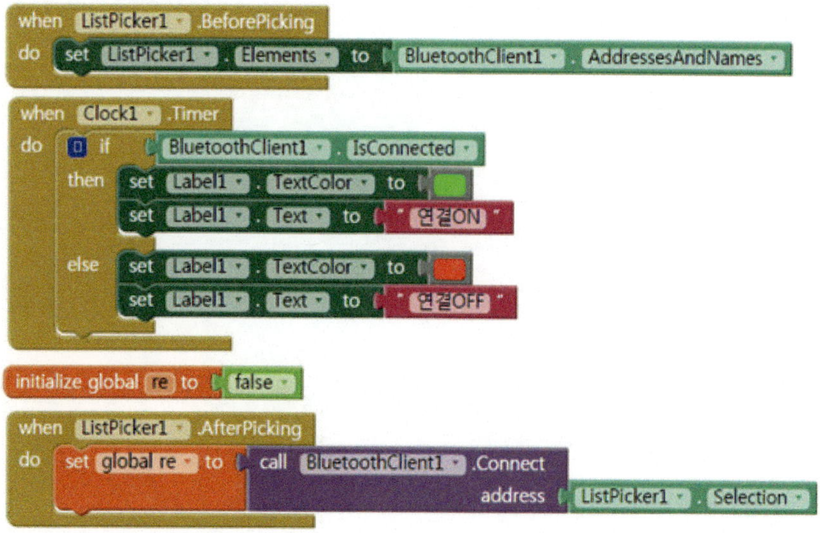

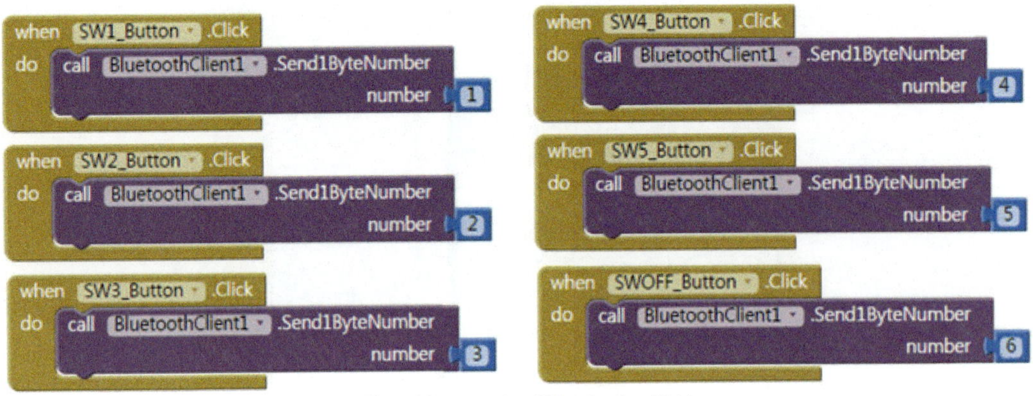

그림 A.28 BT_SW6의 Blocks 구성

(3) 테스트용 아두이노 스케치

블루투스 쉴드가 장착된 아두이노 보드에 4개의 LED를 연결하고, "BT_SW6"이 설치된 스마트 폰으로 아두이노 보드의 LED를 제어한다.

앱 스위치 선택	스위치 값	아두이노 보드의 LED 동작
SW1	1	1번째 LED ON
SW2	2	2번째 LED ON
SW3	3	3번째 LED ON
SW4	4	4번째 LED ON
SW5	5	사용하지 않음
SW_OFF	6	4개의 LED가 동시에 off

<table>
<tr><td><pre>int ledPin[4] = {8, 9, 10, 11};
int k, num;</pre></td><td>디지털입출력 핀 8, 9, 10, 11번에 LED연결</td></tr>
<tr><td><pre>void setup() {
  Serial.begin(9600);
  for(k=0; k<4; k++){
    pinMode(ledPin[k], OUTPUT);
  }
}</pre></td><td>BT쉴드의 통신 속도 9600bps 설정</td></tr>
<tr><td><pre>void serialEvent( ) {
 phoneData = Serial.read( );
 num=phoneData-1;
}</pre></td><td>BT 쉴드를 통한 시리얼 통신 입력 발생 검사
BT 쉴드를 통한 입력 저장</td></tr>
<tr><td><pre>void loop() {</pre></td><td>loop 시작</td></tr>
<tr><td><pre>   switch (phoneData) {</pre></td><td>switch( )문 시작</td></tr>
<tr><td><pre>   case 1:
      digitalWrite(ledPin[num], HIGH);
      break;
    case 2:
      digitalWrite(ledPin[num], HIGH);
      break;
    case 3:
      digitalWrite(ledPin[num], HIGH);
      break;
    case 4:
      digitalWrite(ledPin[num], HIGH);
      break;</pre></td><td>스마트 폰의 앱에 의하여 지정된 LED ON</td></tr>
<tr><td><pre>   case 6:
      for(k=0; k<4; k++){
        digitalWrite(ledPin[k], LOW);
      }
      break;</pre></td><td>스마트 폰의 앱에 의하여 4개의 LED OFF</td></tr>
<tr><td><pre>   }</pre></td><td>switch( )문 끝</td></tr>
<tr><td><pre>}</pre></td><td>loop 끝</td></tr>
</table>

A.5 앱 제작3 : BT_RCV1 App 만들기

다음과 같이 블루투스 통신을 통하여 받은 정보를 표시할 수 있는 앱(App)을 만들어 보자.

표 B.4 디스플레이 기능 스마트 폰 앱

앱 화면 선택	아두이노 보드
Bluetooth 주소검색	아두이노 보드의 BT 주소
BT 접속	아두이노 보드의 BT와 연결
BT 해제	아두이노 보드의 BT와 연결 종료
수신 시작	아두이노 보드에 '1' 전달 아두이노 보드에서 전송되는 값 수신
수신 종료	아두이노 보드에 '2' 전달

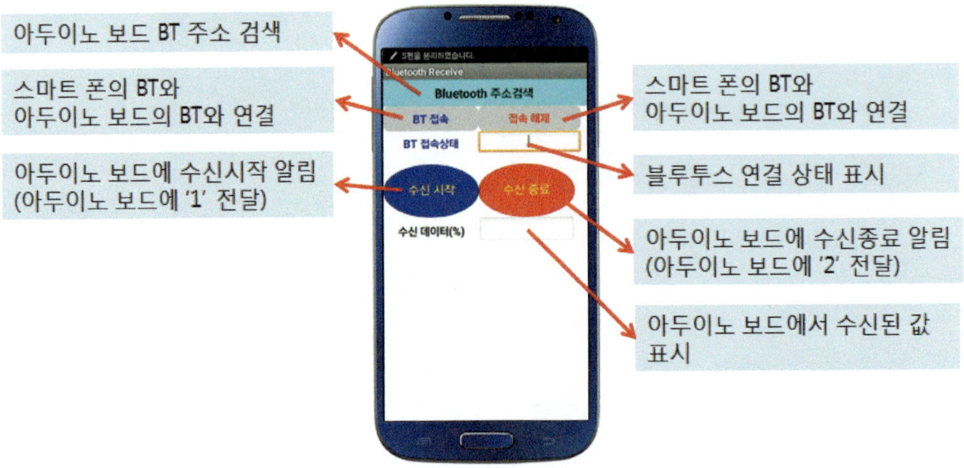

그림 A.29 BT_RCV1 앱(App)

(1) 디자이너(Designer) 구성

블루투스 기능을 사용할 수 있는 버튼과 라벨을 배치하고 수신을 제어하는 2개의 버튼과 수신된 값을 나타낼 라벨을 다음과 같이 배치한다.

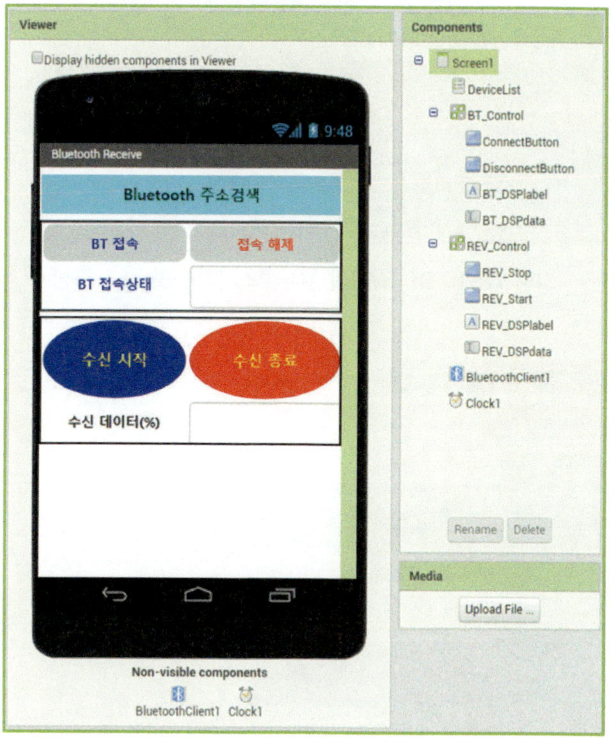

그림 A.30 BT_RCV1의 Designer 구성

(2) 블록(Blocks) 구성

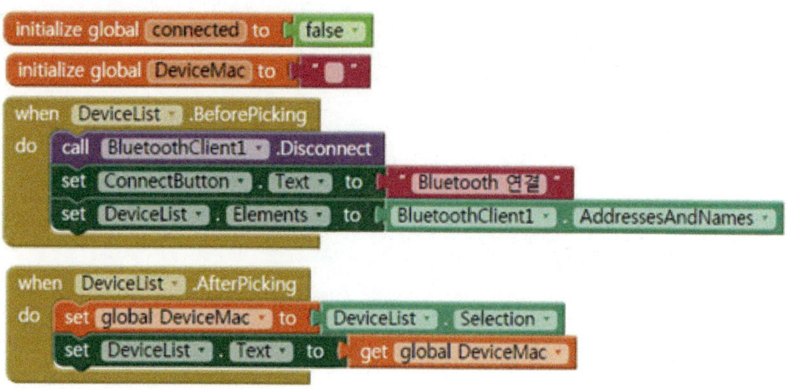

그림 A.31 BT_SW6의 블루투스 부분 Blocks 구성

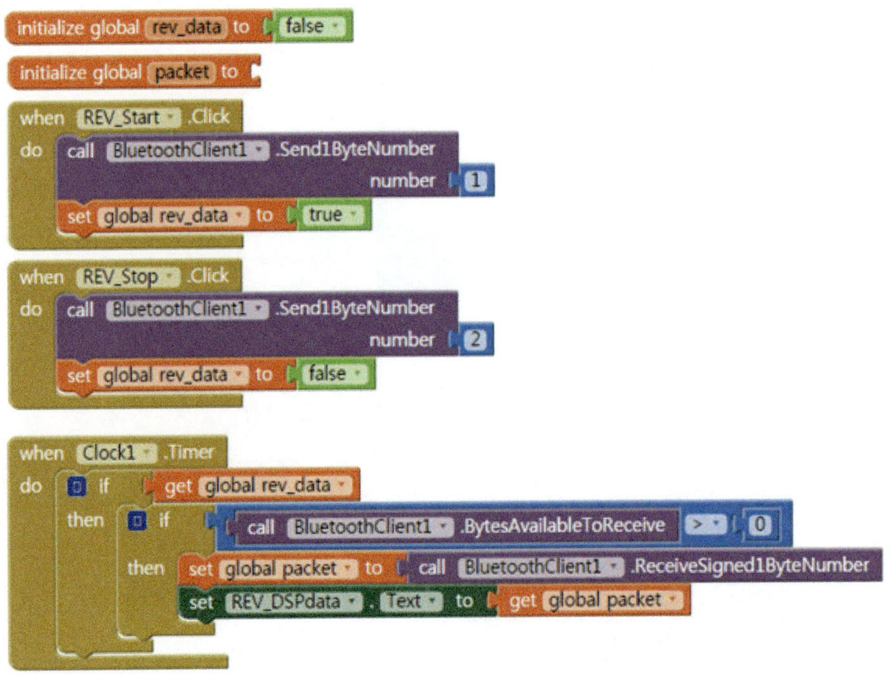

그림 A.32 BT_SW6의 정보 수신 부분 Blocks 구성

(3) 테스트용 아두이노 스케치

블루투스 쉴드가 장착된 아두이노 보드에 가변저항과 LED를 연결하고, "BT_RCV1"이 설치된 스마트 폰으로 아두이노 보드의 가변저항 값을 수신한다.

int pinLED = 5; int val1, val2, val3;	아두이노 보드의 PWM핀 5번에 LED연결

void setup( ) {
  Serial.begin(9600);
}
	BT 모듈/쉴드의 통신 속도 9600bps 설정

void loop( ) {	loop 시작
char select=Serial.read( );	BT 모듈/쉴드를 통한 시리얼 통신 입력 발생 검사
if(select == 1) {	스마트 폰 앱에서 '수신 시작' 명령 수신
val1=analogRead(2);	아두이노 보드에 연결된 VR로 부터 값 입력
val2=map(val1, 0, 1023, 0, 100);	%값으로 변환
Serial.write(val2); delay(20);	블루투스를 이용한 시리얼 통신으로 스마트 폰에 값 전달

val3 = map(val1, 0, 1023, 0, 255);
  analogWrite(pinLED, val3);
  delay(20);
	PWM 값으로 변환
	VR값에 비례한 LED 밝기 표시

}	

if(select == 2) {
  analogWrite(pinLED, 0);
  delay(20);
}
	스마트 폰 앱에서 '수신 종료' 명령 수신
	LED OFF

}	loop 끝

저자소개

조도현 인하공업전문대학 디지털전자과 교수
김동식 인하공업전문대학 컴퓨터시스템과 교수
동성수 용인송담대학교 디지털전자과 교수
원영진 부천대학교 전자과 교수

저자와의
협의에 의해
인지 생략

IoT 제어를 위한
아두이노

2판 3쇄 2025년 3월 4일

저 자	조도현 / 김동식 / 동성수 / 원영진
발행인	송광헌
발행처	도서출판 복두(더)
주 소	서울특별시 영등포구 경인로82길 3-4 센터플러스 807호 (우) 07371
전 화	02-2164-2580
FAX	02-2164-2584
등 록	1993. 11. 22. 제 10-902 호

정가 : 28,000원

ISBN : 979-11-6675-390-9 93560

한국과학기술출판협회 회원사